U0056649

釋迦牟尼佛（Buddha Shakyamuni）

蓮花生大士（Guru Rinpoche）

༄། །ཟབ་གསང་མཁའ་འགྲོའི་སྙིང་ཐིག་གི་
སྔོན་འགྲོའི་ཁྲིད་རིམ་ཐར་ལམ་སྣང་སྒྲོན་
ཞེས་བྱ་བ་བཞུགས།

A Torch Lighting the Way to Freedom

Complete Instructions on the Preliminary Practices

前行法之次第導引

照亮解脫道之炬

二世敦珠仁波切吉札・耶謝・多傑——著
Dudjom Rinpoche, Jigdrel Yeshe Dorje

普賢法譯小組 楊書婷——中譯
Samantabhadra Translation Group

劉婉俐——審訂

敦珠貝瑪南嘉——法本藏漢對譯

目錄

第一部

道之根本——如何依止善知識

第二部

道之次第——開始修道各次第的正行解說

插圖說明

彩色頁

敦珠仁波切和其前後轉世圖

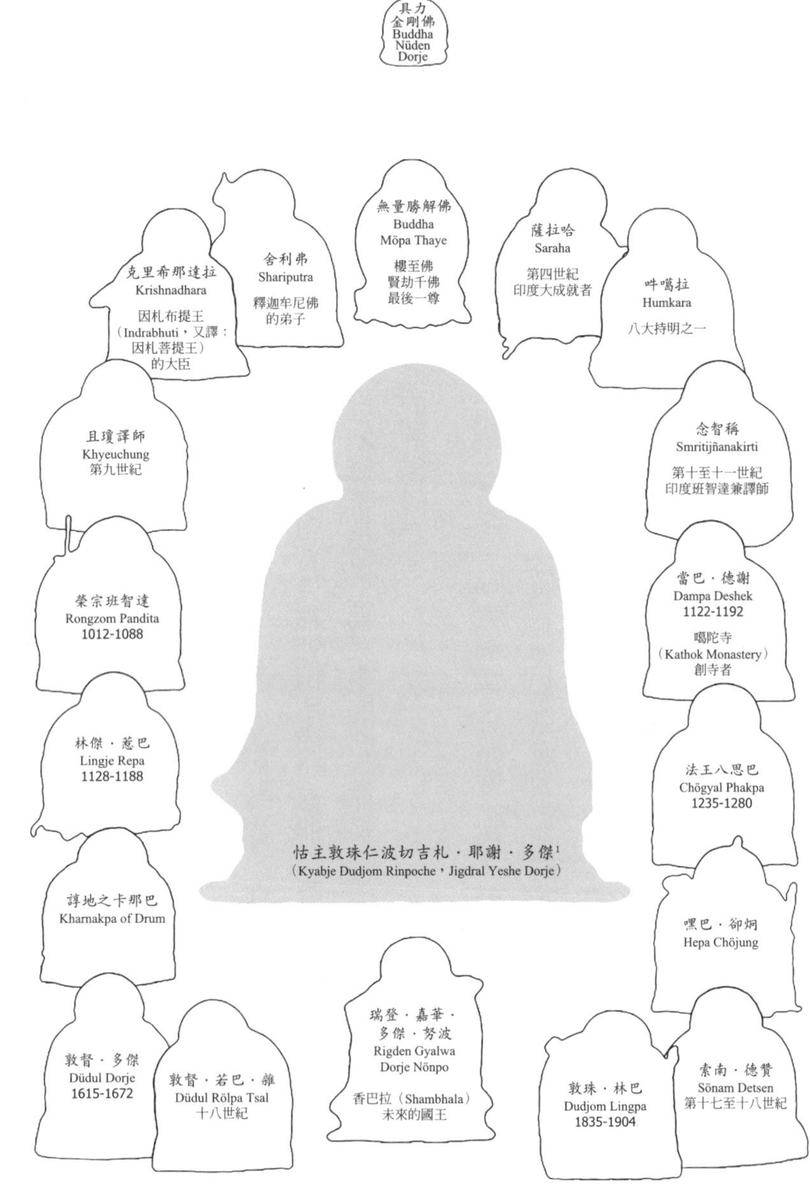

敦珠仁波切和其前後轉世圖表

1 譯註：關於敦珠仁波切的名號 Dudjom，比較接近的音譯應該為「敦炯」，意思是「伏魔」；若唸成「敦珠」（Dundrup 或 Dondrup）則為「事業有成」的意思；而能稱為「伏魔」者甚少，可名為「敦珠」者則眾。但此名已於華人世界廣為流傳，譯者也只能沿用之。

壹

前言

怙主敦珠仁波切（Kyabje Dudjom Rinpoche）爲一位具有無比了悟與成就的大師，其深厚且淵博的學識又與他的了悟和成就相融無別。他運用許多方式爲此世間——包括亞洲和西方——帶來長遠的影響，其中之一便是他多達二十五大函的著作。而他對佛陀法教的關注涵蓋了西藏所有的佛教傳統，這可從他於三函著作裡列出所受口傳的法教名單而窺見。仁波切之所以對法教如此關注，背後的唯一動機就是希望爲衆生的利益而保存法教，因爲一切有情衆生都能藉由此道而達至如佛陀一般的解脫境界。

怙主敦珠仁波切曾多次親口宣說：「大圓滿法教的了悟，完全仰賴於前行（或稱「加行」，preliminaries）的修持。」本書即爲仁波切自身對於這些根本前行修持所做的詳細闡述。這些修持所源（由仁波切本人和其前世敦珠林巴Dudjom Lingpa取出）的「伏藏法」（terma）涵括從上述前行一路直到最絕妙甚深的大圓滿（the Great Perfection）修持，乃是一套包含所有道次第的完整法系。這本手冊相當珍貴，乃以大悲心撰著而成，目的是爲了任何眞誠地想要清除自己在獲致全然解脫證悟之前種種障礙的人所寫。

謹在此向怙主敦珠仁波切的佛母桑媶仁波切日津・旺嫫（Sangyum Rinpoche Rigzin Wangmo）表達個人的謝意，她讓我們有此榮幸能將這份珍貴的文稿翻譯成英文、法文和其他語言。由於她的加持和鼓勵，這份譯稿才得以問世。

此外我也非常感謝怙主敦珠仁波切之千金瑟嫫・策琳拉（Semo Tsering-la）的不斷鼓勵，索澤仁波切（Soktse Rinpoche）與瑪企基金會（MACH Foundation）之尤拉・久吉柯文斯基（Yola Jurzylowski）的慷慨贊助，以及董瑟・賢遍仁波切（Dungse Shenphen Rinpoche）和怙主敦珠仁波切所有子嗣和傳承持有者爲延續此無比傳承所做出的努力。

最後，感恩雜札基金會（Tsadra Foundation）長期以來對蓮師翻譯小組（Padmakara Translation Group）的支持。

達隆・澤珠・貝瑪・旺嘉仁波切（Taklung Tsetrul Pema Wangyal Rinpoche）

貳

宗薩欽哲仁波切推薦序

若將依怙主敦珠仁波切的著作純粹看成是「著作」，就已指出不淨有情衆生內心的侷限。事實上，本書正是所謂「智慧湧現」的見證！

認眞追隨佛法、尤其是金剛乘的人們，若發願要詳細深入地遵循，或甚至只是想瀏覽或親睹一位眞實大成就者的風采，最好的方式莫過於閱讀依怙主敦珠仁波切吉札耶謝多傑（無畏金剛智光）的言教。

本書爲那原已至爲令人讚歎且美妙的萬相之母平添了珍寶莊嚴。實際上，我相信僅只擁有此書，便能在一切與佛法所結之緣中創造出最有價值的一個。因此，若能擁有或持有此書，即屬相當、相當殊勝。

隨喜譯者的用心與投入，並祈願讀者和那些與讀者結緣之人，皆能獲得豐盈的普賢無盡藏。

于2020.5.6衛賽節前夕

Preface for the Chinese Version

To consider Kyabje Dudjom Rinpoche's writing simply as "writing" already points to the limitations of the minds of defiled sentient beings. In fact, this text is testimony to what is known as "wisdom gushing out" !

If serious followers of the Buddhadharma in general and especially of the Vajrayana have the aspiration to follow in detail and depth, or even just to browse or bear witness to the expression of a true mahasiddha, they can do no better than to read the words of Kyabje Dudjom Rinpoche Jigdrel Yeshe Dorje.

This text especially is a jewel ornament to the already most sublime and beautiful mother of all phenomena. In fact, I believe that just possessing this text alone creates the worthiest of all connections to the Dharma. So just to possess or keep this text with us is very, very precious.

I rejoice at the hard work and dedication of the translator, and pray that readers and all those connected to the readers of this text will reap the full harvest of the immeasurable treasury of Samantabhadra.

參

英譯致謝

謹在此向下列的上師表達我們深切的感恩，感謝他們在翻譯本書的過程中所提供的協助。達隆・澤珠・貝瑪・旺嘉仁波切最初爲了利益在香特鹿（Chanteloube）進行傳統三年閉關的修行者講述整個論釋，之後則監督了翻譯的工作，回答無數個問題並澄清許多的疑點。吉美・欽哲仁波切（Jigme Khyentse Rinpoche）毫不吝惜地花時間爲我們解答並指導如何搜尋合適的參考資料。堪欽貝瑪・謝拉仁波切（Khenchen Pema Sherab Rinpoche）以其卓越的學識爲我們揭開不少隱晦難解的引文。上述的許多意見都收錄於本書的註腳和註釋當中。

我們非常感謝瑪企基金會慷慨資助初期的翻譯。其後，雜札基金會則贊助了譯稿的完成，以及對文獻來源和註釋等的增補研究。

藏文英譯者爲史代芬・格汀（Stephen Gethin）（書中若有任何錯謬由其本人承擔），協同工作者爲派翠克・凱利（Patrick Carré），提供諮詢者爲約翰・康提（John Canti）、伍斯坦・費利徹（Wulstan Fletcher）、海利納・布蘭克德爾（Helena Blankleder）以及整個蓮師翻譯小組團隊。感謝朱迪斯・瑞特（Judith Wright）、卡利・瑪汀（Kali Martin）和保羅・約翰森（Paul Johanson）相當耐心地閱讀譯稿並提供許多實用的論點。最後，感謝艾蜜莉．鮑爾（Emily Bower）、莎拉．伯確茲（Sara Bercholz）、班．格利森（Ben Gleason）和他們在香巴拉出版社（Shambhala Publications）的同事，他們以熱誠和專業將我們的譯稿轉化為最後的成品。

肆

中譯致謝

二〇一二年第一次看到這本書的英譯版，是在劉婉俐教授於德祺書坊的佛法英文課中，當時她一段一段地講解內容並說明相關的名相；隔年三月，由於要開始閱讀本尊觀修的部分，我們便邀請敬愛的貝瑪多傑仁波切爲學員賜予《深密空行心滴》的灌頂。大約一年的課程上完時，我印象最深的還是封面的敦珠法王照片——不知怎的，總是很喜歡看著他的法照——當然，這只是我上課不夠認眞的藉口之一。

同年，有幸參與校對的《無畏金剛智光：怙主敦珠仁波切的生平與傳奇》一書終於出版，當我代表譯者群將中譯版獻給尊貴的噶拉多傑仁波切時，他笑顏逐開地說：「敦珠傳承的法教將會大放異彩。」並鼓勵我們繼續翻譯敦珠法王的這本著作。那時，我心裡想：「這麼重要的著作，就算要翻譯也不會是我！當然是劉教授！」

怎知當劉教授將這本書介紹給靈鷲山出版社，並和英譯的蓮師翻譯小組簽約後，翻譯的工作竟然輾轉交到了敝人手上，著實令我惶恐萬分，心中一直想著哪天要好好請教貝瑪多傑仁波切，並懇求他修法除障。想著想著，卻在預計正式開工的前一日，看到了仁波切示寂的消息，我簡直無法相信，也對自己不斷拖延翻譯的行徑感到懺悔不已。

如今，翻譯得以完工，乃是仰仗善知識與上師們近三十年來的諄諄教誨——特別是洛本天津仁波切（Lopon Tezin Rinpoche）、欽智耶謝仁波切（Khyentse Yeshi Rinpoche）、宗薩欽哲仁波切（Dzongsar Khyentse Rinpoche）、涅頓秋林仁波切（Neten Chokling Rinpoche）、噶千仁波切（Garchen Rinpoche）、奇美多傑仁波切（Chimi Dorjee Rinpoche）等【依値遇上師之時序】，否則自己根本無從下筆。無論如何，儘管至今依然煩惱熾盛而不敢以這些偉大上師的弟子自居，然於其恩慈之海中蒙受教導和加持卻是肯定的事實；若譯稿有任何的疏漏或錯謬，則完全是個人的愚昧所致，尚請讀者諒察！

此外，要感謝諸多法友的幫忙，尤其是資深藏漢譯者張昆晟師兄在百忙之中翻譯了藏文的課誦儀軌，讓我對自己彆腳的英文中譯法本總算放了心——至少讀者不必因爲我的粗陋翻譯而受到誤導！特別感謝顏洳鈺師姐翻譯引用書目並即時回應藏文相關的疑問，李昕叡師姐翻譯詞彙解釋並即時回應英文相關的疑問，以及鮑雅琳師姐長期以來的協助中譯潤飾——本書的問世，她們絕對功不可沒。而「普賢法譯小組」（Samantabhadra Translation Group）的其他夥伴都或多或少地促使譯稿順利完成，例如羅千侑師姐、林姿瑩師姐、林郁傑師兄的建議和補充，張筠彩師姐和陳逸彰師兄分別校對內文註釋和詞彙解釋的外文拼音，黃靖鈞師姐和覃道明師姐多年不斷的溫情支持，甚至女兒也代爲查詢引述的偈頌段落，種種善緣於此一併感謝。最後，要感謝劉婉俐教授的指導審閱，讓敝人可能出現的過失減少到最低的程度。

翻譯此書若有任何善根，悉皆迴向：

於此末法鬥諍時，
具德上師祈垂顧，
爲利有情恆常住，
長壽康健轉法輪！

於此魔亂紛起時，
靜忿本尊祈加持，
佛法行者精勤修，
偕同眷屬登佛剎！

於此大種擾動時，
空行護法祈護佑，
弟子誓言清淨持，
濁世眾生得利樂！

特別迴向二世敦珠法王之兩位侍者：去年元月圓寂的出家眾侍者堪布噶波仁波切（Khenpo Karpo Rinpoche，啓建全球最大蓮師像者），以及今年十月圓寂的喇嘛寧古拉（Lama Kunzang 或稱Lama Nyingkhu la，不丹國師，台灣兩屆年度普巴金剛大法會主法者）能迅速乘願再來利益有情；主修《敦珠新巖傳》（Dudjom Tersar）法的不丹洽朵拉康寺

（Chakdor Lhakhang）佛學院後續工程能盡速完成並於明年三月順利開光之後，廣大培育更多優秀的佛法行者；三世敦珠仁波切和所有具德之血脈和法脈傳承持有者弘法利生事業廣遠長傳、圓滿無礙！

不自量力的一介愚婦Serena，書于2018年藏曆佛陀天降日

（恰於藏文原書完成日的七十二年後完成中譯初稿，以此爲紀）

伍 序文

嗡梭斯帝（Om Svasti）

此爲深密《空行心滴》（*Heart Essence of the Dakini*）前行修持之完整指導，以容易運用的方式來說明，稱爲《解脫道圓滿導引之炬》（*A Torch of Perfect Explanation Lighting the Way to Freedom*）。

我虔敬俯首於和海生金剛持[2]無別之吉祥上師前，其爲總攝之如海皈依境的體現。

於空性、寂靜廣界中恆時如如不動，
因悲心而藉如幻顯現來到存有世間。
於此遍在之主恩德上師——
不住二邊之雙運金剛持前，我俯首。

在極愚癡和百惡之幽暗中漂泊徘徊，
輪迴的旅者於渴望獲得解脫的同時，
卻直接朝下三道的可怖無底洞而去。
爲令其能迅速輕易地在聖妙涅槃園林中找到安適，
我謹於此點亮有珠寶裝飾的圓滿講述之炬，
以便清晰闡明甚深意義之殊勝法道。

請您賜予加持，讓我能完成自己所開始之事，
使它的一切結緣都具有意義且利益無量眾生。

求取深密法道《空行心滴》前行修持之完整指導的具緣眾生們，來到將要傳授此一法教的地方。到達之後，應先打掃房間，並爲上師設置適切的法座，例如獅子寶座或珍寶法座。搭建一座具有遮篷和門簾的華蓋，且備妥燃香、花朵、燈組、金製或銀製的曼達等物作爲供養，全以優美的方式陳設且井然有序，再以燃香和音樂作爲前導，十足恭敬有禮地迎請上師。

聞法之人於身方面不應有以下不當的行儀，如：遮住頭部、攜帶武器、穿上鞋子等；於語方面應避免閒聊或大笑；於意方面，則應離於受世間八法和煩惱所影響的一切態度，例如存心對上師找碴或態度輕蔑等等。反之，應當端坐合掌，一心專注、不受干擾而生起大虔誠和大恭敬心，應當了知，要得遇如此之上師和聖法實屬不易，所以若能依上述規範而行，對行者將有莫大的助益。

諸位的行爲要恭敬，伴隨著謹慎和潔淨，並盡己所能的獻上物質供養[3]。爲了一切有情眾生之故、爲能請求法教，將各種有主物和無主物的供品佈滿整個空間，同時獻上自己的身體、

2 海生金剛持，the Lake-Born Diamond Bearer（藏文讀音 Tsokye Dorje Chang，威利拼音 mtsho skyes rdo rje 'chang），也就是蓮師（Guru Rinpoche，藏人對蓮花生大士的常用稱號）。

3 預備領受法教之前，應當沐浴清洗並更換淨衣，行為上則應當謙遜有禮且小心謹慎。

財物和所有過去、現在、未來所累積的福德。對於在場的任何一人，都不可存有貪愛、瞋怒或嫉妒，或縱容自己綺語閒談、議論他人相關的不悅之事，而要訓練自己持有淨觀。簡言之，要採納珍貴經藏和密續中所描述的正確功德，從不與殊勝的菩提心分離，並在上師跟前以合宜的態度聽聞法教。

若你身為傳法的上師，則應做好榜樣，潔淨自身且行止清淨；避免態度傲慢、鄙視，或任何對於名聞利養的欲望，尤其是對供品、尊敬、財物的貪愛，而應該要讓自心持續以無上的證悟為目標，心想：「我將為一切有情眾生而證得法眼，我將點亮本初智慧之燈，我將盡一切所能來確保佛陀的法教能長遠流傳。」觀想自己現為普賢海生金剛持[4]佛父母，跟前有數千萬計的天人、聖者、持明和其他眾生恭敬地坐在其前方。觀想自己的語為具有六十支妙韻的法音，遍滿整個宇宙，驅散一切有情眾生的無明黑暗，使他們獲得進入佛門所需的憶持不忘、無礙辯才和專注禪定。避免出現倦怠、昏沉、散漫的狀態，毫無意義的閒聊，以及暗指他人之過、言談毫不相干等等的過失。傳法的步調應當適中，既不過於悠閒也不過於急速，語調清晰悅耳，態度放鬆平常，時間長度合宜，期間不帶怒氣，如此一來，聞法者就不會變得疲累。你應當以此方式，並依循以下的指示為開端，請弟子生起菩提心且採納領受法教該有的正確行止。

讓我們生起以無上證悟為目標的發心，想著：「啊！一切有情眾生都曾經是我們的母親，他們的數量廣如虛空。為了度脫他們離開輪迴的大苦海，並盡己所能地將他們安置於無可超越的殊勝佛果，我們將如理如法地領受甘露般的聖法，且正確合宜地依循修道次第而修持各種的學處。」

當你聞法時，應當有的行止則如《本生鬘經》（*String of Lives*）所言：

坐在極低的位置上，
培養著自制的善德，
以欣喜的雙眼注視，
飲用甘露般的言語；
懷著清淨無染之心，
好比病人聆聽醫者：
奉上供養而來聞法。

應當依此而如理如法地聽聞，離於器皿的三種過失和六種染垢。

器皿的三種過失

聞法時不論你看起來是否專注，只要有昏沉、睏倦，心中隨念紛飛或散漫，你就如「倒覆之器皿」（覆器），任何的甘露雨滴[5]都無法承接。

---

4 普賢海生金剛持，the Universally Good Lake-Born Diamond Bearer（藏文讀音 Kunzang Tsokye Dorje Chang），意指與普賢王如來（Buddha Samantabhadra）法身無別而示現為金剛持（Vajradhara）的蓮師。譯註：藏文的 tso 可以用來解釋海或湖，所以「海生」也有人翻譯為「湖生」。

5 也就是法教的甘露。加註英文或解釋於後，希望有助於讀者更加了解內涵。

如果你每次聽完法教都沒有重複思惟以便更加熟悉，就會忘失法教，像個「底部破漏之器皿」（漏器），就算置於地上收集雨水，拿起來的時候也會全數漏光。

如果你受到煩惱所擾，再次聞法時便感到驕傲，就好比「盛毒之器皿」（毒器），或許能夠盛滿雨水卻根本無法飲用。

要避免這三種過失，而應當如《中品般若經》（*Middle Sutra of Transcendent Wisdom*，另譯《中品般若經兩萬五千頌》）所教導的：

合宜充分而聽聞，且憶念，如此我當予教導。

或者，換句話說：

合宜聽聞無煩惱，
充分聽聞嘴不撇[6]，
憶念之時底不漏。

六種染垢

《釋軌論》（*Well-Explained Reasoning*）中說道：

心懷傲慢而聞法、
缺乏虔誠、無意樂、

由於外在而散漫、
六根向內、心沮喪，
此等方式爲染垢。

此六種染垢爲：

1. 因某些可能具有的微小善德—例如自己的血統—感到自負而聞法；
2. 對於上師和法教並無眞誠的恭敬和虔誠而聞法；
3. 對於法道並無純正的誓言而聞法；
4. 由於外在因素而分心散漫而聞法；
5. 六根過度內縮而不起作用，以致無法了解上師所說明的字詞或意義而聞法；
6. 帶著悲傷且疲憊的心而聞法。

---

6 譯註：英文 the mouth turned upside down 意指由於覺得不以為然，所以撇嘴表示不滿。順帶一提，本書所指「藏文拼音」意思是藏文的威利轉寫（Wylie transliteration，現行採用的藏文轉寫系統），「藏文讀音」則為英譯者所採納的唸法，會依其用字而稍有不同；梵文則皆為讀音，並且省略上加或下加的符號。此外，本書英譯者顯然盡量少用藏文或梵文的名相，例如「補特伽羅」（梵文：pudgala，泛指有情、眾生或我）翻譯為 individual（個人），「三昧耶」（samaya，密咒乘的誓戒）翻譯為 commitment（誓言），「阿闍黎」（Acharya）翻譯為 teacher（上師），「金剛阿闍黎」（Vajra Acharya，藏音 Dorje Lopon，多傑洛本）則翻譯為 Vajra master（金剛上師）等，用意應該是為了讓讀者不會因不懂名相而卻步，故中譯本也順此趨勢，盡量以口語化的方式表達；不過有些用詞若是過於科普便難以顯示其深義，遇此情況則加註英文或解釋於後，希望有助於讀者更加了解內涵。

要去除以上染垢，並以《妙臂菩薩所問經》（*Sutra Requested by Subahu*）所描述的正確特質來聞法：

> 視宣説佛法的上師爲無價之寶。
> 視上師爲如意寶。
> 視法教爲極稀有。
> 將持有法教與思惟法教視爲極其殊勝且具大利益。
> 將思辨佛法的領會視爲百世難尋之事。
> 將那些放棄求取法教的人視爲拋下甘露而只能享有毒藥。
> 將那些聽聞且思惟的人視爲將可達成他們的目標。
> 諸如此類。

如此，帶著正確的發心和圓滿的正念，觀修如下：我們所在之處有著一切佛土的莊嚴和無邊善好的功德，此地之上則爲我們所在的建築物，它一點都不平凡，乃是以「虛空藏諸寶」（Jewels of the Essence of Space）[7]所點綴的大解脫宮殿（Palace of Great Liberation），且這座越量宮（immeasurable palace）是由本初智慧的自然光耀所顯現而成[8]，在比例和設計方面都極爲圓滿。宮殿中央，坐在一個珍寶爲飾的不壞法座（throne of indestructibility）與諸蓮之王花蘂之上的，是上師，總集過去、現在、未來一切諸佛的慈悲和事業於一身；其爲本智幻化遊舞之網（the net of the magical display of primordial wisdom）的體現，其事業是僅僅聽聞上師名號即可解脫輪迴和惡趣，他是輪迴和涅槃的唯一吉祥依怙主。觀想上師即為普賢海生金剛持的親現，與佛母雙運[9]。由上師口中流露出法教的字句，是由母音和子音所組成的音節，以光芒的型態呈現。

觀想聞法大眾之中的男子皆為身色黃中帶紅的文殊菩薩[10]，手持一朵烏巴拉花，其上立有一把劍和一函經文；在座聞法的女子皆為度母，身色為綠，手持一朵烏巴拉花。男女聞法者的耳朵皆為十六瓣的藍色烏巴拉花，法教的字句由此流入，輕輕地[11]融入到自心中的蓮花，驅散所有的無明黑暗。觀智慧之蓮由此綻放，得以清楚理解法義，並以總持不忘之力圓滿保任。

……………

以上為上師要求弟子依言聽聞的內涵。至於應該研思的指導內容，則概略分為兩大部分：如何依止善知識，此為道之根本；以及在依止善知識之後，如何在道上啓程前進。這兩大部分的第一大部分，又可分為三章：能依止的上師資格、能依止上師的弟子資格，以及如何依止上師。

---

7 「虛空藏諸寶」藏文拼音 mkha' snying nor bu。可意指日和月，使得宮殿中充滿光明。另外也可意指虛空藏菩薩讓一切事物變得優美的特別能力。

8 並非像一般的建築物那樣是以磚塊和灰泥所建，而是由光所形成。

9 關於海生金剛持的觀想細節，請見頁數 101。

10 Tikshna-Manjushri，藏文拼音 'jam dpal rnon po，無上聰慧或無比銳猛的文殊菩薩。

11 藏文拼音 sib sib，一種描述雨水輕柔滴落或雪花融化的表達方式。

第一部

道之根本

——如何依止善知識

能依止的上師資格

能依止上師的弟子資格

如何依止自己的上師

第一章

能依止的上師資格

愚稚般[12]的平凡眾生，無法以其自心的能力朝著圓滿之道的方向前進，甚至連茫然含糊地遵循都做不到，因此在依止上師之前，一定要檢視何謂具德的金剛上師。金剛上師乃是根本，讓我們於整體層面能正確涉入佛法，且於特定層面能如法依止法道。對於即將啓程卻沒有經驗的旅人而言，金剛上師是具有知識和經驗的嚮導；對於行經險處的人來說，乃是強而有力的護衛；對於想要渡河者，則是掌舵的船夫。若無金剛上師，我們什麼也做不到。關於這一點，無數的經書都曾再再重述。

在《樹嚴經》（*Sutra of the Arborescent Array*）[13]中說到：

一切智智乃依善知識之教言而得。

我們可在《般若波羅蜜多經》（*Transcendent Wisdom*）中看到：

希求證得圓滿佛果之菩薩，必先親近善知識，依止並且承事之。

又言：

若無掌舵人，
船不達彼岸。
若人雖具一切善，
無師難令存有盡。

那麼，一位善知識的資格爲何？在《大乘莊嚴經論》（*Ornament of the Sutras*，簡稱《莊嚴經論》）裡，描述了一般的資格爲下：

> 應當以如此之人爲師：其持戒、靜（寧靜）、近靜（極寧靜），
> 具有更勝[14]之功德、精進與文典學識；
> 對於經典有徹底瞭解且能善巧闡述，
> 充滿慈愛且對教學從不厭倦[15]。

如上所言，身爲上師者應當已然透過戒、定、慧三學而全然調伏自心[16]。他們應具有廣大的學識，是詳盡研修闡明三學要義經、律、論三藏的結果。他們應可毫無錯誤地見到事物的眞實樣貌，並結合經典的信實和理路，辯才無礙地對弟子傳達個人對實相的體驗。他們應對自己能否得到敬重毫不在乎，反而對深受痛苦眾生心生大悲。他們應精進且不畏艱苦地成辦他人福祉。他們應具有於困境中安忍的善德，對於一再重複地講解法教毫不厭倦。

---

12 譯註：藏文著作中經常會以孩童稚氣來表述凡夫愚昧，故將 childish 翻譯為「愚稚」。

13 譯註：此為《華嚴經》最後一品〈入法界品〉的別稱，另譯《樹王莊嚴經》，可能與藏文大藏經的佛經分類有關，參見「引用書目」。

14 更勝（superior），藏文拼音 lhag，意思是上師的學識應該優於弟子。

15 《莊嚴經論》第十八品第十頁。譯註：宗喀巴大師於《菩提道次第廣論》中說，我們應該依止的善知識要如《莊嚴經論》所云：「知識調伏、靜、近靜，德增、具勤，教富饒，善達實性、具巧說，悲體、離厭應依止。」

16 戒、定、慧三學能使人變得「調伏」（持戒，藏文拼音 dul）、「靜」（祥和，藏文拼音 zhi ba）、「近靜」（極祥和，藏文拼音 nye bar zhi ba）。

尤其，在《事師五十頌》（*Fifty Verses on the Teacher*）[17]中說到，已然圓滿金剛乘之道而堪爲上師者，應具有下述功德：

穩定、持戒、具才智，
安忍、無私、不狡詐，
通曉善用咒和續，
悲憫、通達各論釋，
徹底了解十眞如，
精通壇城之繪製，
善於解釋諸咒語——
此類上師極具信，且其諸根已調伏[18]。

金剛上師於身之行儀能謹愼而爲，故而穩定；於語之行儀能謹愼而爲，故而持戒；極爲智慧且具有才智；具有耐怨害忍（遭人傷害而安忍）、安受苦忍（面對困境而安忍）和諦察法忍（禪觀甚深實相而安忍）；對一切有情持有清淨且殊勝意樂，沒有偏私；也不會詭計多端地試圖隱瞞自己的過失，或假裝擁有所不具的善好功德；毫無狡詐，且能全然掌握自心；另外，他們善於使用咒語、物質、藥材，以行使息（平息）、增（增益）、懷（懷愛）、誅（誅伏）等事業，且精通密續的各種準則；具有迫切想令衆生迅速離苦的大悲心，遠遠勝於修持波羅蜜多乘者[19]（就無上咒乘的脈絡而言，以今日的濁世來說，此生是如此的短暫，因此上師致力於讓弟子即生證得金剛持果位。因修持波羅蜜多乘要經三大阿僧祇劫才能證得佛果，而修持下部密續者則要七世或十六世，一想到衆生受苦的時間如此漫長，上師就覺得十分不捨，並認爲必須以迫切的精進和極大的悲心將我們安置於無上咒乘之道上，由此可知他們對我們是多麼地慈愛和悲憫。）；他們也通達內明[20]的各種論釋，並非常熟悉十眞如[21]；他們也善於繪製彩砂壇城，及擅於向他人解釋密咒之道；他們極具信心，對整個大乘——特別是咒乘，有著極大的恭敬和堅定的虔誠；他們已調伏了身、語、意，根除對錯誤對境之分心散亂，所以能夠自在地掌控各個感官。

就如《大幻化網》（*Net of Magical Display*）裡說到：

穩定、持戒、具才智，
安忍、無私、不狡詐；
知曉善用密咒續，
精通壇城之繪製；
徹底說解十眞如，

---

17 譯註：《事師五十頌》由馬鳴菩薩所造，在漢譯大藏經中題為《事師法五十頌》。

18 《事師五十頌》第八頌和第九頌。譯註：參見菩曼仁波切中譯：「穩定具戒忍悲智，心直尊重無諂曲；明瞭儀範密根經，博閑經理諸論議。」及「契證圓滿十真如，善達事業曼達拉；能明密咒相論議，滿清諸根悉淨安。」

19 藏文拼音 phar phyin theg pa，以經教為基之性相乘（Vehicle of Characteristics）的另一個稱呼。

20 藏文拼音 nang rig pa，此處所指為不共的佛道，也就是金剛乘（the Diamond Vehicle）。

21 英文為 ten principles，藏文拼音 de nyid bcu，參見以下貢噶．寧波（Kunga Nyingpo）的引文。

於眾生予無畏施，
於大乘恆常悅意——
此人可稱爲上師。

貢噶．寧波上師[22]如下描述了十眞如：

壇城、殊勝之禪定，
象徵手印、動作、坐姿[23]，
持誦、火供、本尊供養，
各種事業與收攝——
眾人皆知稱爲十眞如。

除了上述資格之外，教導竅訣的上師所該具備的資格更是大爲殊勝，《阿底大莊嚴續》（*Great Array of the Sublime*）裡列舉如下：

博學、離於世俗行，
已達法性勝義要，
於所欲求不迷妄——
此乃密咒師表徵。

大上師尊[24]有言：

道之根乃金剛上師：

持誓言故行止淨；

因聞法故多嚴飾；因思法故能抉擇；

因修法故具煖兆、覺受、了證諸功德；

以悲心而垂念徒。

以上要點可廣見於其他經書、續典、竅訣中，且由遍知法王[25]取其扼要而成七重功德，解釋如下。

關於「第一重功德」，遍知法王是這麼寫的：

善巧方便、悲無盡，

具經續之如意寶，其爲眾生作嚮導。

離過失、圓俱善，

濁世師如佛親現。

以大虔敬爲頂嚴。

22 薩千・貢噶・寧波（Sachen Kunga Nyingpo, 1092-1158）為薩迦派創始者昆・袞卻・嘉波（Khön Könchok Gyalpo）之子和繼位者。

23 藏文拼音 gdan，也就是為了進行各種事業所展現的不同坐姿。

24 藏文拼音 slob dpon chen po，廣用來指稱蓮花生大士。

25 藏文拼音 kun mkhyen chos kyi rgayl po，所指的是袞千・龍欽・冉江（Kunkhyen Longchen Rabjam, 1308-1363）。

上師對於以極少艱難而能成辦廣大目標的法門相當精通，且具毫不疲厭之悲心，因此所利益的對象範圍自然無盡；對於善逝聖語之經續教導極具學識，以此為基礎建立廣博無瑕的見解，是佛法的廣大寶庫；能以無邊的事業來引導眾生不斷上進，因此能帶領眾生邁向解脫之道；斷除一切的過失，身、語、意方面皆不受惡行所染污；好比如意寶一般，已圓滿所有能成辦自他一切希求的功德。於此濁世當中，這樣的上師等同是佛陀親現，所以要懷著至上的虔誠而將他們作為頂嚴。就像《佛說一切法功德莊嚴王經》（*Sovereign Array of Sublime Qualities*）裡所建議的：

善童子，汝當依止博學、無妄、充滿悲心之善知識。

「第二重功德」如下：

自然圓滿諸善德，
種姓良好具慚愧；五根具足；
如此上師懷大慈、大悲以及大智慧，
相當博學且安忍，身語意皆已調伏。
個性善好且誠實，從無任何之欺瞞。
當以百倍之虔誠，視為願寶而頂戴。

因其「種姓」功德乃承襲於皇室或貴族之類的家族而來，因此相當重視自己的良心，會小心翼翼地避免做出任何令人感到羞愧的行為。由於累積了多生的福德資糧，因此果報為五根完整且圓滿。從小即生長在大乘家族，所以性情非常慈愛且悲憫。因精通勝乘，所以發心廣大且開敞。生來即具有大才智，在於累世的修學行止已然覺醒。由於少有二元分別的概念和煩惱，行為自制而安忍。又因廣求各類不同的法教，因此擁有多種的學問途徑。身、語、意自然受到調伏，其性格率直且沒有任何欺瞞的意圖。已然捨棄凡俗、邪見的方式而全然投入正確的行止。於《經部密意總集》（*Compendium of the Buddhas' Wisdom*，譯註：阿努瑜伽四根本續之一）中可見到如下的敘述：

種姓善好，心意柔和，內在調伏，
功德卓越，超然無執。
知識無盡，
智識極廣。
眞誠無欺，
安忍耐受，向來直率，
避免輕浮玩樂，不做庸俗事務，
從不焦躁散亂，依止蘭若靜處。
具足上述之人，堪受他人尊崇。

「第三重功德」如下：

令人尊崇之師，離於三有，

遠離家鄉，捨棄世俗之道。
於自他之財物少貪，思其無益，
於因果之法則具信，行善止惡。
捨離今生事物，成就長遠目標。
眞實擁有大乘，故能善巧利眾。
於此吉祥善妙之法主，加以檢視，
進而依止而不倦不止，絕不離去。

上師遠離了自己的家鄉，並且斬斷與故土的一切連繫。認識到輪迴的痛苦，所以捨棄了世俗之道[26]。因已領悟到食物和財物的次要，所以物慾甚少。深信因果法則，所以行爲能避惡趨善。之所以能成就遠大的目標，是因爲視今生的事物如無用的穀殼。精通大乘法教，所以知曉如何運用善巧方便來利益衆生。就像在《經部密意總集》裡所言：

此眾勇毅且大力，其已捨離自家園；
語出眞實行如法。
猶如萬獸王者獅，
徹底檢視諸事物；其善德無與倫比。
運用善巧之方便，護佑眾生免苦痛。

「第四重功德」如下：

善福上師具有廣大之智慧——
具足五明全面知識之範疇，
廣泛聞思精通義理之文意；
崇高見解行止超越諸責難。
經論雙全不作虛構或自創。
檢視徒心串習應機而教化。
依止敬重汝之菩提道嚮導，
具辨慧眼領汝至解脫寶島。

上師自幼即受各種藝術和科學[27]方面的訓練，因此相關的知識不受侷限。對於佛法入門特定聞、思的結果，故能領會一切法乘的文句與義理。尤其具有崇高的見解和行止，因此離於謬論與劣義。從不偏離經典和理路的指引，對於法教不會擅作推測或即興發揮。善於觀察弟子的根器，因此能引介合宜的法教。對於佛法與非佛法能明辨判斷，因此知曉如何根除魔障和歧途。如同《樹嚴經》中所言：

26 也就是只和今生有關的活動。

27 傳統上來說，這些藝術和科學（藏文 rig gnas）包括醫藥、曆算學、文法、邏輯、詩詞、繪畫、音樂和其他學科。密續上師所受的乃是最高等的教育，其文化素養也極高。譯註：古印度五明學分為大、小五明，大五明是工巧明、醫方明、聲明（語言）、因明（邏輯）、內明（佛學），小五明是修辭學、辭藻學、韻律學、戲劇學、曆算學，合稱十明。

吾等所稱善知識者，避免造惡而行善。
無誤傳授純正佛法，如理如法做修持。
具七聖財[28] 求取證悟，亦爲他人作引介。

「第五重功德」如下：

具正統口傳之加持，
能令諸前賢悅意，並具成就者傳承。
了證其師心寶藏，持有耳傳之竅訣。
觀見其師修持法，知曉如何成二利。
由於精進而修持，獲得如雲廣成就；
能轉他人之感知，引領行於解脫道。
經續法教已承傳，清淨持守諸誓言。
汝當頂戴此等博學成就之吉祥怙主。

之所以能成爲成就者傳承之持有者，在於所爲皆令自己的上師善知識歡喜。由於能深入上師如寶藏般的心中，因此具有耳傳（aural lineage）的竅訣。曾經觀見前輩如何修持[29]，以致知曉如何成辦二重目標[30]。能證得不同種類的成就，在於自身能持續精進修持。由於祖師大德的加持已然入心，因此具有轉變他人感知的能力，並且透過各類善巧方便的知識，引領衆生獲致解脫。自心相續和佛法已然相融之故，因此內在具足三寶。由於諸佛的加持，代代相傳的經續法教已然傳至自身。由於在密咒乘裡培植了廣大的善福，因此得以持守自己所領受的清淨口傳誓言。《幻化金剛續》（*Magical Display of Indestructible Reality*）裡說到：

> 研修諸多法教，具有廣大智慧，
> 於法所傳智慧，具有確切了悟。
> 不求物質利益，
> 對於艱難修持，甚少因而氣餒，
> 具有一切竅訣，得以超越道途[31]。
> 知曉弟子潛能，認出進展徵兆。
> 菩提心乃本具，懷有廣大悲心。
> 持有傳承，亦知如何成就所承傳之法教。
> 握有法教寶藏；具足加持之流。
> 自心續已解脫，精進利益他人。
> 此乃密咒乘上師之徵兆。

---

28 見附錄「詞彙解釋」之「七聖財」（seven noble riches）說明。

29 與修持相關的一切層面，包括如何備妥壇城等。

30 The twofold goal，包括自己的目標和他人的目標。譯註：又稱為「自他二利」。

31 字面的意義為「他們是離於道途的」，也就是說「他們並未陷入對道途本身之貪執中」。

「第六重功德」如下：

具有悲心之上師，引領眾生行道上，
已修菩提心學處，恆時所行爲利他。
已獲己師之加持，今加持他人感知。
見修行果皆體悟，具修持成就徵兆，
於惡怨力之障礙，具足大力能遣除。
善巧方便無上士，領眾行於解脫道，
世間無匹之莊嚴：應當恭敬仰賴之。

由於修學大乘的戒條，因此所作所爲皆能利益他人。因爲上師的加持已然完全融入內在，所以具有轉化他人感知的能力。了達實相之義，因此獲得「煖位」（warmth）的徵兆，也就是在見、修、行、果都已有體悟。已能掌握覺性的根本要點，所以能夠去除魔怨力（negative force）和障礙。知道如何運用神通，因此能影響並攝受那些具有邪見的人。精通善巧的助人方法，能引領眾生行於道上。就像我們在《無上定詮》（*Highest Expression of Truth*）裡面看到的那樣：

菩提心堅定，善巧諸方便，
具有已然了證究竟自性之徵兆，
持有大力量，不受作障者踐踏，

且因曾令己師悅意而受到加持——
此乃金剛上師者。

「第七重功德」如下：

教導勝義藏（究竟之本質）之師，
能令諸有緣解脫，使其入於甚深道，
引介內具之法身——此乃甚深道精要。
藉由甚深增益法，增長行者覺受和了悟。
依己至高之了悟，引領行者至本基——萬法眞實之狀態；
以善巧方便深道，轉化一切入於道。
持有諸多竅訣故，精於解脫徒心續。
此等能夠乘載行者今生渡過輪迴大河之船長，
此等能夠圓滿諸心願之君王般醫者，
乃爲諸眾之至尊，應以無比虔誠仰賴之。

具有無邊的悲心，因此與眾生建立的一切緣分皆具有重大意義。知曉不同法乘的漸進次第，所以可依眾生願求將之安立於解脫道上。另也知曉如何於道上從底端按部就班地向上爬，因此能夠勸誘中等根器之眾生修善。能藉由解脫道的甚深根本要點而爲中等根器者引介，使其直接見到自己內具的法身。透過能夠訓練行者善巧的甚深增益（enhancing）修持，使得殊勝的功德不斷增長而大放光彩。由於具有至高的了悟，因此能夠讓弟子生起對事物眞實樣貌的體驗與了悟。又因精通善巧方便的甚深道，故能將一切都轉爲道用。因持有許多不同的建言，所以能以巧妙的方式來解脫衆生的心相續。又具廣泛的洞見、學識和體驗，因此知曉如何根除障礙和歧途。由於已達了悟之頂峰，因此能夠解脫各種的心相續。《秘密如意殊勝續》（*Tantra of the Sublime Wish-fulfilling Secret*）中有言：

博學，勤於令他人悅意；
於勝義法富知識，
能轉一切入於道，精通解脫他人心，
善摧魔障與歧途——
此皆爲無可超越、根本必要之師的功德。

*****

與此類上師相反者，則稱爲「惡知識」[32]，是不應仰賴的對象。《事師五十頌》（*Fifty Verses*）裡對其有如下的描述：

缺乏悲心，脾氣暴躁，侵犯成性，
驕傲自滿，充滿貪愛，毫不自制，
吹噓自誇：此類人等，不應依止。

大遍知尊[33]又言：

惡上師具諸過患：誓戒誓言皆破失，
慈、悲、智、學皆稀少，
懶惰、漠然、愚且傲，
易怒、殘暴、五毒盛。
追求此生之關注，來生來世拋風中。
儘管所教似佛法，卻非佛法乃騙子。
此類師如穢物堆：
引來蒼蠅何其多，此等徒眾慎遠離。
其領信眾行邪道，一同前往下三道。
欲求解脫道之人，切莫依止此類師。

---

32 藏文拼音 skyon can gyi bshes gnyen，充滿缺失的朋友，與「善知識」（藏文拼音 dge ba'i bshes gnyen）相反。譯註：「善知識」的對應梵文 kalyana-mitra，意思是「善德友」（spiritual or virtuous friends），指的是正直、有德行而能教示佛法正道的朋友，「惡知識」的對應梵文 papa-mitra，意思則如此處英文所稱，為「受到種種過失所驅使的朋友」（fault-ridden friends）。

33 The Great Omniscient One，此為袞千・龍欽・冉江（1308-1363）的另一個稱號，藏文拼音 kun mkhyen chen po。

惡知識的悲心和學識甚微，他們壞失了自己的誓戒和誓言。內心充滿了五毒，非常懶惰、驕傲，容易惱怒又舉止粗魯。所追求的是今生的事物——徒眾、財物和名望；就算處於僻靜之處，也會被有如雨降的散亂行為和煩惱所淹沒，還把未來的生生世世丟向風中。他們批評所有跟他們不同的法教和人士。儘管能將佛法說得有模有樣，實際上卻把文字和意義都搞混了，不僅對其自心毫無幫助，還被人稱為騙子。即使吸引了一大群的弟子——那些福薄之人，就像是圍繞在糞堆旁的蒼蠅，他們也只會把那些欲取解脫且具信之人帶往下三道。因此，對這類上師，你必須離得遠遠地。如同盲人試圖引領盲人，勢必終將雙雙跌落懸崖。那些自大的愚夫吹噓在宣講佛法——實為枯乾文字——給自我中心的蠢蛋，也是一樣的情形：與其說是解脫後者的心，只會讓他們更加受縛於邪見的鐐銬，而背離了解脫道。同樣，《佛藏經》（*Sutra of the Buddha's Treasure*）中說道：

一般的敵人充其量只能奪走我們的性命、丟棄我們的身體，根本無法讓我們墮入下三道。然而，把我們引入邪道的愚癡者，卻能將原本希求善德的人帶往地獄而受困數千劫之久。若你真想知道為何如此，原因就在於他們用實有的性相來誤導眾生。因此，容我這麼說，比起殺害一切有情眾生，最大的惡業，莫過於透過教導某種帶領眾生走向歧途的教義。

由於這個時代之故[34]，去除上述過患、擁有一切良善功德的殊勝上師，如同花中之王優曇波羅[35]那般難尋。就算有情眾生有機會與這樣的上師相遇片刻，也會因自己的不清淨感知而只看見上師的過患——從當年提婆達多（Devadatta）看見薄伽梵[36]的過失至今，同樣的情形已經屢見不鮮了。此外，今日大多數的人都具有惡業和缺乏福報的共業（same store），因此會把善德看成是過失，把過失看成是善德。他們甚至把那些無論外顯或隱微層面都沒有絲毫如法的人，當作值得崇敬的對象，以此類推。眞的懂得如何檢視的人，的確少之又少。尤其是，以傳授事物眞實狀態的甚深法教來說，自身不具了悟的上師根本無法讓究竟的體驗和了悟在弟子的心相續中生起。因此，我們應當以此要點[37]做爲基礎，將那些擁有最多良善功德的上師視爲與佛無異。何以要連那些七重功德當中具足六重、具有大多數良善功德者視爲值得崇敬的對象，並且依止他們，原因可見於《趨近勝義》（*Approach to the Absolute Truth*）的描述：

因處鬥諍期，師功過參雜，
全無惡相者，諸師無一人。
謹愼作檢視，功德較多者，
身爲弟子眾，應當予信任。

---

34 也就是這個五濁惡世（degenerate age）。

35 優曇波羅花在佛法教導中被用來當作極為稀有的象徵。參見附錄「詞彙解釋」之「優曇波羅花」（udumbara）。

36 譯註：the Bhagavan，佛陀十號之一，意譯有德、能破、世尊、尊貴、出有壞。

37 該上師是否實際為已然了悟者。

第二章

能依止上師的弟子資格

《中觀四百頌》（*The Four Hundred*）裡有言：

無偏私、具才智，並且擁有意樂——
這類聽聞者，可稱爲適當的法器。

換句話說，弟子的心率直坦白，一點都不會偏私——對自己所屬的團體沒有貪愛，對他人所屬的團體也不排斥[38]。他們擁有才智，能夠分辨哪些是（應當採納的）眞實言語，而哪些又是（應當拒絕的）錯誤言語。他們對崇高的佛法有深切的興趣，對教導佛法的人則有極大的敬重和信任。這些爲基本的特質，此外，《本覺自顯》（*Self-Arisen Awareness*）中則另外列出了以下的特定特質：

其具信心力，以及大精進，
具有大才智，無執且無貪。
具有大恭敬，且修密咒法。
心離於妄念，因而不散亂。
持守諸誓言，精進於修持。
所行皆符應，上師之教言。

好的弟子擁有以下的信心：「淨信」（清晰的信心），就是對於上師和教言有著極大的喜悅和強烈的興趣；「欲信」（熱切的信心），就是渴求獲得修持的成果；「勝解信」（相信的信心），就是不懷絲毫疑慮的信心；「不退轉信」（至高的信心），就是不受任何低劣情境影響的信心。因此，他們已有完善的準備而隨時可以領受加持。對於成就無上正覺有著堅定穩固的決心，對於修持從不間斷且毫不拖延。由於具有能探究事物眞實樣貌之深義的才智和清明，所以能輕易獲得覺受和了悟。對於飲食或衣著等世間的歡樂或財物，只有少許的貪愛和執著。由於對上師和本尊有著極大的恭敬，因此隨時可讓加持進入敞開的心門。對於密咒道的疑惑和疑慮已全然清除，故能夠進行甚深的修持。由於心不陷入貪、瞋、癡所引的凡俗念頭，故不散亂。他們能夠持守承諾，從不違犯自己持受的根本或支分誓言。另外，對於修持甚深道毫不疲厭，也從不違背上師的教言。誠如大遍知尊所言：

善緣之弟子，信心智慧大，
精進且謹慎，正念又警覺。
不違背法教，持守誓言、戒。
身語意調伏，極悲憫、利他。
心胸亦寬大，喜悅且慷慨，甚具清淨觀，
安穩而牢靠，極具虔誠心。

---

38 藏文拼音 rang phyogs 與 gzhan phyogs，字面的意思是「自己這一邊」和「他人那一邊」。於此脈絡當中，「團體」意味著朋友或敵人，範圍可從家人、好友到整個國家，或是幾個國家所組成的群體。

具足上述資格的弟子，方爲可以允諾教導的對象，反之則爲惡劣的弟子。我們接著就來探討。

惡劣的弟子

對此，《本覺自顯》裡有如下的描述：

不作尊敬或恭敬，
舉止曲解密咒法，
無家世、傳承功德，亦無良好之性格，
才智極缺乏，
輕蔑慈愛心，
忙於無義事，
若不予檢視，此等之弟子，乃是師之敵。

遍知尊[39]又言：

換言之此惡弟子，乃爲過患之基地。
不具信且無羞恥，不正直又少悲心；
家世、氣質與舉止，皆映現劣福報。
其心意與諸行爲，深受五毒所宰制，

破失戒條且混淆，善、惡以及法、非法，
無法持守誓言戒，亦無方法可對治。
極其愚蠢缺才智，他人難令其滿足，
怒氣粗言更盛增。

此等依師之弟子，懷有五種錯誤想：

視上師爲鹿，法教爲麝香，
視己爲獵人，勤修爲射擊，
佛法成就果——視爲可交易。
無論今生或來世，皆因破戒而受苦。
或未先行檢視師，不假思索即開始；
起初新奇談師德，隨後卻又予批評。
或以兩面之手法，是爲欺瞞僞君子，
於師最親近弟子，欲以詭計凌駕之。
如上舉止之果報，投生無間地獄中。

39 此亦為袞千・龍欽・冉江（1308-1363）的稱號之一，藏文拼音 kun mkhyen。

如此劣福[40] 的弟子，猶如具諸多過失的器皿。他們具有以下的過失：信心極少，幾乎沒有慚愧心，對他人少有正直心或悲憫心。種姓[41] 惡劣，性格極差。惡行惡狀，福報甚少。心意和煩惱都甚爲粗重。破失戒條，對於善惡之行無法分辨。不持守誓戒或誓言。無法掌控自己的煩惱，也不知道要如何對治。沒有什麼才智，也很難以取悅。芝麻小事就能令其怒火中燒又大發雷霆。自然而然地勤行非佛法的事情。背叛佛陀，讓法蒙羞，還毀壞僧團。由於心中毫不寧靜，向上師求法時，會像獵人一樣傷害且鄙視所有的人。他們認爲：「這位上師具有諸多的過失，我只不過是從他那裡領受點教法罷了，在我眼中他和一隻動物沒有兩樣。」劣根性的弟子只想要在聽聞法教方面贏過別人，所以把法教當作麝香來看待。甚至在自己還未完整領受法教之前，就已經將它出售或外傳了——當作是施惠於他人，或棄之如敝屣，或僅爲了些微的回饋。這類弟子今生不會有好運，來世必然墮於下三道中，就如《三誓言莊嚴續》（*Tantra That Establishes the Three Commitments*）釋論中說明的：

批評密咒金剛上師者，
濫用佛法交易取財者，
雖知誓言卻不持守者，
此生苦於壽命短，
光彩善福皆衰損，
空行必當作懲治。
來世將墮三惡道。

一開始，師徒之間沒有彼此檢視就互相接納。接著，弟子出於新奇而獻上禮物表示對上師的恭敬，事後卻為了偶發的瑣事亂發脾氣，甚至口不擇言、粗野無禮。即使獨處，也會從雞蛋裡挑骨頭，並讓上師的親近弟子們感到沮喪氣餒。有些弟子於上師跟前，讚歎上師假裝虔誠，其實心中根本毫無敬信可言，私底下心懷狡詐，可說是唱作俱佳。由於上述情況，以及批評自己的上師，終將導致諸般惡果，如同《事師五十頌》中所講的那般：

誰將入怖畏地獄——
無間地獄和其他？
胡亂言師之過者：
此理已然善闡述，此人將常留彼處。

由於上述原因，師徒一定要先互相徹底檢視，切莫在深思熟慮之前就開始彼此間的關係。

同一頌文也指出：

---

40 藏文拼音 skal ngan，字面的意思是「運氣很差」，參見附錄「詞彙解釋」之「福報」（fortune）。

41 藏文拼音 rigs，此處的翻譯為「家族」（family），有著多種的意思，包括以種姓制度而言的地位、種族、階級、類別與潛力。就此處的脈絡來說，由於它也含有所屬修持家族的意味，因此它的意義不限於個人的父母家系。若說某位弟子屬於大乘家族，意思是他生而擁有開展菩薩功德的潛力；若說某人屬於聲聞家族，表示他目前只有證得阿羅漢果位的潛力。至於某人來自低劣家族，則清楚說明他在修持進展方面的潛力甚少或全無。

由於上師與弟子，
若破誓言罪等同，
勇者必當先檢視，
師徒彼此之緣分。

如果短期之間並不明顯，則如《釋續・金剛鬘》（*The explanatory tantra of the Diamond Necklace*）中所說的，他們就必須長期互相檢視：

師徒彼此之檢視，當以十二年爲期。

在透過灌頂或教導等方式結上法緣之前，必須要進行上述的檢視。然而，一旦領受了灌頂或教導，就算上師因犯下四種根本墮[42]而破失誓戒，這時才檢視上師、失去信心或做任何事情都不適當，唯有依然將他們視爲虔誠和恭敬的對象。如同所言：

若僅聞受一句偈，
但不將其視爲師，
將於百世生如犬，
猶如賤民遭人逐。

---

42 換句話說，就算他們破失了出家戒中的根本戒而無可修補，此根本戒即殺生、偷盜、邪淫、妄語。

第三章

如何依止自己的上師

在找到具有格上師之後，我們該如何依止呢？佛陀曾經教導，爲了讓煩惱的病症得以治癒，應該像病人仰賴醫生那樣而依止自己的上師。爲了使自己對艱難的畏懼得以免除，應該像一般的民眾仰賴國王[43]那樣而依止自己的上師。爲了逃離生死的狹窄隘道，應該像旅者仰賴嚮導那般而依止自己的上師。爲了成就個人和他人的福址，應該像商人仰賴大船艦長那般而依止自己的上師。爲了跨越輪迴的大河，應該像船上乘客仰賴舵手那般依止自己的上師。《樹嚴經》裡對此有如下的講解：

善童子，要將自己視爲病人、法教視爲醫藥、自己的勤奮修持視爲治療、善知識則視爲巧妙的大夫。[44]

善童子，要將自己視爲一般子民、法教視爲無所畏懼、自己的勤奮修持視爲能清除一切害己之事物、善知識則視爲國王。

善童子，要將自己視爲旅者、法教視爲可令人免於恐懼之護佑、自己勤奮的修持視爲能讓自己脫離各種危險、善知識則視爲勇敢無畏的嚮導。

善童子，要將自己視爲商人、法教視爲能聚集個人貨品之事物、自己勤奮的修持視爲獲利、善知識則視爲船長。[45]

善童子，要將自己視爲渡輪上的乘客、法教視爲渡輪、自己勤奮的修持視爲跨越大河到達彼岸、善知識則視爲巧妙的舵手。

以及：

善童子，在與善知識建立關係時，要將自己視如大地，從不因乘載重物而有所疲厭；有如金剛，任何不利的因素都無法使之改變；有如弟子，從不忽視上師所給的教言；有如僕役，遵從一切所受的指示；有如頭角斷裂的公牛，已然喪失覺得自己重要的感覺。

過去曾經教導許多關於依止上師的方法，此處依照《事師五十頌》[46]當中列出以下八項並加以說明：獻上供養、視師爲佛、實踐上師的教言、如何對待上師的財物和眷屬、在上師前如何行止清淨、以自己色身和言語來承事上師的特殊要點、去除傲慢，以及如何不堅持個人主張。

43 一位好國王會保護子民免於各種艱難，例如在審判或懲罰不公的時候，子民可求助於國王以獲得赦免。

44 譯註：《大方廣佛華嚴經》（八十華嚴）卷第六十「入法界品」第三十九之一：「善男子！汝應於自身生病苦想，於善知識生醫王想，於所說法生良藥想，於所修行生除病想。」（唐于闐國三藏實叉難陀奉制譯，以下同）

45 譯註：以上兩句：「又應於自身生遠行想，於善知識生導師想，於所說法生正道想，於所修行生遠達想；又應於自身生求度想，於善知識生船師想，於所說法生舟楫想，於所修行生到岸想。」

46 此章的所有引述，若未另外說明，皆是引自《事師五十頌》。

第一節 獻上供養

要將自己極難施捨之物——包括自己的孩子、配偶、身體和財富——全獻給上師，藉此來依止上師，這一點相當重要：

> 若說持續依止上師——
> 那位和自己具有神聖誓言者，
> 意味著要施予各種難施之物——
> 包括自己的孩子、配偶和性命——
> 關於施予自己的財富和受用，還需要再提嗎？

此外：

> 每日三次，懷著極大的虔誠，
> 合掌並供養花朵所成的壇城，
> 且於其蓮足前頂禮表示臣服，
> 以此來向教導你的上師表達敬意。

關於獻上由花朵堆聚而成的壇城，如果你本來就預備好一份，便如此供養，如果無法這麼做，就在心中謹記外、內、密壇城的特點並供養上師，一天三次。每次供養完畢，就頂禮三次。如同《金剛藏莊嚴續》（*Ornament of the Indestructible Essence*）中所說的：

具有智慧的金剛弟子，
所希求爲全然的安樂，
應當充滿虔誠和恭敬地獻上供養。
未能依照原先所想而獻供的人，
注定要下墮，
必然會投生在地獄道和餓鬼道中。

換句話說，如果不供養能令上師喜悅之物，或原本要供養卻事後不做，肯定會投生爲餓鬼或地獄道中。因此，弟子應該對上師獻上合宜的供養，上師則應爲了斷除弟子（對物質）的渴求欲望而必須收下供養。就像我們在《圓滿雙運續》（*Tantra of Perfect Union*）裡面看到的那樣：

若人供養己上師，
獻予珍愛之事物，
心中毫不帶期盼，
上師將悲憫納受，
爲斷除弟子執著，
以利他心而納受。

若能以此方式來供養上師，將等同恆時供養一切諸佛並令其歡喜那般，肯定會圓滿資糧[47]：

由於上師等同一切諸佛，
而且因爲你希求無窮盡者[48]，
那些令人悦意之最微小物，
都將變得極爲特別。
將它們獻予自己的上師：
如此的供養將等同
恆時供養一切諸佛。
透過供養自己上師而能累積福德，
藉由累積資糧而能獲致無上成就。

此外，《殊勝智慧續》（*Tantra of Supreme Wisdom*）中有這麼一段陳述：

相較於供養一劫中之一切諸佛，
若是對上師毛孔中之一根寒毛
僅僅抹以一滴油，
後者所堆聚的福德遠勝於前者。

其他典籍中也有相關敘述。

第二節 視師爲佛

金剛上師爲金剛持的親現，你必須以此認知而依止，毫無疑問或猶豫。就像我們在《密集根本續》（*Glorious Tantra of the Gathering of Secrets*）裡面讀到的那樣：

善童子，要將上師視爲一切善逝與菩薩的金剛不壞證悟心。若你想知道爲何如此，原因就在於上師和此證悟心是相同而無二無別的。

上師從金剛不壞的法身或證悟心中，生起報身，而報身又以化身的形式顯現[49]。然而，這些都不是衆生能以肉眼觀察到的，既然這種情況不會改變，上師就會不斷地以凡俗色身的樣子顯現，並且致力於利益衆生。

同樣地，《金剛藏莊嚴續》說到：

恆時虔誠的具信弟子，

---

47 福德（merit）和智慧（wisdom）兩種資糧。

48 也就是成佛的無窮盡功德。

49 也就是說，法身（the absolute body）和報身（the body of perfect enjoyment）具現在化身（the body of manifestation）之中。

要如何來看待上師呢？
上師就等同一切諸佛，
他們恆爲金剛持。

此外，

莫將上師和金剛持
當作是分別的個體。

所以，你應該視自己的上師爲一切諸佛的體現，而他們的眼睛、四肢等等爲八大心子[50]（地藏菩薩等），身上毛髮爲阿羅漢衆，頂冠爲五方佛部的諸佛，寶座爲世間的護法，從他們身上所湧出的光芒則爲無盡的八部神鬼衆——也就是那些受誓言所縛而成爲護法的「惡意」藥叉（yaksha，夜叉）、食香（gandharva，乾闥婆）[51]等，就如《金剛空行本續王》（*Diamond Daka*）裡所描述的：

其身自性爲諸佛總集，
四肢爲菩薩衆，
身上毛髮爲阿羅漢衆；
頂冠爲五方佛部諸佛；
寶座爲世間神祇；

所放光芒爲秘密主[52]——夜叉王。
其此等和彼等的功德，
乃行者所應恆時觀待上師之外相。

緣此，僅僅是踩踏到上師的身影，都有等同破壞一座佛塔那般的嚴重惡果。至於踩踏上師的所屬物品，例如鞋子、座位、衣服、馬匹、食缽和其他日常器具、華蓋、帳篷等等，也同樣嚴重，所以務必隨時謹慎而避免犯下這類的行爲：

由於畏懼不好的後果——
等同於摧毀一座佛塔，
絕不踩踏上師之身影，
遑論其鞋子、座位或坐騎。

---

50 佛陀最親近的八位菩薩弟子。參見附錄「詞彙解釋」之「八大心子」（Eight Great Close Sons）。

51 譯註：此處的英文直接翻譯為八類和大種有關的鬼靈（eight classes of elemental spirits），依照其所舉例而判斷為八部神鬼眾，也就是由四大天王所統領的部眾，分別為東方天王所領的乾闥婆（意譯食香鬼）、毘舍闍（意譯噉精氣鬼），南方天王所領的鳩槃荼（意譯甕形）、薜荔多（意譯餓鬼），西方天王所領的龍、富單那（意譯臭餓鬼），以及北方天王所領的夜叉（意譯勇健鬼）、羅刹（意譯捷疾鬼）。另外常見的八部眾則指天龍八部，分別為天、龍、夜叉、乾闥婆（又稱飛天）、阿修羅、迦樓羅（金翅鳥神）、緊那羅（執法樂神）、摩睺羅伽（大蟒神）。

52 秘密主為金剛手菩薩（Vajrapani）的另一個稱號，藏文拼音 gsang ba'i bdag po。

《金剛帳幕續》（*Vajrapañjara Tantra*）中也說：

> 愚蠢之人
> 踩踏上師雨傘、身影、
> 鞋子、座位或坐墊
> 將從人間墮於刀刃上。

有云，僅僅是踩踏到上師的影子，就等同犯了五無間罪[53]，將會墮入無間地獄中。因此，如果情況無可避免，你應該觀想自己正以金剛力毫無阻礙地在上師的下方滑行而過，同時念誦「嗡　班紮　貝嘎　克拉瑪　吽」（OM VAJRA BEGA KRAMA HUNG）[54]。依照密續所言，如此將可免除任何可能引發的過失。爲何這種行爲如此嚴重呢？這是由於對象殊勝的緣故，就像《經部密意總集》中所解釋的：

> 應知上師更勝於
> 千劫之中一切佛。
> 原因乃在一切佛——
> 一劫之中盡無餘，
> 皆因依止其上師而生。
> 若無上師爲引領，
> 將無諸佛，甚或無名號。

第三節 實踐上師的教言

對於自己上師所提出的要求，應當心懷喜悅和恭敬而爲之，這點相當重要的。若你做不到，不管是因爲你覺得不安——看起來與佛法相違，或是因爲自己無力照辦，要以不會讓上師不悅的方式適切地表達，並請求上師允准通融。自以爲不求上師允准而不做也不會有影響，是行不通的。有言：

智者乃以喜悅心，
盡力遵照師所言，
無力遵照所應行，
清楚稟報己難爲。

以及：

因此當盡一切力，
絕不違越師所言。

53 請見頁數 211 對「五無間罪」（the Five Crimes with Immediate Retribution）的說明。

54 譯註：關於咒語的念音，梵文之 vajra 發音接近「哇甲」，但大多藏人無法發出此音而通常會念成「班紮」，故此處亦用藏人的發音標出。讀者若有自己的上師，則請以上師的發音為主。

即使上師要求你做某些不合宜的事情，例如與佛法相違之事，你都必須謹慎考量上師如此要求的原因，以及為何通常該事是不被開許的[55]。接著，要不就照辦，要不就請求允准通融而不為，而且都要以不會讓上師不悅的方式來做。如果去做另外的事或不予聽從，都是不對的。就像《莊嚴圓滿輪》（*Display of the Perfected Wheel*）裡所說的：

遵從師言而為之，
即使所行乃不當，
將能獲致究竟果：
豈需再問其緣由？

第四節 如何對待上師的財物和眷屬

對待上師的所屬物品，應當視如己命般地珍視。對待上師的孩子、配偶及家人——也就是上師同等喜愛的對象，應當如對待上師那樣地恭敬。至於上師的侍者，則應當如對待朋友那般地親切溫暖：

上師財物如己命，
上師所喜如上師，
師旁之人如好友：
對此觀修恆省思。

《秘密等至續》（*Tantra of Secret Union*）裡有言：

貪圖上師財物受用者，
將兩劫於餓鬼道駐留。

以及在《迴遮敵軍續》（*Tantra That Drives Back Armies*）中可以看到：

於上師及師眷屬，
瞋怒怨恨令心煩，
將於無間地獄中，
受烹煮達無數劫——久如世界微塵量。

---

55 金剛乘的上師為何會這麼做呢？例如要求某位僧人飲酒，其原因可能是想要幫助他斷除對於所受誓戒和清淨持守誓戒的執著。在一般的情況下之所以禁止飲酒，是因為如果某人酒醉，便可能破失其他的誓戒。

第五節 在上師跟前如何行止清淨

身之行止

上師起身時，絕對不可猶如無事般躺著或坐著。千萬不要在上師跟前悠閒地四處躺臥。不可從上師的面前走過，除非獲得上師的允准或有特別的原因。在上師尚未到達法座之前，不可先行就座；如果上師直接坐在地板上，你就不能坐在位子上[56]。在上師面前不可把雙手放在臀部，身體也不可前後扭動或是靠在柱子上或牆壁上。在他們面前不按摩也不拉扯自己的手指關節。坐著的時候，絕對不可背朝上師，或把雙腿伸直，或用任何東西將頭部包起來[57]。在自己上師的面前，絕對不可毫無理由就攜帶棍棒或武器，也不要毫不留意地吐口水、擤鼻涕或咳痰。除非是像薈供等儀式場合或上師特別允准，否則就不能唱歌、跳舞或彈奏各種不同的樂器。

> 於上師跟前，
> 不坐上師床，不行於面前，
> 頂不結髮髻，
> 身不坐墊上，手不放臀部。

若師欲坐下，
則不躺或坐。
無論師所爲，隨時預備好——
起身圓滿行。
於己師跟前，
不吐沫等等，
坐時不伸腿，
不四處走動，亦不起爭執。
不按摩四肢，
不歌舞奏樂。
智者不扭身，
不倚柱等等，
不將指關節，猛折或拉扯。

---

56 甚至連坐墊也不可。

57 不過，如果頭部受傷則可以用繃帶包裹。

不過，如果情況是在夜晚，還是渡河之時，或路途相當危險，在上師的要求下，便可以走在他們的前面：

> 夜間、河邊或路途危險，
> 若經指示，則可行於前。

在《金剛藏莊嚴續》中有這麼一段陳述：

> 夜間、渡河之時，
> 或於岩石狹路中，
> 爲達上師所指示，
> 行於前方非過失。

此外，若從座位起身，應當彎腰欠身表示恭敬。如果心存怠慢而當作沒事，粗心大意且毫不在乎，這類的作法是不行的：

> 離座起身當低頭，
> 坐下之時當恭敬。

語之行止

在上師面前不應喧鬧嬉笑、閒聊八卦，也要避免妄語或謠傳、毀謗批評他人之事。就算那是事實，傳講之人將遭到非常不好的後果。爲何如此呢？這是因爲這麼做就等於公然冒犯上師、令師不悅，而就算是讓上師心感不悅僅僅一剎那，都將導致無邊的惡果。如同《三次第》（*Three Stages*）裡所說的：

> 於上師前不閒聊。
> 僅令一位凡夫怒，
> 即墮孤獨地獄中。
> 若違上師之所願，
> 無間地獄漆黑中，
> 受烹煮達十億劫。

意之行止

至於在念頭上，不能覬覦上師的財富和受用，對上師的侍者、弟子、功德主等也不可心懷惡意，因爲任何自私的執著都會讓他們不悅。上師可能會視情況而有柔和或忿怒的舉止，或以看似庸俗的態度來行事，但是，千萬不要將他們的話語和意圖混爲一談，認爲上師的作爲是錯誤的——就連最微小的行爲都不可如此觀待。同時，你也不該自行想像上師於不同時間所說的話或於瑣碎雜務所做的事有任何矛盾之處。就像我們在《智慧之成就》（*Accomplishment of Wisdom*）裡面看到的那樣：

於師所屬財物、追隨者及侍者等，
避免羞辱或覬覦。
上師諸般之行止，乃爲大幻化遊戲——
善巧爲利眾生故。
於師如海且無盡　智慧以及事業中，
莫以邪見覓過失。

第六節　承事上師的特殊要點

當你獻上洗濯水或爲上師按摩時，應該在開始前和結束後都要頂禮三次。此外，當你提及上師名號時，不應直呼名諱，應該要在前面加上讚歎的詞句，例如：「在大持明者的面前」或「至尊而高貴者」或「吉祥的上師」[58]。

爲師洗足或淨身，
擦身按摩或等等，
首先頂禮爲開端，

最末亦以最上禮。

表達上師稱號時，
於名前加上「尊前」（Your Presence），
爲令他人表敬重，
皆以尊號稱上師。

除此之外，要替上師備好座位，並合掌讚歎。上師到達或離開時，也要起身迎請或恭送。在《毗奈耶》（*Vinaya*，《律藏》）的經文中說到：

眼見住持來，即當起身迎。

在《百業經》（*Hundred Parables on Action*）中講到，如果未能如此，將五百世當中投生爲跛腳之人。反之，若起身承事上師，則將獲得各種大人相和隨形好，就像對《現觀莊嚴論》（*Ornament of True Realization*）釋論所指出的那般：

於師護衛或問候，將得輪相於手足。

58 藏文讀音分別為 Rigdzin Chenpo、Jetsun Dampa、Pelden Lama。

第七節 去除傲慢

例如在晨起時，應先請示上師今日該做之事，並在上師給予指示時，躬身合掌並專注聆聽。當上師交待完時，不可毫無回應就離開，而應回答：「我將遵旨而為」之後再行離去。當你完成交辦任務時，應柔和有禮地稟告上師：「囑咐之事已經辦妥。」

當你在上師身邊忍不住要咳嗽、打哈欠、打噴嚏，或是大笑時，要掩住嘴巴以免不雅。除非實在忍不住，就應合掌倒退離開直到遠離上師為止。

領受法教時，要以謙恭之姿坐著，不可有任何的傲慢、自大舉止，或吸引他人目光的行為。穿著合宜，且以跪姿並合掌請法三次。簡言之，要避免出現輕蔑藐視和漫不經心的行為，以及憂慮和疑惑的過失。舉止應該要像個新嫁娘[59]那般極為自制，並適當融合正念、正知和不放逸的態度來聽聞法教。

應向上師求忠告，
並言「我當遵旨行」。
毫不散漫且合掌，

聽聞上師所指示。
若需大笑咳嗽等，
以手遮掩自身口。
完成交辦任務時，
斯文有禮稟報師。
於師面前謙恭坐，
態度衣著皆合宜，
若欲領受諸法教，
屈膝下跪且合掌，
三反懇求而請法。

以及：

承事崇敬諸般事，
心不傲慢於所作。
羞慚敬畏以自制，
舉止猶如新嫁娘。

59 在傳統社會裡，剛結婚的新娘都要隱忍各種情緒而不能使丈夫或婆婆惱怒。

欲引他人眼光行，
師前皆須捨棄之；
檢視自身且捨離——
任何其他相似行。

第八節 不堅持個人主張的學處

當和自己的上師待在同一個區域內[60]，就必須先請上師針對如何進行開光儀式、給予灌頂、教導佛法、主持火供法會等等給予忠告，在得到上師允准之後方可爲之，否則就不該擅作主張。絕對不要在上師面前教導上師的弟子或你的弟子。於你的上師所在之處不要讓你的弟子因你起身離座、向你頂禮或表示恭敬之意。即使已經獲得上師允准而在上師所在之處給予灌頂等等，也應該將得到的全部供養皆獻予上師，在上師納受完他想要的物品之後，退還的部分你才加以使用。

開光、壇城及火供，
以及弟子各類之聚集，

若與上師所待處相同，
未獲開許皆不應爲之。

以及：

師之弟子非汝之弟子，
於師面前汝弟子亦然。
若其向汝欲表示恭敬，
起身、頂禮皆應當阻止。

以及這一段：

藉由「開眼」[61]所受任何物，
皆應全數供養予上師，
上師納受汝之供養後，
剩餘皆可自隨意使用。

---

60 意思是五十英里的距離之內（譯註：相當於八十公尺）。

61 藏文拼音 spyan' byed，意思是在繪製佛陀或本尊的塑像時，最重要的部分就是眼睛的描繪。而擔任「開眼」（點睛，Opening the Eyes）工作的人，通常都會因此收到一筆酬勞。

除此之外，當你有機會親自獻上供養時，要低頭且雙手奉上。從上師處領受任何物品時，也應該這麼做。

所供上師任何物，
上師所予任何物，
聰慧弟子獻或受，
皆以雙手且低頭。

另有說到，這類行爲應該伴隨著頂禮。就像我們在《圓滿雙運續》裡面看到的那樣：

無論供養或領受，
皆應首先予頂禮。

總體而言，要隨時保持正念和警覺，眞誠且不僞善地勤於依止善知識。如果自己的佛門兄弟姊妹舉止不當，要以樂於助人的態度向當事人指出錯誤之處，以免他們繼續造犯惡業。

自身行儀要精勤，
予以正念不忘失。
同門舉止若有誤，
應當善心互指正。

若因身體不適而必須躺下等等，但又無法事先獲得允准，只要你保持清淨、正確的態度，就不算過失。

如果有人因爲生病，
即使未獲開許而做出不受允准的行爲——
例如無法起身禮敬而承事上師，
若有正面態度便不會承受惡果。

總攝以上的扼要：

隨時勤於令上師歡喜，持續避免任何令上師不悅之事：
何需於此多贅述？
盡一切令上師喜，
避一切令師不悅：
此二應當勤奮爲。
「成就乃從上師來」，
金剛上師彼曾言。
知此且於一切行，
圓滿令上師歡喜。

《金剛藏莊嚴續》中亦有言：

一切善巧方便皆有賴
無上之師、金剛持有者。
盡一切行如法悅其意；
令師悅即令諸佛悅意。

對我們這些初學者來說，要視上師爲斷除一切過失、圓滿一切功德的聖者，實屬不易。當上師眞的就在面前時，強烈的邪思邪念可能會不由自主地浮現，我們或許會這麼想：「這位上師眞愛發脾氣，不但是個鐵公雞，而且只喜歡新人……」你必須阻止這類的念頭產生，要想：「這是不可能的，一切都是我自己不清淨的感知和觀待事物的方式所造成的。」[62] 應當立即遠離這種不恭敬的態度，或在四小時內，或至少二十四小時之內要做到。大遍知尊曾說到：

恆時安住於上師之善好功德，
莫思過失，甚或見任何皆視其爲功德：
「其肯定爲己所觀，因師乃無諸過患。」
眞誠思此，並以遠離和遮止做爲對治。

除此之外，若於夢中對上師的行止有不恭敬的念頭，醒來時必須立即隨之遠離，如同《莊嚴圓滿輪》裡所解釋的那樣：

若於夢境中，見師有過失，醒時即遠離。
未能遠離之，其將增長爲
令汝投生於無間地獄因。

如果聽到有人談及上師的過失，要盡力找到方法阻止，如果做不到，就摀住耳朵，並思惟上師的善好功德。對於這種誹謗上師之人，不應繼續和其爲伍或從容相處。就像《甘露源續》（*Source of Nectar Tantra*）中所說的：

若人批評金剛師，
靜忿諸法阻止之。
若己力有未能逮，
以正念將自耳遮。
不予相處或交談；
否則習以爲常後，
下三道中遭烹煮。

62 藏文拼音 bshags pa，相關的解釋請參見附錄「詞彙解釋」之「懺悔、離過」（parting），其正式的翻譯為「懺悔」（confession）。

今日，許多人都會談論所謂好狗的特質：不外是稱讚血統純正和吠聲宏亮，或是宣稱兇猛程度遠勝於最野蠻的肉食動物等等，有的人還會頌揚自己的牛馬等牲口有多麼優秀，並表示自己不知虧欠牠們有多少……。然而，若是講到教導佛法的上師有何卓越功德時，會想到自己上師所擁有的一切功德和所顯示的一切恩慈者，簡直是比白天的星星還稀少。現在就捫心自問，仔細想想：我們對待自己的上師，甚至比對待自己的牛馬狗都還不如；如此這般，要等到何時才能獲得成就呢？我們要思惟並憶念上師的善好功德，甚至不放過最細微的層面。想想上師的恩慈——就算只是他們所傳的一句經文、所給的一杯茶，或僅僅是個嘉許的表情……。如此思惟，不是一次，而是一而再、再而三地思惟，你的虔誠心將會增長。懷著此種態度，努力用各個不同的方式來讓上師歡喜：以物質供養來承事上師，將能圓滿二種資糧的累積；若以身和語來承事上師，將能清淨自己身語意的遮障；最重要的是，若以修持來承事上師，將能持有該實修傳承的法教。如此而為的利益可見於《彌勒菩薩所問經》（*Sutra Requested by Maitreya*）的描述：

> 當知，無論聲聞、獨覺、無上諸佛，所有圓滿解脫和本智見地的累積，此一切證果皆由圓滿依止善知識而生。彌勒，汝亦應知，有情眾生之一切利益與安樂[63]皆從自身善根而生，而彼亦從善知識而生。

《寶髻所問經》（*Sutra Requested by Ratnacuda*）中，則說：

天神之子，由依止且恭敬善知識之故，汝將見一切爲佛國淨土、得無上大悲禪定、恆時不離般若，能帶領有情眾生達至全然成熟之境，並圓滿成辦自身一切希求。

大遍知尊又言：

由此而能生，無偏清淨觀，
慈、悲、菩提心，學處皆精熟，
覺受和了悟，自然得增長，
於無盡領域，爲利他而行，
依佛法要領，成辦眾所願。

諸如此等——所有這些都在無數經文當中廣爲宣說。

以上關於如何依止善知識——其爲道之根本，已做完簡短的說明。

---

63 藏文拼音 phan bde，意思是暫時的利益和究竟的快樂，因此有時也翻譯為「快樂和寂靜」。

第二部

道之次第

——開始修道各次第的正行解說

第一部分：一般前行法

第二部分：二次第瑜伽的特殊前行法

第一支分：以四轉心修持來培植個人心相續之田的共前行

第二支分：種下甚深道五次第種子的不共前行

第四章

使人成爲合宜法器的

一般前行法

一般來說，無論行者是要進行哪個階段的修持，都應該選擇令人愉悅的僻靜處（蘭若處）來進行，此爲首要之務。該處不應有人們四處走動或嘈雜聲音干擾等影響行者專注的違緣。就像《禪定六法》（*Six Prerequisites for Concentration*）中所指出的：

如同少女腕上之手鐲[64]，
數量多則彼此爭不斷；
即使兩者也會相對抗：
因此我必須保持獨處。

因此，你不僅要放棄所有身、語、意方面的惡業和無記業（非善非惡），而且，直到你達到少許的穩定之前，假使某些善業對你的專注造成負面的影響，就應暫時捨下。一旦你有辦法遏止那些令人筋疲力盡的事務之流以及毫無意義的閒談和念頭，並且能信賴自己（在身、語、意）皆無專注方面的過失，此時就要發起確切的決心，全然地投入於修持之中[65]。爲此，重要的是謹記八種能根除五過失的對治法，此八斷行是將教言融入修持不可或缺的輔助。

《辨中邊論》（*Distinguishing the Middle from Extremes*）裡列出了這五種過失，如下：

懈怠、忘聖言、
掉舉及昏沉、
不作行、作行——
這些稱爲五過失[66]。

換句話說，這些過失的內容爲：

1. 懶惰，對修持並不熱衷；
2. 忘記那些和自己所觀修內涵相關的文字和意義；
3. 過度受到掉舉及昏沉的左右；
4. 當掉舉或昏沉發生時不使用對治法；
5. 已然克服掉舉或昏沉，卻過度應用對治法。

能遣除此五種過失的八斷行，在同一經文中描述如下：

欲（欲求或意樂）、勤（精進）、
信（相應之因）、安（相應之果）、
正念（不忘失禪定對境）、
正知（細想自己是否有掉舉或昏沉）、

---

64 少女的腕上若有一個以上的手鐲，就會發出不和諧的刺耳聲。

65 藏文拼音 mal' byor，梵文 yoga（譯註：音譯為瑜伽，字義為相應、合一），字面的意思是「與自然狀態雙運（或結合）」。

66 掉舉（藏文拼音 rgod）及昏沉（藏文拼音 bying）在這裡共列為一項過失。這兩種過失也可分別翻譯為散亂分心（或興奮激動或官能刺激），以及遲鈍困倦。譯註：不作行、作行的英文分別為 nonapplication 和 overapplication。

思（實際運用對治法來清除上述）、

捨（當以上皆平息時，保持狀態即可）[67]。

對治懈怠的斷行，分別為「欲、勤、信、安」：想要禪修的意樂（欲）、努力禪修以保持意樂的精進（勤）、生起意樂之因的信心（信），以及全然調伏而柔順之身、語、意的輕安（安）——也就是精進之果。對治忘失禪定對境的斷行：為不忘失文字和意義的正念；接著是警覺，檢視是否有掉舉或昏沉出現（以正知對治沉掉）；當它們出現時，實際運用對治來清除（以思對治不作行）；以及過度對治的時候，就讓它保持狀態而不再運用對治（以等捨對治作行）。以上共為八斷行。

對此清楚了解後，就在舒適平穩的位子坐下。依照身的根本要點，也就是毘盧遮那七支坐[68]，或其他舒適坐姿，並保持脊背挺直。除了某些時候必須採用一般或特殊的身體姿勢之外，你只要按部就班的依照指示來修持，千萬不要以平常的姿態坐著，也不要躺臥或倚靠在任何東西上。這麼做的原因是，身體彷彿是一座城市，脈好比其中的街道，脈中之氣就像馬匹，心識則如跛腳的騎士。如果行動受限，街口就會堵住，陷入其中的騎士和馬匹便無法移動。好比蛇類是用鱗片[69]來調整移動方向的，若是沒有人扭轉那隻蛇，鱗片就不會豎立；同理，除非身體被迫坐直，否則心就不會安靜。如果姿勢正確，心中便可生起了悟。這是往昔上師在甚深教言中所提到的首要之務。

接著，依序從右邊的鼻孔、左邊的鼻孔、雙邊的鼻孔排出濁氣，總共三次。每次呼氣時，觀想一切衆生從無始以來諸多生世所累積惡業、遮障、疾病、魔怨力和其他負面的因素，全都聚集在一起並透過呼氣沖刷而出，你感覺自己整個身體內部彷彿經歷一番徹底洗刷而變得清淨了。這就好比要將某些珍貴物質倒入容器之前，要先使其潔淨一樣。

其後，就讓心處於自然的狀態一陣子，當你建立了穩固且不受外境動搖的禪修基礎時，第一步就是要以熱切的態度發起菩提心，想著：「爲了利益遍滿虛空的一切有情衆生，我要修持此甚深之道。」

現在，觀想在你面前的虛空中，約於眉間（眉心）的高度之處，在充滿了燦爛光芒和彩虹光圈的廣界中，有個由八大獅子所抬舉的珍飾寶座，上面有一朵多彩的蓮花、日輪和月輪，而你的大恩根本上師就坐在上面，顯現爲海生金剛持的樣貌。身色爲清朗的藍色，由於具足佛的大人相和隨形好而顯得極爲莊嚴，身穿絲綢天衣並有珠寶作爲裝飾。雙手交叉執持金剛杵和金

---

67 譯註：此處括弧前為中文名相，括弧內為英文中譯；由於英譯的內容並未說明「信」、「安」和「相應之因、果」有何關係，故作以下補充。《辨中邊論》裡另有一句說到：「所依和能依便是因和果」，也就是意樂之因乃「信」（深信正定的功德），以意樂為「所依」而生起精進，此精進便是「能依」，精進之果則是「安」（輕安）。

68 參見附錄「詞彙解釋」之「毘盧遮那七支坐」（the seven-point posture of Vairochana）。

69 藏文拼音 yan lag，字義為「肢節」，此處指的是在蛇類底部用來調整移動方式的鱗片。蛇類除非受到強力扭轉，否則不會自行站立。相同的，為了創造正確的禪修條件，也必須使用強力的方法來促使身體採取適當的姿勢。

剛鈴，與措嘉佛母[70]雙運。佛母身色白裡透紅，赤裸，持有鉞刀和顱器，環抱佛父的頸部。佛父的坐姿為雙盤的金剛跏趺姿。觀想他擁有的是如幻的智慧身，顯而為空，思惟上師真的就在眼前，懷著大喜悅心來唸誦以下的觀想文：

面前虛空中，彩虹光明與光圈之廣界中，
珍寶獅子座，蓮花日月上，
乃吾根本師，具無比慈恩，
現為鄔金國之海生金剛持，
湛藍持鈴杵，圓滿報身飾，
與自身光耀所顯之大樂佛母雙運。
歡喜展笑顏，身放智慧光。
乃一切無盡皈依對象之精要體現。

接著生起強烈、渴求的虔誠心，將自己的上師視為佛陀親現，於胸前合掌而一心專注地祈願：

於上師前我祈願，
遍在法身上師前，我祈願：
請您加持我，驅散無明之黑暗。

於上師前我祈願，
圓滿報身上師前，我祈願：
請您加持我，能從內在放光耀。
於上師前我祈願，
慈悲化身上師前，我祈願：
請您加持我，了悟廣大如虛空。
於上師前我祈願，
珍貴佛陀上師前，我祈願：
請您加持我，任運成就二利益。

觀想由於你的祈願，上師不禁感動且喜悅，並以難忍的悲心來到你頭頂的上方。上師與佛母隨即化光融成大樂之精要，以一滴菩提心甘露的樣子從你的梵穴進入，並融入自心之中，你的身、語、意與上師的三金剛因此成為無二無別：

依吾虔誠力，上師感動且欣然，
現出喜不自勝貌，

70 參見附錄「詞彙解釋」之「耶謝措嘉」。

親至吾頂上，且如菩提心之雲（a cloud of bodhichitta），
賜予智慧陞座之灌頂（the empowerment of the enthronement of wisdom）：
令我於俱時了悟與解脫的廣大境界中獲得加持。

念誦且觀想之後，接著在不造作也不損壞的覺性狀態中平等捨安住。

這個修持對每一座來說都是相當重要的預備法（前行）。就減少法道障礙和令加持迅速進入而言，是相當必要的。

第二部分：二次第瑜伽[71]的特殊前行法

第一支分：以四轉心修持來培植個人心相續之田的共前行

第二支分：種下甚深道五次第種子的不共前行

***

第一支分：以四轉心修持來培植個人心相續之田的共前行

第五章：思惟人身之暇滿難得

第六章：思惟死亡與無常

第七章：思惟輪迴過患

第八章：思惟業報法則之因果不虛

71 生起次第（the generation phase，藏文拼音 bskyed rim）和圓滿次第（the perfection phase，藏文拼音 rdzogs rim），組成了所謂的正行（主要修持）。

第一支分：以四轉心修持來培植個人心相續之田的共前行

第五章

思惟人身之暇滿難得

本章有四個段落：

認明閒暇和圓滿的內涵、何以這些閒暇和圓滿如此難以獲得、
思惟獲得這些閒暇和圓滿的重要性，
以及思惟徹底善用這些閒暇和圓滿的必要。

第一節 認明閒暇和圓滿的內涵

珍貴的人身是獲致證悟所不可或缺的助伴，而它必須具備以下的圓滿條件：助伴的本質，也就是閒暇（freedom，自由），其爲八種無閒暇（lack of opportunity，無機會）的相反狀態；以及特定的五種「自圓滿」（individual advantages，個人的優勢）和五種「他圓滿」（circumstantial advantages，環境的優勢），前者好比嚴飾，後者則能使這些嚴飾顯明且增益。

八無暇

在《八千頌大疏》（*The Great Commentary on Transcendent Wisdom in Eight Thousand Verses*）中列出了如下八種無暇：

> 生於地獄、餓鬼、傍生，
> 生爲蠻夷、長壽天人，
> 具邪見、無佛出世，
> 愚鈍喑啞—此乃八無暇。

投生下三道的衆生，因痛苦太過強烈且身體方面太過不利於作爲助伴，以致沒有機會修持佛法。欲界的天神因貪愛感官的愉悅而分心散亂且少有醒悟；色界和無色界的天神則大多處於高度的禪定狀態，因此也沒有機會修持佛法。再者，就投生地方或條件而言，有些是該處未曾有佛出興於世；有些儘管投生於有佛曾經來到的世界，但卻生在佛法未曾傳及的邊境區域而成爲蠻夷；有些就算生在已有佛法傳佈的地方，卻懷有錯誤的見解（邪見），因此不相信有前世來生以及行爲導致業果之理，也不相信三寶；有些則生而完全愚鈍喑啞[72]，且才智不足以取善捨惡。

以上爲八種無暇的狀態。其中，生於下三道和長壽天爲非人的狀態，其他四種則是雖出生爲人卻沒有機會修持佛法的狀態。能夠遠離此八無暇，即構成了有暇，如同《虛空藏經》（*Sutra of Precious Space*）中所表示的：

虛空藏菩薩請問：「薄伽梵（Bhagavan），應如何看待此暇滿？」

佛答：「心中受到各種念頭的衝擊而散亂煩擾，稱爲『無暇』；心中念頭止靜且安適自在，稱爲『有暇』。」

在《般若攝頌》（*Condensed Transcendent Wisdom*）裡有這麼一句話：

離八無暇恆得閒。

---

72 此處的用字 dumb 有心智愚鈍和喑啞無法言語雙重含意。

十圓滿

五種自圓滿

生而為人、於中土，各種感官皆具足，

生活方式不相違，對於佛法有信心。

換句話說：

1. 以一般的狀況來說，要獲得人類的身體；以特定的狀況來說，則要：
2. 生在有佛法傳佈的中土；
3. 感官功能俱全，包括五根門等等，以便理解該要取捨什麼；
4. 生活方式不相違（正業），不會造犯五無間罪[73]之類的惡業；以及
5. 對於佛陀和聖法具有信心，前者為一切善德之源，後者為佛陀的殊勝言語。

由於這五種條件是在自身之中聚集，且它們對成就佛法來說屬於順緣，因此稱為自圓滿。遠離八無暇且具足五種自圓滿，是至關重要的事情。

五種他圓滿

佛曾出世、曾傳法、

法教長傳、有隨眾、

隨眾心善且利他。

換句話說：

1. 儘管佛陀之出興於世遠比優曇波羅花之出現還來得稀有，但在此時期確實有佛出世；
2. 這位佛陀曾經教導聖法，也就是解脫之道；
3. 他的法教未曾消失，且依然長存；
4. 尚有人們追隨並修持這些法教；
5. 此外，上述人們能夠以悲憫之心作爲其他眾生的嚮導。

由於這五種條件是在其他眾生的相續之中形成，且它們對成就佛法來說屬於順緣，因此稱爲他圓滿。我們可以在經中讀到：

「圓滿」的意思是要了知自心本性，如此心中便具有眞實之諦。

具足十八種有暇與圓滿的人身，是極難得到的：若能獲得，實遠比一位眼盲的乞丐找到世上最大的珍寶還來得令人驚嘆。緣此，當你在六道輪迴當中不斷漂泊而獲得這個珍貴的人身時，應該感到極大的喜悅，並全力以赴地修持聖法。一部教導暇滿人身的佛經中講到：

在輪迴中流轉且受到無明瀑流障蔽而眼盲的眾生，若想獲得人身——極大喜悅的根源，就好比盲人要在路口尋獲一顆珍貴寶石那般地困難。因此，要不斷努力，以成就殊勝的佛法。

---

73 請見頁數 211 對「五無間罪」的解說。

此外，大遍知尊有言：

吾友啊，要在輪迴六道中，
獲此猶如珍寶之精要的暇滿人身，是極爲困難的。
就如盲人找到珍寶庫那般，
要隨喜且成辦利益和安樂。

第二節 何以這些閒暇和圓滿如此難以獲得

本段有三個部分：從起因來看這些閒暇和圓滿之難得、從譬喻來看這些閒暇和圓滿之難得、從數量來看這些閒暇和圓滿之難得。

壹、從起因來看這些閒暇和圓滿之難得

概略而言，在一切有情眾生之中，人類的數量甚少，若以我們這個南瞻部洲[74]的世界來說，更是如此。而在具有人身的眾生中，有興趣修行的人可說是寥寥無幾。其原因就在於，行

善之人極少，而犯下惡行導致投生於下三道之人則為數眾多——事實上可說是數不清。而能充分持守戒律以作為獲得暇滿人身之引因（propelling cause）者，更是稀有。此即為人身之所以如此難得的原因，如同在《入中論》（*Introduction to the Middle Way*）[75]裡所確認的：

善趣唯自持戒來。[76]

若有人具有善趣之因，也就是戒律，而此乃唯一的善趣之因，且其伴隨無盡廣大的善業，再加上清淨發願[77]的力量，此人將獲得閒暇與圓滿。不過，要能累積如此大量的福德，相當罕見。就如寂天菩薩（Shantideva）所說的：

---

74 藏文拼音 dzam bu gling，梵文拼音為 Jambudvpa，參見附錄「詞彙解釋」之「南贍部洲」。

75 譯註：由於藏文英譯之後，會因語法不同而文句順序略有出入，甚或文意稍有差異，故而此段之後的引述，若有常見且比較近期之藏文中譯，將視情況提供以利讀者對照理解，例如《入菩薩行論》引用如石法師的翻譯，《親友書》引用索達吉堪布的翻譯，《寶鬘論》引用仁光法師的翻譯，《入中論》則仍以法尊法師的翻譯為主。

76 引述《入中論》第二品第七頌最後一句，並在引述時因語法所需而稍微修改了動詞。譯註：(1) 英譯版在單數名詞後增加了相關動詞所需的「s」；(2) 整段偈頌的內容為「若諸異生及語生，自證菩提與佛子，增上生及決定勝，其因除戒定無餘」（法尊法師譯，以下同）；(3) 此處整段英文的直譯為「一般人（common folk）和由語所生的聲聞者（speech-born Shravakas），安置在自證菩提之道者（those established on the path of self-enlightenment）和勝者之子嗣（Children of the Conqueror），他們最終的決定勝（final excellence）以及較為高等的投生，全都單單來自持戒」。

77 在堪布阿旺・貝桑（Khenpo Ngawang Pelzang，又稱阿格・旺波尊者）所寫的《普賢上師言教導引》（*The Guide to The Words of My Perfect Teacher*）中指出，戒律為獲得閒暇之因，善行為獲得圓滿之因，而這些主因必須與輔因相連，也就是清淨的發願。

然而，照我現在這麼做，
會讓自己無法再獲人身！
一旦失去我的珍貴人身，

我的惡業成多而善則無。
此時就是我行善的時機，
但如果我未能修持善德，
於惡趣中悲苦不知所措之時，
我的命運會如何、又該怎麼辦？[78]

貳、從譬喻來看這些閒暇和圓滿之難得

具有暇滿之人身究竟有多難得，怙主龍樹菩薩（Nagarjuna）曾如此譬喻：

要在投胎為野獸後再轉生為人，
遠比一隻烏龜在廣大的汪洋中，
恰巧遇到漂浮其上的軛孔還難；
因此，王啊，請謹記聖法，讓你的生命能結出果實。[79]

《入菩薩行論》（*The Way of the Bodhisattva*）中則有此言：

> 此即爲何佛陀聖主如此宣說——
> 譬如大海上漂浮著一只牛軛，
> 而龜頸恰巧能穿入軛孔之中，
> 這樣的人身實在難以獲得啊！[80]

佛經中對此的描述可見於《花品》（*Flower Chapter*）中：

「薄伽梵出興於世，實爲難得。得生爲人且獲致圓滿之閒暇者，亦實爲難得。舍利弗，且以此例爲汝講述，若此大地轉爲一片汪洋，中有一單孔牛軛和一盲龜。於彼巨大之海上，吹起一陣稱爲『上漩與下漩』（up-draughts and down-draughts）之風。該盲龜百年方浮出水面一次，而或有人言，此百年浮出水面一次之盲龜可能將其頸穿入疾速浮動之單孔牛軛中。然若墮於惡趣之後復生爲人，則非如此：已墮惡趣者，欲得生爲人，甚難矣。」

---

78 《入菩薩行論》第四品第十七和十八頌。譯註：「憑吾此行素，復難得人身，若不得人身，徒惡乏善行」以及「如具行善緣，而我未為善，惡趣眾苦逼，彼時復何為？」（釋如石法師由藏譯漢，索達吉堪布依據藏文修正並加以抉擇，以下同）。

79 《親友書》（*Letter to a Friend*，另譯《龍樹菩薩勸誡王頌》）第五十九頌。譯註：「大海漂浮木軛孔，與龜相遇極難得，旁生轉人較此難，故王修法具實義。」（索達吉堪布譯，以下同）

80 《入菩薩行論》第四品第二十頌。譯註：「是故世尊說：人身極難得；如海中盲龜，頸入軛木孔。」

如果單只是獲得人身就已如此困難，更何況是享有閒暇、圓滿和聖法呢？正如我們在《入菩薩行論》中所看到的：

佛陀出興於世，
眞正具信且獲得人身，
具有向善習性：這些都屬稀有：
它們何時會再度來到我身上呢？[81]

《寶髻請問經》裡也說到：

見到世間之導師[82]，實屬不易，
聞其宣說寂靜法，亦屬不易，
投生爲人具暇滿，甚難，
恆求戒律和信心，亦難。

參、從數量來看這些閒暇和圓滿之難得

在不同類別的衆生之中，處於下三道（惡趣）的衆生之數，就好比大地微塵般那麼多；處於上三道（善趣）的衆生之數，則僅如手指甲上的微塵般那麼少。在下三道的衆生之中，

數量最少的就屬動物，然而，那些住在地底、大海中的動物數量卻是不可思議之多，散居各種不同地方的動物則充滿在高山、大地、山谷和大氣之中，處處皆有。如此想來，便可得知若要生爲天或人實際上有多麼不可能。佛陀在《律分別》（*Transmitted Distinctions Regarding the Vinaya*）[83]中是這麼教導的：

> **諸比丘，且觀惡趣之眾生：其後欲得生爲人，難中之難也。**

即使幸獲人身，其中投入於聖法者幾希矣。至於其中得遇無誤的解脫道者，更是少之又少，因爲大多數人都受到業障的宰制和惡魔的欺瞞，以致許多人都進入了錯誤和劣等的道途之中。於《樹嚴經》裡有這麼一段陳述：

> **值遇圓滿佛法，難中之難也。**

此外，連僅剎那能思及：「我欲行善」這樣一個具有福報的念頭，都屬不易。如此的念頭實乃透過佛陀的悲心而來，就像要在漫漫長夜裡出現很多次的閃電那般不易。如同《入菩薩行論》中的說明：

---

81 《入菩薩行論》第四品第十五頌。譯註：「如值佛出世，為人信佛法，宜修善稀有，何日復得此？」

82 引導者、嚮導，藏文拼音 'dren pa，也就是佛陀。

83 譯註：《律分別》是律藏的經典之一，漢譯大藏經稱為《根本說一切有部毗奈耶》。

好比烏雲暗夜中，
忽有雷電明亮顯，
同此稀有依佛力，
世人善念暫萌生[84]。

目前你之所以能獲得如此稀有的人身，又能心向佛法，此乃由過生中培植福德而來。因此，當你已具如此難得之圓滿色身爲助伴時，應當思惟：「爲了獲得長久的安樂，我必須盡己所能地成就神聖且圓滿的佛法。」

第三節 思惟獲得這些閒暇和圓滿的重要性

本段有三個部分：思惟這些閒暇和圓滿如何成爲成就利益和安樂的助伴、思惟行者可以獲得的超凡特質、思惟行者能夠經得起多少得失。

壹、思惟這些閒暇和圓滿如何成為成就利益和安樂的助伴

如果你正在納悶，想著爲何要獲得如此難得的人身？其原因乃在於如此將有極大的利

益。暫時來說，不僅能輕易成辦善趣的一切安樂和圓滿，也能成就小乘之涅槃和無上證悟。然而，若未獲此人身，除了無從獲致輪迴中的任何快樂之外，更遑論要達到解脫。如果能從最微小的善行開始做起，只要全心全意投入於聖法之中，便能獲得投生善趣與決定勝（ultimate excellence，究竟之殊勝）等多重的圓滿功德。如同《寶鬘論》（*Jewel Garland*）[85] 中所說的：

若能恆時修持佛法，
你將能令整個世界
以及自身安樂，
而此都將於眾有益。
由於擁有佛法，總是快樂入睡，
並且開心醒來。
內在將無過失，
因而即使夢中，也能見到善德。
全心恭敬雙親，
尊崇傳承法主，

84 《入菩薩行論》第一品第五頌。譯註：「猶於烏雲暗夜中，剎那閃電極明亮，如是因佛威德力，世人暫萌修福意。」

85 譯註：藏譯另譯《中觀寶鬘論》，漢譯大藏經則稱為《寶行王正論》。

財物善加利用，安忍且慷慨布施，
言語柔和，避免毀謗，口說眞諦——
一生當中如此持守，
你將達至帝釋之位，
且能一再生爲帝釋。
點滴逐步成就佛果。[86]

此外，我們在《樹嚴經》中也可以看到：

善種姓之子，
任誰具暇滿，
佛陀法教雨，
將傾盆而降，
其他之利益，
亦可得無盡。

貳、思惟行者可以獲得的超凡特質

當釋迦牟尼佛證得大徹大悟時，他所擁有的助伴即是此南瞻部洲之人中尊（the Lord of

Mankind）所擁有的，也就是暇滿人身這個殊勝的助伴，故而他被稱爲「天人師」。《現證菩提經》（*Sutra of Manifest Enlightenment*）裡有這麼一段說明：

他（佛）並非在天道獲得證悟，這是因爲天神對自己的居處感到自負而無法清晰了悟眞諦，因此，在知曉唯有人道具有暇滿的圓滿功德後，他便前往迦毘羅衛城[87]而去。

法教中有言，密咒乘的究竟目標[88]也是要透過人身爲助伴才能迅速成就，如同某部續典中講到的：

具人身者若精進，
修此勝妙如王密咒乘，
將能即生獲成就，
豈需言及依此修持可獲之大力。

---

86 譯註：《寶鬘論》第二七九至二八二頌：「如此恆修法，自與諸世間，心得喜悅者，即以此為佳。由法睡時樂，醒時亦安穩。由內無過咎，夢中亦見樂。虔誠孝父母，敬事族姓尊，善受用忍施，軟語無離間。實願盡壽行，感得天王已，後仍為天王，故應修彼法。」（仁光法師譯，以下同）

87 迦毘羅衛城（Kapilavastu），釋迦族的王城，即將成佛的悉達多太子之父母宮殿所在處。

88 藏文拼音 gsang sngags kyi de kho na nyid，意指密咒乘中所要了悟的究竟自性或本然狀態。

參、思惟行者能夠經得起多少得失

既然已經獲得這艘暇滿之船，就可仰仗它來跨越輪迴的大苦海。這個好不容易贏來的人身——它的本質就像是我們為了長期目標而希求獲得的珠寶[89]——若能對於擷取其精要[90]之法極為聰慧且嫻熟，將可具有極大的利益，遠比乞丐尋獲一只如意寶來得大。如果未能善加利用，損失之慘重將遠遠超過雖曾達至金銀島卻空手而返。就如月官菩薩（Chandragomin）所說的：

既已獲之，便能達至生之海盡頭。
因其益於播下無上證悟、善德之種子，
故其功德遠勝於如意寶。
豈有獲此人身卻不令其結果實者？
我們在《入菩薩行論》中可以看到：
善用此一人身舟。
令已脫離苦汪洋！
此器往後將難獲。
現下既有之，汝此一愚者，莫用於歇眠！[91]

故當以此思惟，想著：「如今我已獲得如此珍貴的人身，而且還跟隨殊勝上師並修持甚深教言，是多麼令人喜悅啊！我必須盡己所能地徹底善用之。」

第四節 思惟徹底善用這些閒暇和圓滿的必要

本段有三個部分：思惟必須想盡辦法精進修持佛法、思惟守護自心的必要——心爲佛法之根本、思惟殊勝人身的善好特質。

壹、思惟必須想盡辦法精進修持佛法

既然已經具足一切的理想條件，獲得如此難尋的閒暇和圓滿——一旦獲得便至關緊要，也未受到健康等等的問題所擾，亦非受制於他人的威權之下，同時更是個獨立自主的人，那麼，就應該勤於採用可以善用這些暇滿的方法，這一點相當重要。若不致力於此，比一位費盡千辛萬苦終於到達金珍寶之島卻空手而歸的航海家還要愚蠢得多，就如《大悲白蓮經》（*White Lotus Sutra of Compassion*）裡所指出的：

---

89 藏文拼音 gtan 'dun gyi nor bu，意指為了長期投資或安全保障而想獲得的東西。

90 藏文拼音 snying po len pa，字義為「擷取其精要」。

91 《入菩薩行論》第七品第十四頌。譯註：「依此人身筏，能渡大苦海，此筏難復得，愚者勿貪眠。」

要贏得沒有八種無暇的圓滿閒暇，幾乎是不可能的事情。因此要加以留意並勤於修持，以免事後悔恨。

我們在《入菩薩行論》中也可以看到：

此刻獲緩刑，
若未能修善，
豈能更蠢之？
叛己莫過此！[92]

貳、思惟守護自心的必要——心為佛法之根本

整個佛法端看此心，此心則有賴於珍貴的人身；它們之間有著能依和所依的相依關係：心為佛法之根本，閒暇和圓滿則作爲助伴或輔助。由於這個原因，我們唯一所需做的就是調伏自心，如同龍樹菩薩所建議的：

至關之要點，調伏自心也——
心爲法之本，故佛如是言。[93]

此外，大遍知尊有言：

佛法有賴於此心，
此心有賴於暇滿，如是相依。
既然眾多因緣皆已聚合，
調伏自心——此乃佛法大要點。

這輩子不斷出現及未來世將會出現的恐懼和貧窮之苦，都是曾將自己珍貴人身用來縱溺於毫無意義散逸的負面後果，而善趣和決定勝的一切安樂和善德則完全來自不虛擲此閒暇與圓滿。就如我們在《樹嚴經》中所看到的：

善種姓之子，彼等流轉輪迴者，從未能有如此難得之閒暇與圓滿作爲色身嚴飾，此乃因其跟隨惡友[94]，故而持續不斷投生且受痛苦之火所折磨。然而，吾藉思惟此無上閒暇[95]，已從輪迴徹底解脫。汝亦當如是而爲。

---

92 《入菩薩行論》第四品第二十三頌。此處的「緩刑」（reprieve）所指的就是「閒暇」。譯註：「既得此閑暇，若我不修善，自欺莫勝此，亦無過此愚。」

93 《親友書》第一一七頌（後兩句）。譯註：「汝當調心世尊說，心乃諸法之根本。」

94 藏文拼音 mi dge ba'i bshes gnyen，與「善知識」（藏文拼音 dge ba'i bshes gnyen）相反。

95 也就是珍貴的人身。

參、思惟殊勝人身的善好特質

透過聞、思、修所構成的聖法殊勝門（the excellent door of the sublime Dharma），行者將可調伏自己的心相續、鼓勵他人行善，並且披上解脫的大盔甲。如此而為，即是我們所稱的「聖者之大勝利幡」（great victory banner of the Sages[96]）。無論行者顯現為在家相或出家相，此勝利幡所指的並非僅只是個人的穿著風格，而是精進勤奮。此等精進乃是「珍貴人身」的決定要素。我們在《室利笈多所問經》（*Sutra Requested by Shri Gupta*）中可以看到：

吉祥笈多，若有人以聽聞眾多法教、思惟法教意義、禪修不帶煩惱而作研修，此外更鼓勵他人亦如此而為，此人即是包含聖剎在內之世界中的極善者。此即吾等所稱徹底善用此閒暇與圓滿。此即吾等所稱之珍貴人身。

若能深切思惟人身暇滿有多麼難得，將獲得無盡的修心利益，而此利益或可摘要如下：（1）了悟到今生所有的事務都毫無意義，所以不再為此汲汲營營。（2）能將念頭放在未來的生生世世，所作所為都不會違背業行果報之法則。（3）精進心會變得熾燃如火，能勤於規律的聞、思、修。（4）由於捨棄那些受制於惡業的不適當友伴並總是修持善行，而將追隨善德而行。（5）能捨棄對輪迴享樂的慾望，故不會浪費自己的閒暇[97]，並且於臨終時，將懷著喜悅之心離去。（6）能讓自己脫離貪婪之魔並累積布施（此道糧），無論投生何處都永遠不會窮困。（7）對財富沒有執著，故而知足，且身、語、意也因而與佛法契合。（8）你將了悟一切皆無任何實義，進而斬斷執著的糾結。（9）認識到萬法皆爲無常，不會因爲衝突而煩擾，且將自然而眞誠地具有善德。（10）明瞭到並無眞正必要的事情，世間八法之牆因此崩塌。（11）藉由如理如法地修持佛法，你將在解脫道上得到引導並迅速成就佛果。

總之，要徹底思惟此珍貴人身的善德，因爲它是如此地難尋，且一旦獲得又如此具有利益。要了解，所有侷限於今生的顯相和感知，都如睡眠當中的美夢和噩夢那般短暫且毫無實質，應當捨棄之。接著，爲了成辦自己的長期願求——也就是那些對未來生生世世具有重要性的願求，你必須現在就迅速將心力都放在徹底善用這些閒暇與圓滿之上。如果未能如此努力，就算外表看來具有人類的模樣，事實上卻與動物無異，只是「僅具人身之軀」——儘管未死卻已是行屍走肉，雖未被魔靈附身卻精神錯亂，看似還在呼吸卻了無生氣。這是大上師尊對賈瑟．拉傑的建言，可見於《誓言金鬘》（*Golden Garland of Pledges*）[98]：

> 投生善趣，一般而言乃十分罕見，
> 但若相較，珍貴人身則稀有更甚。

---

96 藏文拼音 drang srong gi rgyal mtshan chen po，「聖者之大勝利幡」（大聖者所指即為佛陀），和「教義之勝利幡」（藏文拼音 bstan pa'i rgyal mtshan）是一樣的，後者用來描述三法衣：穿著僧袍的佛教徒被稱為「揚舉教義之勝利幡」。然而，敦珠仁波切於此處是用這個名詞來指稱任何真正修持佛陀法教的人。

97 藏文拼音 dal，也就是具有可修持佛法的閒暇。

98 此為伏藏法，由蓮師給予賈瑟．拉傑（Gyalse Lhaje，即 Prince Murub Tsenpo 牟如贊普王子，King Trisong Detsen 赤松德贊王的次子）的法教，其後由賈瑟．拉傑的轉世取出。

即使得之，幾乎不可能又獲佛法。
吾語之子，切莫棄暇滿而空手歸。

此外：

如優曇婆羅花，難以一再獲得，
好比如意寶珠，得之如此有益：
如今唯此一次，所有條件具足，
善用一切心力，超越輪迴存有。

如果擁有舟筏，就該跨越大河。倘若擁有精銳部隊，就該擊潰敵人。要是水份、肥料、氣候、濕度條件俱全，就該盡所能地播種。要思惟：「過去，每當我獲得這個能讓我成就超凡目標的合宜助伴時，總是白白浪費了；如今，與其任由這些閒暇與圓滿被我糟蹋，若不盡力而爲地眞誠修持聖法，以便滋養和預備我在未來生生世世當中的存活，我寧可去死。」想著：「珍貴的上師，我如此信任您，請讓我實際能如此而爲！」並發起強烈的虔誠和堅定解脫的決心，一心一意地如下祈願：

南無。
三時諸佛菩薩的吉祥體現，
具有智、悲、力之尊，

當今唯一皈依處，恩慈上師尊主，
請於我頂上的大樂輪中無別安住。
珍貴的上師前我祈願，
無比恩慈的尊主請賜加持。

這些暇滿是如此難尋：
願我徹底善用此重要人身。
珍貴的上師前我祈願，
無比恩慈的尊主請賜加持。

第一支分：以四轉心修持來培植個人心相續之田的共前行

第六章

思惟死亡與無常

本章有三個段落：
思惟死亡之無可避免、
思惟死期之不可預知、
思惟死時之無有救度。

第一節 思惟死亡之無可避免

本段又分三個部分：從世界和衆生的概況來思惟死亡之無可避免、從金剛身等等來思惟死亡之無可避免、從探究不同案例來思惟死亡之無可避免。

壹、從世界和衆生的概況來思惟死亡之無可避免

如果這個具有暇滿又極爲難得的助伴，一旦獲得之後就能永遠不死，那就沒事了。然而情況並非如此，它不僅不恆常——還差得遠，而且我們都必定要死。雖說每個人都會這麼想：「我終將會死」，但直到死亡的前一刻，依然認爲自己來日方長、希望不用面對死亡。由於這種錯誤認知的蒙蔽，他們受到今生事務的煩擾而蹉跎光陰，對於那些應該要爲來生作準備的事，一再拖延、總是怠惰。這就是我們必須觀修無常的原因。如同《無常義譚》（*Discourse on Impermanence*）中所說的：

一切生者前，
死亡正等候，
吾人亦難免。
故今起修法。

概略來說，我們視爲世界的事物，整個情器世間，都是僅由因緣和合所成的現象，終究會有毀壞消失而與虛空融合爲一[99]的時刻，就如我們在《三摩地王經》（*Sutra of the King of Concentrations*，另譯《月燈三昧經》）中所看到的那樣：

此一世界彼日顯現，
一旦顯現則將消失。
往昔如此未來亦然。
當知萬法盡皆如此。

《親友書》裡也說到：

地基、須彌山與諸般大海，
將由七熾焰陽所吞噬；
諸具形色者連灰燼亦不留，
豈需再言微小易損之人類。[100]

99 另可翻譯為：終究會有壞失、空無或與虛空相融的時期。根據佛教的世界觀，宇宙會經歷成、住、壞、空四個時期。

100 《親友書》第五十七頌。譯註：「大地山王與海洋，終為七烈日所焚，有情無餘化為塵，弱小人身豈堪言？」

至於群集於三界六道[101]的眾生，則依各自過去所造各類業行的影響——身形或大或小、感受或樂或苦、付諸善行或惡行、運氣是好是壞、地位是高是低——總之，會有種種或好或壞的體驗。然而，無論壽命長達數劫、短命不及刹那，或中等可計年歲、數月或數日，各個終將死去，難逃一死。馬鳴菩薩（Ashvaghosha）是這麼說的：

大地之上所生者，
或生更高界刹者，
可曾見聞或頓疑，
有既生而不死者？

整個存有的三界都是無常的，聚散迅速好比秋日之雲。眾生在自己易變善惡之行的左右之下生生死死，顯現的方式千變萬化有如舞藝精湛的高手。生命短暫易逝，猶如空中霎逝的一道閃電，又如山澗落下的飛瀑。壽命的流失好比大江東去不復返，誰也阻止不了——我們肯定會死。就如我們在《方廣大莊嚴經》（*Sutra of Extensive Play*，另譯《佛說普曜經》、《神通遊戲經》）中看到的：

三有無常如秋雲，
眾生生死等觀戲，
眾生壽行如空電，
猶崖瀑布速疾行。

貳、從金剛身等等來思惟死亡之無可避免

看看那些曾經降生堪忍世界（World of Forbearance，通常音譯爲「娑婆世界」）的佛：毗婆尸佛（Vipashyin）、尸棄佛（Shikhin）、毗舍浮佛（Vishvabhu）、拘留孫佛（Krakucchanda）、拘那含佛（Kanakamuni）、迦葉佛（Kashyapa），和釋迦牟尼佛，他們都曾如秋日滿月般照耀著大人相和隨形好的光明與莊嚴，同時也伴隨著衆星拱月般的聲聞、菩薩、梵天和其他世間護法等眷屬。這些佛身燦然明耀、語音清晰柔和、心意清澈無染，好比金剛那般堅固和穩定，然而都已入涅，甚至（除了釋迦世尊之外的）法教也已逐漸失傳。思惟至此，應自問：「我的身體就像泡沫一樣毫無實質，憑什麼長存？」我們在《無常品》（*Sayings on Impermanence*）中可以看到：

> 若連具有千般相好光照的善逝之身，
> 依數百福德之行所成，都是無常的，
> 個人如此不可靠之身，有如一顆會破掉的泡沫，
> 又豈能肯定不會毀壞？
> 且觀日之落下——爲利衆生而來之佛；
> 復觀月之落下——聖法之寶庫。

---

101 參見附錄「詞彙解釋」之「三界」（three worlds）和「六道存有」（six realms of existence）。

當知一切財產、眷屬與財富，

無一者爲恆常。

讓此世間充滿光明，尤勝一千個太陽的世間守護者——梵天（Brahma）、大自在天（Ishvara）、遍入天（Vishnu）、帝釋天（Indra）、四天王天（the Four Great Kings）等，其威嚴和福德乃衆所皆知且遍及天地各處；他們是地下、地上、天上等一切世界之主，具有最大的福報作爲嚴飾。然而，也有死亡的一天，就如《毗奈耶》經文中所寫的那般：

諸比丘，且觀彼等一切富足，其將衰敗且無實質。吾今憶念輪迴累世，雖曾身爲梵天、帝釋、四天王天與諸般眾生之主，數難思議，然吾未曾厭膩，依然轉生且墮惡趣。

此外，天神、非天（阿修羅）、成就之苦行者、咒語之持有者[102]，也都必然要死，就如《毗奈耶》經文中所確認的那般：

成就禪定之天神、現爲人相之鬼神[103]，

非天、聖者、苦行者，光彩奪目而燦然，

其壽長達數劫久，就連彼等亦無常，

豈需再言人間眾，

易損之身如泡沫，能不毀壞崩解耶？

還有，統治四大部洲的轉輪聖王，以及國王、大臣、僧尼、婆羅門、居士等等，沒有一人

能免於死劫。就如《優陀那品》（*Intentionally Spoken Chapters*，另譯《法句經》）中看到的那般：

擁七珠寶之皇帝，
國王以及大臣等，
僧眾、婆羅門、居士等等——
彼等眾皆屬無常：
猶如夢中之眾生。

參、從探究不同案例來思惟死亡之無可避免

在我們這個世界中，已然依序經歷了圓滿時（complete endowment）、二分時（half-endowment）、三分時（third-endowment）而來到目前的鬥諍時（age of conflict），也就是說

---

102 藏文拼音 rigs sngags 'chang ba，意指依於（不必然是佛教方面的）咒力而證共通成就和神通者，不限於密咒乘的修行者。

103 藏文拼音 mi'am ci，鬼神八部，天龍八部（lha srin sde brgyad）的一類，現為人相，會到地上聽聞佛陀的法教。用字，詳見同一翻譯小組所發行的英譯版註釋。

總共有四個時期[104]。人類生命的週期也會經歷四個階段：嬰兒期、孩童期、青年期，以及老病期。一年當中也會經歷四季的變化：耕耘和播種的春季、新葉抽長和多雨的夏季、果實全然成熟的秋季，以及土壤乾燥和石頭凍結的冬季。這些全都是無常的。無常也顯現在一切有情之中，無論是敵是友、或兩者皆非，今日聚集一處——例如市集中、街口處、客房裡的人群，儘管在某段時間當中看似恆常，卻很快就會消散。

這也不僅發生在別人身上。想想「你自己」——年輕的時候，父母、家人、家畜、看門狗和所有的財物都聚集在你家裡……，那時候，他們看似會永遠存在，而你也執此爲實，陷入爭端且試圖避開此端又達成彼端地面面俱到[105]。然而，他們現在又在哪兒了呢？人事已全非：有些過世了，有些離開了，有些相聚了，有些分離了。因此，不管你身處何方、伴隨何人、所做何事，唯一所要記得的事情就是：分離。不要和任何人爭鬥或傷害任何人，並且盡己所能地調伏自心。在《法句經》中說到：

> 既然聚合都將分離，
> 毫無任何值得仰賴。
> 故莫執著亦莫貪愛，
> 無論對人或是對己。

再想想，就你目前或以前所見一些殘破不堪的老舊村莊，也曾經欣欣向榮、繁華一時，結果成了廢墟。告訴自己：「就連我自己的房子、値錢的物品和財產也不能免除如此的命運，因此我要捨去這些；既然我終將一無所有，不如趁現在還有能力選擇時，將它獻出去，以求法益；既是為了佛法而布施，我肯定能得到解脫。」這是將你那些隨時變動且毫無實質[106]之財產善加利用的最佳方式。如同《入菩薩行論》中所言：

> 若能思及吾將布施一切，
> 此乃離諸悲苦之上上法。[107]

未來，你將無力享用自己的財富和財物，因此，既然你現在尚有能力選擇，就把它們布施出去以創造福德，這樣，你將可以獲得極大的利益。就算你是依照平常的習俗而預立遺囑，也不會有太多的利益。但是，當你臨終躺在病床上，看著別人為了分配財產而爭論不休時，將成

---

104 關於圓滿時、二分時、三分時（另有一說是先「三分時」、再「二分時」）、鬥諍時有許多的解釋，但都涉及眾生從原本具有之圓滿功德而於隨後逐期喪失的漸次衰損現象。其中一種解釋可見於吉美林巴尊者（Jigme Lingpa）所著的《功德寶藏論》（*Treasury of Precious Qualities*）第三九四頁註釋二五六。譯註：常見的先「三分時」（threefold endowment）、再「二分時」（twofold endowment）之說，根據第十四世達賴喇嘛《佛法科學總集：廣說三藏經論關於色心諸法之科學論述》一書的內容，和行止之圓滿有關：「圓滿時人類只行善事，不做惡事；三分時人類僅做一件惡事，無法圓滿，而成三分；二分時人類做兩件惡事，故稱二分；最後，人類犯下所有罪孽時，稱爭鬥時」。這裡所說的先「三分時」、再「二分時」則有不同的解釋角度，且有不同的英譯用字，詳見同一翻譯小組所發行的英譯版註釋。

105 也就是預防任何會威脅到家人福祉的事情，並達成任何可讓家人享有更多福祉的事情。

106 這裡的藏文對於精華、本質這個字（essence）的使用具有雙關語的效果。攝取精華的意思也就是徹底善用，因此這句話字面的意思就是：攝取你財產的精華，而它們並無任何實質。

107 《入菩薩行論》第三品第十二頌。譯註：經查全本未有意義相似的段落，若依照英文書所指之處，內容為：「吾既將此身，隨順施有情，一任彼歡喜，恆常打罵殺！」

爲負面後果的來源。據此，那些捨棄世間生活[108]且發願向法的人，應該以學習減少慾望作爲修持的開端。往昔博學且成就的大師們曾經說過：

> 少欲能入聖者種姓，
> 無欲則即實爲聖者，
> 故當恆時修持少欲。

思惟就算此生之中，那些在你早期生活當中的快樂如何於後期轉變成痛苦。要認清事物的自性便是福報衰滅、年華不再、親友分離，且沒有一者可以仰賴……。認清這個事實之後，你應該依事物的無常自性而生起全然無有眷戀之感受。如同我們在《方廣大莊嚴經》中看到的：

> 當知五根之欲樂，
> 猶如水中之月影，
> 如鏡中像、崖下回音、陽焰幻相，
> 如壯觀之舞，亦如夢。

此外，《涅槃經》（*Nirvana Sutra*）中亦云：

> 茂盛之物將衰敗，
> 聚合之物將分離。
> 即便年華亦不留：

姣好面容遭病奪。
從無一物可恆久。

第二節 思惟死期之不可預知

本段有三個部分：既然壽命無可確定，死期便不可預知；既然死因衆多且活緣甚少，死期便不可預知；既然色身如此虛弱易損，死期便不可預知。

壹、既然壽命無可確定，死期便不可預知

你或許認為：「沒錯，我一定會死，不過不是現在，所以何必這麼急迫？」然而，除了北俱盧洲（Uttarakuru）[109]的衆生之外，其他衆生的壽期都是不確定的，我們這個世界更是如此，衆生的壽期根本極難預知。劫初[110]，人壽可能無盡，到了劫末，就只剩十歲不到。就目

108 藏文拼音 rab tu byung ba，通常用來表示受持出家戒。
109 佛教宇宙觀裡的北方部洲，該處衆生所具的歲數是固定的。
110 也就是這個賢劫的一開始。

前來說，老、中、青各年齡層都不確知自己何時會死。就如《阿毘達磨俱舍論》（*Treasury of Abhidharma*，另譯《俱舍論》）裡所說的：

此處難預知：
最終僅十載，最初無盡數。

此外，《法句經》裡是這麼說的：

自從初入胎，
彼之夜晚起，
生命即流逝，無法再增上；
亦無法回溯，所稱之過往。
晨間之所見，諸多人眾等；
夜間或有人，無法再得見。
夜間之所見，諸多人眾等；
晨間或有人，無法再得見。
不少男和女，
死於黃金期，
旁人或可說：「彼等正韶年！」
然而值年華，豈能保存活？
或於胎中死，

或於產中死，
僅初爬步死，
方立跑步死，
老來、少來死，
青春壯年死；
彼等一一離，
如樹果熟落。

由於過去所作的善業果報，或許能讓你活到六七十歲。但就算如此，也無法算出從現在開始你還能活多久，說不定還活不過三四十歲。今日，預期的壽命已經降到三十歲以下，且接近二十歲了，所以就算我們有時間讓自己的生命達到完整的期程，它也無法超越上述的限度了。當一日終了，我們的呼吸已達兩萬一千次。三十日成一月，十二月成一年，十二年成一輪[111]；三輪之末，就是我們要死的時刻——而它看起來就像我們才剛出生不到一小時一樣。無論身在何處，都會看到或聽到有人猝死的消息；仔細想想，我們其實和他們並沒有什麼不同。我們根本不知道明天或下輩子哪一個會先來，因此要全然切斷對於今生事務的纏繞之結，這一點相當重要。就像我們在《入菩薩行論》中所看到的：

111 十二年一輪是根據西藏的曆算系統。

「至少於今日，我尚不致死。」
以此類字語，輕率哄騙己！[112]

此外，大遍知尊有言：

猶如陶土罐，此生乃無常。
明日抑或是 來世之感知：
何者先來到，無法作肯定。

貳、既然死因眾多且活因甚少，死期便不可預知

至於那些讓我們受傷的外在因素（人類、動物、魔怨力等類）和來自大種元素的危險（火災、水災、斷崖等等），以及影響身體的內在因素（譬如四百零四種疾病），沒有一個可以排除在死因之外。就算我們仰賴食物、衣服、醫藥而盼以續命存活，也無從得知哪一樣會變成我們致命的因素？因此，應當觀修且告訴自己：「致死的惡因就在身邊盤旋，我彷彿陷於暴風雪中，何時會死根本無從得知。」正如龍樹菩薩所指出的：

致死之因何其多，
續命之因何其少——
後者甚而或致死。
故當恆時修佛法。[113]

此外，帕當巴．桑傑（Padampa Sangye）則說：

> 忙於分心事務時，死之魔將逮住你；
> 定日之人啊，當從此刻持續修。[114]

參、既然色身如此虛弱易損，死期便不可預知

那些維持我們生命的力量，有如溪流中的泡沫那般無常，又如草尖上的露珠那般脆弱。生命好比風中之燭：導致死亡的因素何其之多，且維持性命的因素又何其之少。我們的生命彷彿雲朵中的一道閃電那般短暫。就像我們在《寶鬘論》中所看到的：

> 我們就活在各種致死之主當中，
> 彷彿是於塵暴裡所點燃的一盞油燈。[115]

---

112 《入菩薩行論》第二品第五十八頌。譯註：「或思今不死，安逸此非理，吾生終歸盡，死期必降臨。」

113 《寶鬘論》第二七八頌。譯註：「死緣極眾多，活緣唯少許，此等亦死緣，故當常修法。」

114 《定日百頌》（又名《定日百法》或《修日百頌》）第二九頌。譯註：「死主至期無固定，及時預備當日瓦！」（索達吉堪布譯，另譯《當日教言》，以下同。）全本中譯可見於頂果欽哲法王《修行百頌：在俗世修行的一〇一個忠告》。

115 《寶鬘論》第二一七頌（後兩句）。此處的藏文（'chi bdag rkyen）有個文字遊戲，其所指的可以是死主（'chi bdag），也可以是主要的條件（bdag po'i rkyen）。譯註：「常住死緣中，猶如風中燈。」

此外，《親友書》裡有這麼一段：

此生具有眾多的風險，其持續的期間，
還比不上溪流中因風吹起的泡沫。
能夠再次吸氣和呼氣，
能夠入睡後清新醒來，是多麼絕妙啊。[116]

這段引述對於死因何其眾多和我們甚爲脆弱作了註腳：沒有在睡夢中死去而還能再次醒來，沒有在一呼一吸之間死去而還能再次呼吸，眞可說是件奇蹟。好比有人在強風中拿著一盞搖曳不定的油燈——誰都不知道下一刻何時會熄滅？並沒有時間可以讓你慢慢等，還想著：「我再過一段時間就會開始修行。」所以，與其拖延到明年，今年就要修持；與其拖到下個月，這個月就要修持；與其拖到明天，今天就要修持。生命就像捧在手中的水，不斷從指縫間滴落——在你還沒搞清楚狀況前，便已全部流逝。正如薩拉哈尊者（Saraha）所說的：

認爲「今日如此，明日亦然」的人，
那些對財富和榮華有著貪愛的人，
好比雙手捧滿了水，
滴漏而毫未察覺，喔，人們啊！

此外，我們在《入菩薩行論》中可以看到：

生命時刻恆耗損，
無論晝夜從不止，
且無其他增上因。
如我者豈能不死？[117]

最初，我們年少青澀，那時並沒有修持佛法；最後，我們老了，儘管有人會說此時才是修法的好時機，然而我們卻已是體弱色衰且力不從心，完全沒辦法有任何進展。而在這兩者之間的生命中，又被睡眠佔去了多數。此外，我們還淹沒在各種毫無意義的分心中，無論坐著還是四處走動皆然，因此極少能有任何修持佛法的機會。因此，要確信此生當中所有引誘人心的享受，都好比美夢那般毫無實質，因此當全力以赴地成就聖法。

116 《親友書》第五十五頌。譯註：「壽命多害即無常，猶如水泡為風吹，呼氣吸氣沉睡間，能得覺醒極稀奇！」

117 《入菩薩行論》第二品第三十九頌。譯註：「晝夜不暫留，此生恆衰減，額外無復增，吾命豈不亡？」

第三節 思惟死時之無有救度

本段有三個部分：思惟自己的身體沒辦法幫助自己、思惟自己的財物沒辦法幫助自己、思惟自己的親友沒辦法幫助自己。

壹、思惟自己的身體沒辦法幫助自己

當臨終已至，即使你年輕俊俏且身材完美，或是身長達數里格[118]，亦或魁武到能將須彌山舉起放入懷中，這些對你全都無用。同樣地，儘管你才高八斗又學富五車，文武雙全且魔術、藝術、科學、工巧樣樣都行，到了死亡的那一刻，全都幫不上忙。無論是哪種情況，你都必須拋下這個生下來就有的身體獨自離去。就像《入菩薩行論》中所說的：

此副肉和骨，生命所交織，
彼此將漂遠，崩散而瓦解，
何況朋友間，分離更爲甚[119]。

目前，我們一直將這個稱爲「自己身體」的東西執爲「我」和「我的」，供給它食物和衣

服，還服侍它、縱容它。如果有人對它說了些稍稍不悅耳的話，我們就會不高興地回嘴，試圖保護它免於受傷。然而，我們同樣可以在《入菩薩行論》中看到：

吾此之色身，猶如暫借物。[120]

當我們落入死主（Lord of Death）手中而身心分離時，這個身體要不就棄在瓦礫堆中或埋在土裡，任其腐敗生蛆；或者交付流水，葬身魚腹；或者丟在尸陀林[121]裡，任憑禿鷹和野獸啃噬：有的則拋到荒郊野外，任憑狗啃蟲食或自行爛壞：亦或送去火化，只剩下骨灰，除此之外沒有別的選項了。因此，我們爲了這個身體造下諸多惡業，但當我們面對死亡時，它又幫不上忙，究竟有何用處？事實上，我們所累積的一切和貪、瞋等相關的行徑和煩惱，都是依著這個身體而起。所以，殺害和瞋恨——也就是視他人爲敵，主要是和這個身體有關。例如，某人對我們說了些不中聽的事情導致我們氣憤，但這只不過是因爲那個人對這個身體講出的話，我們才會生氣，要不是因爲有這個身體，「這是我的敵人」的想法也絕對不會出現。如果眞的有風聲或回音對著我們咒罵，我們對此根本無動於衷。

---

118 里格（league）為古老的長度單位，大約相當於四點八公里。譯註：猜測和佛經中常見的由旬（yojana）有關，但尚未確認兩者於此書中的對等關係。由旬是古印度的長度單位，原指公牛掛軛行走一天的旅程，意譯：附軛，漢傳佛教一般認為其等於十六公里。

119 《入菩薩行論》第八品第三十一頌（後三句）。譯註：「孑然此一身，生時骨肉連，死後各分散，何況是他親？」

120 《入菩薩行論》第四品第十六頌。譯註：「縱似今無病，足食無損傷，然壽剎那逝，身猶須臾質。」

121 荒地中的墳墓。譯註：相當於我們所說的亂葬崗。

這個身體過去曾讓你受苦，未來也會繼續犯下導致你在輪迴和惡趣中不斷生生死死的行為。所以，要一再思惟這一點，告訴自己：「這個身體對我毫無益處」。

在《善諫國王經》（*Sutra of Advice to the King*，另譯《佛說勝軍王所問經》）中，對此有長篇的解釋：

大王，請容我們舉例：想像在四個方位有四座高聳入天的大山，從裡到外都堅不可摧且毫無裂縫，極為剛硬又相當難損。當它們崩塌倒地時，所有的動植物皆會無一倖免地粉身碎骨。這時無論您想辦法要快速逃離，還是找到力量把大山推回原處、找到財富來支付贖金，或找到特殊的物質、咒語和醫藥逆轉，一點都不容易。

同樣，大王，將有四大危險等著出現，是哪四種呢？那就是老、病、衰、死。大王，老化將侵蝕您的青春，疾病將啃噬您的健康，衰敗將摧毀您的榮華，死亡將奪去您的生命。想要找到方法能快速逃離、找到力量把它們推回原處、找到財富來支付贖金，或找到特殊的物質、咒語和醫藥來避開移除，一點都不容易。

大王，容我們再舉例說明：想像萬獸之王的獅子逮住羚羊群中的羊隻時，牠就掌控了一切，在其利爪之下，羚羊只能任憑宰割，毫無希望可言。

同樣的，大王，當死主把您釘在他的火把尖樁上，您的自負將拋棄您，您將沒了護佑，無依無靠，也沒有親友為您防禦。您的關節鬆脫，血肉乾枯，罹患疾病，口渴燥熱，面容失色，手腳亂晃。您的力氣令您失望，它什麼都做不成。唾沫、鼻涕、尿液和嘔吐物沾滿一身。您的眼、耳、鼻、舌、身[122]、意這些感官，都無法再運作。您會打嗝並發出刺耳的聲響。醫生將束手無策、藥石罔效，您的零食和飲食看來也都拋開了您。您將離去而前往他處，此時是您最後一次躺在自己的床上。您將陷入無始且不斷的生、老、死循環當中。當您還有一絲生氣而在死主面前充滿恐懼時，您的不幸將主宰一切。您的呼吸停止，口鼻大張，緊咬牙關；此時您還真希望自己曾經做過一些善事[123]。由於過去行爲的果報，您將再次投生。當您離世並前往他方時，將孑然一身，無伴獨行。您將經歷「大遷居」[124]，然後進入大黑暗，落入大深淵，經過令人毛骨悚然且壓迫沉重的環境，度過大荒漠，遭大汪洋捲走，受過往的業風吹走，被迫往前卻無處停歇。接著您會來到一處大戰場，被可怖的魔怨力所攫，還被驅逐而進入虛空。此時聚集在您身邊的父母、兄弟姊妹和兒女們，隨著您呼出最後一口氣時，他們就會表示：「我們來分財產吧！」他們的頭髮凌亂不堪，一邊哭泣地說：「嗚呼，我的父親啊！」「嗚呼，我的母親啊！」「嗚呼，我的孩子啊！」此時，您唯一的朋友就是您布施之舉、苦修和佛法。除了佛法之外，沒有別的皈依，沒有別的護佑，也沒有別的友伴來支持您。

---

122 身體是觸感和物質感覺的感官。
123 領悟到自己無法帶走那些財物，因此希望自己曾經將它們用在慈善事業上而獲得一些福德。
124 藏文拼音 skyas' degs，字面的意思是「搬家」，表示死亡的譬喻用語。

大王，那時，佛法就是一座島嶼、一處庇護所，也是您的守護者、您的嚮導。大王，在那種時候，當您躺在床上時，會嚐到一些對於來世的體驗。如果您的去處是下三道，將開始對於周遭感到懼怕。那時，唯有佛法能夠提供庇護。

大王，您對自己的身體如此謹慎保護，然而，不管您如何珍愛它，總歸要死。就算它擁有各種美好的徵象，您也用佳餚美饌長年地滋養它、滿足它，當您躺在臨終的病榻上而醫生放棄您、一切都拋開您時，您將在萬分悲慟中死去。

大王，儘管您爲自己的身體清洗、抹油、塗香水，還用許多芬香的花朵覆蓋，毋庸置疑，它將臭味四溢。大王，您可能爲它穿上上等的絲綢和瓦拉納西[125]的細薄棉布，但是，當您死在臨終的病榻上時，穿的衣著卻是染滿了髒污，離去的時候則是孤單而赤裸的。大王，您或許對各種型態的感官娛樂感到歡愉，然而它們全都會被摒棄，當您死亡時，將會被剝奪任何感官歡愉的滿足。

大王，您的寢宮中可能充滿了燃香、花朵、絲巾掛布、各式各類的地毯和衣服，以及左右各有靠墊而可斜倚的臥榻，但您一點也不用懷疑，您一定會被拋入大尸陀林裡，那兒到處都是烏鴉、狐狸和令人作嘔的死屍，而您那毫無生氣的身體就被丟在地上。

大王，您可能騎乘在大象和馬匹的背上，享用各種不同樂器吹奏出來的甜美聲音，身旁還有人高舉著勝利的旗幟和傘蓋，您高高在上地前進，讓周遭的郡王、大臣、友伴們仰望且尊崇。

但是，不用多久的時間，您將死於床上，由四個人抬著，而您的家人等等都將捶胸頓足而悲慟不已。您將從南邊的城門被送到荒郊埋葬，或任由烏鴉、禿鷹和狐狸等腐食性動物分食，至於剩下的骨頭，則將付諸一炬或拋入河中或埋在地下，總之就只有這些可能。您將因日曬、雨淋和風吹而化爲塵土，一邊分解且一邊散落各方。

大王，這即是一切有爲法（組合而成的現象）之所以爲無常又易變的原因。

應再三深切地如此思惟，並認清今生一切俗務皆無法對你有益，因而晝夜致力於修持聖妙的佛法。

貳、思惟自己的財物沒辦法幫助自己

在死的時候，我們的住處對自己絲毫無益；就算它是天界的越量宮（immeasurable palace，無可計量的宮殿），我們也得棄之而去。我們或許躲藏在難以攻破之處，但實在沒有任何地方能幫助我們，就如我們在《毗奈耶》經文中所看到的：

125 譯註：瓦拉納西（舊稱 Benares，今稱 Varanasi），印度北方恆河河畔的聖城。

不論身在何處，
無處不受死襲：
天空、海洋皆然，
天宮、秘谷亦然。

我們所累積的財富也幫不上忙。天神珍貴的法器和財產、轉輪聖王的領土、富人的寶庫，全都得拋下，就如《毗奈耶》經文中所說明的：

大樹倒下時，
枝葉有何用？
人死亦如是，
財物有何用？

我們所享受的食物、衣服和其他東西都不會有用。天神的甜美甘露和上等五色絲衣、人間的極品「百味」珍饈和上等錦緞、棉布——簡言之，就是一切多樣的美妙形色、愉悅音聲、甜美香氣、佳餚美味、觸感柔軟的物品等等——這些在我們面對死亡時，無一能派上用場。就如我們在《方廣大莊嚴經》中所看到的：

彼等眾生恆時中，
皆受諸般所誘捕：
美色、妙音和甜香，

珍味、樂觸和死亡。
好比猴入獵網中，
耽溺欲樂更有害，
恆懷恐懼、敵意、煩惱，
如劍尖端、毒樹葉。

此外，我們在《入菩薩行論》中可以看到：

世間物品雖富足，
長年於財心喜悅，
然如竊賊來掠奪，
必當赤身空手離。[126]

參、思惟自己的親友沒辦法幫助自己

死時，和我們有緣的親朋好友對自己也沒有幫助。我們可能和某位轉輪聖王交情很好，有五百位妙齡天女爲伴，以及一千位天神之子在眼前嬉遊。我們的姪輩和叔輩或許都是天神中

126《入菩薩行論》第六品第五十九頌。譯註：「設得多利養，長時享安樂，死如遭盜劫，赤裸空手還。」

的尊主，氏族或許是由阿修羅軍隊所組成，臣民可能是四大部洲和天界神剎〔之眾〕，而財富當中或許有著七政寶[127]。我們的父系叔伯可能是梵天、帝釋天，朋友可能是四天王天，或許還有一千位天界的僕役供任由差遣。但他們全都無法讓我們繼續活著，或是提供幫助、延長壽命、擔任護衛或隨伴。我們都必須獨自離去，如同一根從奶油中抽出的頭髮[128]，孑然一身地前往中陰階段的狹道險徑，只能踽踽獨行。正如我們在《寶女所問經》（*Sutra Requested by Putri Ratna*）中看到的：

死亡時刻若降臨，
雙親難保眷難佑，
子女亦無從保護，
青春、大力又如何。

此外，在《方廣大莊嚴經》中有這麼一段話：

死時，由此遷移某處，
孤寂，獨自離開摯愛。
一旦過世，無可回頭，不會再見，
猶如葉落，好比水流，從不復返。

體能上的勇毅和敏捷亦毫無助益——死的時候，我們就是得離去，什麼都幫不上忙。再好的建議也派不上用場——根本沒有機會容許你透過言談、爭論來讓自己全身而退。英勇和技巧則毫無用武之地——你就算再會打鬥也無法脫身。有著運動員的速度也是無用——不會讓你有逃離的機會。面容姣好也是無用——因為死神是不受誘惑的。劇烈活動也沒用——這可不是開始進行任何事情的時刻。奸詐與狡猾也是無用——又沒有地方讓你溜掉。你就是得獨自離去，而且是自己走。就如我們在《毗奈耶》經文中所看到的：

此處，就算是巨大、長壽的天人，
居住在自己高聳的處所，
他們的生命也會逐漸衰弱而耗盡，
至今究竟有誰可逃得了一死？
即使英雄和戰士也無法保護我們。
國王、捨世者、苦修者，
事業、精進、決心，
廣大之眷屬、才智，
皆無力讓吾等免於一死。

---

127 又稱輪王七珍寶，分別為：輪寶、珠寶、妃寶、臣寶、象寶、馬寶、將軍寶。請見頁數 362-363 的說明。

128 頭髮上不會沾有任何奶油。

有權有勢的朋友和同盟，都無法幫助我們。甚至像梵天、帝釋天、大自在天、遍入天、大仙人和那羅延天（Narayana）等具有威嚴大力的衆生，都難免要死。「惡意」夜叉、食人羅刹、惡魔、蛇形龍族[129]之類，都難逃一死。醫藥、科學、占卜、鏡卦[130]和其他方法，沒有哪個能爲我們免除死亡。密咒、符咒、魔術和神通等等的力量，全都不管用。男性的天神、佛教的護法和空行母，都無法提供庇護。所謂的靈丹妙藥、特殊成分或藥材，哪個都救不了，我們終歸一死。就如我們在《毗奈耶》經文中所看到的：

儘管名震千里具大力，
梵天、帝釋、遍入天、
羅睺、般度、俱盧族[131]——
彼等亦無力阻擋一死。
面對「終結一切者」[132]，
醫藥、誦咒與士兵，
天神、護衛與術法，
財富、親屬皆難擋。

要善用以上所提及的各種說明和闡述，無論行住坐臥、所作所爲當中，都唯獨想著死亡，認清你所見、所聞、所想的一切皆是無常的自性、無常的實例，以及無常的鞭策，並遵循《入菩薩行論》中所說的：

此應爲吾唯一關注，
晝夜所想唯獨此一[133]。

並依照大遍知尊所說的：

行時步步皆無常——激勵邁向成佛果。
坐時留住乃無常——激勵安住不變境。
起時站立乃無常——激勵生起平等境。
飲食諸行乃無常——激勵以禪悅爲食。
住時居處乃無常——激勵住於法身平等宮。
四肢內彎乃無常——激勵退出有爲法。
四肢外伸乃無常——激勵廣延出世見。

---

129 譯註：藏人所稱之龍族（naga），不同於我們或西方所指，形狀如蛇，有善有惡，善者多為佛教護法。

130 藏人用來預知未來的方法包括鏡子、湖面等，不同於西方的水晶卜卦。

131 梵天和遍入天是印度教所認為的創世者；帝釋天則是印度神話中的大力天神。黑暗之製造者「羅睺」（Rahu）為吞噬日月的惡魔，並因此導致日蝕和月蝕。俱盧族（Kaurava）和般度族（Pandavas）則為著名印度史詩《摩訶婆羅多》（*Mahabharata*）中所描述的戰鬥氏族。

132 藏文拼音 mthar byed pa，也就是「死主」。

133 《入菩薩行論》第二品第六十二頌。譯註：「不善生諸苦，云何得脫除？故吾當一心，日夜思除苦。」

臥時躺下乃無常——激勵歇於如是貌。
旅時路途乃無常——激勵啓程證悟道。
可怖敵人乃無常——激勵除己煩惱敵。
己所言說乃無常——激勵持誦經與咒。
農事田務乃無常——激勵恆恪守法教。
所飲所食乃無常——激勵供養壇城尊。
財富資產乃無常——激勵累積七聖財。
權勢名望乃無常——激勵恆時皆謙遜。
歡樂愉悅乃無常——激勵累積福與智。
有情眾生乃無常——激勵置其證悟道。
猝死之因乃無常——激勵攻佔無死堡。
清洗打扮乃無常——激勵當以四力淨染障。
五毒煩惱乃無常——激勵了悟任運本初智。
所感世間乃無常——激勵淨己感知爲佛剎。
美譽之聲乃無常——激勵宣揚佛法之妙音。
念頭記憶乃無常——激勵培養能斷能證智。

不觀修無常之過患

不思無常有以下不良的後果：完全受到今生事務所箝制，所獲的就只會是一些名、利、貪愛、瞋怒、懈怠、囤積財富、沮喪氣餒、爭論和極少的修法時間，此外沒有別的了。以這種方式，我們將無法迅速地從輪迴中解脫。如果連一般的事務都沒辦法因偶爾爲之而達成，那就更甭提要達成解脫和證悟了。在未證得佛果之前，我們必須長時間以大精進來投入修持。想想燃燈佛（Dipamkara）和釋迦牟尼佛等等的覺者，他們一開始也和我們一樣只是一介凡夫，但是透過精進和努力，得以成佛。正因我們從未生起精進，以至於依然在輪迴中流轉。過往有無量的佛來到世間而逐一入涅，但我們都不是他們調化事業（healing activities）的對象；而今，由於自己的行爲，使得自身繼續在輪迴中無盡漂泊。現在，有必要思惟這一切並接受引導而行於解脫道上，而且是今生就要如此！這輩子就像是一個短期的借貸，因此要思惟無常並眞誠投入修持精要的佛法，正如《入菩薩行論》裡所說的：

> 若我未能今起而戮力，
> 將從劣處墮入更劣處。
> 無數諸佛已來且寂滅，
> 戮力爲利一切眾生者，
> 然而我因己惡致未能

獲其攝受並得其教化。
若我持續如此之作爲，
我之命運將總是如此，
於惡趣中受苦痛、束縛、
皮開肉綻、創傷所折磨[134]。

觀修無常之益處

光是晝夜不停地單單觀修死亡和無常這一點，其利益也是無邊的。由於見到一切事物都會變異消亡，所以對於外境生起一種深切的無執。行善的精進之火將由此而熾燃迸發。開始對輪迴之苦感到一種不尋常且由衷的恐懼。由於認清臨終之時沒有任何事物對己身有益，因此捨棄今生的各種活動。身、語、意都將用來修持佛法，連剎那也不耗費在日常休閒中。因爲見到業行如何成熟爲果報，所以生起想要解脫和醒悟的決心。了知無法預知死期，因此對於任何事物都不倚賴。在心相續當中，生起許多過去未曾有過的善德。不再相信事物會永久存在。對於親友沒有貪執，對於敵怨則沒有瞋怒。恆時精進行善。了解到生命乃是個迷妄。能夠圓滿累積福德與智慧這兩種資糧等等。《涅槃經》裡是這麼說的：

各種耕作中，秋收爲最佳；
一切足印中，象印爲最大；

一切念頭中，無常、死最勝：
三界諸般念，皆可令止息。

大上師尊則說：

獲此暇滿之機會甚微，
即使得之卻不知死期——死如閃電之遊戲而毫不可測，
生命於日日時時流逝，
吾語之子，修持莫延遲。

龍樹菩薩如此寫道：

如毛髮或衣裳方著火，
爲滅火故捨其他一切，
盡己所能莫再次投生：
無有較此更大之目標或所需[135]。

134 《入菩薩行論》第四品第十二（後半段）、十三及十四頌。譯註：十二「故如所立誓，我當恭敬行，今後若不勉，定當趨下流。」十三「饒益眾有情，無量佛已逝，然我因昔過，未得佛化育。」十四「若今依舊犯，如是將反覆，惡趣中領受，病縛剖割苦。」

135 《親友書》第一〇四頌。各類的論師對此偈頌有著不同的詮釋。譯註：「頭或衣上驟燃火，放棄一切撲滅之，精勤趨入涅槃果，無餘比此更重要。」

此外，帕當巴·桑傑則說：

欲先完成必要事，永無機會修佛法；
定日之人啊，如此思惟時，不如即起修。[136]

所以，對於世間一切膚淺的事物，要像對待塵中之痰那般拒斥，並遵循諸佛菩薩的教言而修持全然清淨且神聖的佛法。如此想著：「珍貴的上師，我如此信任您，請讓我真的能這麼做！」並懇切地念誦以下的祈願文：

今生所感只是暫時的情況，猶如夢境：
願我深切觀照無常和死亡。
珍貴的上師前我祈願，
無比恩慈的尊主請賜加持。

136 《定日百頌》第十八頌。譯註：「無忙完事去修法，念時疾行當日瓦！」

第一支分：以四轉心修持來培植個人心相續之田的共前行

第七章

思惟輪迴過患

本章有三個段落：
思惟普遍的輪迴痛苦、
思惟六道眾生的特定痛苦、
特別思惟三苦的本質。

第一節　思惟普遍的輪迴痛苦

如同我們所知的，我們肯定會死，而且無力延續自己的生命。然而，事情並不會因爲死亡而就此停擺：我們必然會再次投生，而且只要我們再次投生，除了輪迴以外也沒有其他的去處了。就如我們在《毗奈耶》經文中所看到的那般：

受到無明、愛、有所驅策，
一切人、天、下三道眾生，
愚夫般地流轉於五道，
周而復始如拉坯輪軸。

此外：

老病之苦三界中熾燃，
死焰甚猛且無所護佑。
眾生未有智慧離輪迴，
而如罐中之蜂來回繞。

於此六道中，我們有漏的善惡之行會導致我們一再流轉投生，因此稱之為輪迴[137]。此外，就算我們想要得樂，卻從來沒有造作可以帶來快樂的善行；而且，儘管我們想要離苦，卻持續讓自己沉浸於苦因——惡行——之中，因此會經歷那些惡行的果報，也就是各種形式的痛苦。即使如此，我們看起來一點都不懂得害怕，甚至自願地接受那些痛苦。我們就像那些因為偷盜而被砍斷雙手的竊賊，再次犯下搶奪的行為，等待的懲罰將是斬首。如同《入菩薩行論》中所陳述的這一段：

> 渴求離悲苦，
> 卻追隨悲苦。
> 渴求得喜悅，
> 卻因無明毀，如對待敵人[138]。

眾生如何「摧毀喜悅」呢？就是因為他們貪著五根的欲樂[139]所致，其煩惱的力量增長而引致痛苦。飛蛾之所以撲火是因為受到火焰美麗的外相所迷眩（色）；野鹿受到甜美笛聲[140]的吸引而走向死亡（聲）；蜜蜂想要吸吮花蜜，卻因為花朵闔上而受困致死（香）；魚兒之所

---

137 藏文中用來翻譯梵文「輪迴」的用語為 'khor ba，意思是「輪子」。

138 《入菩薩行論》第一品第二十八頌。譯註：「眾生欲除苦，反行痛苦因，愚人雖求樂，毀樂如滅仇。」

139 藏文拼音 'dod pa'i yul lnga，五根的對境：色（形色、外相）、聲（聲音）、香（香氣）、味（口味）、觸（身體感官）。

140 獵人用來誘引獵物的笛子。

以上鉤是因爲受到魚餌味道的誘惑（味）；大象則因爲貪圖清涼的樂受，不顧一切跳入湖中以致溺斃（觸）。

我們在薩拉哈尊者的《道歌寶藏·庶民之歌》（*Treasury of Songs of Realization*）中可以看到：

每一眾生皆受輪迴表象所欺瞞。

以及：

該弓箭手因談及
無明愚夫而嘆之：
「當思彼等有如魚、
蛾、象、蜂、鹿等。」[141]

由五塵（五根的對境）而生起煩惱，並因此導致我們在輪迴中毫無止盡地漂泊。而一切有情眾生，無一不曾和我們有關——或曾爲我們的父母、敵友，或彼此漠然無感。如果我們想要計算某一位有情的母系祖先（the ancestral maternal line），並搓成杜松子那般大小的泥丸來數，一邊說著：「這是那位眾生的母親，那是他母親的母親」，這樣能一直算到整個大地的泥土都被用完，然而，如同佛陀在經文中所說明的：「將此泥土用罄，依然數不盡任何一位眾生的母系祖先數量。」而這一點，怙主龍樹菩薩曾以下面的偈頌來表達：

若以如杜松子之泥丸，
計算一己之母系血統，
大地之土將不敷使用[142]。

故而，由無始以來，沒有任何一種痛苦的型態，是我們在輪迴中未曾經歷的。關於這一點，在《正法念處經》（*Close Mindfulness Sutra*）裡有如下的解釋：

諸比丘，汝等應於存有界（the world of existence）感到疲厭。何以故？乃因汝等於一切時中流轉於無始輪迴中，投生爲蟻所遺之骨骸若可堆聚，其高遠勝須彌山王。汝等所泣之淚水，其量遠勝四大汪洋。汝等無數次於地獄、餓鬼道中所飲之滾燙紅銅汁、血、痰、膿、鼻涕等，其量遠勝自四大部洲流向大海之四大江河。汝等由於貪欲所斷之頭、眼、四肢、手指、腳趾，其數遠勝三千大千世界地、水、火、風之一切微塵而譬若恆河沙數。

此外，在你身處輪迴的期間裡，大地、水流、山岳、島嶼或虛空中，沒有一處是你不曾到過的。在你投生爲天神、蛇形龍族、「惡意」夜叉、食香之乾闥婆（gandharva）、甕形之

141 此段引述中的弓箭手，乃印度大師薩拉哈尊者在這兩段證道歌中用來自稱之詞。譯註：「薩拉哈」的意思就是箭矢，因尊者經常一邊製造箭矢一邊唱著金剛道歌來傳道而得名。

142 《親友書》第六十八頌。譯註：「地土摶成棗核丸，其量不及為母數。」

鳩槃茶（kumbhanda）、腐臭之伽吒富單那（kataputana）[143]、梵天、帝釋天、轉輪聖王的無量生世中，沒有一種喜悅是你不曾享受的。而當你過去的善業之果耗盡且墮入下三道時，沒有任何型態的痛苦是你不曾體驗的。如此眞的相當駭人！我們在《佛本行集經》（*Sutra of Perfect Renunciation*）中可以看到：

> 導師、獅中尊將由
> 兜率下生人間時，
> 其告諸天神而云：
> 「應捨一切無義事。」
> 天界所享諸多樂，
> 乃因善業所得來。
> 故當感恩彼諸善。
> 汝等累積諸福德，
> 將於此處盡耗竭，
> 受諸苦後墮惡趣。

或許有人會夢見自己成爲天、人之主，具有財富、宅邸和一切所可享用的豐饒物資。然而，一旦醒來，什麼都不剩。就如《入菩薩行論》中所說的：

> 吾所具所用，
> 如夢稍縱逝。

入於回憶界，
消褪不復見。[144]

同理，由於事物的變異自性，我們在死時也無法仰賴任何輪迴中的膚淺快樂。因此，要如此思惟：「這輩子，我必須盡己所能地從輪迴的大苦海中解脫，並證得圓滿正覺的恆久安樂。」

第二節 思惟六道眾生的特定痛苦

我們在輪迴之城中來回漂泊，受限於善趣之快樂狀態和惡趣之痛苦狀態，而這些又和白業與黑業的引果（propelling effect）有關。不過，業行本身並非獨立，而是和造作此行爲的人相關。因此，我們必須捫心自問：「當我因自己所累積的惡業之果以至於投生惡趣時，會經歷怎樣的痛苦呢？」吉祥怙主龍樹菩薩是這麼說的：

143 這五類非人的眾生和鬼靈，不見得都具有惡意；在印度神話中，他們因為各自的力量而可能體驗特定的快樂。有興趣的讀者可查閱網路維基百科。

144 《入菩薩行論》第二品第三十六頌。譯註：「人生如夢幻，無論何事物，受已成念境，往事不復見。」

日日當思地獄道，
極爲炎熱極寒冷。
亦當思及餓鬼道，
由於飢渴而憔悴。
觀察並思畜生道，
因愚痴受諸般苦。
當捨彼因修樂因。

以下將依序描述這些惡趣。

一、思惟地獄道之苦

（一）思惟八熱地獄之苦

這裡有四個部分。

特定的地點

這裡的大地爲熾燃的熔鐵所成，有高山、峽谷和深壑，隨時都有一腕尺之高的火焰從地面迸出，還有炙熔的紅銅汁和岩漿流出。到哪裡都看得見由燒紅的鋼鐵所成的炙熱樹木。各處充滿著兇猛的禽鳥和食肉的野獸，以及護衛地獄的駭人鬼卒。被燃燒金屬所成的牆壁和火焰所成的溝渠徹底包圍著。有人說相較於劫末之火，地獄之火還更為炎熱，而且每向下一層，其熱度更甚其上四倍。

處在中陰狀態且即將投生於此處的眾生，會有一種猶如風吹雨打所致的寒冷感受，發生這種情況時，他們會看到自己即將到達的炎熱地獄，以為那邊會比較溫暖而受到吸引，並且往前衝去，可是當他們到達的那一刻，會像從睡眠中醒來那樣而投生於地獄當中。由於他們的心非常敏感，身體柔軟又脆弱，以致於連最小的折磨都會對他們的身心造成極大的痛苦。

特定的痛苦[145]

等活地獄（the Reviving Hell）

由於過往業果而投生於此的眾生，會發現自己手上握有一把樣式各自不同的尖銳武器。因為心中充滿對彼此的仇恨和敵意而互相攻擊，造成的極度傷害使他們痛苦得昏厥於地；接著，會從空中傳來一道聲音要他們甦醒，或吹來一陣冷風，他們就會復活，然後再度上演先前一樣的砍殺行為。如此反覆持續，直到他們的業行耗盡為止。

---

145 譯註：《大智度論》稱此八大地獄為「活大地獄、黑繩大地獄、見合會大地獄、叫喚地獄、大叫喚地獄、熱地獄、大熱地獄、阿鼻地獄」，其中，又對活大地獄有以下描述：「宿業因緣，冷風來吹，獄卒喚之：『咄！』諸罪人還活，以是故名活地獄；即時平復，復受苦毒。」此外，標題後若有括弧，內為英文直譯。

黑繩地獄（the Black-Line Hell）

這裡的鬼卒會在可憐的眾生身體上畫上許多的黑色線條，四條、八條不等，並依此用鋸子將身體切割，並用斧頭把身體砍開。由此造成的苦痛從不停止。

眾合地獄（**粉碎地獄**）（the Crushing Hell）

投生此處的眾生由於遭到地獄鬼卒的催趕而聚集，接著再受鐵山夾擊之苦，那些鐵山狀如山羊、綿羊、獅子、老虎等動物的頭，眾生因受擠壓以致七竅流血。接著眾生又再次被聚集成群，並用巨大的鐵鎚和研杵捶磨，彷佛是在搗碎芝麻一般；隨之而來的則是一陣燃燒鐵岩所成的冰雹，眾生受此撞擊而幾乎粉身碎骨。

哭號地獄（the Screaming Hell）

眾生因爲驚駭不已，試圖尋求藏身之處，看到眼前有座鐵屋，便走了進去，當一旦進入之後，鐵門隨即關上，眾生就在裡面被內外各處迸出的火焰所燃燒。無論他們怎麼哭號哀求，卻完全找不到庇護，只能持續承受這樣的悲苦。

大哭號地獄（the Great Screaming Hell）

眾生於此所受之苦，如前所述，只不過這裡是在雙層的鐵屋中被燒，也就是在這間鐵屋的外面還有另一間，因此痛苦倍增。

炎熱地獄（the Hell of Heat）

此處的眾生被放入數里格深的大鐵鍋裡，像魚那般被燒烤。炙熱的鐵叉從肛門刺入直至頭頂，以至於所有的內臟都在燃燒，各處的孔竅也冒出火焰，接著又被拋到燃燒的鐵地上，用燃燒的鐵鎚猛力敲打。

極熱地獄（the Hell of Intense Heat）

眾生的身體於此被燒紅的三叉戟從肛門穿到雙肩和頭頂，以至於七竅都冒出火焰。他們的身體又被包裹在白熱的金屬片中，於滾燙的鐵漿、紅銅汁、鹵水裡，像米飯那般而且上下顛倒地烹煮，以至肉爛剩骨。接著又被攤在鐵地上，當肉一旦長回，就會再度受到烹煮之苦。

無間地獄（the Hell of Ultimate Torment）

從鐵鑄大地所迸出的火焰充塞各方，把眾生從皮、肉、腱、骨和骨髓全都猛烈燃燒，以至於他們就像蠟燭的燈蕊那般難以和火焰分辨，唯有從發出的哭喊聲才能認出哪些是有情眾生。他們在鐵爐上被灼熱的餘燼悶燒，還被迫在白熱的巨大鐵山上爬上爬下。他們的舌頭被往外拉到燃燒的鐵地上，再用樁子釘住。眾生不僅被剝皮，還被放在炙燒的鐵板上，面部朝上，用鉗子撐開嘴巴，倒入金屬塊和紅銅汁，以至嘴巴、食道、腸道全都燒爛，金屬塊和紅銅汁則從身體的另一端流出。在這個地獄裡所遭遇的痛苦，根本是難以承受的。

特定的壽期

對於衆生在這些地獄裡所待的時間，在《阿毘達磨俱舍論》裡有如此的描述：

人間五十年，
欲界最低天道僅一日，
其壽五百年，
而每上一層，
兩者皆雙倍。

此外：

等活等六地獄道一日，
各爲相等欲界天壽期。

人間的五十年，就等於欲界四天王天的一日，而那些天神的壽命是以他們的五百年來計算；其五百年又相當於等活地獄的一日，而此地獄的衆生可活上他們的五百年。每下一層地獄，所增加的年數是以兩倍計算，而且一日也是以兩倍計算，因此壽命的計算則爲雙份的兩倍。[146]

（二）思惟八寒地獄之苦

特定的地點

此處完全被極度的黑暗所籠罩，毫無日、月或其他任何的光源，此外還充滿著酷寒，到處都是冰川、凍裂的地面、強風和暴風雪。此處的各層地獄是以眾生受到寒冷的等級和發出的聲音來取名的，而寒冷的情況是每下一層就更加嚴重七倍。即將投生於此處的中陰眾生，會感覺好像受到火燒那般，因此看到這些寒冷地獄時，便受到吸引而往前衝去，故而投生該處。

---

146 這裡的傳統計算可用下列的表格來做最好的呈現。以此為基礎，舉例來說，眾生在等活地獄的壽命相當於人間的 50 x 360 x 500 x 360 x 500 歲（傳統月曆是以 360 天為一年），或人間的一兆六千兩百億年。參見《普賢上師言教》英譯版六十四和六十五頁。至於最後兩層炙熱地獄，《阿毘達磨俱舍論》表示，極熱地獄的壽命為半個中劫，無間地獄的壽命則為一整個中劫。

人道（年）	相當於該天道之一日	該天道之壽期（年）
50	四天王天（Four Great Kings）	500
100	三十三天（Heaven of the 33，音譯：忉利天）	1,000
200	時分天（Free of Conflict，音譯：夜摩天）	2,000
400	知足天（Joyous，音譯：兜率天）	4,000
800	化樂天（Enjoying Magical Creations）	8,000
1,600	他化自在天（Mastery over Others' Creations）	16,000

人道（年）	相當於該地獄道之一日	該地獄道之壽期（年）
50	等活地獄	500
100	黑繩地獄	1,000
200	眾合地獄	2,000
400	哭號地獄	4,000
800	大哭號地獄	8,000
1,600	炎熱地獄	16,000

特定的痛苦[147]

寒皰地獄（the Hell of Blisters）

此處的眾生受到刺骨寒風和大暴風雪的侵襲，以至於全身長滿了寒皰，而痛苦得縮成一團。

皰裂地獄（the Hell of Burst Blisters）

這裡的酷寒導致寒皰破裂變成流膿的凍瘡，還被具有尖銳口器的蠕蟲所咂食，使得眾生皮開肉綻、苦不堪言，還導致血液和體液不斷滲出又凍結。

悲嘆地獄（the Hell of Lamentation）

眾生在這裡低聲嗚咽，只發得出最微小的單音節聲。

呻吟地獄（the Hell of Groans）

這個地獄寒冷復倍，眾生連一個字都講不出來，只能透過齒縫發出痛苦的細小音聲。

齒顫地獄（the Hell of Chattering Teeth）

此處寒上加寒，眾生凍到連聲音都發不出來，牙齒不斷打顫、格格作響。

裂如青蓮地獄（the Hell of Utpala-like Cracks）

由於酷寒變本加厲，皮膚轉爲青色，且（如蓮瓣般）裂開成五、六瓣。

裂如紅蓮地獄（the Hell of Lotuslike Cracks）

皮膚由青轉紅，且裂開爲十瓣或更多。

裂如大紅蓮地獄（the Hell of Great Lotuslike Cracks）

這是最嚴酷的極寒地獄，皮膚收縮而轉爲鮮紅，並裂開爲數百、數千瓣。此處所經歷的痛苦是無以承受的。

特定的壽期

對於眾生在這些地獄裡所待的時間，在《阿毘達磨俱舍論》裡有如此的描述：

篅中所裝芝麻粒，
百年取一至完盡：

147 譯註：這八個寒冰地獄的名稱有各種音譯，此處直接從英文翻譯。《大智度論》則言：一名頞浮陀（Arbuda，因寒生皰），二名尼羅浮陀（Nirarbuda，寒皰破裂），三名呵羅羅（Atata，寒顫聲），四名阿婆婆（Apapa，更大的寒顫聲），五名睺睺（Hahadhara，再更大的寒顫聲），六名漚波羅（Utpala，嚴寒逼迫致使身裂如青蓮——也就是烏巴拉花），七名波頭摩（Padma，身裂如紅蓮），八名摩訶波頭摩（Mahapadma，身裂如大紅蓮）。

> 此為寒皰地獄壽。
> 每下一層壽廿倍。[148]

換句話說，寒皰地獄的眾生壽命就等於每一百年從一只裝滿芝麻粒的篅中取出一粒直到完盡所需的時間（「篅」為摩竭陀國以前使用的器皿，可容納八十斛）[149]。而每下一層的地獄眾生壽命則為其上一層的二十倍。[150]

（三）思惟近邊地獄之苦

《阿毘達磨俱舍論》中對於這些近邊地獄（另譯遊增地獄，the Neighboring Hells）有以下的描述：

> 八之外另有十六，
> 在此八之四方位：
> 煻煨坑、屍糞泥、
> 利刃原等，以及無灘河。[151]

在八熱地獄的四個方位，都各有煻煨（熱灰）坑等四個近邊地獄，共為十六個。眾生可能是從主要的八大地獄來到這邊，或是直接投生於此。無論他們想從哪個方向逃走，都會陷入深及膝蓋的煻煨坑中而無法脫離。只要他們踏入一腳，皮肉隨即燒爛，一旦把腳拔出，皮肉隨即復原。就算他們逃得出來，也會陷入充滿腐臭味的屍糞泥，其中有尖嘴蠕蟲從皮肉中如針一般地冒出，不斷啃食身體直至見骨。即使能夠擺脫，卻會來到路上都是尖銳剃刀的利刃原：一旦踩上足部就被切割成片，把腳舉起時又再次復原。

接著（在以上引述中的「等（and so on）」），儘管他們得以逃脫，但又走入了劍葉林（the forest of swordlike leaves）。只要他們坐在樹蔭下，那些劍葉就會因眾生各自過去的業風牽動而如雨般的落下，將他們的身體削到無法支撐而倒下，隨即又被一群獵狗攻擊、吞噬。

如果有辦法脫身，也會被殘暴的野獸追捕。他們看到眼前的鐵柱山（the grove of iron shalmali trees）[152]便因想要避難而向上攀爬，但只要一爬上就會再掉下來，而那些長約十六英吋、朝上和朝下的尖刺又將他們的身體刺穿得像是篩子一般；接著，具有鐵喙的烏鴉和類似的禽鳥則會前來劫掠，挖出他們的眼、啄食他們的肉。

---

148 譯註：《俱舍論自釋》云：「諸比丘，譬如此摩羯陀國，有一能容納八十斛胡麻之大篅（貯藏穀物之圓囤），篅中裝滿胡麻，後有人過百年取一粒胡麻。諸比丘，如是漸次而取，裝滿八十斛胡麻之大篅亦當速疾取完，然我不說生於寒皰地獄中諸有情壽量能夠永盡。諸比丘，如是寒皰地獄有情壽量二十倍，即皰裂地獄有情壽量，如是後後地獄壽量皆為前前地獄二十倍，廣說乃至裂如紅蓮地獄有情壽量二十倍，即裂如大紅蓮地獄有情壽量。」

149 一斛（khal）大約為三十磅，或四十品脫。一篅（jang，中文音為「船」）則約可容納一公噸再多一點。

150 皰裂地獄的眾生壽命為寒皰地獄的二十倍，悲嘆地獄的眾生壽命為皰裂地獄的二十倍，以此類推。利刃原、無灘河。

151 譯註：關於這些地獄的位置在各個法乘和論述中有大同小異的解釋，索達吉堪布於《俱舍論講記》中所寫的則與此相同：「南贍部洲下方二萬由旬處屬無間地獄，在其上方有七熱地獄。此八地獄之外有十六個近邊地獄，即四邊均有塘煨坑、屍糞泥、利刃原、無灘河。」

152 譯註：此處英譯的 shalmali trees 為木棉樹，應是指鐵木棉樹林有突起的瘤節尖刺，猶如鐵柱山般。

好不容易離開了該處，受到炎熱折磨的眾生看到眼前有一條大河，便衝向前去，卻跌入了滾燙的鹹水河中。當他們陷入河底時，會因骨肉糜爛而露出白骨；當他們浮出河面時，肌肉會再次長回，復原之後則會再次地沉落。儘管他們想要逃走，地獄鬼卒卻揮舞著刀刃守在河畔，不容許任何的眾生脫身。鬼卒們時而不時地將眾生用鐵鉤拉出，讓他們面部朝上而攤在地上，還問他們想要什麼。當眾生回答：「我不知道，我看不到，但是我又飢又渴。」那些獄卒便將熾燃的金屬塊和滾燙的紅銅汁，倒入他們的嘴巴。而這些只是該地獄中各種折磨苦難的一部分而已。

以上這些地獄中，利刃原、劍葉林、鐵柱山合爲一個地獄，因此共有四種近邊地獄。[153]此處眾生的壽命並無確切的描述，不過，既然每個必然都是數十萬年以計，所以無論如何還是相當長期且痛苦駭人的。

（四）思惟孤獨地獄之苦

這類孤獨地獄（the Ephemeral Hells）並無確切的地點，是在主要地獄的鄰近、海邊、地下、地表、江河等等之處。其中的痛苦則包括火燒、寒凍而皮肉裂開、遭到殺害與吞食、白晝享樂卻夜間受苦或反之等等。此處的壽命也無定數。相關的例子可見於億耳比丘（Shrona）的故事和僧護尊者（Sangharakshita）的故事。[154]

投生此處的原因，不外乎是自己所造的惡行，因此要全心全意致力於捨棄惡行，這一點相當重要。如果未能做到，則如以下所要解釋的那般，由於過去所累積的諸多惡行，以及未來仍將累積的眾多惡行，其果報將使此生和地獄只有不超過呼與吸之間的細微顫動之隔。因此，我們怎麼能夠繼續如此地怡然自得呢？就如寂天菩薩所說的：

已造墮地獄諸業，
豈容再如此安適？[155]

此外，我們在《親友書》中也看到：

一旦彼等不再有呼吸，
惡者便嚐地獄無量苦。
聞此言卻不覺驚駭者，
處處確實堅硬如金剛。
若因眼見地獄諸圖像，
聞、思、讀、塑彼等諸剎相，

---

153 也就是說，近邊地獄有這四類：煻煨坑（the pit of hot embers）、屍糞泥（the swamp of putrefying corpses）、利刃原（the razor road）（和劍葉林、鐵柱山），以及無灘河（the river）。

154 這些來自《百喻經》（梵：*Bodhisattvavadana-kalpalata*，全稱《百句譬喻經》）的故事，後來由巴楚仁波切於《普賢上師言教》中予以部分重述，見於英譯版第七十—七十一頁和第七十二—七十四頁。

155 《入菩薩行論》第七品第十二頌。譯註：「如嬰觸沸水，灼傷極刺痛，已造獄業者，云何復逍遙。」

能生恐怖，則何需再言
承受墮彼成熟果之厲？[156]

此外：

地上一日或有三千箭，
猛烈射刺致使甚悲苦，
彼尚不能闡明或相較，
地獄極微苦痛之一分。[157]

二、思惟餓鬼道之苦

大多的餓鬼都住在我們地底超過五百里格之處，但也有些是散居在大地、高山和河流各處。在《正法念處經》裡提到了三十六種不同的餓鬼，但這些還可歸納爲以下三類：具有外在遮障之餓鬼（外障餓鬼）、具有內在遮障之餓鬼（內障餓鬼），以及具有和飲食相關的遮障之餓鬼（飲食障餓鬼）。

因外在遮障而受苦之餓鬼

由於受到飢渴所苦，因此嘴巴乾癟、身體衰弱，頸部和四肢也骨瘦如柴，毛髮則蓬亂粗糙。他們四處奔波，只爲了找到可以吃喝的東西，卻總是一無所獲。就算遠遠的看到有大量的食物、河流，或果實纍纍的園林，一旦靠近該處，食物便全消失無蹤，河流乾涸或變成膿血，果樹則凋零枯萎而落果。即使這些都沒有發生，也會被一大群揮舞著武器且防守著的守衛所阻擋。因此，他們一直受到如此之苦。

因內在遮障而受苦之餓鬼

尊聖的龍樹菩薩如此描述這類餓鬼：

或有嘴如針尖、腹大如山，
皆因欲求食物而痛苦。
於諸殘羹棄食、丁點污物，
彼等甚且無力可食之。[158]

就算終於找到可以食用的東西，也無法入口；甚或入了口，食物就在臉頰裡消散，飲料則在有毒的嘴巴裡變乾。即使吞下去也進不了喉嚨；甚或入了喉嚨，也不足以填飽肚子。他們因爲這種無法飲食的問題而倍受折磨。

---

156 《親友書》第八十三及八十四頌。譯註：「造罪之人乃至於，氣息未滅存活時，聞諸地獄無量苦，毫不生畏如金剛。」以及「即便見聞地獄圖，憶念讀誦或造形，亦能生起怖畏心，何況真受異熟果。」

157 《親友書》第八十六頌。譯註：「於此一日中感受，三百短矛猛刺苦，彼較地獄最微苦，難忍之分亦不及。」

158 《親友書》第九十二頌。譯註：「有者口小如針眼，腹如山丘饑所纏，雖得少許不淨物，然無享用之能力。」

因飲食類遮障而受苦之餓鬼

飲食雖能入腹，卻突然變成火焰，把內臟燒得焦爛。所謂的食汙者，就只能吃那些不好的食物，造成他們憂惱不已，例如不潔淨且具腐臭味的糞、尿、膿、血、痰和鼻涕，或是有毒之物和發著白光的灰燼。

這些不同種類的餓鬼，恆時受著饑渴難忍之苦。由於無衣可穿，所以會因炎熱而灼傷、寒冷而麻木。春天的月亮，讓他們感到灼傷；冬天的太陽，卻讓他們覺得寒冷。夏天的雲朵，所下的雨如火。由於不斷尋覓食物而疲倦不堪，且當他們更加虛弱時，關節會脫臼並突然冒出火焰。因所見皆敵，所以生活在恐懼之中，怕遭人綑綁、鞭打和殺害，又因沒有可信任的對象而驚慌逃跑。他們必須長時間經歷上述和其他的嚴厲折磨。

至於他們的特殊壽命，《阿毘達磨俱舍論》中是這樣寫的：

【其壽】五百年，【人間】一月為其一日。

換句話說，他們的壽命是五百年，而他們的一日相當於人間的一整個月。

《親友書》裡則有另外的說明：

五千、一萬年，彼等將不死。[159]

意思是說，有些餓鬼的壽命為五千年，其他則為一萬年。

其悲苦之因，乃是生前吝嗇和阻擋他人布施行善，因此我們對於應取善法和應捨惡法要相當謹愼且專注而爲。

三、思惟畜生道之苦

畜生（動物）分爲兩類：住在深處者、散居各處者。

住在深處之動物

指的是那些住在大海裡的動物。由於沒有住所可供庇護，所以只能隨波逐流、四處漂浮。彼此互爲食物，較小的動物被較大的動物大口吞食，而較大動物的體內則被較小動物寄生噬食。蛇形龍族每天都苦於熱沙的灼傷，以及狀似老鷹之大鵬金翅鳥的獵捕。因此，他們總是提心吊膽，並且一直承受著難忍的憂惱。

散居各處之動物

指的是在天界和人間的動物。非屬家禽家畜類的動物，總是處在害怕敵人出現的憂慮折磨中，心裡從不輕鬆。他們是禽獸的獵物，也無法抵擋人類的殺害。屬於家禽家畜類的動物，

159《親友書》第九十六頌（之最後一句）。譯註：「壽量五千或萬年」。

則苦於毛髮被拔[160]、鼻子被穿孔、受閹割、乘載重物、鞭打剝削，以及遭人宰殺而取其肉、血、皮、骨。此外，他們也因為愚痴和無知導致他們普遍受制於蒙昧困惑，而不曉得哪些可做、哪些不可做。從這一點來看，再加上飢渴、寒熱、筋疲力竭等等，他們的苦難可說和地獄道、餓鬼道不相上下。就如我們在《親友書》中看到的：

畜生具有多重苦——
屠殺、綑綁、鞭打等。
違反能寂靜之善，
彼等互相吞食苦。
或為珍珠、羊毛死，
骨、肉、血、皮、毛而死，
餘等無助被迫勞，
腳踢、手擊、鞭、刺催。[161]

至於畜生道的壽命則有說到：

畜生至多壽一劫。

意思是說，壽命最長的動物可以活到一劫之久；壽命較短的動物，則沒有固定的壽期。

要如何思惟惡趣之苦呢？就從檢視自己的感覺開始。例如：把手指放入火中單單一秒，或在枯寂的冬日赤身裸體地坐在冰凍的空地上，或不飲不食數日，或是僅僅被蜜蜂螫到、跳蚤或蝨子咬到，你現在都難以承受，那麼，想像一下，地獄、餓鬼、畜生道的種種折磨，你怎麼承受得了呢？如此想像，應能激發出你的恐懼及全然醒悟，使你堅決想要獲得究竟的解脫，好讓珍貴人身眞的能深具意義。

貳、思惟上三道之苦

藉由在下士道、中士道、上士道所累積的福德同分（positive actions consistent with ordinary merit）[162]，將可相應投生於人道、欲界的天道以及更高的天界，並享有這些受生的暫時快樂。你或許會因此認爲，既然惡趣不可能快樂，那就應該努力設法達至善趣。然而，就像是火焰，不管多大多小，性質必然是燒燙的；既然輪迴的自性就是痛苦，無論在上、下三道投生，也不會有什麼值得去做的事情。要了解，不只是惡趣有苦，善趣也是一樣，這一點相當重要。爲此，我們就來思惟人道、阿修羅道和天道的痛苦。

---

160 例如，犛牛鬆軟腹部（囊肉）上面的毛髮，因為可當羊毛使用，而被人拉扯出來，並非修剪。

161 《親友書》第八十九及九十頌。譯註：「旁生生處亦遭殺，捆綁毆打各種苦，棄離趣寂諸善法，相互啖食極難忍。」以及「有因珍珠有因毛，血肉骨皮而遭殺，毫無自由受人打，鞭抽鐵勾等役使。」

162 參見詞彙解釋：福德同分。

一、思惟人道之苦

生

首先，未出生前，我們都得待在母親狹窄受限的子宮裡，驚恐地忍受黑暗、惡臭和溫度的變化。之後，我們像是被電線押出機（wire extruder）牽引而出那般，頭上腳下地顛倒出生。被人觸摸時，彷彿是被荊棘鞭打一樣；被擦拭乾淨時，彷彿是被活生生地剝皮；被人放入母親的懷中時，彷彿像是被老鷹叼走的雛鳥。這些都屬於生之苦。

老

隨著我們年華老去，面容將逐漸憔悴，失去曾有的姣好和光彩，且面色深青如灰。感官變得遲鈍昏昧，身形佝僂，四肢變形。肌肉無力、皮膚鬆弛、滿面皺紋、髮色轉白，牙齒也脫落了。隨著體力越來越差，我們發現自己開始難以起身，步履蹣跚，坐下時覺得身體崩塌般，講話時則口齒不清。隨著感官退化，我們逐漸視力模糊、聽力變差，食物也失去了風味。我們對事物的享樂感逐漸消褪，使得我們無法再從食物等感官欲樂中獲得喜悅：少吃點就覺得餓；多吃點，則消化不良。沒有人喜歡我們。

病

我們生病時，會因爲過去業行和眼前緣境所致的四大不調，而感受到無量的痛苦和憂惱。

身體因患病而又痛又弱，再也不能隨意享用我們所喜歡的事物，例如飲食和睡眠。我們只好求助於令人不悅的醫藥、治療、養生法等等，同時憂心地納悶自己是否即將要死。

死

到了死亡的那一刻，不論醫藥、治療、特殊的儀式等，一個也幫不上忙，我們毫無選擇，只能拋下一切財富、名望、權勢、部下和朋友——這些都是我們如此勞心勞力才獲得的東西，甚至連我們如此珍惜的身體也要拋下。一旦斷氣，我們將會經歷巨大的痛苦並就此撒手人寰。

生、老、病、死這四大瀑流，是人間普遍要受的痛苦，不過，這還不是我們唯一要經歷的，另外尚有以下四種特定的痛苦穿插其中。

求不得（想要的得不到）之苦——如：我們想要求取這輩子當中的快樂、富足、權勢和歡愉，然而儘管犧牲身體、獻上生命且經歷千辛萬苦，卻還是得不到。

五陰熾盛（不幸降臨身上）之苦——如：我們所不想要的饑渴、寒熱、涉及爭論和法律訴訟、被人傳播謠言，或是受到上級處分。

愛別離（與摯愛親人和悅意事物分離）之苦——悅意事物如：快樂、舒適、財富、眷屬、同伴、親戚和朋友之類。

怨憎會（與仇怨敵人和不悅事物相遇）之苦——不悅事物如：疾病、魔怨、障礙、仇敵、強盜和土匪、火災、水災，以及殘暴的掠食性野獸。

簡言之，無論是窮是富，都有極大的痛苦。對富人來說，財富和僕役越多，就必須爲了保護這些而更加痛苦。對窮人來說，儘管努力求取依然難獲溫飽，因此有匱乏之苦。就如我們在《本生經》（*Series of Lives*）中看到的：

一因守護而煩擾，
一因空竭而尋覓。
無論是富抑或貧，
無處可言是喜悅。

此外，《中觀四百頌》裡則說到：

上者唯有心憂苦，
大多皆爲身憂苦。
身心雙重所受苦，
致此世間日日迫。

這些引述，僅只描述了那些我們自己都能清楚看到的部分。

二、思惟阿修羅道之苦

一般來說，非天（阿修羅）的衆生會因嫉妒天道一切事物都如此顯赫、豐饒和圓滿，而使內心總是倍受煎熬。尤其是，他們時而不時地就和天神打鬥，並由於福德較差，當他們遭到殺害、襲擊、潰敗、撕得四分五裂時，會經歷可怖的痛苦。交戰之中，只要天神的頭或腰部沒被砍斷，即使重要部位被擊中，傷口都會自行癒合；然而，非天卻和人類一樣，如果傷及重要的器官就會死去。據說那些過世的非天，其影像會浮現在黃金地面上一座稱為「遍顯」（All-Appearing）的湖面，令其家人在軍隊未返之前就開始悲慟不已。

投生阿修羅道的眾生絕大多數是造惡多端者，因此對佛法興趣缺缺。至於那些少數希求佛法的非天，也會受過去行為的異熟果所遮蔽，而無法具有分辨是非善惡的善福。

三、思惟天道之苦

這裡有兩個部分：思惟欲界天道之苦、思惟兩個較高天道（色界天道和無色界天道）之苦。

（一）思惟欲界天道之苦

首先，欲界天神縱溺於感官的享樂，未能看見生命正點點滴滴地流逝。然而，當死期逼近時，有五種前兆會在他們死前的七個天道日開始出現：喪失原本姣好的面容；不再感到座椅安適；身上的花鬘開始枯萎；衣裳也出現了染垢；以前從不流汗的身體，此時卻迸出了汗液。這些前兆，使得他們在死前所經歷的苦惱強度甚鉅甚長。在這段期間，原本圍繞身邊的天女和僕役會拋下他們，到其他天神那邊去享樂，使得他們感到極為悲傷。尤其是他們知道，無論對此界剎所享的顯赫和歡愉有多麼貪愛，自己必得與之分離而無能為力。他們也曉得一旦自己死去，根本不可能再次投生於這個超凡界剎之中，即使其中少數得以投生人道，其他大多數都將投生惡趣，且必須長時間經歷駭人可怖的痛苦。由於他們知曉上述的情況和隨後將至的下墮，因此內心承受著難以忍受的痛苦，就如我們在《正法念處經》中看到的：

天道居所而下墮，
彼等苦惱甚猛烈。
然地獄眾所承受，
不及此苦十六一。[163]

此外，《親友書》裡則說到：

普世尊崇之帝釋，
將因業力復墮地。
轉輪聖王亦將成
輪迴輪中一奴隸。[164]

此外，看到福德比自己大的天神是如此威嚴且充滿歡愉，相比之下福德較小的天神會變得鬱鬱寡歡且膽怯畏懼。力量較弱的天神則有被力量較強之天神逐出自家的憂惱。尤其是四天王天和三十三天的天神，他們在與阿修羅道眾生爭吵和交戰時，往往會因遭到非天兵刃的砍傷、撕毀、殺害而經歷到可怕的痛苦。

（二）思惟色界天道和無色界天道之苦

色界和無色界並沒有明顯的苦苦，不過，那裡的天神也絕對無法免於行苦[165]。由於該處的凡俗眾生[166]對於禪定有著看似沉醉著迷之感，所以在增長自己的善好功德方面一點都沒有長進。一旦他們嚐到了禪定的滋味就不忍與它分離[167]，結果就是禪定逐漸消褪且面臨死亡。尤其是，當他們過去生所造的引業（propelling action）[168]耗盡時，就會再次投生於欲界。儘管他們在先前的世間禪定和目前的色界與無色界禪定中，曾經擁有看似大樂的經驗，當此有漏大樂（tainted bliss）的引力（propelling force）耗盡，他們將再次墮入惡趣，如一支射向天空的箭那般，對自己將前往何處毫無所知。《親友書》裡是這麼說的：

得此大樂欲界神，
如梵天樂離諸欲；

---

163 譯註：英文直譯的意思是：地獄道的住民所承受的，還不及這種大苦惱的十六分之一（The denizens of hell do not endure a mere sixteenth of such great misery）。

164 《親友書》第六十九頌。譯註：「帝釋堪稱世間供，以業感招亦墮地，縱然曾為轉輪王，於輪迴中復成僕。」

165 關於苦苦和行苦，請看下一節的描述。

166 藏文拼音 so skye，意思是平凡的個人，有別於已證聖道（'phags lam）、已入聖位的登地（初地及以上）菩薩。

167 字面的意思是：「具有滋味的禪定」。譯註：此處英文 dare not to 的直譯應為「不敢」，依中文語法而修潤。

168 藏文拼音 'phen pa，導致特定投生的行為，此處所指為過去生所修持的禪定，導致投生於色界或無色界。譯註：業又分「引業」和「滿業」，如《八識規矩頌》中所說：「引滿能招業力牽」。眾生會投生於六道輪迴中的哪一道，是「引業」的作用；投生於該道之後，相貌、出身、一切受用的好壞，則屬「滿業」。

然知其後苦恆隨：
如柴薪入阿鼻火。[169]

因此，無論我們生於輪迴三界的何處，都離不開痛苦。所到的任何地方，皆是痛苦的地方；身邊的任何一人，皆是痛苦的同伴；經歷的任何事情，都無法超越痛苦的體驗。就如在《究竟一乘寶性論》（*Sublime Continuum*）中所表述的：

猶如糞穢無香氣，五道眾生無安樂；
彼等感苦如火、刃、腐蝕鹹水恆延續。[170]

這是我們必須了解的事情。

第三節　特別思惟三苦的本質

一般來說，輪迴之苦有兩個層面：因和果。儘管天道與人道衆生具有各自的眷屬、財富和一切想要獲取之物，他們依然有著受到不善意圖（念頭）和負面行爲（業行）所整體影響的苦因。與下三道和上三道有關的苦果，則包括了貧困、身體的病痛和心理的苦惱所帶來的煩擾等等。這類痛苦可扼要分爲三類：苦苦、壞苦、行苦。

苦苦（痛苦之苦，the suffering of suffering）

包括一切痛苦的感官感受，例如熱、冷、飢、渴。教導中的舉例爲有如將毒汁灌入傷口那般，此苦主要爲下三道衆生所受。

壞苦（變異之苦，the suffering of change）

包括一切歡愉的感知，從長壽、財富等等，乃至禪定的大樂都屬之。教導中的舉例爲在覺得寒冷的時候生火取暖，此苦主要爲人道和欲界天道所受。

行苦（一切有為法的遍在之苦，the all-pervading suffering of everything composite）

指的是近取蘊[171]，而近取蘊乃上述兩種苦的基礎。這是一切痛苦的根本，教導中的舉例爲一位口乾舌燥的人正在飲用鹹水解渴。生、老和一切型態的痛苦，都從這裡依序出現。全然

---

169 《親友書》第七十四頌。欲世間的天神（Kamaloka god）屬於六道的欲界；阿鼻（Avici）則為無間地獄的梵文拼音。譯註：「欲天界中大樂者，梵天離貪得安樂，復成無間獄火薪，不斷感受痛苦也。」

170 《究竟一乘寶性論》第四卷第 53bc 頌。譯註：目前還找不到完全相應的句子，暫且引用第十品「自然不休息佛業」的這一段：「五道中受樂，猶如臭爛糞」（後魏中印度三藏勒那摩提譯，以下同）來對應第一句；第二句的英文直譯為：他們的痛苦就像是持續不斷地感覺到有火焰、兵器及具腐蝕性的鹽巴等等。

171 藏文拼音：nye bar len pa'i phung po，這些有漏的蘊是因執持過去業行和煩惱所生，也會導致未來業行和煩惱的執持，參見附錄「詞彙解釋」之「蘊（五蘊）」。

中性（neutral）的感官感受因此被稱爲一切有爲法（所有和合事物）之苦。這種痛苦主要爲四禪天[172]所受，佛經中對此有以下的描述：

無論有何感知，彼等盡皆爲苦。

除非我們能離於這種痛苦，否則便無法從其他兩種痛苦中解脫。該被砍斷的是樹幹：劈開樹枝和樹葉是沒有用的。正如在《分別業經》（*Analysis of Actions*，或稱《辨業經》）中的說明：

存有之苦猶如火坑，一點都沒有機會變得清涼。那種恐怖，好比遭到兇猛的野獸和蠻人環伺。又如宮廷的大牢，幾乎沒有任何逃脫的可能。又如大海的浪濤，一波接著一波，周而復始。又如致死的烏頭毒草，能夠毀去快樂狀態的根本生命力。

所以，無論是善趣或惡趣，不管在輪迴三界的哪一道投生，都像是受到疾病折磨那般，將承受各種的痛苦，沒有片刻的快樂。所以，我們應該深切的覺醒，想著：「從現在開始，我必須像被關入黑暗地牢而想逃離那般，求取絕對的自由。」正如大上師尊所說的：

任憑致力世間法，彼等未曾有盡時；
應當致力於佛法，此事迅速可達成。
輪迴諸事何善好，最終卻會招衰敗；
修持神聖之佛法，其果從不受損害。

無始以來已造下，業行習性與煩惱，
此等串習無間斷，藏於吾等心相續；
導致流轉輪迴中，因所感知而迷妄。
至於何時得解脫，又有誰能說得準？[173]
縱使臨終思佛法，彼時早已太遲矣：
於已遭人斷頭者，雖有醫藥亦無用。
基於上述諸緣由，徹底認識輪迴苦，
並且真實而爬上，能往寂靜之道途，
當以慈心和悲心，垂念一切諸眾生，
此外亦當予觀修，悲心空性之雙運。

除非能在心中捨棄所有關於此生的膚淺事務，否則我們花再多年的時間想要成就佛法，也絕對不會成真。所以，要認清整個輪迴的毫無實義[174]，拋開各種沒有終止的計畫，運用每個可能的方法，全然修持清淨的殊勝佛法。想著：「珍貴的上師，我如此信任您，請讓我真的能這麼做！」並念誦以下的祈願文：

---

172 也就是四禪天（四靜慮天）的十二天，屬於色界。

173 字面的意思是：沒有人能夠肯定地說出一個日期：「我將在某天某時獲得解脫」。

174 藏文拼音 snying po med pa，字面的意思是「毫無實質」。

輪迴三界的自性爲苦，
願我根除一切貪愛與執著。
珍貴的上師前我祈願，
無比恩慈的尊主請賜加持。

第八章

思惟業報法則之因果不虛

本章有三個段落：
思惟一般的行爲和結果、
思惟特定的類別，
以及四聖諦的要點總結。

第一節 思惟一般的行爲和結果

我們或許會認爲：是啊，生命無常，我們也會死（就像上面說的那樣），但不一定會再次投生，畢竟，不是有人這樣說嗎？

灰燼於風吹，
何來復投生？

又或，即使能再次投生，輪迴中的一切苦樂以及境遇不外是由創世神所造，或是自行獨立出現，這和我們的業行有何相關？我們的善業和惡業不是在做完之後就耗費了嗎？[175]我們眞的有必要修持佛法嗎？

然而，眞相是，因和果之間的關係是無誤的，而且，造作行爲的果報也會成熟於己身。關於這些如何發生，《百業經》裡作了這樣的解釋：

奇哉！
世間乃由業行所造。
樂苦乃由業行所生；
因緣聚合而有樂苦。
吾等業行能生樂苦。

此外，還有這一段：

縱經百劫後，
業行絕不失。
時機緣恰好，
相應果報熟。

《分別業經》中也表示：

婆羅門（Brahmin）陀屋塔（Toʹuta）居士之子，其名鸚鵡（Parrot），問曰：「喬達摩尊（Gautama），眾生或有長壽、短壽，無病、有病，或有貌美、醜陋，大力、虛弱，或有出身高貴、卑微，富、貧，聰慧、愚鈍之分，何以故？其因緣爲何？」

佛言：「婆羅門之子，有情眾生皆爲各自業行而來。其命，業也。投生之處，業行所致。依於己業而分上、中、下等；高、低位；善、惡。彼等業行、見地、經歷各有差異。由於相應惡業而投生地獄、餓鬼、畜生。由於相應善業而投生天、人。」

175 所有這些錯誤的想法都屬於各種非佛外道。

善業之果爲快樂，惡業之果爲痛苦，這是相應的。既然善惡之業的果報會相應成熟，而其方式乃不可思議，因此，我們必須取前者而捨後者。無論是善是惡，即使行爲在造作的那一刻可能毫不起眼，然而當果報完全成熟的那一刻，卻可能增長至百倍、千倍，甚或無量倍之大，就像一粒青稞或其他各類的種子成長茁壯而散佈蔓延。除非我們能對治自己所累積的業行而使它失去作用，否則它們在各自果報成熟之前都不可能被耗盡。所以，對於取善捨惡一定要謹慎而爲，這一點極爲重要。正如大上師尊所說的：

此生行惡所得樂何用？
唯將導致諸多來世苦。
此生短暫僅以月年計，
卻難知曉來世有多長。
故當令己來生樂無苦，
是以取善捨惡而爲之。

第二節 思惟特定的類別

本段有三個部分：思惟應該避免的惡業、思惟應該達成的善業、將無記業（indeterminate actions）轉爲善業。

壹、思惟應該避免的惡業

惡業的分類爲：自性罪、佛制罪。

自性罪（性罪：本來就屬不道德的行為，naturally shameful deeds）[176]

任何造犯此類行爲的人，都會產生負面的後果。這些包括能引發惡業的根本和次要煩惱（三毒、傲慢、嫉妒、吝嗇等等），以及由這些染污所引發且由身、語、意所造的不善行爲。

佛制罪（遮罪：違背所定戒律的不道德行為，shameful deeds that violate edicts）

針對受戒卻犯戒者，此類行爲會帶來負面的後果。

輪迴中所有的痛苦都是從這些惡業所生、所引起。雖然這些惡業的種類繁多，但對於斷惡修善的方面來說，最主要的可略分爲十項，如同《阿毘達磨俱舍論》裡所宣說的：

扼要予粗分，
善惡諸業行，
可說有十項。

176 參見附錄「詞彙解釋」之「自性罪」（the naturally shameful deeds）。

身之三惡

殺生

殺生所涉及的是殺害的動機、殺害的行爲且是無誤的意圖殺害對象，以及在致死前都未曾捨棄謀害對方的意圖。

不與取（偷盜）

所涉及的例如竊取他人財物、對方並未給予而自行奪取，兩者皆帶著爲了自身得到此物的欲求。

邪淫

邪淫指的是以下的交媾關係：

非境（伴侶不當）——有夫之婦、七等親之內者、受雇於他人之妓女，或爲其雙親、政府、其他監護人之受監護者，以及持守獨身淨戒者；

非時（時機不當）——伴侶身體不適、憂沮、懷孕或經期，或未達法定年齡等等；

非處（地點不當）——佛塔前、寺廟中、磚頭堆或破陶器之上，或造成伴侶受傷的堅硬不平表面等等；

非道（途徑不當）——以陰戶之外爲途徑。

以上是對一般在家人而言，但對受持獨身淨戒的梵行者而言，則任何交媾關係都構成邪淫。

《阿毘達磨俱舍論》裡是這麼說的：

殺生乃取他人命，
對象無誤具意圖。
不與取挪用他財，
藉由強奪或偷盜。
不當欲求而行淫，
構成四類之邪淫。

語之四惡

妄語

撒謊時，曲解事實、隱瞞真相，且有意地講出不實之言，而對方也了解說話的內容。[177] 妄語並不限言語，還包括身體的姿勢在內。

177 賢嘎堪布（Khenpo Shenga）在他所寫的《阿毘達磨俱舍論釋》中指出，若對方不明白撒謊的內容時，則構成綺語之惡行。

兩舌[178]

兩舌所涉及的是想要分化兩個本來相處融洽的人，說一些會讓對方情緒激動且耿耿於懷的事情。

惡口

在對方聽得到的範圍內，以刺激且不堪的粗言，直言細數對方的過失等等，使得對方當場承受這一番話。

綺語

無意義的閒談構成了前三者以外的不良言語。包括：諂媚奉承；唱歌演戲；關於戰爭、生意、愛情等等的對話；以及談論錯誤的哲學觀點。

對於這些，在《阿毘達磨俱舍論》中是這麼說的：

> 妄語乃曲解事實，
> 且對方亦解其意。
> 兩舌乃以有毒心，
> 意圖離間而言說。
> 惡口則聞之不悅。
> 煩惱所攝皆綺語。

意之三惡

貪

貪婪所涉及的是對他人的房舍、財產、眷屬、僕從等等有著深藏的希求和欲望，並進一步想據爲己有。

瞋

根深蒂固而意圖傷害他人、造成對方痛苦的有害希求。

癡

錯誤的見解（邪見）意思是堅信因果法則並非眞相、堅信根本沒有前生來世、堅信三寶並不存在等等。

在《阿毘達磨俱舍論》中，對此有如下的宣說：

> 貪乃於他人財不當求。
> 瞋乃於有情眾具惡意。
> 癡爲無善惡之邪見。

---

178 藏文拼音 phra ma，也可翻譯為「離間語」。

以上十惡是以完具四相的行爲（complete course of the action）[179]來描述，但你也應該確實避免造作與這十種惡行類似的行爲，例如無意之間造成錯誤的殺害等等。如同所說：

> 由貪瞋癡之所生——
> 此等業行皆屬惡。

尤其是，誹謗任何與佛法相關的事物，包括聖法本身、教法的善知識等等，都和邪見（錯誤的觀點）有關，且具有數不清的惡果，就如在《般若八千頌》（*Transcendent Wisdom in Eight Thousand Verses*）中所說的：

> 須菩提，累積業行以致喪失佛法者，
> 將直墮惡趣，
> 投生大地獄道，
> 承受無等折磨。

此外，我們在《極善寂靜決定神變經》（*Sutra of the Miracle of Decisive Pacification*）中可以看到：

> 眾多眾多劫亦然，
> 身有五百里格大，
> 其上具有五百頭，

每頭不下五百舌，
每舌各有一巨犁，
犁具不下五百刃，
犁溝各自熾燃燒——
皆屬誹謗惡業果。

此外，還有五無間罪（五逆罪，the Five Crimes with Immediate Retribution）和近五無間罪（近五逆罪，the Five Crimes that Are Almost as Grave），是以造作的對象[180]來決定。

五無間罪

弒父、殺母、殺阿羅漢、破和合僧（鬥亂眾僧），以及惡心出佛身血。

---

179 完具四相的行為，是完整具有所有要素（譯註：事、意樂、加行、究竟）的行為。舉例來說，以殺生的完整異熟果來說，必須要有認定的受害者（事，或稱他有情）、殺害的意圖（意樂）、實際殺害的行為（加行），以及造成受害者死亡的結果（究竟）。儘管如此，四相並不完具的行為依然會有果報，只是比四相完具的行為稍減。想要殺害他人的念頭，就算後來並未真的執行，本身依然有不良的後果；殺人未遂，也是一樣的道理。相同的，不良的言語若要完具四相，則對方必須聽懂並承受所講的言語內容。進一步的說明可見於《普賢上師言教》英譯版第一〇四頁和《功德寶藏論》英譯版第五十三—五十六頁。

180 造作五無間罪的這些對象，由於地位非常重要，以致造作者在死後不會像一般人那樣經歷再次投生前的中陰（或稱中有）階段，而是隨即投生地獄。

近五無間罪

破壞佛塔、殺害菩薩、玷污阿羅漢尼、殺害有學聖者（入道行者）、奪取僧寶財物[181]。

在這之後，則有二十四種被列爲佛制罪的重罪和邪行，是以造作的對象和行爲本身來決定。

十六重罪（the Sixteen Serious Faults）

四邪重罪爲：取用學者之首座[182]、接受比丘之禮敬、食用密集修行者之食物[183]、盜用咒乘行者之法具。

四違重罪爲：破誓、違犯聲聞戒[184]、違犯菩薩戒、違犯密咒乘誓言。

四輕重罪爲：出於無明而藐視佛身、出於傲慢而藐視智者和學者的善好功德、出於嫉妒而藐視眞實語、出於偏私（派別之見）而企圖證明或反證特定的哲學宗義。

四謗重罪爲：縱容他人出佛身血（五無間罪之一）、放任他人擁有邪見（十惡業之一）、隨意譴責同等地位者之其中一人、進行無憑據的指控。

八邪行（the Eight Perverse Acts）

這些描述如下：

抑善、揚惡，

擾善者之心，

阻信者積福，

捨上師、本尊、同門法友，

遠離聖壇城——

此乃八邪行。

惡業之果報

這些惡業的果報可分為三種：異熟果（完全成熟之果報，the fully ripened effect）、等流果（與因相似之果報，the effect similar to the cause）、增上果（與外器世間有關之果報，the environmental effect）。

---

181 譯註：另有一說為「奪僧和合緣」，造成僧團離散，剝奪眾僧組成僧團的機緣，罪同「破和合僧」。

182 也就是取得比自己該有地位還高的位置。

183 堪布阿旺貝桑在他所撰寫的《普賢上師言教導引》中指明，這並不表示取用任何一般佛法修行者的食物，而是針對閉關中密集修持者的所需物資，使得他們的存糧提前用罄，以致無法完成原本預定的修行時程。

184 也就是任何的別解脫戒。參見附錄「詞彙解釋」之「別解脫」。

異熟果

惡業的輕重程度，端看特定的因素：如動機、對象、時間、頻率。故而，最重惡業的果報爲投生於地獄道，次重惡業的果報爲投生於餓鬼道，最輕惡業的果報則爲投生於畜生道，並承受上述章節中所描述的相應痛苦。在《正法念處經》裡有這樣的描述：

最輕惡業之異熟果爲投生於畜生道，次重惡業之異熟果爲投生於餓鬼道，最重惡業之異熟果爲投生於地獄道。

等流果

感受等流（與因相似之感受，the experience similar to the cause）殺生導致短命。偷盜的果報爲資財匱乏。邪淫導致敵怨衆多。妄語爲經常受人批評議論和輕視貶低。兩舌的果報爲與同伴常有爭端。惡口爲所聽到的一切都不悅意。綺語爲講話沒有權威性。貪的果報爲願求從不得圓滿。瞋（惡意）導致總是擔驚受怕。癡（邪見）導致愚鈍且困惑。在《寶鬘論》中有以下的敘述：

殺生則短命，
不與取缺財，
邪淫多敵怨，
妄語受誹謗，
兩舌與友離，

惡口聞不悅，
綺語無人敬，
貪則願破滅，
瞋注定驚恐，
癡則遇邪見。[185]

同行等流（與因相似之行爲，the actions similar to the cause）

由於過去生造作了特定的行爲，後來便投生爲縱溺於這類行爲且樂在其中的衆生，就如《百業經》中所解釋的：

由於作惡成習，故而再次投生時也會採納惡行、縱溺於惡業並追隨惡法。

增上果（與外器世間有關之果報）

這類果報成熟時會顯現成爲個人的周遭環境。舉例來說，由於曾經殺生，農作較無滋養、醫藥較無效用等等。曾經偷盜，莊稼沒有收穫。曾經邪淫，所處環境將濕冷沉悶，多有塵、靄、雨。曾經妄語，周遭將有髒汙腐臭的氣味。曾經兩舌，所在的國土將爲貧脊荒地，且有深

185《寶鬘論》第十四—十六頌。譯註：「殺生壽短促，害他損惱多，偷盜乏資財，邪淫多怨敵，妄言招誹謗，兩舌親乖離，粗語聞惡聲，綺語言失信，貪欲摧所求，瞋恚多恐怖，邪見生惡執。」

谷貫穿。曾經惡口，所在的平原將為不毛之地、多荊棘、不肥沃。曾經綺語，所在的地方將四季不調。由於貪，以致穀物貧乏且質地不佳。由於瞋，原本美味滋養的食物會變得苦澀且不營養。由於癡，穀物將會稀少或根本無法收成。等流果和增上果都不確定何時會出現，可能是今生，也可能是諸多來世之中。

貳、思惟應該達成的善業

整體而言，善業指的是八萬四千法門數量不可思議的對治法；不過，若是很粗略扼要地來分，則可說是在意的方面拒斥上述所說的十惡，並在身、語的方面行持基於如此的拒斥而遠離惡業。故而，有十類這樣的善業，是以所成辦的內容和方式來決定的。身之三善即是護生、布施、持守梵行[186]。語之四善即是說眞實語、和解糾紛、說柔和語及和善語、稱讚他人德行。意之三善則為知足、慈愛觀待他人、深信因果法則。佛陀曾親自宣說了十善業，就如我們在《中品般若經》中所看到的：

> 吾亦捨殺生……

以及相關的宣說等等。此外，我們在《寶鬘論》中可以看到：

> 不取命、避偷盜，
> 遠離他人婦，
> 於妄語、兩舌、惡口、

綺語皆圓滿遏止，
捨貪、捨瞋，
亦捨斷見[187]——
此即十善業之道。

此外尚有這十項善業，是因爲它們與持守戒律有關而決定的。《辨中邊論》裡有如此的描述：

印製經典、獻供、寬厚施捨，
聽聞、閱讀、記憶，
教導、持誦，
憶念、觀修——
此等十事業，
能生無量福。[188]

---

186 梵行，藏文拼音 tshang spyod，經常被用來指稱獨身禁慾。

187 藏文拼音 nyid kyi lta ba，羅桑・貝登・丹增・念札（Lobzang Palden Tenzin Nyentrak）在他對《寶鬘論》所寫的釋論中關於這個語詞的解釋為：藐視因果法則的見地。譯註：第八—九頌「不殺不盜取，不邪淫妄言，離間粗惡語，綺語正防止，遠離貪欲心，瞋恚及邪見，此十白業道。」

188 十法行，藏文拼音 chos spyod bcu，分別為：複製經典，行使供養（例如禮敬三寶），寬厚施捨，聽聞、閱讀、記憶法教，向他人解釋法教，每日持誦祈願文和經典，憶念法教的意義，以及觀修法教的意義（書寫、供養、施他、諦聽、披讀、受持、開演、諷誦、思惟、修習）。

至於如何全部實際運用，共通的方式爲十波羅蜜多（十度），也就是布施等等。

你應該熱切地投入這些善業，即使最微小的善業也絕不輕棄。以這個方面來說，所謂在「意」的方面要拒斥十惡業，意義爲何？它涉及到因認清造作惡業的過失，故而對於造作惡業毫不希求。至於在「身」和「語」的方面要遠離十惡業，則不只是大體上絕不造作的問題而已。有可能以你目前的狀況來說，毋需費力便能如此遠離十惡，並從中獲取許多利益。儘管如此，你仍應該提醒自己，由於已然有意地拒斥，因此便不可從事這類惡行。在避免造作身和語的七惡業時，你必須具有這兩個層面[189]；避免造作意的三惡業，則只涉及在心意上捨棄之。

所謂決定避免造作惡業，意思是知道惡業是錯誤的。「知惡爲誤」這方面的知識屬於正世俗諦，是惡業的對治，也是戒律的精要。如果棄惡之決心非常強烈，就算有睡意、昏沉、散漫等等的干擾，也能認清可能造作惡業的情境而避免自己犯錯。之所以如此，乃來自種子力，也就是我們先前決定避免惡業的力量。因此，十善業也包括了這個種子，也就是避免造作十惡業的決心。

總而言之，你不僅要決心不再造惡，也應全心盡力奉持各種具有良善動機的善行——身的方面如頂禮、繞行、供養，以及爲利佛法和衆生之行；語的方面如持誦讚文和咒語，以及能益佛法和衆生之事；至於意的方面，則應該熱切地生起任何自然爲善的心態，例如信心、虔誠、決定解脫、慈、悲、菩提心和觀修。正如所說：

無貪瞋癡而所生——

此等業行皆屬善。

善業之果報

這些善業的果報可分爲三類：異熟果、等流果、增上果。

異熟果

善業的力量大小端看在前行（預備期）、正行（執行期）、結行（完成期）之時，是否以善心爲基礎。佛經中教導說，力量最大的善業之果爲投生於較高的天道，力量次之的善業之果爲投生於欲界的天道，力量最小的善業之果則投生於人道，至於例如原本屬善的行爲卻以不淨之心而爲，其果報即是投生於阿修羅道。

等流果

善業的等流果與先前所說之惡業者相反，正如我們在《寶鬘論》中所看到的：

長壽、富足、無敵怨，

讚揚、美名、悅耳語，

---

189 也就是心意上的拒斥和身體及口語上的約束。

所說受恭敬、所願得圓滿，
心得快樂境、智慧速增長——
此乃十善等流果。

增上果

同一本經典也有如下的描述：

穀物滋養、醫藥具效，能得豐收，
環境悦意，大地平坦，田地肥沃，
草樹茁壯，四季逢時，
穀物飽滿，食物味美，果實繁茂，
此乃十善增上果。

以及：

藉此等修持，行者得解脫——
不生於地獄、餓鬼及畜生。
能於天、人界，
得富足安樂、榮耀及統御。
禪定、四無量、無色界之定，

能令行者得　梵天等大樂。[190]

若能於整個前行、正行、結行期間都以善心而爲，如此所做就一定是完整的善業，因此也必然能帶來安樂的異熟果。另一方面，意圖不善但動作屬善的行爲（例如出於希求大衆尊敬而做慈善事業），以及意圖爲善但動作不善的行爲（例如爲了幫助對方而責打之）則會帶來樂苦參雜的果報。因此，應當以成辦完整善業作爲唯一的學處，如耕田的農夫那般，不氣餒、不疲厭。以廣大的心量來修學善行，好比要上戰場的勇士一樣，勇氣十足且絕不灰心喪志。要像迴旋的火把那樣不斷繞轉[191]，毫不停歇地修學。

參、將無記業轉為善業

所謂的無記業就是那些非以善、惡動機而爲的事情，且其果報無法肯定是樂還是苦。包括走動、飲食在內，不管是哪一種無記業，都不具有眞正的利益，只是在打發時間而已。故而，要把無記業轉爲善業，這一點相當重要。因此，要讓你一切的身、語、意之行都充滿了菩

---

190 譯註：前兩段引述於《寶鬘論》中雖有相關內容但無直接對應的句子，英譯本亦未標示偈頌號碼，猜測是版本不同所致。此段則出於第二十三—二十四頌：「由此法解脫，地獄鬼傍生，且能得人天，王位圓滿樂，定無量無色，感梵天等樂。」

191 也就是像人們在黑暗中拿著火把或火炬而不斷迴旋所發出的光圈那般持續。

提心，想著：「飲食或行走等這類事情，不會帶來任何的果報：它們不會引領我從輪迴中獲得解脫。它們一點意義也沒有。這是多大的浪費啊！現在，我一定要將它們都轉爲具有善德的事情。」就如我們在《中觀四百頌》裡所讀到的：

若具菩薩之發心，
諸行無論善或惡，
盡轉爲圓滿善德，
何以故？以此發心故。

此外，在《入菩薩行論》中有言：

故而大河流不斷，

完善福德力亦然，
縱使睡眠、未留意，
增量廣大等虛空。[192]

所以，與其繼續做個外在的觀察者，你應該把主力轉而向內修持，正向積極並貫徹執行，讓你所做的一切都能帶來利益。

第三節　四聖諦的要點總結

「諦」（眞相、事實）的意思是無欺瞞之事。有所謂的「世俗諦」（輪迴的眞相），其內涵是：我們所感知爲三界的種種顯相，乃是從因（例如業與煩惱）而相依生起的果；它們是由因果法則不虛之力而出現的。此外還有所謂的「勝義諦」（究竟、崇高的眞相），其內涵是：透過努力求取證悟，將無誤地獲得由這個因所來的果，也就是證得圓滿解脫的境界。輪迴和涅槃的一切都可以普遍包含在「四聖諦」中，而對於任何一位求取解脫的人來說，所需進行的修持無一不包含在「四聖諦」中。四聖諦爲：集諦（來源或原因的眞相）、苦諦、道諦、滅諦。

壹、集諦

雖然「基」（ground）的眞實狀態是言語所不能及的，它難以表述且不可思議，指的就是空性；但我們因「俱生無明」（innate ignorance）而未能認出這個狀態。此外，又因「遍計無明」（ignorance of artificial imputations）而做出區分，認爲五蘊即是自我；這是個迷妄。一旦

192《入菩薩行論》第一品第十九頌。譯註：「即自彼時起，縱眠或放逸，福德相續生，量多等虛空。」

我們開始認爲五蘊即是自我，便會對悅意的事物生起貪愛、對不悅意的事物發出瞋怒，以及對未感到悅意或不悅意的事物產生愚癡。依著貪、瞋、癡三毒，便會出現五毒。這些即是所謂「煩惱之念」，所有的行爲從中而生，彷彿夏日的大地能讓萬物生長。行爲有很多不同的種類，但那些會引發我們繼續投生輪迴的行爲，則可扼要地分爲三類：不善行、善行、不動行[193]。其中，第一種將我們拋入惡趣，第二種讓我們在欲界中享有快樂，第三種則使我們投生色界和無色界。這些行爲的不同分類，上述已然說明。故而，當輪迴之根本——煩惱——在我們心中生起時，要把握對治要點並加以驅逐，這一點非常重要。就如帕當巴·桑傑所說的：

> 煩惱生起時，若未行對治，
> 定日之人啊，佛法之道理，汝等盡失矣。

貳、苦諦

就苦諦而言，苦的來源或起因是與煩惱（三毒和五毒）相關的行爲有關，其果報則爲流轉於輪迴三界，並毫無止息地體驗六道衆生之業和苦，飽受痛苦的折磨而疲弱不堪。我們在《律分別經》（*Transmitted Distinctions Regarding the Vinaya*）中可以看到：

> 糞穢沼澤無香氣，
> 六道中亦無安樂。

熾燃煤坑無清涼，
三有無處具喜悅。

簡言之，雖說一切衆生的自心本性——也就是如來藏——是光明（clear light），卻受到暫時的染污所遮蔽，而那暫時的染污就是錯誤的想法（邪見）。衆生以此類想法爲出發點，沉溺在有漏業中，因而製造了輪迴的蘊、界、處[194]，就如《究竟一乘寶性論》裡所闡述的：

誤用此心於不當，
致生業行和煩惱，
業行煩惱之水流，
又致生起蘊界處。[195]

不同的善業和惡業則會製造相應投生在善趣和惡趣的蘊，就如《寶鬘論》中的說明：

---

193 不動行（藏文拼音mi gyi ba'i las）：甚深禪定的境界之一（但其中無菩提心），這種行為所帶來的果報必然是投生於色界和無色界。另一方面，福德（bsod nams）的果報和無福（bsod nam ma yin pa）惡業的果報則要看情況而定，因此不可能肯定說明它們確實的成熟方式。

194 也就是說，它們會製造身心的組成（psychophysical components）和經驗，使得眾生生起對輪迴的感知。參見附錄「詞彙解釋」之「蘊」（aggregates）、「界」（constituents）、「處」（senses-and fields）。

195 《究竟一乘寶性論》第一卷第60cd和61ab頌。譯註：「如是陰界根，住煩惱業中，諸煩惱業等，依不善思惟。」

惡業招諸苦，
以及諸惡趣。
善業致善趣，
以及恆時樂。

所以，要提醒自己先前所描述的輪迴過患，從而生起一種想行善的強烈心態，並發願且勉力爲之，如同《入菩薩行論》裡所講到的：

所行發心皆誠善，
無論步履轉何處，
所獲福德將耀己，
伴隨應得之利益。[196]

參、道諦

就道諦而言，道的「因」緣（the causal condition）爲佛性[197]，增上緣則是崇高的上師，原因是：之所以有道，乃藉修持上師的法教而來；而能否「如是」了悟基，也有賴於上師。對於道的實際修持，則端看個人；道之本身乃是結合善巧方便和智慧的善德，目的是作爲邁向解脫的途徑。佛經中有言：

伴隨善巧方便的智慧，是為道。

伴隨智慧的善巧方便，是為道。

此外，在《論藏》（*Abhidharma*，阿毘達磨）的典籍裡也可看到：

簡言之，道在於認清有苦、捨棄苦因、了證止滅、依循修道。

根據個人能力，熱切精進且專心一志地修學佛陀法教共與不共之道次第，行者將能在資糧道、加行道、見道、修道上逐步前進，而一路達至終點。想要實際證得其果，靠的就是修持。

肆、滅諦

輪迴一切的止滅之處——基，即是空性。這是萬法（所有現象）的真實狀態，或說是究竟自性、眞如，而其中毫無任何關於存在、非存在等等的概念邊見（conceptual extremes）。由於此究竟自性、空性狀態乃周遍於萬法之中，究竟自性和現象就不是分別的主體（不異）。

196《入菩薩行論》第七品第四十二頌。譯註：「由行所思善，無論至何處，福報皆現前，供以善果德。」

197 藏文拼音 rigs，字面的意思是「種姓」（家族）、「潛能」，於此脈絡中所指即是一切有情眾生所具的佛性（藏文拼音 de gshegs snying po，梵文拼音為 tathagatagarbha）。

然而，無爲（uncompunded，非和合）的究竟自性和有爲法（compunded，和合而來的現象）在性相上卻不相容，因此它們也不是同一個主體（不一）。不變的究竟自性超越了常見、斷見等邊見，即是空性。藉由修持能使人了悟空性的道，所有因三毒和五毒此集諦所起的道便可止滅，行者也證得其果，也就是苦蘊和與其相關之苦的止滅。[198] 簡單來說，就是原本遮蔽覺性的煩惱和其種子逐漸退滅而消散於究竟虛空之中，終而滅除。這種滅除的狀態[199] 即是空性的本智、止滅的基，而此殊勝的滅諦，我們稱之爲證得解脫和涅槃。故而，教導中說到：苦諦的自性即是滅諦，而集諦的自性即是道諦；所以說：滅和道，斷和證，根本上無二無別。

且讓我們來舉例說明。縱溺於造成疾病的不善食物和行爲，是爲集（來源）。受到疾病的苦楚和痛處所折磨，是爲苦。對於個人飲食和行爲小心謹慎且遵循治療的方式，是爲道諦。疾病痊癒而回復健康，是爲滅諦。

現在，我們根據上述的例子來作類推。吝嗇且阻擋他人行善，是爲集。貧窮和匱乏，是爲苦。供養和布施行善，是爲道諦。結果因此除去未來的貧困之苦，是爲滅諦。這就是你應該如何領會且運用因果道理的方式。

在如此思惟因果之間無誤的法則之後，你應該從事各種善行，並捨棄各種惡行。絕不做任何有害的事情，無論是自己去做（自作）或唆使別人去做（教他作）。即使爲了自己的上師或三寶，也不該從事惡業：因爲會受到如此惡業之異熟果報的人，肯定不是他們，正如《親友書》所言：

縱使爲了婆羅門、僧人、天人、
崇高賓客、父母、皇后、朝廷，
亦不可爲邪惡行——
彼不承擔地獄果。
邪行惡業雖非劍，
立時造成大傷口，
然於死至而果現：
無論爲何皆顯露。[200]

現在，你要遠離惡業、加強善業，以便成就解脫，這件事無人可以代勞或幫你完成。捨惡取善，只能靠自己，就如《親友書》中所言：

解脫全賴汝自身，
別無他、友可代勞。

---

198 痛苦的蘊集（藏文拼音 sdug bsngal gyi phung po），指的是身體。

199 藏文拼音 spangs pa，也可說是「除去」，意思就是滅除了一切遮蔽或阻擋證悟的因素。

200 《親友書》第三十和三十一頌。譯註：「汝為沙門婆羅門，師客父母王妃眷，亦不應造諸罪業，地獄異熟他不分。」「有者所造諸罪業，縱未即時如刀砍，然死降臨頭上時，罪業之果必現前。」

具有聞學、戒、定者，
當精進於四聖諦。[201]

因此，要將關於因果如何運作的一切法教，運用在自己的相續中，如法地修持取捨，以便盡所能地讓生命充滿意義。想著：「珍貴的上師，我如此信任您，請讓我眞的能這麼做！」並懇切地如下祈願：

善惡之業將無誤成熟：
願我善巧持戒地取善捨惡。
珍貴的上師前我祈願，
無比恩慈的尊主請賜加持。

如果我們對此四共前行（四共加行）未能獲得眞誠的感受，於正行所做的各種生起次第和圓滿次第修持則無異於強化世間八法，如此一來，佛法便無法帶來助益。如今，大家都吹噓自己是佛法的修行人，卻尚未斷除對於今生事務的貪執，也未把心轉而背離輪迴，甚至連對親友、眷屬、僕從、衣食、愉快談話這類最微小的欲望，都還沒有捨棄。由此造成的結果就是，我們所從事的任何善行都無法眞正發揮效用。我們的心和佛法背道而馳。於他人之過，我們都有辦法找到；於自己的過失，卻怎麼也想不到。對於個人最微小的善好功德，卻傲慢地自吹自擂。我們因爲名望和娛樂而分心散漫，還涉入毫無意義的言談與各類的活動。我們將自己的修行時間以幾月、幾年來加總，但心中的煩惱卻絲毫未減。我們自認爲可結合佛法和世間目標，結果卻是一事無成、通通落空。打從一開始，我們對於決心解脫這件事根本是無動於衷的。

往昔那些博學且具有成就的人經常會說：「相較於正行，前行甚至更為深奧。」他們的意思是：佛法之根本有賴於捨棄今生事務。所以，與其向外探尋，不如內心和佛法相融。有朝一日，當些許和佛法有關的善好功德於內出現時，我們就會了解到這些教言是多麼地深奧，對佛法的信心也會油然增長。屆時，我們將會憶起自己上師的慈悲與恩德，內心的虔誠也會自行湧現。如此一來，所有道上的功德便將自然而然且毫不費力地浮現。

以上關於四種能培植相續心田、將心思轉離輪迴的修持，已做完簡短的說明。

201《親友書》第五十二頌。譯註：「解脫依賴於自己，他人不能作助伴，具足廣聞戒定者，應當精勤修四諦。」

第二支分：種下甚深道五次第種子的不共前行

第九章：皈依——解脫道之基礎

第十章：發起無上菩提心——大乘道之精要

第十一章：金剛薩埵的觀修與念誦——淨化道上之惡業與遮障等違緣

第十二章：獻曼達——累積道上順緣之二資糧

第十三章：上師瑜伽——領受加持之究竟道

第二支分：種下甚深道五次第種子的不共前行

第九章

皈依—解脫道之基礎

第一節 應該了解的一般要點

本章是關於如何皈依。皈依是一切法道的入門；其中包括兩個部分：應該了解的一些一般要點，其次為與此法相關[202]的修學要點。前者又分為皈依——入門，以及信心的自性和類別，而信心實為入門之條件。

壹、皈依——入門

這個段落又細分成七個部分：皈依何以必要的原因、認明皈依的對象、皈依的期程、獲得護佑的方式、領受皈依戒的儀式、皈依戒的律儀、皈依的利益。

一、皈依何以必要的原因

無垢友大師曾說：

> 出於畏懼，以及對於功德之正念，吾等皈依。[203]

我們為何需要皈依？是因為我們會感到害怕；如果無所畏懼，便能自行選擇和決定，顯然就不需要尋求任何人的保護。然而，我們從無始以來，便迷失在無明的黑暗當中，還受困於輪迴的恐怖地牢之中而無法掙脫，除了三寶別無他人能夠保護我們。因此，爲了讓自己免於如此的恐懼，所以我們作皈依，同時也將三寶具有大力能保護我們的這個功德謹記在心。

依據皈依者的心態又分爲三類。

下等根器者，乃出於恐懼惡趣而欲求善趣之樂，將皈依視爲一種護衛，他們的主要動機是這種恐懼和希求。這類「種姓」（family）的人，佛教徒和非佛教徒都有，且不侷限於任何特定的宗派。

中等根器者，皈依則出於懼怕輪迴且希求個人解脫，也就是涅槃極樂之境。在有所懼和有所求之外，他們的主要動機爲信心。這類人屬於聲聞和獨覺的種姓。

上等根器者，皈依是出於懼怕輪迴和涅槃，並想要證得超越痛苦的無住之境（the nondwelling state）[204]。在有所懼、有所求和信心之外，他們的主要動機爲悲心。這類人屬於大乘的種姓。

就如我們在《菩提道燈論》（*Lamp for the Path*）中所看到的：

---

202 本書第二部的這一章和其後的章節，都是依據《空行心滴》此法所描述的不共修持細節。

203《皈依六支論》（*Six Aspects of Taking Refuge*，藏文拼音為 skyabs 'gro yan lag drug pa），印度大師無垢友尊者（Vimalamitra）所寫。

204 藏文拼音為 mi gnas pa'i myang 'das，超越輪迴和涅槃（或「存有與寂靜」，existence and peace）此兩端之涅槃。

當知無論以何法，
致力爲得一己利，
僅求輪迴中之樂，
此眾屬於下根器。
背離輪迴中之樂，
並且遠離惡業者，
僅致力爲己寂靜，
此眾屬於中根器。
因知一己之痛苦，
而欲他人之痛苦
皆能全然竭盡者，
此眾屬於上根器。

此外，阿底峽尊者還指出何以要皈依的另一個原因：

眾人皆可受誓戒，
然未皈依者除外。[205]

換句話說，對於一切誓言戒律來說，皈依是不可或缺的基礎。一個人是否爲佛教徒，端看是否曾受過皈依，若未皈依，便不可能出離輪迴。

二、認明皈依的對象

有兩種皈依對象：因地的皈依對象、果地的皈依對象。

（一）因地的皈依對象

因地的皈依對象有兩個層面，也就是共乘（the common vehicles）的皈依對象和咒乘（the mantra vehicle）的特別皈依對象。

1. 共乘的皈依對象

包括世間（worldly）和出世間（supramundane）的皈依對象。世間皈依又分爲下等的世間皈依對象和上等的世間皈依對象。

（1）世間的皈依對象

〈1〉下等的世間皈依

皈依的對象爲山、林等自然界，以及天神等大力非人，還有統治者和其他具影響力的人類等。由於他們尚未從輪迴的大牢籠中獲得解脫，當然也就無法保護我們出離輪迴，因此這類是屬於下等的皈依對象。就如我們在佛經中看到的：

---

205 引述自《皈依七十頌》。

由於擔憂和恐懼，
多數求取庇護於
山岳森林樹木等。
彼非最佳皈依處，
乃因皈依此等物，
無從離於任何懼。

〈2〉上等的世間皈依

所皈依的對象爲三寶，皈依者爲僅僅想要免除恐懼和改善運勢的凡俗大衆。

（2）出世間的皈依對象

皈依的對象同樣爲三寶，皈依者則爲想要獲致全然解脫之人；並且相信三寶具有大力，能夠在暫時上保護我們免於輪迴的恐懼，並在究竟上將我們安置於決定勝，因此是恆時無欺的皈依處。因此，大上師尊有言：

身處輪迴的王主，無論再好，也會讓我們沉淪。
作爲皈依的對象，三寶，則永遠不會讓人失望。

根據法乘的大小類別不同，對於三寶的認定便各有差異。此處，就大乘此無上宗門而言，則有三類皈依：示現了悟的皈依對象、令人獲得啓發的來源、究竟的皈依對象。

〈1〉示現了悟的皈依對象

這類的皈依對象爲：

・體現四身和五智的佛寶，其具有二種清淨[206]，是究竟圓滿二利者。

・教證二法[207]：也就是「證法」——屬於無漏全然清淨諦（the truth of untainted complete purity）中的道諦和滅諦；以及「教法」——能表述此眞諦之殊勝語（the Excellent Words），包括可感知的文字和字母等。

・僧伽：入於聖位[208]的殊勝菩薩僧，亦即具有了悟和解脫功德的佛子；以及，在資糧道和加行道上依循大乘修持的凡夫僧（surrogate Sangha）與依循基乘（the Basic Vehicle，小乘的別名）修持的聖聲聞僧和聖獨覺僧。

---

206 二種清淨分別為：自性清淨（藏文拼音為 rang bzhin ye dag），也就是所有眾生皆具的佛性；以及離於一切客塵染污之離垢清淨（藏文拼音為 blo bur phral dag）。唯有佛陀兼具這兩類清淨。

207 證法（Dharma of realization，了證之法）為教法（Dharma of transmission，教導或傳授之法）所描述的主題，而教法即是佛陀的法教。

208 藏文拼音為 sa chen po，三淨地的菩薩果位，也就是八地、九地、十地。

〈2〉令人獲得啓發的來源

・各型的佛像，例如圖畫、唐卡和塑像；

・各類的佛書，以文字表述佛陀的法教；

・依循法道修持的一般人所成之僧伽，包括在家居士和受沙彌戒[209]者所成之低階僧伽，以及受具足戒僧[210]所成之高階僧伽，而具足戒四人以上的聚集則稱爲僧團（assembly of the Sangha）。另外還有持明者（knowledge holders）所成之僧伽，包括那些依循咒乘道修持並持守誓言的出家人和在家人[211]。無論他們所遵守的戒律爲何，都是眾生的福田[212]。

〈3〉究竟的皈依對象

唯有佛陀是我們究竟的皈依對象，其他兩者皆非，關於這一點有以下幾個理由。一旦見到實相，就必須捨下屬於「教法」（傳授之法）的教導。由於菩薩、聲聞、獨覺心中的「證法」（了證之法）尚未臻至圓滿，所以並不恆常、仍爲虛妄。至於僧者，因都還在法道上前行，所以並未具有究竟的功德；且因尚無法在不仰賴佛陀的情況下，以自力清除隨眠習氣（latent tendencies）和所屬道位（level，修行層次）的特別遮障，因此仍有恐懼。就如我們在《究竟一乘寶性論》中所看到的：

彼將被捨棄，彼自性虛妄，
彼自亦不有，且仍具恐懼。

故此二種法，以及聖者眾，
仍非無上之 恆時皈依處。
一切眾生之 究竟皈依處，
唯有佛陀爾，其乃因在於——
佛陀與法身無別，故而：
能仁尊乃法教之體現，
亦為僧團究竟之目標。[213]

---

209 藏文拼音為dge tshul，梵文拼音為shramanera，意思是介於「在家居士基本四戒」和「僧尼具足戒」之間所受的戒律。參見附錄「詞彙解釋」之「沙彌戒」。

210 譯註：具足戒（full ordination），梵文拼音為upasampanna，音譯鄔波三鉢那，意譯近圓，有親近涅槃之義，是要成為比丘或比丘尼所應受的出家戒律。「僧」為梵文「僧伽」（Sangha）之簡稱，原為比丘、比丘尼之通稱。根據《佛光大辭典》，其意譯為和、眾，故又稱和合眾、和合僧、海眾；而現前僧伽必須四人以上集會和合（四人僧），方可舉行羯磨秉法；若為四人以下，則僅單稱為「群」。

211 譯註：藏人對於僧伽的定義，與漢人不同；尤其這段是以廣義的僧伽來談，故而持守誓言的密乘在家人（常指白衣瑜伽士）也屬於僧伽之列。

212 參見附錄「詞彙解釋」之「田」（field，藏：zhing）。譯註：福田，意思是眾生可由此獲得福德的田地。

213《究竟一乘寶性論》第一卷第二十一—二十一頌。譯註：僧寶品第四，「可捨及虛妄，無物及怖畏，二種法及僧，非究竟歸依。」及「眾生歸依處，佛法身彼岸，依佛身有法，依法究竟僧。」

2. 咒乘的特別皈依對象

依據金剛咒乘的傳統，在上述之外，還有特別的三寶，也就是上師、本尊及空行護法；上師爲領受加持之源，本尊乃領受成就之源，空行和護法則爲成辦事業之源。此外，我們也將上師視爲所有三寶的總集（其身爲僧、其語爲法、其意爲佛）；視顯現爲寂靜相和忿怒相的本尊，其自性爲佛之報身和化身，其密續爲不共之法，視空行和護法爲不共之僧。我們帶著這樣的了解而將他們作爲皈依的對象。大上師尊是這麼說的：

上師主，加持之根本，
本尊眾，成就之來源，
空行眾，圓滿賜加持。[214]

（二）果地的皈依對象

我們的自心即爲明空雙運，體現了自本初以來俱現的體性、自性明力、大悲，它便是三寶的自性。爲了獲此體悟，我們尋求因地的皈依，或者，最重要的是，與其向外尋求皈依（因心中自然而然就有皈依），行者應當自然安住於自心無造作的不變之境，不作任何取捨，此爲果地的皈依。在《智慧之成就》（*Accomplishment of Wisdom*）中講到：

離於所淨所證之心，是爲佛。
心之自性不變無染，是爲法。

心之功德任運圓滿，是爲僧。
故而此一自心本性　乃無上。

關於文中所稱之「寶」（Jewel），其來源爲梵文的ratna，翻譯[215]爲「稀有且無上」，原因在於其珍貴之處和六種類比，也就是《究竟一乘寶性論》裡所呈現的：

稀有罕見，無瑕疵，
具力，爲世間莊嚴，
無上，無任何變異，
彼實稀有，且無上。[216]

與珠寶相關的六種類比解釋如下：

・三寶的出現於世是稀有難得的，因爲對於尚未生起善根的世間眾生來說，即使歷經多劫也可能無從得遇。

・三寶是無有垢染的，因爲他們完全離於過失的染垢。

214 換句話說，他們使事業圓滿。

215 也就是早期從梵文翻譯為藏文時的意譯。

216 《究竟一乘寶性論》第一卷第二十二頌。譯註：僧寶品第四，「真寶世希有，明淨及勢力，能莊嚴世間，最上不變等。」

・三寶是具有力量的[217]，因為他們擁有不可思議的大力功德，例如六神通力[218]，因此可以遣除世間的種種困境。

・三寶為世間的莊嚴，因為他們是一切眾生的善願之源。

・三寶是至高無上的，因為他們擁有出世間的功德，遠勝於那些仿冒的珠寶。

・三寶是不變的，不會受到稱讚、毀謗等情境的左右，因為他們的自性是無為法的究竟自性。

關於三寶的殊勝功德，另可詳見於《隨念三寶經》（*Sutra Remembering the Three Jewels*）等其他的經文。

三、皈依的期程

眾生的皈依，有各種不同的期程。普遍而言，一般世人的皈依乃是為了達成自己的短小目標，故而期程通常為今生或下一世。聲聞和獨覺則是與其壽命相等。然而，就我們所依循的大乘來說，皈依則是持續直到獲致證悟為止，就如我們在《入菩薩行論》中所讀到的：

直至獲致如來藏。[219]

四、獲得護佑的方式

佛對我們的護佑乃是作爲我們究竟的皈依和嚮導。法對我們的護佑則是作爲道途，因爲藉由修持佛陀的教導能讓我們免於恐懼。而僧對我們的護佑在於作爲引導我們前進的友伴。在密咒乘中，上師能行使三寶的所有事業，所以即是一切三寶的總集，如同《勝樂生律精要續》（*Tantra of the Emergence of Chakrasamvara*）裡所說的：

上師爲佛，上師爲法，

上師亦爲僧：

上師即爲吉祥金剛尊。

五、領受皈依戒的儀式

首先，要從清淨的對象——善知識處，領受戒條；其後，在有需要或急難出現時作皈依，以及一日六次作皈依。無論是哪一種情況，都要觀想皈依境就在自己的前方虛空而來行皈依。

---

217 寶石的力量在於它的堅硬度，以及可以切斷其他石頭的能力。

218 參見附錄「詞彙解釋」之「六神通力」。

219 《入菩薩行論》第二品第二十六頌。譯註：「乃至菩提藏，皈依諸佛陀，亦依正法寶，菩薩諸聖眾。」

六、皈依戒

此處有兩個部分：實際的戒條（皈依的學處）和使得皈依終止的原因。實際的戒條又分爲不共戒條和一般戒條，前者包括關於必須避免之事（止持）的戒條和關於應該進行之事（作持）的戒條。

（一）實際的戒條（皈依的學處）

1. 不共戒條

（1）止持戒（所應斷之學處）

皈依佛之後，就不應該再把希望寄託在世間的天神身上，也不能再皈依、仰賴或禮敬他們。不過，若是要將佛法相關的特定事業託付他們之時，則不受此限，還是可以單純地爲他們獻上供養。

既然皈依了法，則無論起心動念或實際行爲，都必須避免犯下責打或綑綁等任何可能傷害衆生的事，反之，應該要以慈愛待之。

已經皈依了僧，就不能與對那些持守外道見地的人，或自稱爲佛教徒卻擁有邪見且對三寶不具信心的人爲伍。

對於這一點，《涅槃經》是這樣說的：

皈依佛陀者，
眞實優婆塞[220]，
絕不再皈依
其他世間神。
皈依聖法者，
離於惡害念。
皈依僧伽者，
不伴邪見友。

（2）作持戒（所應修之學處）

即使只是佛像的一塊碎片、神聖經文的半句偈頌，或是僧袍的一片黃色補釘[221]，都必須以恭敬心對待，至於三寶的其他方面那就更不用說了。因爲既然已經皈依佛陀，就必須恭敬對待任何能代表佛陀之物，而且不論外觀看來如何，都絕不可鄙棄。就如我們在《親友書》中所看到的：

220　藏文拼音為 yang dag dge bsnyen，也可翻譯為「圓滿優婆塞」（perfect upasakas）。「優婆塞」（或「清信士」，善德之追隨者）指的是皈依三寶者，因此用來稱呼沒有進一步領受出家戒的在家居士。在這段文章的意義中，則不僅限於指稱在家居士。

221　佛教的僧袍最初是以遭人丟棄的染色補釘布料所縫製而成。這個傳統依然沿用於現代預先製成的僧袍上，也就是在其上縫了一塊舊僧衣的補釘，或是設計成讓人看起來像有補釘的樣子。

任何佛塑像，縱使爲木造
智者恆恭敬。[222]

皈依佛法之後，就必須恭敬對待所有關於佛陀教導的書籍和相關釋論，並避免用教派主義來作任何的論斷。《耳嚴經》（*Ear Ornament Sutra*，《大方廣佛華嚴經》的別名）如此宣說：

最末五百年，
吾現經文相。
視其等同吾，
亦等同恭敬。

皈依僧伽之後，不僅要恭敬對待淨戒僧和持有三藏者，對那些僅僅保留剃度徵相（signs of ordination）的人也必須以禮相待，且必須避免對其懷有蔑視和偏見。我們可以在《勸發增上意樂經》（*Sutra That Inspires an Altruistic Attitude*）中看到：

汝等希求善功德，
切莫於他尋過失。
「吾乃至尊、至上者」——
切莫生起此等念。

傲慢乃諸放逸根，

絕不輕蔑何僧人，以為彼較汝為劣。

2. 一般的戒條

此處歸類為四種：就算可獲何種名利也不捨棄三寶、無論發生何等事情亦不另求皈依、恆時憶念三寶善德並作供養、憶念利益而一日作六次皈依。

（1）無論可獲任何名利也不捨棄三寶

不管你有多麼重要的理由，像是：為求保命、為獲王國、求取報酬……，不論遇到任何原因，都不可捨棄三寶。上述所提的那些事情，或許能為此生帶來稍許的安適，但也就僅此而已，然而，皈依三寶則能成辦所有的善德，包括投生善趣和獲致決定勝。就如《毗奈耶》經文中所看到的：

絕不為求保命、為得王國，甚或僅為玩鬧而背捨三寶。

222《親友書》第二頌。譯註：「佛像縱然以木雕，無論如何智者供。」甘珠爾仁波切（Kangyur Rinpoche）在他所寫的釋論中則說到「木頭或石頭等基本材質」。對於木製或石雕的佛像，無論如何粗工，都應該要像對待最為精巧的黃金佛像那般恭敬尊崇。

（2）無論發生何等事情亦不另求皈依

不管發生了什麼不幸的事情，如：生病、不愉快等等，都要全然地信任三寶，而不另求其他世間的解決方式。如同無垢友尊者所說的：

今起無論發生何事，
不求任何其他依怙。[223]

你或許會納悶，如此一來，在生病的時候求助於法會、持咒、誦經、祈願和醫療處理，是否也不正確？其實這麼做並沒有錯，因爲這些事情也是法寶的分支，所以不僅不應鄙棄，還當殷懃爲之。

（3）恆時憶念三寶善德並作供養

在心中不斷思及三寶的殊勝功德，無論在做什麼，都要訓練自己讓它成爲對於三寶的承事。不管想要前往何處，就對該方向的佛陀頂禮。憶念三寶的恩慈，訓練自己持續向三寶獻上供養，包括每次飲食的第一口。再次，無垢友尊者是這麼說的：

恆時憶念且供養
最佳品質之食物。[224]

（4）憶念利益而一日作六次皈依

在心中謹記皈依的利益，且應該要一日六次進行皈依，也就是晝夜各三，或是一日三次，或是至少一日一次。無垢友尊者對於這一點有所開示：

恆時持誦皈依文，
並當激勵自己一日作六次。[225]

盡己所能地勸引他人也來皈依，包括親戚、眷屬、僕從等等。

（二）使得皈依終止的原因

在獲致精要而證悟成佛時，我們在皈依儀式中所聲明的時限便到期了[226]，因此證悟為捨棄皈依之名義上的因。捨棄皈依之實際上的因，則是：生起邪見並且捨棄三寶；無法持守皈依戒條並且捨戒（還戒）。

至於破失一些戒條，例如禮敬其他天神，稱為「輕毀誓戒」，會產生很多不良後果。這麼做的人，就等同腐敗朝廷的一份子那樣，不再列屬於佛教徒；也像遭到護衛背叛的商人那般，不管做什麼都會心驚膽跳。又好比掉落地面而損壞的壁畫一般，所受的所有誓戒和戒條都將輕

---

223 《皈依六支論》。
224 《皈依六支論》。
225 《皈依六支論》。
226 當我們皈依時，會說：「直至菩提我皈依……」（我皈依，直到我獲得證悟的精要或心要）。

易毀壞；又有如社會底層的一級貧戶，毫無朋友的支持，且容易受到各種惡勢力的壓迫；又如同犯法的罪人那般，由於破失誓言而投生惡趣。所以，藉由思惟破失戒條的過失，對於自己違犯的行爲深感懊悔並誓不再犯，然後重新受戒。如此將能還淨（修復）所曾受的皈依誓戒。

七、皈依的利益

皈依的利益有七項：成爲佛陀的追隨者、不墮惡趣、成爲一切誓戒之助伴、不受人與非人等障難、少病而長壽、過去所造業行之遮障得以清淨、若圓滿成佛之因的二資糧，即可迅速證得佛果。

（一）成爲追隨佛陀之佛教徒的利益

捨離外道所皈依的梵天等對象，皈依三寶，便能像智者所宣說的那般入於佛教徒之列，如言：

內道與外道，差別在皈依。

（二）不墮惡趣的利益

若行皈依，將阻擋惡趣之門，並且在未來生世中都能被安置於善趣和解脫的大樂之境。據說，有一位天神之子原本將投生爲豬，但由於他後來求受皈依，於是避免了下墮的命運，就像《母豬本事》（*Tale with a Sow*）裡所聲明的那樣：

既已皈依佛，
不墮入惡趣。[227]

（三）成爲一切誓願之助伴的利益

皈依可強化我們欲證涅槃的發心，而我們正是爲此而去受皈依誓戒，因此它就成爲所有誓願的基礎，就如《皈依七十頌》（*Seventy Stanzas on Refuge*）所解釋的：

在家居士皈依三，
是爲八戒之根本。[228]

（四）不受人與非人等障礙所害的利益

皈依如何能遣除各種的恐懼和危險，《佛說無能勝幡王經》（*Supreme Victory Banner Sutra*）中有這樣的描述：

---

227 在《母豬本事》（*Tale with a Sow*，梵：*Sukarikavadana-sutra*）中講到：有個垂死的天神因為看到自己即將投生於豬胎中而非常苦惱，帝釋天於是建議他皈依三寶。那位天神依言而行，死後隨即投生於兜率天。（譯註：出自《雜譬喻經》。）

228 我們皈依三寶，便成為「優婆塞」（或「清信士」，善德之追隨者），或在家的佛教修行者。如果沒有皈依戒作為基礎，就不可能更進一步領受八種佛教戒律裡的任何一種，此八種為：優婆塞（男）、優婆夷（女）（於皈依戒之上再領受不殺生等五戒），沙彌、沙彌尼（男女出家眾的預科），比丘、比丘尼（男女出家眾），式叉摩那（意譯為學法女，屬於沙彌尼以上、比丘尼以下的女出家眾預修），以及持守一日的近住戒（譯註：即一般所稱的八關齋戒，男女皆可）。

諸比丘，無論身處何處，蘭若、尸林、曠野等類，皈依三寶，即可免於恐懼、痛苦和令人毛骨悚然的經歷。

此外，我們在《日藏經》（*Essence of the Sun Sutra*，全名《聖般若波羅蜜多日藏大乘經》）中可以找到：

皈依佛陀之眾生，
千萬魔軍不能殺。
縱使破戒心受擾，
依然必能超生死。

（五）少病而長壽的利益

有此一說：皈依之後，比較不會受到與過去業行和障礙相關的疾病所干擾，且能擁有豐饒、顯赫且長壽的生活，如同我們在《莊嚴經論》裡所看到的：

令免諸惡行，
以及老病死，
佛盡皆護佑。
令免諸怨害、
惡趣及邪道，

我見[229]及基乘，
故佛乃為最勝皈依處。[230]

（六）過去所造業行之遮障得以清淨的利益

因過去累積業行所帶來的遮障，皆可一一滅除乃至竭盡。即使是曾犯下五無間罪的人（例如提婆達多、阿闍世王等）也能因皈依三寶而得以解脫惡趣，關於這一點，諸多佛經中皆可見到描述。[231]

（七）若圓滿其因——二資糧——即可迅速證得佛果的利益

在信心的土壤裡，以二資糧之雨澆淋，證悟的潛能種子將能成長茁壯，最終成熟為佛果之豐收莊稼，就如《涅槃經》告訴我們的一般：

---

229 「薩迦耶見」為一種根本的錯謬見解，將短暫且和合而成的五蘊（參見附錄「詞彙解釋」）當作是永恆且單一的「我」和「我所」。譯註：「佛盡皆護佑」這句話的直接英譯為：佛陀全面保護行者免於這些問題。

230 《莊嚴經論》第十品第七和八頌。譯註：「諸佛常救護，眾生三染污，諸惑諸惡行，及以生老死」與「諸災及惡趣，身見亦小乘，如是諸眾生，一切皆救護」與「佛為勝歸處……。」

231 提婆達多（Devadatta）為釋迦牟尼佛的堂兄，曾以巨大的石頭企圖壓死佛陀而未果，但仍造成佛足受傷而犯下出佛身血的惡業。此外，他自行制定新的出家戒律而造成僧團的分裂，其中包括那些他明明知道佛陀絕不會採納的五條新規定。最後，他還煽動當時的阿闍世（Ajatashatru，未生怨）王子殺害父親頻婆娑羅王（Bimbisara）。兩人因此都犯下了五無間罪，請見頁數 211 中的三條罪行。譯註：阿闍世王所犯的惡行包括弒父、害母，以及連同提婆達多一起破壞僧團。

彼等皈依於三者，
能獲福智勝資糧，
傳弘佛法於世間，
因而證得佛果位。

此外，佛陀在《大悲白蓮經》中也說到：

入我教義者，縱使為在家，或現出家相，於此賢劫中，皆可於法界同證無餘涅槃而無一例外。

佛陀於上述所指的是那些已經皈依的眾生。再者，佛陀於《無垢經》（*Sutra of the Immaculate*）中則說：

皈依之福若有相，遍虛空且猶勝之。

此外，在《般若攝頌》裡有這麼一段：

皈依福德若有相，
三界亦將不足容。
若要計量大汪洋，
杯水豈能有盡時？

佛陀對此所舉的例子可說是無盡的。皈依是個相依緣起，能使你逐步進展乃至獲證究竟佛果、轉動法輪、攝受廣大的不還果僧眾於自身的周遭聚集。

貳、讓人踏入皈依之門的信心——本質和類別

此處有七個部分：必須培養信心的原因、信心的類別、如何培養信心、信心增長或退減的因緣、信心的特定性相、不具信心的過患、培養信心的利益。

一、必須培養信心的原因

皈依和任何其他善德修持的根本，都在於信心，而且也唯賴信心。因此，從一開始，就要訓練自己培養信心，這一點非常重要。就如《寶鬘論》所指出的：

因具信故依佛法；
因具智故善領會，
此二以智爲主要，
然信心是其前導。[232]

232 《寶鬘論》第五頌。譯註：「具信故依法，具慧故正知，二中慧為主，信是彼前導。」

此外，《究竟一乘寶性論》是這麼說的：

自生勝義諦之境，
唯以信心能了悟。[233]

二、信心的類別

信心的精要在於清晰了然而平靜無擾的心，對於何者應取、何者應捨都能察覺。故而，信心有三個類別：淨信、欲信、勝解信。

（一）淨信（vivid faith）

如此清晰、清明的狀態，來自於見到或聽到聖者的善妙功德，心中生起毫不刻意且無有染垢的喜悅和虔誠。好比能使濁水變得明澈的淨水寶石那樣，可以清除所有的惡念。

（二）欲信（eager faith）[234]

此等信心將使人極欲去除輪迴之苦：渴求證得解脫和菩提。而且，爲了達到這兩個目的，此人將會熱切地斷惡修善。欲信使我們近似於因希求財富而追逐財富那般，將自身奉獻於神聖的佛法。

（三）勝解信（confident faith）

勝解信意味著對於以下三者具有信心：應斷輪迴和輪迴之因，應取涅槃和涅槃之因，而無記的狀態則是毫無意義的。正如對未來豐收的期盼能使農夫願意犁田耕種，認爲聖法絕不讓人失望的信心，能使我們具有必要的信念，而無所疑惑且毫不猶豫地修持。

三、如何培養信心

除非擁有信心，否則不論我們擁有多少的善好功德，也發揮不了太大作用——這就好比我們雖面貌姣好，卻雙目失明。因此我們必須致力於信心的培養，方法就是：在一日之中觀修無常四次，時刻思惟業行和果報，思惟一切事物的正向層面，思惟佛法的稀有難得，憶念上師的恩慈，以清淨觀來看待佛門兄弟姊妹，以及憶念佛陀的殊勝功德。重點是不能有偏私之見或地位高低之想，而要將所有的人都視爲卓越絕妙之人，如此便能培養信心且調伏自心。

遍知法主[235]有言：

除非盡己所能而培養信心，
否則絕對不可能證得圓滿，

---

233 《究竟一乘寶性論》第一卷第一五六頌。譯註：卷一未能查到相關內容，但見於卷四「唯依如來信，信於第一義」。

234 藏文拼音為'dod pa'i dad pa，英文又譯為 yearning faith，渴望的信心。

235 「遍知法主」（藏文拼音為 kun mkhyen chos rjes），所指為龍欽・冉江（Longchen Rabjam）。

反而不斷地流轉於輪迴中。
因此無論依止的對象爲何，
皆應不遺餘力而培養信心。

首先，你應該聽慧善巧地尋找上師及其法教，也就是要以檢視聖者爲開端。一旦找到了上師，就要訓練自己虔心地來依止他。爲此，你的虔誠應該有以下的十相：

如須彌山堅實穩固。
如太陽般毫無盈虧。
如大海般表底一如[236]。
如慈母般從不抱怨，亦不期盼獲得回報。
如虛空般沒有中央或邊圍。
又如箭弦鬆緊適中。
如舟筏或橋樑，毫不疲厭也從無怨尤。
如大江，總是川流不息。
如天空，絕對不會受到他人影響或責罵等情境所擾動。
亦如祈願幡的繩子那般，懷著恭敬，柔順調和且懂得適應風向，並以尊崇之心作爲嚴飾。

至於，具信者則會有以下的徵兆：

對於輪迴中欺人的顯相，會像反胃之人見到食物般地拒斥。
對於上師的虔誠和渴仰，會像小孩思念母親一樣地渴望。
對於法教的聞思，會像極爲口渴的人那般，熱切地投入。
對於戒條，會像窮人尋獲黃金或綠松石一樣的珍視。
對於修持善德的事業，會像商人行旅至黃金島一樣的喜愛。
對於所有不同的法乘，會像熱衷採買物品的人來到市集一樣具有信心且興致盎然。如果出現上述的徵兆，就表示我們的心已經受到佛法的調伏，也表示法教和個人並未走上殊途。

四、信心增長或退減的因緣

此段有兩個部分：以能增長信心之因使其茁壯、認識並清除使信心退減之緣。

（一）以能增長信心之因使其茁壯

我們要如何增長信心和虔誠呢？方法如下：

- 眞誠地依止聖者，也就是具德的上師；
- 仰賴殊勝的法友，也就是那些把心和法教相融的人；

236 藏文拼音為 kha gting med pa，意思是從裡到外、任何情況都保持一樣。

・學習深奧的經和續；
・思惟死亡而毫不分心；
・閱讀或聽聞那些描述因果法則的故事；
・以及，對於深奧的法教投入比往常更長時間的座上禪修和修持。

就如《不可思議秘密經》（*Sutra of the Inconceivable Secrets*，全名《佛說如來不思議秘密大乘經》）中所言：

因具信心，故不作惡，而作聖者所稱揚之行。

要以上述所說的種種訓練自己，以便讓虔誠之心能日益增長。

（二）認識並清除使信心退減之緣

據說，當我們開始修持佛法聖道時，將有魔怨使得障礙一一現起，在這種「加持」之下，會有信心退失的危險。判斷魔擾是否入侵的徵兆如下：

在自己的上師善知識身上找到過失；
在同參道友身上看到過失；
與凡俗的朋友為伴；
對修持較不那麼精進；

開始縱情享樂並掉以輕心、毫不節制；
以及，對三寶的虔誠和恭敬出現衰損。

我們該如何避免上述的事情發生呢？首先，要思惟上師、三寶、法友的殊勝功德，並對所有修持佛法的人生起淨觀和恭敬心。告訴自己，如果看見別人有缺點，其實就表示自己內心還不清淨：好比你患有黃疸，就會把海螺看成是黃色一樣。提醒自己感官欲樂的過患，並避免和凡俗之人為友。要認清，若信心有所退轉，本身即是一種魔擾。就如《般若波羅蜜多經》中所讀到的：

魔羅會出現在初學者的面前，
也會使虔心者走上歧途，
甚或使菩薩行者有所退轉。

五、信心的特定性相

至於擁有信心的特徵有哪些呢？對那些擁有信心之人，有如下的比喻：

如良田：菩提心苗因而萌芽且茁壯。
如大船：能跨越輪迴大河。
如可靠的護衛：能保護我們免於怨敵（煩惱）的傷害。
如良駒：能帶領我們到達解脫之地。

如如意寶：能成辦我們所有的希求。

如大英雄：能殲滅一切的不善。

故而，信心屬於崇高的功德，居七聖財（seven noble riches）之首。擁有信心的人是特別高貴的，也是極爲稀有的，就像《寶炬經》（*Sutra of the Precious Lamp*，或稱《寶光明經》，全名《大方廣總持寶光明經》）中所指出的：

信心能令學習佛陀法教的喜樂心生起。

信心能指引通往安樂殊勝之城的道路。

信心能令機緣不再匱乏，此爲諸閒暇之上上者。

信心能使誤入魔羅歧途者回頭。

信心能讓人獲證佛果。

在一切凡俗眾生之中，

於佛法具如此信心者實乃稀有。

六、不具信心的過患

缺乏信心之人，將會失去修持佛法的善福，從這一點來看，缺乏信心可說是難以計量的一大過失。有諸多的例子可以比喻：猶如海底的大石般永遠無法上昇至海平面，不具信心就不可能達到解脫的乾爽大地。猶如沒有舵手的渡輪永遠無法到達彼岸，不具信心即難以橫渡痛苦的大河。猶如失去雙手的人來到黃金島而根本無法拾起任何物品那般，不具信心就不可能於相續中滋養善好的功德。猶如被火燒過的種子永遠無法發芽那般，不具信心即難以讓菩提心的苗芽成長。猶如盲人進入廟堂之中，不具信心就不可能看到佛法的光明。總之，如果不具信心，無論此人如何聰明，所行的一切都只會成為輪迴的因，將永困於輪迴的深坑當中，絕不可能證得菩提的自在。就如《十法經》（*Sutra of the Ten Qualities*）裡所講到的：

> 種子經烘烤，
> 發不出綠芽。
> 不具信心者，
> 現不起善德。

七、培養信心的利益

培養信心且讓其增長，將會有無量的善德。此乃一切善德修持的基礎，它能清除輪迴中的一切痛苦，也是邁向解脫之道的第一步。如果你具有信心，諸佛菩薩將恆時予以眷顧；你也將擁有慚（sense of shame）、愧（sense of decency）[237]和智慧。於一切未來世中，皆能在出生後立即遇見尊貴的上師、神聖的法教、道上友伴，進而修持佛法。你也會受到歡喜善德的天神所

---

[237] 參見附錄「詞彙解釋」之「慚」與「愧」。

護佑。不僅能安然入睡，還可以在夢中愉快地遇見自己的上師和三寶，或是自己在修持佛法，並能在愉悅的狀態中醒來。你將能實現自己所有的願望，並在諸佛菩薩的引導下祥和平靜地往生。你將不會經歷到恐怖的中陰狀態，並依你所願而投生，且能持有三寶的傳承，還可迅速地成就佛果。這些都是來自你擁有信心所得到的無盡利益，就如我們在《寶炬經》中所讀到的：

雖經數劫作尊崇，
十方微塵眾生數，
令享諸般之快樂，
相較於法具信心，
福德尊貴莫過此。

第二節 闡明此法的修學要點

首先，擇一僻靜之處，於安適的座位上，身體自在端坐，心意則全然放鬆，接著如下觀想：

自己所在之處即為廣大清淨的佛國淨土。此處大地平坦柔軟，當腳踩下時會微微凹陷，舉起時又會還復如初。在這片花朵繽紛、綠草如茵的大地上，有著藏紅花、滿願樹和甘露清流……，各類皮毛柔滑、聰慧[238]且知足的鹿，寧靜地漫步其中。簡言之，這裡具足一切淨土的圓滿性相，極為優美且令人心怡。

正中央為達那郭夏（Dhanakosha）湖，毫無瑕染且具八圓滿功德[239]，水面上充滿天鳥，發出可人的鳴囀之聲。湖岸則遍布珍寶所成的小卵石和金沙。湖水中央有一朵珍貴材質所成的蓮花，五片花瓣的一瓣在正中央，其他四瓣分別朝向四方，猶如傘蓋般弧狀展開，最上層樹枝的葉子則朝十方擴散而遍滿虛空。那些枝葉因結滿纍纍的花朵和果實而低下頭來，還有各式各樣的優美裝飾所點綴，例如串連兩根樹枝的金色鍊子、懸掛其上的花鬘和多彩絲幔、帶著珠寶的金絲銀線飾品，以及金製和銀製的大小鈴鐺，它們隨著極微的風兒吹來而彼此棖觸，迴盪出陣陣的清晰法音。

位於大樹的正中央，有一個由八隻大獅子所抬舉的寬廣、高聳的珠寶法座，中間有一朵千瓣的雜色蓮花。在其滿簇的花葯上，有日輪和月輪層疊於上。

---

238 藏文拼音為 cang shes，字面的意思是「了知一切」（all-knowing），這裡的意思是這些鹿都很溫馴。

239 關於達那郭夏湖水所具的八圓滿功德，請見頁數 360 的一段引述。

其上，坐著你的慈恩根本上師，他是三時諸佛的圓滿總集，顯現為「上師鎮伏顯有」[240]之相。上師身色白裡透紅，猶如帶著紅色光澤的海螺，相貌俊美為八歲童子相，半忿怒相[241]，膚質亮麗。右手以威嚇印（threatening gesture）持著一只金色的五股金剛杵，置於右膝上；左手以禪定印持著盛滿甘露的顱器，內盛一個長壽寶瓶。身上的穿著由內而外依次為白色的秘密金剛衣、深藍色的長袖咒乘長袍、紅色金邊的僧袍，以及象徵大力[242]之色的錦緞斗篷。上師頂戴著華麗的鹿皮帽，其上有一根鷹鷲的羽毛和各種的絲綢為其裝飾。左臂彎裡持著一枝卡杖嘎[243]，為其公主佛母[244]的隱密之相。雙足呈國王遊戲姿[245]，顯現在光燦的廣界中，閃爍著彩虹光芒。觀想上師面朝向你，並以慈愛、喜悅之心觀照你和一切眾生。

在他的頂上有著蓮花、日、月輪墊，上面坐著遍在之主久美．涅敦．旺波[246]，顯現為持守三戒[247]之金剛持相；其身色為白，帶著點紅褐色，面貌稍為年長，戴著班智達帽[248]，穿著僧袍和錦緞披風，右手結勝施印（gesture of supreme giving），左手持著甘露滿溢的顱器，在其腰帶間有一只天鐵製成的普巴杵[249]，雙跏趺坐。

於其頂上為敦珠．林巴，為已然飲用根本教言者（he who has imbibed the vital instructions）[250]，身色深紅，鬍鬚及胸。雙眼圓睜，直視前方。長髮結髻在頭頂、飾以一本經書[251]，餘髮則垂散於肩。穿著紅褐色的絲綢長袍和白色的披巾[252]，海螺為耳飾，腰間佩帶著一把智慧劍。右手威武地高舉著金剛杵，左手則轉動著天鐵普巴杵，坐姿為國王遊戲姿，左足微伸。

於其上方為空行母耶謝措嘉（Yeshe Tsogyal），身色為白裡透紅。右手轉動著手鼓，左手以禪定姿持著盛滿甘露的顱器，穿著瑜伽女的衣裝——絲綢的裙子和頭巾、珠寶和骨頭的嚴飾和頸鍊等，半跏趺坐。[253]

在她的上方爲顯赫勝主蓮花生大士，穿著印度大班智達的衣裝。右手持著金剛杵於胸前，左手以禪定印持著顱器和長壽寶瓶。左臂彎放著一枝卡杖嘎，左足稍稍外伸，以國王遊戲姿坐著。

---

240 藏文讀音為 Nangsi Zilnön（藏文拼音為 snang srid zil gyis gnon pa），威鎮諸顯相和存有、令一切存在都感到敬畏者，蓮師的特定身相之一。

241 半忿怒相（semi-wrathful），嘴部親切和藹，眼神卻怒目注視。

242 也就是紅色，屬於懷愛（magnetizing）或以大力攝持之事業的顏色。

243 具有象徵意義的三叉戟，其描述請見頁數 421。

244 藏文拼音為 yum lha lcam，這裡指的是曼達拉娃公主（Mandarava）。參見附錄「詞彙解釋」。

245 藏文拼音為 gyal po rol pa'i stabs，國王遊戲坐，右足半伸而左足內屈。

246 藏文讀音為 Gyurme Ngedön Wangpo，又稱波貢祖古（Pokhong Tulku），敦珠仁波切於此傳承的根本上師之一。

247 藏文拼音為 sum ldan rdo rje 'dzin pa，持有別解脫戒、菩薩戒和金剛乘戒的持金剛者。

248 有著尖端的帽子（於此傳承為紅色），有三個環狀穗帶和蓋住雙耳的長形懸帶。

249 讀音為 phurba，截面為三角形的儀式用橛。

250 藏文拼音為 khrag 'thung，字面的意思是「飲血者」（blood drinker），表示他已然吸收了所有屬於大圓滿法道根本精要的竅訣教言。

251 譯註：意思是這幾束長髮將一本書捲起來，在頭上紮成環狀。

252 分別為長袖的長袍（藏文讀音 'dungma，拼音 'dung ma）和白色紅邊的披巾（藏文讀音 genjar，拼音 'gan sbyar），屬於續部修行者的衣裝。

253 或稱半蓮花姿，右足微微外伸。

於其上方爲持明吉祥獅子（Shri Singha，音譯「師利星哈」），身色淡藍，頂戴紅色班智達帽，穿著藍色的襯裡和三法衣。右手傾倚地面，左手置在膝上並碰觸前方的地面。雙足結半跏趺姿。

於其之上爲大師妙吉祥友[254]。其身色暗黃，如同前面一位大師[255]穿著具有成就的學者行者衣裝。右手結施護印，左手禪定印並握一珠寶。右足微微外伸，採遊戲姿。

在他的頂上爲化身佛極喜金剛[256]，身色爲白，有著無上化身的表徵——也就是頭上的頂髻[257]等等。雙手於胸前結說法印，採菩薩坐姿[258]。

位於其上方，是爲報身佛金剛薩埵，身色亮白，著報身佛衣裝。右手持金剛杵於胸前，左手持金剛鈴置於髖部。雙足金剛跏趺坐。

其上方則爲法身佛普賢王如來，其身亮藍，赤裸，雙手結禪定印，以金剛跏趺坐姿與身色亮白的普賢王佛母相擁。

觀想他們全都身處在與各自身色相應的廣界中，也就是虹光及光圈所成的光明傘蓋中，莊嚴安住並放出光芒。此外，在傳承上師周圍還有一一向上疊坐的聖眾，其觀想如下：

．虛空中有五方佛和其他一切現寂靜相和忿怒相的報身佛、大圓滿法的十二位上師[259]，與勝者密意傳承（the mind lineage of the Conquerors）的其他大師所遍滿；

王貫[262]．秘密主[260]和其他佛顯現爲住於第十地末位之大菩薩眾、尊貴的五殊勝者[261]、具福的國王貫[262]、大樂輪空行母[263]、八大法行持明[264]、二十一智慧行者，與持明指示傳承（the symbol lineage of the knowledge holders）的其他大師；

254 人們經常也會以其藏文名字來稱呼妙吉祥友大師（Manjushrimitra，又譯：文殊友），也就是蔣貝先年（讀音 Jampel Shenyen，拼音 'jam dpal bshes gnyen）。

255 也就是師利星哈尊者。

256 這和其他心要（Nyingtik，心髓、心滴，音譯：寧體）傳承的印度大師不同，人們較常以其藏文名字（Garab Dorje，音譯：噶拉多傑）來稱呼極喜金剛，而非印度名字（Prahevajra 或 Pramodavajra）。

257 藏文拼音為 gtsug thor，梵文拼音為 ushnisha，佛陀頭上的突起物，屬於三十二大人相之一。

258 菩薩坐姿是右足伸坐左足內彎，這是度母最常見的坐姿。

259 參見敦珠仁波切《藏傳佛教寧瑪教法史》（*The Nyingma School of Tibetan Buddhism*，劉銳之中譯本：《西藏古代佛教史》，索達吉堪布中譯本：《藏密佛教史》）英譯版第一三四一一三八頁。

260 藏文拼音為 gsang b'ai bdag po，金剛手菩薩（Vajrapani）的別名；參見附錄「詞彙解釋」。

261 The Five Excellent Ones of Sublime Nobility，藏文拼音為 dam pa'i rigs can dra ma lnga，分別為一神（藏：grags ldan mchog skyong，梵：Yashasvi Varapala，持護天）、一龍（藏：klu rgyal 'jog pa，梵：Takshaka，毒龍王）、一夜叉（藏：skar mda'gdong，梵：Ulkamukha，焰口）、一羅剎（藏：blo gros thabs ldan，梵：Matyaupayika，黑齒羅剎母），和一離車族（Licchavi）人（藏：dri med grags pa，梵：Vimalakirti，無垢稱，也就是維摩詰居士）。

262 維摩詰居士的弟子，較年輕之因札布提（Indrabhuti）的上師，摩訶瑜伽（Mahayoga）和阿努瑜伽（Anuyoga）傳承的主要持有者。

263 藏文拼音為 bde ba'i khor lo。

264 藏文拼音為 bka' babs kyi rig 'dzin brgyad，分別是無垢友、吽嘎拉（Humkara）、妙吉祥友、龍樹、蓮花生、達那桑芝答（Dhanasamskrita）、穰布固亞（Rambuguhya-Devachandra），與寂藏（Shantigarbha）。參見敦珠仁波切《藏傳佛教寧瑪教法史》英譯版第四七五一四八三頁。

．以及南瞻部洲的六莊嚴[265]、八十位大成就者、二十五弟子、百位化身伏藏師，與補特伽羅口耳傳承（the hearing lineage of individuals）所有其他證得無上成就果位的數十萬眾。

觀想他們皆如雲朵般聚集在一座雪白的山上。

於此，密意、指示、口耳傳承的上師們是誰呢？首先由普賢王如來以降，至金剛薩埵或金剛手，屬於密意傳承的上師。由極喜金剛以降，至大上師尊[266]，屬於指示傳承的上師。再由王、臣、妃[267]等以降，至我們的根本上師，屬於口耳傳承的上師。以本書而言，則屬於伏藏傳承，而伏藏傳承也有三個不同的傳承：付法授記傳承（the prophesied lineage of the oral transmission）、灌頂發願傳承（the lineage of empowerment and aspiration）、空行囑咐傳承（the lineage of teachings entrusted to the dakinis）。而這三者，於大化身伏藏師[268]身上都具足，連同其所持有而透過加持所傳遞的眞實了證傳承（the authentic lineage of transmission or realization），全都涵攝於我們的根本上師。

其次，觀想由四個方位延伸的四根樹枝，每一根上面都有一個高廣的獅子寶座，其上有蓮花、日輪、月輪層層相疊。前方的樹枝上爲不共的佛寶——金剛童子（Varjakumara）佛父佛母（或任何你視爲自己的根本本尊者）之壇城，周邊有四部或六部密續的一切本尊圍繞。

右方的樹枝上爲共的佛寶——釋迦族的勝獅尊，周邊有賢劫千佛和十方三時其他諸佛圍繞，全都以無上的化身佛相出現，著沙門裝束。

左方的樹枝上爲共的僧寶——八大心子（聖觀音菩薩[269]和其他），周邊圍繞著大乘的菩薩僧衆，以及基乘的聖者僧衆（十六大長老[270]與其他證得阿羅漢果位的聲聞和獨覺）。

後方的樹枝上有寬廣光格所罩著的尊聖法寶——所有法乘所共通的十二分教，以及咒乘所特有的無量密續，全都以神聖經函的方式堆疊而成爲如須彌山那般巨大、莊嚴的樣貌，並迴響著由母音和子音所成的自發低吟之聲。

在上述一切和所有外圍之間，觀想不共的僧寶——守護大小聖地的勇父和空行衆、現爲當地守護者的勇父和空行，以及樣貌令人敬畏、善巧具有大力，並具智慧眼的三續部護法衆，全都聚集有如夏日的薄霧。

心中要全然地確信：所有的皈依聖衆恆時懷著悲心且了悟皆等量，他們純然是以大本智的顯現而生起，而此大本智即是大樂與空性的雙運，也就是你的根本上師之心。

---

265 譯註：六位印度大論師，龍樹和聖天（精通中觀學），無著和世親（精通對法學），陳那和法稱（精通因明學）。

266 藏文拼音為 slob dpon chen po，也就是蓮師，蓮花生大士。

267 藏文拼音為 rje 'bangs grogs gsum，分別為王——赤松德真（Trisong Detsen），臣——譯師毘盧擦那（Vairotsana）和妃（伴）——空行母耶謝措嘉。

268 也就是敦珠林巴。

269 Avalokiteshvara，參見附錄「詞彙解釋」。

270 The Sixteen Sthaviras，參見附錄「詞彙解釋」。

世間情器乃是令人欣喜的淨土，
中央有著無染且悅意的達納果夏湖。
湖中有一朵珍寶爲飾且花瓣綻放的蓮花，
所具五枝的中央雄蕊上，
總集諸佛之上師顱鬘力（Thöthrengtsel），
顯現爲鎮伏顯有尊之相[271]，
於虹光廣界中發出相好莊嚴的光輝。
其頂上有著持明傳承的上師眾，
包括密意傳承、指示傳承、口耳傳承、
付法授記傳承、灌頂發願傳承、
空行囑咐法教傳承、眞實了證傳承等，
全數一一向上相疊而現前。
蓮花〔其餘〕四枝分別向四個方位展開，於其上，
右方爲世尊釋迦王，
周遭有賢劫淨土的一千佛
以及十方三時善逝所圍繞。
後方美妙五色光格之網縫中，
爲殊勝之教法和證法的善語，以經書之相顯現，
迴盪著母音和子音（元音和輔音）的甜美音聲。

左方爲佛之心子八大菩薩，
周遭有聖者、十六大長老，及其他——
菩薩、聲聞、獨覺等一切僧眾圍繞。
前方爲金剛童子佛父佛母，
周遭有四或六續部之寂、忿本尊眾，
以及三處勇父與空行圍繞。
外圍、四周與間隙，
有無量的三續部具誓護法眾，
聚集猶如雲朵密佈。
諸眾皆以智、悲、力，
行使擾動輪迴深處之事業：
他們現身爲引導吾等眾生之首，
並以大悲護念吾等。

---

271 譯註：為了方便閱讀，特定名相的說明主要放在正文的註解中，此處僅提供英文以利參照。「鎮伏顯有」或「降伏顯有」（Nangsi Zilnön, He Whose Majesty Overawes Appearances and Existence）；以下關於傳承的三行英文分別為：the mind, symbol and hearing lineages/the prophesied lineage of the oral transmission, the lineage of empowerment and aspiration / the lineage of teachings entrusted to the dakinis, the authentic lineage of realization。後兩者也稱為空行囑印、證悟義傳承。

如是觀想，視聖衆恆時垂念並護佑著你。然後，在聖衆面前，再觀想你自己的右邊爲今生的父親、左邊爲母親，作障者和敵人在你的前方，親朋則群聚在你後方，周邊圍繞著遍滿虛空的一切有情衆生，無論是你所討厭、喜愛或非敵非友者，皆如大地塵土般廣聚。由你帶頭領誦，大衆全都雙手合掌、狀如蓮花花苞而置於頂上作身的禮敬，並以清晰悅耳且洪亮的音調念誦皈依願文而作爲語的禮敬，意的禮敬則是懷著堅定的虔誠和信心而思惟：「無論我是生病、受苦、生死，或發生了什麼事情——順、逆，樂、苦，好、壞等等，從現在起至獲得菩提藏前，除您之外，我別無其他的皈依與冀望。上師、三寶，我相信您！祈求現在就引導我脫離這可怖的輪迴大海！」以此方式，努力讓自己的念頭與皈依願文相契，接著念誦百次、千次、萬次、十萬次或更多次：

南無。

我和量等虛空而曾爲我父母的無數衆生，

直到獲致菩提藏之前，

皆皈依於上師、三寶。

請以慈愛攝持而刹那不離吾等。

在每座結束之前，觀想皈依境聖衆的心中放出如加持甘露般的白色光芒，燦然宛如十萬個初昇的明月，當光芒碰觸到有情衆生身上時，也同時將我們身、語、意的惡業和遮障完全淨除。我們的身體變成光團並融入皈依境中；皈依境的眷衆逐漸融入於主要的本尊，本尊又融入於上師之中；根本上師化爲光團並如彩虹般消失於天際。然後，我們就在此無造作的心境中平等安住。

由皈依境流出如甘露般的無量加持，
這些加持是以明亮的白色光芒之相散放而出。
它們融入自身和其他眾生之中，清淨種種身、語、意的遮障。
吾等在刹那之間化光而融入皈依境。
皈依境從外圍依序向內融入，收攝於主尊；
主尊則消融於超越念想的法界之中。

每座的結尾都要以迴向和發願的祈願文來作爲封印，之後才接續進行日常威儀[272]。晚上就寢時，並非觀想皈依境就此消融，而是觀想自己的頭朝著皈依境[273]而眠，並懷著虔誠心不斷禪修直至睡著爲止。此爲補充的教言。

當我們在皈依時，單單只是複誦儀軌上的文字是不夠的，我們必須對三寶生起全然的信心。若是相信三寶，三寶的悲心絕對有能力可以保護你。儘管三寶的悲心之力可能無法迴遮某

272 藏文拼音為 spyod lam，參見附錄「詞彙解釋」之「日常威儀」。
273 此時皈依境是在你的枕頭邊。

些你在此生必須經歷且無可避免的惡業而看似暫時難有作用，但是，只要信心堅定不移，就長期而言，肯定會獲得三寶的護佑。

這個時代，當我們碰到微不足道的困境時就心灰意冷，覺得三寶不夠慈悲，這正是我們不具信心的徵兆。如果我們在目前的處境中覺得三寶看似沒有顯露任何悲心，那只是因爲我們祈願的方式不夠如理如法。儘管經、續所有的漸道幾乎都包含在皈依之中，但我們心中卻未與皈依的修持相契，只會高談闊論自己對空性的見解，這是朝著邪道大深淵而行的歧途。因此，千萬不要捨棄任何和三寶相關的法教[274]，因爲此乃惡業，且應連絲毫都不該造犯。此外，即使是生死攸關之際也千萬不要捨棄三寶，仍應專心一志地精進實修皈依願文。

---

274 舉例來說，認為「三寶不具悲心」，這等於是捨棄了佛法，一定要不惜代價地避免之。

第二支分：種下甚深道五次第種子的不共前行

第十章

發起無上菩提心——大乘道之精要

本章有兩個段落：
應該了解的一般要點，
以及闡明此法的修學要點。

第一節 應該了解的一般要點

這裡有七個要點：發菩提心的定義、類別、特別引證、如何發菩提心、受菩提心戒的儀式、戒條的學處、菩提心的利益。

壹、發菩提心的定義

依據《現觀莊嚴論》（*The Ornament of True Realization*）所說：

所發菩提心，
乃為利他故，
而願成正覺。

為了將一切有情眾生安置於佛果位而欲證得圓滿菩提的心願，稱為菩提心。它的成因有三：對佛陀有信心，於有情具悲心，以及了解菩提心的利益。而促使菩提心生起的助緣則為：對於獨自承擔無餘眾生福祉的重擔具有勇氣和增上意樂（superior motivation）。以本質來說，就是希望自己能夠藉由證得圓滿正覺並解脫一切眾生的心願。

貳、類別

菩提心的分類有許多方式，有的依據從凡俗個人層次的熱切發心到成佛之間的不同道位而分爲四類，有的則藉由譬喻而分爲二十二類，以及其他方式等等[275]。不過，最廣爲人知且易於瞭解的，則是基於它們的性相所分的兩類。分別爲：

·願菩提心（bodhicitta in aspiration），希望證得佛果，是以「欲行」（想要到達某處）來作比擬；以及

·行菩提心（bodhicitta in action），對於成佛的方法——也就是菩提心的兩個層面——精進行持，則是以「趣行」（實際前往某處）來作比擬。

《入菩薩行論》對此有如下的描述：

菩提心此覺醒心，
略說分爲二層面：
首先爲願菩提心；

275 這四類菩提心分別為：勝解行菩提心、清淨意樂菩提心、異熟菩提心、斷障菩提心，依次對應於資糧道和加行道、菩薩初地至七地、菩薩位三淨地、成佛的果位。二十二個譬喻則見於《現觀莊嚴論》，同樣也相應於菩薩道的不同次第。參見《功德寶藏論》英譯版第一五九－一六一頁。

其次爲行菩提心。
分別相應「想前往」，
以及「出發並前往」，
智者應當各了解，
區分兩者之差異。[276]

參、特別引證

《菩薩地論》（*Bodhisattva Levels*）中講到：「發菩提心，即著重於成佛，亦著重於有情眾生。」換句話說，菩提心所重視的，一方面爲求取大乘的本初智，另一方面則爲四無量心（four boundless attitudes）[277]。

肆、如何發菩提心

發菩提心體現在發願和行動上，結合了求取證悟之心和作爲助伴之悲心。

願菩提心

從自身的經驗可以得知，我們都想獲得快樂而不想要有任何痛苦；繼而推己及人，知道六道一切衆生在過去生中都曾爲自己的父母，他們也和我一樣想要離苦得樂。因此，要靠我們——也唯有靠我們，才能帶領他們遠離痛苦及導致痛苦的行爲與煩惱，爲他們帶來身心的安樂且幫助他們造作能引致快樂的福德。爲此，我們以兩種立誓的方式來發起願菩提心：

・與因有關的立誓，著重於對待遍滿虛空一切衆生的四種態度，分別是：慈——由於認識到一切衆生都曾爲我母，進而想爲其擔負責任；悲——了知慈母有情尚處於三有道中受苦，因此不忍捨離；喜——當他們獲得善趣的快樂和決定勝的安樂時，我們爲此感到欣喜；捨——對於和我們親近者沒有貪執，也不拒斥那些和我們疏遠者；

・與果有關的立誓，也就是想要帶領一切有情盡皆成佛的意願。

這四種態度之所以稱爲「無量」，是因爲所著重的對象是數量無盡且遍佈虛空之一切有情。

之所以會如此分類，則見於《妙藏經》（*Sutra of the Sublime Essence*）中的說明：

276《入菩薩行論》第一品第十五和十六頌。譯註：「略攝菩提心，當知有二種，願求菩提心，趣行菩提心。如人盡了知，欲行正行別，如是智者知：二心次第別。」

277 藏文拼音為 tshad med bzhi，無量慈、無量悲、無量喜、無量捨，下一段將有說明。

慈與其他三者若未以菩提心作爲基礎，僅能成爲善趣之因，稱爲四梵住[278]；若以菩提心攝持此四者，則可帶來超越痛苦之因，乃稱爲四無量心。

能夠促使菩提心生起的助緣有四個：

- 因緣，爲我們內在自然具有的潛能[279]；
- 增上緣，也就是善知識[280]；
- 所緣緣，指的是它們相應的顯現對象[281]；以及
- 等無間緣，這牽涉到知道四無量心的利益和不知其利益的缺失。

至於四無量心不同的生起方式，有：

- 與有情眾生相關，而生起爲具有概念分別的四無量心；
- 與究竟自性相關，了悟到其自性無生（unborn），而生起爲不具概念分別的四無量心。

關於這四者的次序，在各經、續都是一致的。在《中品般若經》裡說到：

菩薩摩訶薩應觀修大慈、大悲、大喜、大捨。

此外，《喜金剛續》（*Hevajra Tantra*）也如此宣說：

首修慈，

次修悲，

三修喜，

末修捨。

行菩提心

行菩提心包含爲了讓遍滿虛空眾生獲致佛果而求取圓滿佛果的「意樂」，以及藉由修學六波羅蜜多來「實行」此意樂。關於這個部分，佛陀曾經廣爲教導，如引述如下的經文：

蘇婆呼，菩薩摩訶薩若欲迅速了證圓滿菩提，必須恆時不斷修學六波羅蜜多。

278 藏文拼音為 tshangs p'ai gnas pa bzhi，梵文 Brahmavihara；參見《功德寶藏論》英譯版第一五一頁和註釋一一二。

279 也就是佛性，如來藏，梵文 Tathagatagarbha。

280 也就是教導四無量心的人。

281 四無量心的對象，例如眾生和其痛苦。

伍、受菩提心戒的儀式

深見派（profound view）、廣行派（vast activity）和密咒乘不共傳承的不同儀式，都提到要從已生菩提心而轉化自心的善知識處受戒，此善知識不僅知道如何修學菩提心，也能指引他人；或從三寶的所依物[282]、或從觀想三寶於自己面前來受戒。

陸、戒條的學處

此處有兩個部分：實際的戒條，以及說明使菩提心退失的情境。實際的戒條又分爲兩者：願菩提心戒和行菩提心戒。願菩提心的學處有二：一般和特別。

一、實際的戒條

（一）願菩提心戒

1. 一般的層面：運用正念、正知和不放逸

修學菩提心最重要的是要守護自心使其不受各類的煩惱所影響。如果失去了正念（mindfulness）、正知（vigilance，警覺）[283]和不放逸（carefulness，謹慎），將會導致善行衰損、惡行出現的危險。爲此，我們在一日六時中的所作所爲，都應該全力守護自心。要以持續不懈的正念讓自己對聖法逐漸熟稔，並以正知作爲認出自己所行是否具有利益的哨兵，並應

如此思惟：「我已然進入了神聖的佛門，並從事菩薩的學處，因此絕對不可以再像個凡俗人那般。」就如寂天菩薩所說的：

想要守護自心者，
保持正念與正知；
以命與肢護此二，
吾合掌勸汝等眾。[284]

除此之外，於己，我們應具有慚恥心，並捨棄煩惱；於人，則要有羞愧心，並守護自心不造惡業。此二者乃是不放逸的精要所在。只要我們保持不放逸，就能夠成辦一切善；要不然什麼都無法成辦。就如《三摩地王經》所言：

布施、持戒、安忍等——
一切屬善修持者，
其根本皆不放逸。

---

282 例如一座佛陀的塑像或畫像、一函佛經等等。

283 藏文拼音為 shes bzhin，比較完整的翻譯為「警覺的反省」（vigilant introspection）。譯註：即佛典所稱的「正知」。

284 《入菩薩行論》第五品第二十三頌。譯註：「合掌誠勸請，欲護自心者，致力恆守護，正念與正知！」

再者，於《親友書》中講到：

不放逸將達無死，
放逸爲死，佛所說。
故爲使善行增長，
恆時恭敬不放逸。[285]

2. 特別的層面：取捨八種黑白業（white and black actions）

我們應當避免下列的四種黑業：

· 對老師和其他值得尊崇的人說謊或有所欺瞞。
· 令他人心中產生悔恨，但實無悔恨之理。
· 對已發菩提心的人惡意毀謗。
· 運用詭計欺詐有情眾生。

大遍知尊有言：

欺瞞應受尊崇者、毫無來由使人悔，
公開造謠聖者有令人不悅之事，
於眾生之中行爲奸詐且狡猾——
此乃應捨四黑業！

我們應當從事的四種白業爲：

・不有意說謊。

・將所有人安置於大乘的甚深道上。

・恭敬並讚揚聖者。

・以增上意樂對待有情眾生。

大遍知尊對此是這麼說的：

依止聖者並讚揚其功德，

鼓勵眾生修持清淨善德，

將諸菩薩視爲一己之師，

以增上意樂爲眾生帶來利益和快樂——

此四圓滿白業應予依循！

（二）行菩提心戒

此處有三個部分：令自己成熟而修學六波羅蜜多，令他人成熟而修學四攝法，將上述二戒之精要修持加以相融以修持自心。

285《親友書》第十三頌。譯註：「佛說不放逸甘露，放逸乃為死亡處，是故汝為增善法，當恆敬具不放逸。」

1. 令自己成熟：修學六波羅蜜多

在領受了菩提心戒之後，現在就要進入菩薩行的學處，主要是六波羅蜜多（the six transcendent perfections，或稱「六度」），如同《親友書》裡所描述的：

布施、持戒、安忍與精進，
禪定以及了知眞如慧，
此等無量圓滿令增長，
成爲橫渡有海威勝者。[286]

六度之中，首先爲布施。

（1）布施

布施的精要在於能夠將個人所擁有之物，毫無貪執地完全施予他人。其作用能去除他人的窮困。布施應以利益他人而求取圓滿菩提的想法爲發心。根據施予的東西，可分爲三類的布施：

〈1〉財施

物質上的布施是將自己色身的各個部分（內在之施）和個人擁有的各類財富和資產（外在之施）慷慨地給予他人，同時避免不當布施四相並採取適當布施四相——這些和個人的意樂、施予物、接受者、施予的方式有關。[287] 我們尤其應當要對四類福田[288]作布施。在布施時，意樂和行爲兩者都應圓滿具備，就好像只是給人一根草一樣，沒有絲毫的吝嗇。

〈2〉無畏施

是指在自己能力範圍內運用各種方法，保護那些受到：王難（受到當權者的壓迫）、獸難、敵難、賊難、火難、水難、病難、非人難（惡怨力造成的傷害）等所威脅者，以解除對方的恐懼。

〈3〉法施

爲了讓他人具有信心，也爲了令自己不會退轉，我們應該捨棄身、語、意的不當行爲並採取適當行爲來修持聖法。如此，才堪稱爲善知識，不但可使他人愉悅且生起恭敬心，也能藉此帶來聚集弟子與法教的順緣。屆時，由於我們的心並非爲己著想，對於那些欲求佛法之人，我們應該觀察根器而應機教化，善巧地運用不同的方式來宣說大小法乘的教導，並將他們安置於最適當的法道上。

---

286 《親友書》第八頌。譯註：「施戒安忍精進禪，如是無量智慧度，圓滿趨向有海岸，成就如來正等覺。」英文的最後一句字面意思為：「成為橫渡存有之海的威嚴勝利者」，也就是證得菩提。

287 懷著不當的意願而施予，包括為害他人、為求名望、為得生善趣、為來世財富等。不當的施予物，指的是那些會使他人受傷害者。不當的領受者，意思是那些不會因由施予而得利益者。不當的施予方式，則是任何不慈愛、不喜悅的方式。適當施予的四相：適當的意樂為菩提心、適當的施予物為個人於內外層次的資財、適當的領受者為四類「福田」（fields）、適當的施予方式則為以恭敬與柔和的方式施予。亦可參見《解脫莊嚴寶論》（*The Jewel Ornament of Liberation*，岡波巴大師的名著）。

288 參見附錄「詞彙解釋」之「四類福田」。

（2）持戒

持戒的精要在於四善德的體現——簡言之，是和受戒與持戒有關[289]。其作用爲減少邪惡壞事的煩擾糾纏。持戒的發心應該要以眞正想要修心爲主，想要解脫的決心作爲激勵，並且對於捨棄惡業擁有同等的堅定心。戒條分爲以下三者（三聚淨戒）。

〈1〉攝律儀戒（斷惡法戒）

這個包括：圓滿持守一切的戒條（七種共通的別解脫戒[290]，來自二車乘者[291]的不共菩薩戒，以及咒乘的殊勝誓言），並藉由誓言未來絕不再犯的方式以斷除在意樂與實行上十不善的身、語、意業行之流。

〈2〉攝善法戒

攝持善法的意思是盡己所能地累積和身、語有關而未依智慧的有漏善業，最重要的是，累積和意的禪定有關而依於智慧的無漏善業。

〈3〉饒益有情戒

《菩薩地論》描述了十一種方式——包括以能利益他人的方式來幫助對方等等[292]，也就是菩薩可以利益眾生的各種方式，不過，這些都可總結爲一者：評估自己的動機是否出自單單是爲了其他眾生的福祉而盡心地以身、語、意去利益他人，並實際去做任何利他之事。

（3）安忍

安忍的精要在於不去分別好壞，不企圖成就此端而消除彼端。其作用爲去除因瞋怒和衝突所造成的苦惱。安忍的要點在於透過訓練，讓我們在對己忘恩負義等等[293]的人面前，依然能保持熱切的利他心態而毫不動搖。安忍有以下三類。

---

289 四戒德（the four virtues in discipline，藏文拼音為 tshul khrims yon tan bzhi）為：（1）從他正受：如理如法地從他人受戒；（2）意樂清淨：懷著全然清淨的發心；（3）失復改作：戒律若有違犯則使之還淨；（4）為不失故起恭敬心正念安住：為了避免破戒而對個人所發誓的戒條以恭敬的正念來對待。

290 七種別解脫戒（藏文拼音為 so thar ris bdun）為：優婆塞戒、優婆夷戒，沙彌戒、沙彌尼戒，比丘戒、比丘尼戒，以及式叉摩那（正學女）戒。

291 二車乘（Two Charioteers）即是龍樹菩薩和無著尊者。譯註：龍樹為空宗之始，無著為有宗之始，藏印皆稱兩人為大乘之二車乘，又將兩人比喻為日月二光或世間二眼。

292 參見岡波巴大師《解脫莊嚴寶論》中關於持戒的一章（譯註：第十三品），其中引述《菩薩地論》的描述：以能利益他人的方式來幫助對方，為那些受苦的人消除痛苦，為那些知識不足的人提供教授，感謝他人的協助並以幫助對方來回報，保護他人免於危難，撫慰受苦的人，對有需要的人給予一切所需，攝受弟子，依照弟子個別心態而介紹相應的法道，以個人殊勝的功德讓他人隨喜，正確地斷除負面惡習，運用神通讓他人畏懼而遠離邪惡，以及啟發他人。（由岡波巴大師的引述來看，共有十三項而非十一項，有可能是其中四項兩兩相配而成為總共十一項。）

293 另外可翻譯為「那些藉由阻撓我們各種計畫等等來傷害我們的人」。

〈1〉耐怨害忍

如果你對那些曾經攻擊、打傷、偷、搶、毀謗、虐待你和你親戚的人感到生氣，那麼，你應該想到以下的偈頌：[294]

千劫所積一切善，
例如布施之行等，
或如供養大樂尊——
一把怒火便毀之。

並思惟其他有關瞋怒過失的偈頌，且運用五種想和九種觀察[295]來培養安忍，而絲毫不要想到那些傷害。

〈2〉安受苦忍

在你修行佛法以求證菩提的過程中，無論身、語、意方面經歷多少的困境，都要以喜悅和熱切的方式來承擔且毫不退失意樂。就好比為了治療重病，必要時得下猛藥一般，要終止輪迴的戰場並擊敗煩惱敵賊，需要極為強大的勇氣方能成辦。

〈3〉思擇法忍（另譯諦察法忍、無生法忍或法思勝解忍）

這類的安忍涉及願能了知種種不可思議之課題——例如三寶的功德，以及特別是究竟法界、甚深實相、離於分別、人法無我等勝義之理，不僅不會覺得恐懼，反應具有信心能達到徹底的了解。

（4）精進

精進的精要在於熱切從事善行且毫不懈怠。其作用是要讓善德之力得以增長。精進之因來自個人過去以來的善業，以致能有廣大的勇氣來喚醒自己朝著善德的目標而爲。精進有以下三類。

〈1〉披甲精進

思惟：「從現在直到每一位眾生都達至無上正覺的果位爲止，我剎那也不放棄努力。」我們應如此披上菩薩的盔甲，不讓自己因「得花多長時間、實有多難達成」等這類事情的影響而感到氣餒。

---

294 《入菩薩行論》第六品「安忍品」第一頌，以及該品一開始的其他偈頌。譯註：第一頌「一嗔能摧毀，千劫所積聚，施供善逝等，一切諸福善。」以及第二頌「罪惡莫過嗔，難行莫勝忍；故應以眾理，努力修安忍。」

295 「五想」（藏文拼音為 'du shes lnga）可見於《菩薩地論》：（1）應該珍視那些傷害我們的人；（2）他們僅是現象而已；（3）他們是無常的；（4）他們正在受苦；以及（5）我們應該為他們承擔責任。應藉由分析而了解的九種思惟或要點（「九觀察」，藏文拼音為 brtga pa dgu），則分別見於寂天菩薩《入菩薩行論》第六品第三十一、四十二、四十三、四十四、四十八、六十七、一〇七–八、一一九、一一二頌。分別為：（1）那些傷害我們的人不能自主；我們之所以會被傷害是因為（2）自己過去業行的過失；（3）我們有身；（4）我們有心；（5）沒有人有特定過失：（6）傷害我們的人是在幫助我們；（7）他們對我們非常仁慈；（8）我們的安忍會讓諸佛歡喜；（9）如此能帶給我們極大的利益。這五種想和九種觀察的詳細解釋，請參見《解脫莊嚴寶論》中關於安忍的一章（譯註：第十四品）。

〈2〉攝善精進

意思是要時時刻刻、日日夜夜都堅持不懈，剎那都不間斷地去除煩惱、從事善業，並以持續加行（constant application）和勤勉加行（devoted application）致力於他人的福祉，絕不放棄、從不退轉，且毫無傲慢或自覺所做已足。

〈3〉利樂精進

無論我們是要用直接或間接的方式來饒益有情衆生，都必須以喜悅的心態來從事，即使必須爲此目標而身處惡趣數劫之久也毫不感到氣餒。

〈5〉禪定

禪定的精要在於一心專注於善德[296]；其作用在於減少煩惱。

禪定需要事前做一些準備。我們這個凡俗之心以及種種動念，乃是一切怨害和痛苦的根本，所以禪定之目的就是要達到念頭漸減的安樂寂靜狀態。故而，我們必須具備禪定之因（於身方面儘量遠離各種散逸的活動，於心方面讓自己遠離各種妄念，並且少欲知足）、避免五過失、依止八斷行[297]來作爲開始。至於實際的禪定，則有以下三種：

〈1〉現法樂住定（the concentration that procures a feeling of well-being in this life）

此爲世間各種修道所共通的禪定狀態，可藉九住心[298]來達成。其特徵爲不具散漫的尋思，自在調伏身心而樂，不帶自負且對各種覺受沒有執著。由於它是各種善好功德增長的基礎，所以應該讓它成為自己的禪定基地。四種禪定[299]的每一種都分為未至定（preparatory stage，入定前的預備期）和根本定（actual concentration，實際的入定）。

〈2〉引發功德定（the concentration that gives rise to excellent qualities）

要達到初禪和其他更高禪定的實際入定狀態，則必須透過七作意[300]來成就甚深的世間勝觀[301]。為此，行者主要的修持分為座上奢摩他（shamatha，寂止）和座下毗婆奢那（勝

---

296 善德（virtue，藏文拼音為 dge ba，或單說「善」），指的是任何能促使眾生獲得安樂的事情，無論是在輪迴善趣中的安樂，或解脫輪迴後的安樂。

297 關於五種過失和其對治方法八斷行，請見頁數 98-100。

298 九住心（nine stages of settling the mind），藏文拼音為 sems gnas thabs dgu 有九個階段：內住（focusing the mind）、續住（maintaining concentration）、安住（revitalizing concentration）、近住（firmly set the mind）、調順（taming the mind or mastering concentration）、寂靜（pacification）、最極寂靜（complete pacification）、專注一趣（one-pointedness）、等持（settling in equanimity）。另可參見達波·札西·南嘉（Takpo Tashi Namgyal）《大手印》（*Mahamudra*）一書之英譯版第四十七頁。

299 此四禪（藏文拼音為 bsam gtan bzhi）屬於色界定。譯註：現法樂住，依照丁福保《佛學大辭典》，因「離一切之妄想而現受法味之樂安住不動」而稱之。

300 藏文拼音為 yid byed bdun，英文 seven factors，分別是：了相作意（discernment of the characteristics (of suffering and peace)）、勝解作意（interest）、遠離作意（detachment or separation (from the afflictive emotions of the desire realm)）、攝樂作意（joy (at freedom from such afflictive emotions and at the minor bliss attained)）、觀察作意（examination as to whether one is free of afflictive emotions）、加行究竟作意（application (of antidotes)）、加行究竟果作意（the experience of the result of the latter）。

301 藏文拼音為 'jig rten pa'i lhag mthong，稱之為世間的（mundane）毗婆奢那（勝觀，vipashyana），乃因其尚未具空性之了悟，而該了悟能促使行者解脫輪迴。

觀），並藉由圓滿成就聲聞、獨覺所共通的「十遍處」、「八勝處」和「八解脫」[302]，與能達至聲聞、獨覺所未能及之圓滿解脫和等持的無盡殊勝法門，而成就資糧道和加行道。

〈3〉饒益有情定（the concentration that benefits sentient beings）

接著，從見道開始，行者便了證聖者所具的禪定，其稱爲無漏定（untainted concentration）或如來殊勝定（Virtuous Concentration of the Tathagata）。這類禪定的力量能無盡地行使神通，並透過「十一種利他」[303]來利益眾生，行者便因而進入了如來的事業範疇內，如同《究竟一乘寶性論》所說明的：

菩薩於座下修時，
圓滿度眾生之道，
與如來度眾之道，
凡夫所見皆相同。[304]

在修持上述這些波羅蜜多——包括禪定——的時候，都應該要以：無有作者、受者、所作的三輪體空智來作增強；也應該不帶有執著和期望，同時離於分別概念而作結行時的迴向。如此，這些波羅蜜多都將不斷增長，並且眞實攝持空性和清淨悲心。

（6）般若

般若（wisdom，梵文prajna，智慧）的精要在於能圓滿明辨一切現象本性的智慧。其作用在清除兩種遮障的闇蔽。雖說眞實智（true wisdom）乃佛果所本具，但起因——或說是譬喻智（"surrogate" wisdom）——則可以用思擇慧（discriminating intelligence，觀察慧）來加以培養。培養的過程就如龍樹菩薩所描述的：

若要增長般若慧，
首先應當作聞、思，
由此二而生起修；
如是可得無上覺。

---

302 十遍處（the ten powers of perceptual limitlessness，又稱 the ten limitless ayatanas，藏文拼音為 zad par gyi skye mched bcu），包括四大（地、水、火、風）、四色（青、黃、白、赤）、空無邊（infinite space）、識無邊（infinite consciousness）。這十種的任何一種不共功德都能透過禪定而傳遞到其他之處。例如，地大的堅固性可以傳遞到水大，使得人可以行於水上。

八勝處（the eight kinds of perceptual domination，又稱 the eight dominant ayatanas，藏文拼音為 zil gyis gnon pa'i skye mched brgyad），指的是四種控制形狀（大小）而保持或可見或不可見的能力（譯註：內有色想觀外色少勝處、內有色想觀外色多勝處、內無色想觀外色少勝處、內無色想觀外色多勝處俱舍說唯淨觀）以及四種能控制外在現象顏色的能力（譯註：青勝處、黃勝處、赤勝處、白勝處）。

八解脫（the eight perfect freedoms，藏文拼音為 rnam thar brgyad）包括三種神通顯現和轉化（form beholding form 內有色想觀外色解脫、nonform beholding form 內無色想觀外色解脫、beholding beauty 淨解脫身作證具足住）、四種與無色界細微感知相關者（infinite space 空無邊處解脫、infinite consciousness 識無邊處解脫、nothingness 無所有處解脫、neither existence nor nonexistence 非想非非想處解脫）以及滅受想定身作證具住（the perfect freedom of cessation）。參見《功德寶藏論》英譯版第三四一—三四三頁。

303 十一種利他（藏文拼音為 gzhan don bcu gcig），也就是運用各種適當的方法來幫助：需要友善對待者、不知如何自助者、過去曾經助己者、有所畏懼者、身處苦難者、有所匱乏者、需要住處者、希望友伴者、行於正道者、行於邪道者，以及唯神通能使其信服者。

304 《究竟一乘寶性論》第一品第七十七頌，儘管佛陀的事業和菩薩的事業差別甚大，凡夫根本沒有能力辨別。譯註：未能查到相關的偈頌。

故而，般若分為三種：

〈1〉聞慧（the wisdom of listening）

此涉及到應先對各種知識分科的文字和意義都要能瞭達精通。此處所說的「智慧」，無論指的是語言（聲明）、邏輯（因明）、藝術（工巧明）、醫藥（醫方明）這些世俗知識，或是關於聖語（佛陀法教）和闡明前者意義之論述的修道智慧（內明），在此都是以果為名之因[305]。故而，我們應該廣泛學習，才不會對上述任一學科毫無所知。

〈2〉思慧（the wisdom of reflecting）

我們所聽聞到的法義，不應該盲信並全盤接受。我們必須透過經典引述、具有證據的推理、無可駁斥的證明等來徹底檢視不了義和了義的教導，以及隱含和間接的教導，進而吸取並省思其涵義，以便獲致確定的結論。

〈3〉修慧（the wisdom of meditating）

由思惟而達至定解，此時我們便可將所獲的知識如法運用於自心。尤其應該透過禪修進而對所學的見地有所體驗，這是因為見地並非僅止於口頭上或智識上的鍛鍊，而是藉由真實了悟事物本然樣貌所來的無誤洞察。

六波羅蜜多的明確性相

菩薩在修學過程中所行之事，皆涵蓋於六波羅蜜多的範疇，並具有四種明顯特性，且伴隨著想要成辦無盡良善的相應意願。這四種明顯特性爲：

- 不具任何有違於該波羅蜜多的事情（違品）。
- 以智慧爲所依並充滿著智慧，毫無作者、受者、所作的任何概念分別。
- 能達成該波羅蜜多的作用，也就是爲他人帶來福祉。
- 能將衆生引領至三種菩提果位的任何一種而究竟成熟。

類別

六波羅蜜多中的布施和其他五種，都可各自再分爲六支分：

- 布施分，就是爲其他衆生引介該特定的波羅蜜多；
- 戒律分，就是避免任何與該波羅蜜多相違的事情；
- 安忍分，就是不因修持該波羅蜜多遇到困難而有所動搖；
- 精進分，就是在修持該波羅蜜多時喜悅且努力而爲；
- 禪定分，就是對於該波羅蜜多的善德目標保持專心一志；
- 智慧分，就是不帶有作者、受者、所作的任何概念來修。

305 聞慧（藏文拼音為 thos pa'i shes rab），儘管本身稱為「智慧」，但其實指的是智慧之因，也就是說，此種聽聞能夠帶來智慧。

因此，總共有三十六種支分。關於上述和其他類別的說明，詳見於《賢劫經》（*Sutra of the Fortunate Kalpa*）。

何以波羅蜜多的數量為六

從證得善趣和斷除煩惱的觀點來看，波羅蜜多的數量固定爲六（數定）。我們可以在《莊嚴經論》中看到：

財富豐足、身圓滿，
眷屬圓滿、實踐力——此乃於諸善趣中；
從不受煩惱左右，
所作所爲皆無誤。[306]

對於藉由利益他人來成就自己的目標而言，波羅蜜多的數量也是六個。在同樣的論典中說到：

清除貧困、避免諸害，
承擔損傷、事不氣餒，
令他安樂、清晰講解——依此而
成辦他人目標，此即個人目標。[307]

如果我們考量波羅蜜多和三學的關係，數量一樣爲六。再次引用《莊嚴經論》的陳述：

依三學而言，
佛明說六度，
首三與末二，
一攝於諸三。[308]

布施能使人們對於資具受用沒有執著，進而圓滿持戒。由於圓滿持戒，則擁有沙門四法[309]，這又構成了安忍。所以，這三個波羅蜜多乃是戒之學處的起因、體性和特徵，也因此它們都屬於戒之學處（戒學）。禪定屬於定之學處（定學），般若屬於慧之學處（慧學）。精進則爲戒定慧三學處的輔助。

---

306 《莊嚴經論》第十七品第二頌。修持前四個波羅蜜多，能使人投生善趣：布施能帶來財富，持戒能帶來天或人身，安忍能帶來和諧的眷屬，精進能帶來有始有終的完成力。修持後兩個波羅蜜多，則帶來引文中最後兩行所描述的功德，以及證得菩提。譯註：「受用身眷屬，圓滿增上生，恆不隨惑轉，諸事無顛倒。」或「資生身眷屬，發起初四成，第五惑不染，第六業不倒」。

307 《莊嚴經論》第十七品第四頌。「使得他人快樂」，指的是運用依禪定所得的神通力和其他力量而成就他人的願望。由於擁有智慧，而能講解佛法。譯註：「不乏亦不惱，忍惱及不退，歸向與善說，利他即自成。」

308 《莊嚴經論》第十七品第七頌。譯註：「為攝三學故，說度有六種，初三二初一，後二二一三。」

309 沙門四法（the four principles of a renunciate，沙門的藏文拼音為 dge sbyong，梵文拼音為 shramana）：他罵不還罵、他怒不還怒、他打不還打、尋過不還報。

何以六波羅蜜多有特定的次第

六波羅蜜多是以這三種準則來依序分類：

- 由於每個波羅蜜多都是由前一者而生起，因此依照因果的順序分類；
- 由於持戒勝於布施，並以此類推，因此依照優勝的順序分類；
- 由於後者比前者更為細微且更難了悟，因此依照細微的順序分類。

如同《莊嚴經論》所說明的：

因依前者而生後，
次因相對劣而勝，
復因相對粗而細，
故而次第作教導。[310]

如何修持六波羅蜜多

慷慨的布施，但對未來異熟的果報不抱有任何期望。持守誓戒而不希求投生善趣。對各個眾生觀修安忍而毫無偏私。精勤累積各種殊勝的功德。修持能遣除無色界（formlessness）之禪定。修持與善巧無別之般若。

如同《莊嚴經論》所說：

布施不作期盼，

持戒不求善趣，
安忍對待一切，
精進累積諸善，
禪定非無色定，
般若具有善巧——
於此六度堅定，
乃爲如理加行。[311]

法相（定義）

同一部論典中提到：

能清除貧困，
能獲得清涼，能耐受瞋怒，
能連結無上，能使心專注，
能了知究竟，如此說明之。[312]

---

310 《莊嚴經論》第十七品第十四頌。譯註：「前後及下上，粗細次第起，如是說六度，不亂有三因。」

311 《莊嚴經論》第二十品第二十八—二十九頌。譯註：未能查到相關的偈頌。

312 《莊嚴經論》第十七品第十五頌。這段引文所說明的是六波羅蜜多在梵文辭源學中的定義。譯註：「除貧亦令涼，破瞋與建善，心持及真解，是說六行義。」

所謂的布施，即是清除貧困。所謂的持戒，即是降低熱惱帶來清涼並保護行者不受其擾。所謂的安忍，即是忍受瞋怒。所謂的精進，即是使行者爲成佛作好準備。所謂的禪定，即是讓自心保持於專注一境。所謂的般若，即是認識到勝義諦之自性。

1. 當我們實際修持六波羅蜜多時，必須要具有以下六種殊勝（six supreme elements）：

·依殊勝，要具有菩提心。
·物殊勝[313]，要完整修持六波羅蜜多而非偏重其一。
·所爲殊勝，要爲一切有情衆生的福祉而修。
·方便殊勝，要使三輪體空的智慧遍滿六度。
·迴向殊勝，要迴向於無上菩提。
·清淨殊勝，要運用它們作爲二障的直接對治。

2. 令他人成熟：四攝法（the four ways of attracting disciples）

如同上述，一旦我們透過行菩提心戒的學處使自心相續全然成熟之後，便應更進一步地引領他人也獲至成熟，而完成此目標的主要方法或修持包括四種攝持弟子的方式。對此，《莊嚴經論》列舉其順序如下：

如前所言而布施。
教導弟子，己亦修，
引導他人作修持，

稱爲愛語、同事與利行。[314]

該論典繼續說明四攝法的目標和重要性：

此等法門：爲利弟子、
令其領受、使其投入、
同樣令其繼續修持，
故攝弟子之法有四。[315]

此四攝法的修持方式可見於《蓮花積續》（*Heaped Lotuses*）：

以布施之手招引輕喚，
以愉悅之言歡迎接納，
依教而行使其能安心，
依其所需給予善引導。

---

313 英文 substance，藏文拼音為 dngos po，字面的意思是「事物」或「事情」，指的是波羅蜜多本身。

314 《莊嚴經論》第十七品第七十三頌。四攝法的第一法為布施，此處說它的性質「如前」，意思是和早先描述的布施波羅蜜多相同。其他三者列於引文的最後一行，定義則出現在第二行和第三行。譯註：「布施將愛語，利行并同利，施平及彼說，建立亦自行。」

315 《莊嚴經論》第十七品第七十四頌。譯註：「攝他四方便，即是四攝性，隨攝亦攝取，正轉及隨轉。」

首先，要以優雅得體的方式攝受適合成爲弟子但尚未入於門下之人，方法是透過致贈禮物。一旦他們來到你的座前，便可觀機逗教，透過愉快而具善德的談話吸引他們走上圓滿之道。爲了讓他們不致再次離去，而能開始於法道上前進且產生眞正的興趣，你必須以身作則、依教奉行，使其安心。此外，也要根據弟子的特性和能力（根器）引介其不同法乘的教導，爲他們提供可以長期適用的建言，鼓勵他們行於道上。這四法包括了財布施和法布施兩者，藉此，便可爲衆生帶來暫時的利益，並使他們與究竟大樂的吉祥境界結緣。

3. 統攝上述三戒之精要修持：修持自心

菩薩的完整修持可總結爲三個根本要點：

- 因地的修心，要對慈和悲作深切的觀修；
- 主要的學處，要於晝夜六時皆領受菩提心戒；以及
- 行持的學處，要以自己的善業爲其他衆生帶來福祉，並勤於修持予樂取苦之法，如同寂天菩薩所言：

若欲迅速成
自他之庇護，
應修自他換，
懷此聖秘法。[316]

依此，最重要的乃是要遵循自他交換的甚深修心之法。寂天菩薩以如下的道理指出了爲何要這麼做的原因：

世間所具一切喜，
皆因願他人得樂。
世間所具一切苦，
皆因爲己之歡愉。[317]

與此相違的則是：

若我不修交換法——
予己樂而取他苦，
絕對無法證菩提，
縱於輪迴亦無喜。[318]

至於應當如何修持自他交換：

成功名利皆予他，
失敗虧損取於己。

316 《入菩薩行論》第八品第一二〇頌。譯註：「若人欲速疾，救護自與他，當修自他換，勝妙秘密訣。」

317 《入菩薩行論》第八品第一二九頌。譯註：「所有世間樂，悉從利他生；一切世間苦，咸由自利成。」

318 《入菩薩行論》第八品第一三一頌。譯註：「若不以自樂，真實換他苦，非僅不成佛，生死亦無樂。」

意思是要想像自己滿懷喜悅、滿心願意且毫不猶豫地將所有衆生的苦難重擔取於自身——那些重擔包括苦因（所有遍滿虛空之父母衆生自無始以來所累積的一切業行和煩惱）和其所經歷的苦果，並將自己累世以來所積一切福德與目前所體驗的身心安樂之果，全部施予上述的所有衆生。如同我們在《修心七要》（*The Seven-Point Mind Training*）裡所看到的：

> 交替修持予和取；
> 此二載於氣息上。[319]

關於這一點，在以下談到具體要點的段落將作描述。

無論你發生什麼事情，健康是好是壞、心情是樂是苦、社會地位是高是低，都要披上絕不受各種情境所動的強大盔甲。讓悲心成爲你的修持之基，擊中世俗菩提心的根本要點；並藉由使之生起、穩固、不斷增長，修學了悟諸法的勝妙實相，也就是勝義菩提心。

二、說明使菩提心退失的情境

使得願菩提心退失的狀況有哪些呢？

- 覺得「像我這種人永遠都沒有辦法利益別人」而心生氣餒；
- 只看到修持的困難面而未見其利益面，以致產生懈怠；
- 認爲聲聞乘優於大乘道，因而轉向，棄捨菩提心。

使行菩提心退失的狀況，則爲：

・喪失願菩提心，其爲行菩提心的根基[320]；

・犯下根本墮之一，其爲菩提心的違品；

・捨戒，因而放棄了菩提心。

無論是哪一種退失菩提心的狀況，皆有如下的不良後果：

・過去所累積的福德將會衰減，未來世之中不僅無法得到快樂，也無法值遇大乘之法；

・由於破失個人的誓言，將成爲世人所共同輕蔑的對象；

・由於此乃嚴重的過失，於甚長期間都將流轉惡趣之中。

因此，要保持正知正念，一旦發現菩提心有所衰減時，當下就應立即具所依境等等[321]而懺悔過失，並且再次領受菩提心戒，如此，菩提心將得以還淨。有些人宣稱這種修復菩提心戒的方式有次數的限制，事實不然，這是因爲有言：每當生起要遮止造惡的善念時，菩提心戒便誕生了。就像我們在《入菩薩行論》裡所看到的：

決定斷除任何有害行，
即爲所稱持戒波羅蜜。[322]

319 譯註：「雜修二取捨，彼二乘風息。」

320 依照寂天菩薩所作的類比——預備出發和真正啟程，喪失願菩提心就等於把自己旅行所需的各種票卷撕毀。

321 「等等」指的是懺悔（離過）應具有四力，也就是依止力、懺悔力、對治力、決斷力。請見頁數 333-336。

322 《入菩薩行論》第五品第十一頌。譯註：「遣魚至何方，始得不遭傷？斷盡惡心時，說為戒度圓。」

柒、菩提心的利益

菩提心具有七種利益：菩提心較其他善德更爲勝出、菩提心爲佛法根本、福德能不斷增長、功德廣大、能成爲世人恭敬之對象、任何所作皆具意義、任何有緣者皆能和解脫結緣。

一、菩提心較其他善德更為勝出的利益

當我們發菩提心的那一刻起，哪怕是最嚴重的惡業都能在刹那間被摧毀。相較於此，其他的善業都沒有如此強大的力量，就如《入菩薩行論》所指出的：

> 故善恆時皆微弱，
> 惡卻大力甚難擋，
> 然非圓滿菩提心，
> 何善較此更出色？[323]

二、菩提心為佛法根本的利益

菩提心爲一切殊勝事物的種子。即使行者仍在存有界中流轉，也會因菩提心帶來許多的快樂；它就是涅槃、無上正覺的唯一之因。我們在《梵天所問經》（*Sutra Requested by Brahma*）中可以看到：

梵天，菩提心此勝發心乃一切佛法之本，故其猶如種子。何以然？如同種子能生苗、葉、花、果，此勝發心亦能生諸多天、人安樂覺受，進而證得遍智。

三、福德能不斷增長的利益

那些已發菩提心並保持不退失的人，不僅於座上無念狀態之時能結合智慧和善巧方便，即使於無思的日常狀態中——例如入睡或意識不清醒時，其福德也會持續不斷地增長。我們在此所說的並非那種世間福德所成之善根，像芭蕉樹（plantain tree）只要結果一次便會枯萎，而是直到獲致菩提藏前都能帶來安樂之果的福德：如同一棵強大的滿願樹那般永不耗盡且不斷增長。因此，《入菩薩行論》是這樣描述的：

一旦意樂不退轉，
此心懷攝菩提心，
願度無盡諸眾生，
由彼剎那即刻生，
完善福德之力量，
強大無間相續流，[323]

---

323 《入菩薩行論》第一品第六頌。譯註：「以是善行恆微弱，罪惡力大極難擋，捨此圓滿菩提心，何有餘善能勝彼。」

縱於睡眠、無意時，
生起廣大如虛空。[324]

以及：

他善如同芭蕉樹，
果實成熟力便盡。
唯獨菩提心勝樹，
恆時結果無竭增。[325]

四、具無量功德的利益

發菩提心能帶來無量無邊的殊勝功德，其中包括持有佛陀的無盡法教，領會無數的法教，以及領受佛陀的加持。此外，也是對於諸佛的殊勝供養。《不可思議秘密經》（*Sutra of the Inconceivable Secrets*，全名《佛說如來不思議秘密大乘經》）是這麼描述的：

菩提心福德
若有相
將遍滿虛空
仍未盡。

此外，我們在《樹嚴經》中可以看到：

簡言之，發菩提心所具之善好功德，其殊勝與無量等同一切尊勝、善德、出世的諸佛所具之勝妙：大如蒼穹，浩如法界。

五、成為世人恭敬對象的利益

具有菩提心的人，將成爲天人等世間眾所廣大恭敬的對象[326]，如同《入菩薩行論》所說的那樣：

於困輪迴牢籠者，
若能生起菩提心，
當下即稱善逝子，
世間人天皆恭敬。[327]

324 《入菩薩行論》第一品第十八和十九頌。譯註：「何時為度盡，無邊眾有情，立志不退轉，受持此行心。即自彼時起，縱眠或放逸，福德相續生，量多等虛空。」

325 《入菩薩行論》第一品第十二頌。譯註：「其餘善行如芭蕉，果實生已終枯槁，菩提心樹恆生果，非僅不盡反增茂。」

326 英文 object of great reverence by the whole world，藏文拼音為 mchod sdong，字面的意思是「應供樹」，可指佛堂、佛塔等信徒所獻供的地方。菩提樹也稱為「勝妙應供樹」。

327 《入菩薩行論》第一品第九頌。譯註：「生死獄繫苦有情，若生剎那菩提心，即刻得名諸佛子，世間人天應禮敬。」

六、所作皆具意義的利益

具菩提心者所行之一切，不論是善或無記，皆能成爲與解脫同分的善因，這是因爲，就算行爲的當下並沒有生起實際的菩提心念，但只要此人曾經領受過菩提心戒，且從未退失，則所有的行爲皆是以菩提心所攝持。因此，他所行的一切，必然會帶來究竟的利益[328]。關於這一點，我們在《樹嚴經》中可以看到：

善童子，已發無上菩提心者，身、語、意一切所爲皆屬具義，其恆時且絕對爲善，此乃其所具之一味。

七、任何有緣者皆能和解脫結緣的利益

既然菩薩是如此重要的「福田」，若對其傷害、瞋恨以待或缺乏信心，暫時而言，少說也必當墮於惡趣。話雖如此，但由於菩薩的悲心，這些人最終肯定會走向輪迴的盡頭而獲得解脫。至於對菩薩具有信心之人，他們的福德將會不斷增長且更具力量，因此能迅速證得菩提。《寶積經》（*Pagoda of Precious Jewels*，亦稱 *Jewel Mound Sutra*）有如下的陳述：

縱使彼等惡待菩薩之人將因而入於惡趣，然隨後則因菩薩之大力，而能得解脫並獲安置於無上菩提。

此外，《入菩薩行論》有言：

吾人皈依於彼等安樂之源——
即使敵怨亦令達圓滿大樂。[329]

總之，在《樹嚴經》的四十四品中，我們可以看到關於菩提心之福德和其他利益有多麼無量無邊的描述。善財童子（Sudhana）於文殊師利菩薩（Manjushri，意譯爲「妙吉祥」）座前領受菩提心戒之後，因一心想求戒而前往南方，當他來到南方海岸國時，那兒有一座稱爲「毘盧遮那莊嚴藏大樓閣」（Endowed with the Essence Ornamented by Vairochana）的宮殿，彌勒菩薩（Maitreya，意譯爲「慈氏」）正在該處爲數十萬的菩薩眾說法。善財童子遠從五百里格之外看到彌勒菩薩時，即欣喜不已而五體投地。彌勒菩薩見其前來，便將右手放在善財童子的頭上，對著在場的菩薩眾如此讚歎：

「觀此善財具淨意，
無衰富足之所生，
爲求無上菩提行，
智者來至我處所。」

---

328 藏文拼音為 don yod，字面意義為「具有意義的」或「重要、要緊的」，也就是說，能夠利益眾生（即使看起來並非善業）。

329 《入菩薩行論》第一品第三十六頌。譯註：「何人生此心，我禮彼人身，誰令怨敵樂，皈敬彼樂源。」

以及：

「已生慈悲者，汝此行安否？

彌勒大壇城，汝已入此否？

具圓滿寂眼，汝此行安否？

菩薩之行者，修持無倦否？」

等等。

對於彌勒菩薩的提問，善財童子雙手合十回答：「聖者，我雖全然投入於無上菩提，對此卻一無所知，請爲我宣說如何全心全意從事菩薩之行。」

彌勒菩薩回應：「善童子，汝得善知識引導而來。何以故？善童子！

菩提心者猶如種子，能生一切諸佛法故。

菩提心者猶如良田，能長眾生白淨法故。

菩提心如劫末之火，能燒一切諸惡薪故。

菩提心者猶如地底，陷沒一切諸惡業故。

菩提心如滿願寶王，成辦一切諸願想故。

菩提心者猶如鉤餌，引眾生出輪迴河故。

菩提心者如應供樹，生於天、人、非天世間。

菩提心者如功德瓶，滿足一切發願故。」

彌勒菩薩在舉例並描述了將近兩百五十種利益之後，最終以甘露水和珍寶的譬喻作爲總結：「如是，菩提心具有此等和其他無量之利益。」關於詳細的內容，則應該參見經文本身。[330]

第二節 闡明此法的修學要點

讓自己的身、語、意寬坦安住，並如下思惟：「縱然測量十方也無法確定虛空的方位，而這個世界的大小和方位也是無法測量的。此外，世界中無不充遍著六道有情眾生，任何隙縫皆然。無始劫來，我和一切眾生無不在輪迴中投生流轉。在每一次投生中，都有色身，而每一個色身，都有父母；所以，如此推論，便知一切有情，無一不曾當過我的父母——而且還不只一次。他們曾經做過我雙親的次數，是難以估量的；而每一次，他們都唯以慈愛對待我。」

330 這些譬喻可見於湯馬斯．克利爾（Thomas Cleary）從中文《華嚴經》所翻譯的英文版（*The Flower Ornament Scripture*, Boston: Shambhala，1987）第三冊第三五二頁和以下頁數。譯註：出自《大方廣佛華嚴經》〈善財童子第五十一參〉，彌勒菩薩所云：「汝等觀善財，智慧心清淨。為求菩提行，而來至我所」及「善來圓滿慈，善來清淨悲。善來寂滅眼，修行無懈倦。」善財童子答曰：「大聖！我已先發阿耨多羅三藐三菩提心，而我未知菩薩云何學菩薩行，云何修菩薩道……如是等事願皆為說。」至於菩提心的利益，雖與經文之順序不同，但略作參考而翻譯或節錄。

「就以這輩子來看，一開始，當我的色身在母胎中成長時，母親便要忍受體力耗盡、容顏衰老，行住坐臥都有困難，而且感覺會變得遲鈍，也無法品嚐她所喜歡的飲食。之後，在預產期前後把我生下時，除了顎關節外身上所有關節都被撐大了，還必須和生死關頭拔河奮戰，然而，對我這個看似在糞沼中的蠕蟲，她卻毫不猶豫地抱在懷中，且用慈愛的手爲我擦拭穢物……，所作所爲無一不是爲了珍愛我、照顧我，寧可自己死，也不讓小孩生病；母親把所擁有一切財產、資具都給了我，自己不保留也從不後悔。因此，在我過去所有的累世當中，都有雙親以大慈愛眞切地關心我。那些雙親和我現世的父母並無不同，全都一樣和我緊密相連。」

「如今，由於煩惱導致其心意狂亂不堪，迫使他們都在無明的昏暗中摸索著。他們失去了如何取捨的智慧眼，又沒有善知識在其盲目中作爲嚮導引領他們。由於他們將福德的拐杖丟棄一旁，而方便和智慧之腿又皆摔斷，那他們要怎樣才能逃出輪迴的深淵呢？他們想要獲得快樂，卻不知道該如何做，以至於所作所爲都成爲痛苦的因；想要的和所行的剛好相違，又因爲那些（錯誤）行爲導致苦難的延續，沉迷於苦因且感得了苦果。我過去的母親們啊，他們是如此可憐……。」

以這種方式的思惟來培養悲心，直到你對他人的痛苦生起一種難忍的悲憫或驚懼不已的感覺。然而，單單培養悲心，對眾生來說是沒有多大幫助的。所以，要想著：「我必須將他們從輪迴的苦海中拯渡出來，並迅速將他們安置於解脫的果位，也就是無上正等正覺；就目前而言，我還沒有這種能力。所以我必須在此生證得佛果，以便獲這個能力；爲了達到這個目的，我要依循甚深之道的不同次第來作修持。」念誦以下的偈頌，提醒自己要如此發心：

遍滿虛空的一切眾生皆曾為我的父母。
他們希求快樂，所獲卻全是痛苦。
如此流轉輪迴而沒有機會逃脫，他們是多麼可憐。
我必須盡一切所能來讓他們自由。
我要以毫不散漫的勤奮來驅策自己達成這個目標，
並透徹觀修此甚深瑜伽達到圓滿。

菩提心的實際修持，是要懇請皈依境作為見證，並做如下的大力發願：「猶如往昔諸佛菩薩如何生起願菩提心並修學行菩提心，我亦如是發起四無量心，為了利益一切父母眾生而生起無上正覺之心，次第修學六波羅蜜多之道。」隨後，打從內心深處念誦如下偈頌，百次或千次等等：

怙主眾及佛子請垂念：
我將全心以四無量來承擔眾生福祉；
持守菩提心而修學六波羅蜜多。
願能任運且吉祥成辦二種利益。

尤其要專注於自他交換的修持。吸氣時，觀想眾生所有的惡業、遮障、痛苦都聚集如黑霧，從你的鼻孔進入並消融於心中，讓眾生永遠地離於惡業和痛苦；再次呼氣時，觀想自己所有的快樂和善業都透過鼻孔而出，彷彿皎潔的月光，以亮白的光束融入一切眾生心中，他們因而立即證得佛果。帶著喜悅的心來做此一觀修。隨後，詳盡念誦任何適切的祈願文，例如：

若我有樂，將其迴向於善德之累積：
願虛空遍滿利益與安樂。
若我有苦，願其成爲眾生諸苦之成熟，
願苦海因此枯竭。

以強烈的菩提心做長時間的觀修。最後，如前消融皈依樹[331]，並平等安住於三輪體空之境：沒有「作爲發菩提心對象的眾生、作爲發菩提心者的你、作爲法門所發的菩提心」這些分別概念。

世俗菩提心的精要在於悲心，而勝義菩提心乃依此而生。如同帕當巴．桑傑所說：

菩提心未生，了悟亦不生。
魚游於水中，非於乾涸地。

依於大悲心此世俗菩提心，我們將無有謬誤地了悟事物的眞實樣貌，而當這種了悟出現時，對於那些尚未了悟的眾生，我們將自然生起毫無造作的菩提心，並能用自己的身、語、意來服務他人、利益他人。因此，如果我們發現自己只有自私自利的想法，而沒有利益他人的想法，就表示我們的菩提心根本走錯了方向。由於這個原因，自他平等和自他交換的觀修才會如此重要。

有情眾生和我們一樣都想要快樂。我們也一樣不想要受苦。而且我們的究竟自性也都相同——皆無實有。此外，由於其他眾生的數量甚多而我卻只有一人，所以我們不僅平等，相較之下其他的眾生還比我重要。由於這個原因，這份想要帶領一切眾生達至佛果的心願，就不該僅僅擺著、當作只是智識上的觀念，而是必須確實運用於心。若想對此有所進展，就必須滅除那種以自己爲重的想法，而要將任何的有情眾生——即使只有一位——都視爲極具重要性。所以，你應當懷著莫大的意願，身心全然投入地幫助他人——只要你知道如何能讓他們快樂，就算必須經歷千辛萬苦，也要歡喜前行。藉由思及他人的福祉，則無論行、住、坐、臥，都能累積廣大的福德和智慧，如此一來便能讓菩提心日漸增長。

由於我們目前仍是凡俗眾生，經常會犯下違犯菩提心戒的過失和墮罪，因此必須確保自己離於這些違犯，並且還淨誓戒——最好的方法是晝夜六時，次之爲四次修座的開始和結束之時，最少也要晝夜各一次這麼來做。

若有魔怨力使你生病受傷、受人言語攻擊、煩惱變得熾盛，就把一切發生在眾生身上的不快之事加諸其上。如果發現自己正處於痛苦的情境，要了解那全是自己過去的業行所致，與其對此感到沮喪，不如取他人的痛苦來當下承擔。如果你發現自己正處於快樂的狀況，便將自己的財富和影響力迴向於良善的目標；千萬不要一直虛度光陰，反而要激勵自己以身體和口語

---

331 也就是如同皈依修持的結束之時那般消融。

來從事善行，並祈願一切眾生都能獲得快樂。不管發生怎樣不愉快的事情：身體患病、鬱鬱寡歡、陷入爭端、有所失去或遭人擊敗等，與其感到忿忿不平，不如將責任歸咎於自己，想著：「這只不過是我自以為比他人重要而得到的回報而已。」

敵人、友人、非敵非友者，都是我們修心的助伴：他們能幫助我們淨化惡業和遮障，因此要思惟自己是多麼地感激對方。不要刻意想讓別人知道自己有多麼無私而從事任何的言行。遵循《毗奈耶》的內涵而讓你的行止保持全然清淨。不講他人的過失。如果見到他人有任何的過失，應當知道那些全是自己不清淨的投射。不要企圖揭露他人隱患，也不要惡言相向或對非人眾生念誦忿怒尊的咒語等等。不要把落在你身上的艱難任務移交到別人身上，也不要把自己的過失歸咎於他人。如果不屬於你這一方的人遭到擊敗，不該感到高興；如果敵方有所死傷，不該拍手叫好；或者他人生病，也不該希望那些財富或榮耀能歸於己身。與其關注自身是否感到良好，或者他人如何評論自己，反而應該要觀修菩提心，並且放棄那種由於信心不足而偶一為之的修持。

對於那些難以生起悲心的對象——例如敵人、作障者等，則要特別作意而加以觀修。既然你所做的修持都是為了自身的利益，因此，不管它涉及多少的艱辛，都不要向別人吹噓。若有人指出你的過失，並加以羞辱、批評，或是撞你、打你……，與其加以還擊，反而更當觀修悲心。對於瑣碎的事情，不要顯出興奮或不悅的表情。如果連最微細的傷害都無法忍受、最微小的幫助都不肯付出，你就失去了菩提心的要點；因此，要用自他平等和自他交換的修持來訓練自心。

總而言之，不論是大小法乘，其教導的目的，皆可濃縮成一個要點，就是：降伏我執[332]。故而，在修持時，應該要盡量減少我愛執（self-cherishing）。如果我們的佛法修持不能對治自我，那根本就毫無意義可言。我們所修持的是否眞爲佛法，其實完全端看這一點；這也是爲何人們會說：「要知道某人修持佛法有多少份量，端看他如何對治自我。」當然，也許會有人測試你，看看你是否眞的是一個修行者。不過，一般世人並不會知道你內心在想什麼。你或許會對於自己做了一兩件好事而感到開心，不過，眞正以菩提心來修持自心的徵兆卻是：無論情況有多麼艱困或痛苦，行者都不會有愧於心，永保愉悅的心境——這是因爲行者對此情況不僅不感到沮喪，反而能取之爲道用。儘管如此，雖說這些可能是眞正達到法教核心之處的跡象，但並不表示自己不需要更進一步的訓練。因此，直到你證得佛果之前，都要修學能讓菩提心不斷增長的戒律。

---

332 英文 self-clinging，藏文拼音為 bdag 'dzin，以為自我真實存在的信念。

《空行心滴》之皈依境

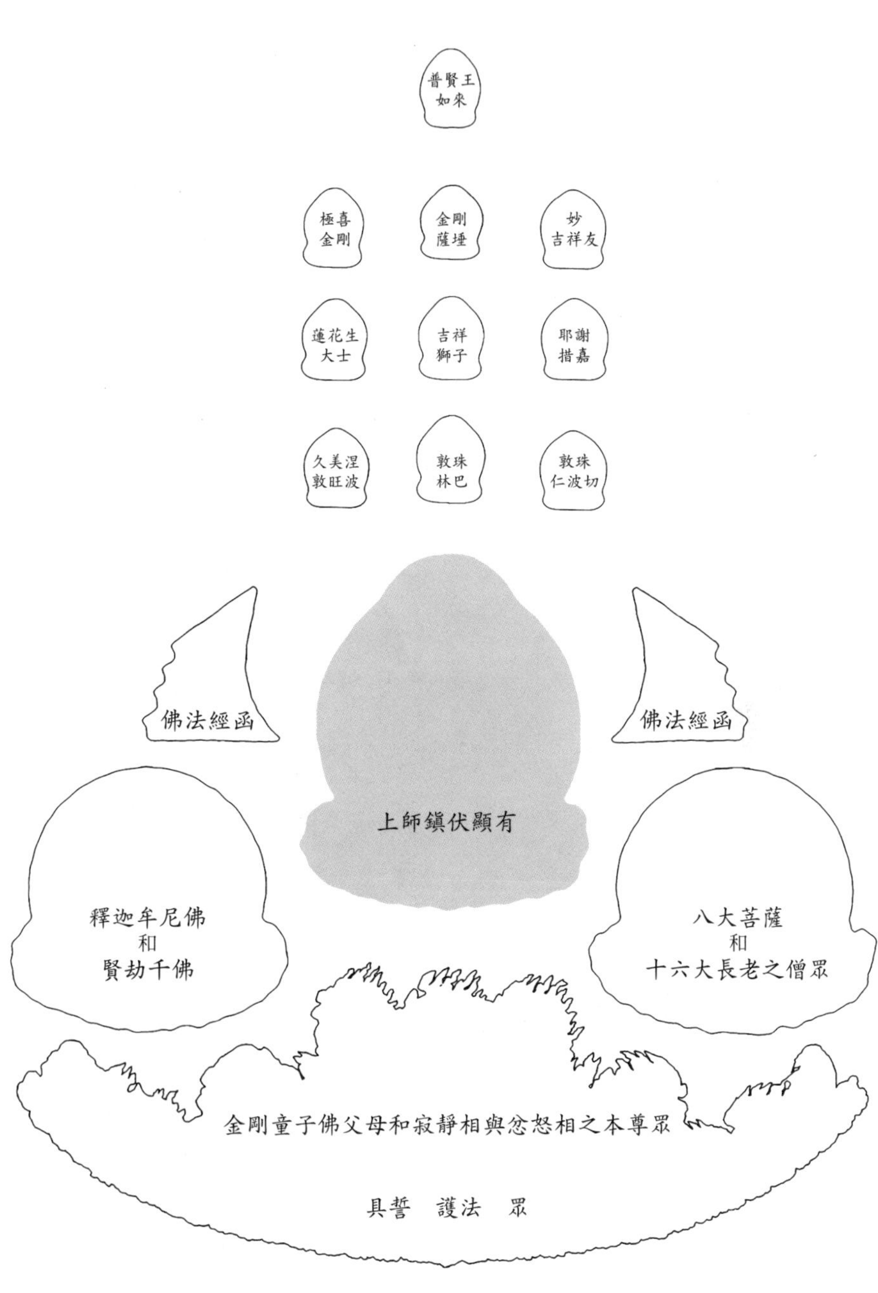
普賢王
如來
極喜
金剛
金剛
薩埵
妙
吉祥友
蓮花生
大士
吉祥
獅子
耶謝
措嘉
久美涅
敦旺波
敦珠
林巴
敦珠
仁波切
佛法經函
佛法經函
上師鎮伏顯有
釋迦牟尼佛
和
賢劫千佛
八大菩薩
和
十六大長老之僧眾
金剛童子佛父母和寂靜相與忿怒相之本尊眾
具誓　護法　眾

飯依境圖表

金剛薩埵

第十一章

金剛薩埵的觀修與念誦——淨化道上之惡業與遮障等違緣

本章有兩個段落：
應該了解的一般要點，
以及闡明此法的修學要點。

第一節 應該了解的一般要點

從無始以來，我等凡夫衆生在輪迴的所有過程裡，在自相續中同時累積了兩種遮障和串習，這些厚重的遮障阻礙了解脫和遍智之道，以致我們在修持正行時，心中無法生起如法的覺受和了悟的智慧。這些干擾和障礙乃是我們過去惡業和誓戒相關墮罪的結果。此外，也有人說，破失密咒乘的誓言不但會導致我們在生活中出現許多令人不悅的事情，在修道上也會遇見障礙，使我們直墮金剛地獄，如續典所說的那般：

> 金剛羅刹將吸取汝之心中血，
> 汝將短命多病、失財且畏敵；
> 且於駭人無間地獄中，
> 長時承受極爲難忍苦。

由於上述誓言所涉及的利益和風險極大，因此，就算損壞程度極其微小，也必須立即懺罪離過[333]。

凡以三毒爲動機的行爲，未直接以身體或語言表達出來的，就屬於心意上的行爲；但是如果實際表達出來，則屬於身體和口語上的行爲。然而，就所有的行爲而言，首先出現的則是念頭。就如所言：

因其能令世間黑暗，

故心乃為諸毒之根。

我們自無始生死以來，在不知不覺中累積了如山一般巨大的惡業和墮罪，其中包括先前在業果章節中所描述的各種不同惡業，因自己違犯三戒[334]所造的許多過失和墮罪（自作）、教唆他人所做的行為和墮罪（教他作）、看見他人所為而隨喜讚歎（見作隨喜）等等。於此之上，還有此生當中的所思所行大多受制於三毒之左右，累積了許多的惡業和遮障……，難怪我們至今仍未逃離輪迴之苦。

如果我們依然隱藏過失、加以保密，這種欺瞞將成為餵養惡業種子的水分和肥料，並使其日益茁壯。然而，若我們能夠認清這乃是一大過失，而在某人面前毫不隱瞞地全盤托出，那麼這些種子就不會持續長大，其效力也會降低。關於這一點，我們稱為「以真諦來封印行為」[335]。透過深切懊悔與懺罪離過，便能淨化惡業，如果我們對此能夠精進而為，將可毫無困難地徹底淨化惡業和墮罪。這種淨化，一方面涉及到承認（「我犯下了如此如此的過失」），另一方面則涉及到懺罪離過，也就是懷著深切的懊悔而生起渴求之心。我們對那些無此過失的人充滿讚歎與恭敬，也對自己所造下的過失既慚愧又沮喪，並打從內心深處真誠地發露懺悔，

333 藏文拼音為 bshags pa，見詞彙解釋對「懺罪離過」（PARTING，分開、遠離）的說明，其正式的翻譯為「懺悔」。

334 藏文拼音為 sdom pa gsum，三律儀，別解脫戒、菩薩戒、咒乘誓言。

335 藏文拼音為 bden pas mtha' bsdoms pa（字面意思：究竟真實的律儀），由於真諦的力量，行為就此終止。

說道：「請您以悲心垂念我，並且清淨這些行爲。」這就是所謂的「分開、遠離」（parting）之意。若能對那些過失由衷懊悔並懺罪離過，沒有哪個行爲是無法清淨的——因爲從根本實相來說，它們都不具實有。如同經典中可以看到的：

> 彼雖曾於長達數劫時，
> 造犯極大極重之惡行，
> 然若徹底懺悔遠離之，
> 一一皆可由此而清淨。

此外，《親友書》也說道：

> 彼等先前雖不予在意，
> 後若留意則甚爲美妙，
> 好比月亮破雲層而出，
> 亦如難陀、指鬘、未生怨、優陀延王。[336]

貳、清淨惡業的方法

《大乘四法經》（*Sutra of the Teaching on the Four Powers*）中云：

> 彌勒，菩薩若具四力[337]，一切累積惡業，皆可全然制伏。此四爲何？懊悔力、對治力、修復力、依止力是也。

據此，若於所作惡業想懺罪離過，就必須擁有這四力；若能全然具足，即使惡行堆聚如須彌山之高，也能因單單一次的真誠懺罪離過而得以清淨。

依止力

三寶、三根本與一切諸佛無疑都是我們最勝的依止處，不過在此有特定的依止對象，乃是被讚譽為「上師金剛薩埵」者[338]。在勝義的層面上，薄伽梵吉祥金剛薩埵乃是過去、現在、未來一切諸佛無盡莊嚴——身、語、意、功德、無窮事業——的勝妙總集，也是大祕密唯一佛部的圓滿精要（the perfect essence of the single family of the Great Secret）。在世俗的層面上，當金剛薩埵最初發起殊勝菩提心時，曾發願：「願那些曾經造下五無間罪[339]，以及犯、破、壞、毀（deteriorated, broken, disintegrated, and torn apart）[340]咒乘誓言而將墮入大金剛地獄的眾

336 《親友書》第十四頌：「何者昔日極放逸，爾後行為倍謹慎，如月離雲極絢麗，難陀指鬘見樂同。」難陀（Nanda）尊者曾因對於妻子的貪愛而無法修持善德，受出家戒僅僅是想要未來能夠享有天道的歡樂。指鬘（Angulimala，音譯「央掘摩羅」）外道殺死了九九九人並取其手指而串成鬘狀（故而得其名）。未生怨王（Darshaka，又稱：Ajatashatru，音譯「阿闍世」）謀害了自己的父親。優陀延王（Udayana，或譯：鄔陀衍那主）殺死了自己的母親。然而，他們透過懊悔與改變行徑，都證得了高度的了悟。

337 藏文拼音為 chos bzhi，字面意義為「四法」，四種事情或方法（梵文 dharmas）。

338 Teacher Vajrasattva（藏文拼音為 bla ma rdo rje sems dpa'），指的是與自己根本上師無別的金剛薩埵。

339 藏文拼音為 mtshams med du: kha'i las，字面意義為「在行為和其所致痛苦之間沒有間隔的行為」，也就是五無間罪（藏文拼音為 mtshams med lnga），請見頁數 211。

340 藏文拼音為 nyams chag zhig ral（nyams chag 違犯，zhig ral 破壞），指的是在違犯金剛乘誓言後，由於尚未清淨而隨著時間愈加嚴重的程度。如果這些違犯無法在三年內加以懺悔和清淨，誓言便無法修復而「破毀」，以致再也無法清淨。

生，光是聽聞到我的名號，即能清淨惡業和遮障。願我一直處於造惡者之中，遣除他們所有的遮障，並帶領他們達至最高的解脫境界。」金剛薩埵的這番誓願，威力大到足以剎那清淨罪大惡極的行爲和墮罪，甚至包括那些極難清淨者在內。

金剛薩埵的心要，也就是他的咒語，被稱爲如來百字明咒。此咒能藉由替換其中某些名號而可轉成另一本尊的百字明咒，例如嘿嚕嘎咒語[341]，也因此在無數的續典和口傳經典中，金剛薩埵被讚譽爲包括諸本尊和諸咒語在內的一切佛部之大遍在怙主（the Great All-Pervading Lord of all the Buddha families）。他是所有進入咒乘且依循口訣修持者所共通持有的殊勝心要與寶藏。

透過觀想上師金剛薩埵的眞實出現，且一心恭敬而皈依，恆時不捨菩提心，並憶念其咒語的涵義，這就是依止力。

百字明咒的意義

這個咒語是爲了迎請金剛薩埵誓願所念的祈願文。以下逐字說明其對應的意義[342]。

---

341 嘿嚕嘎的百字明咒（the hundred-syllable Heruka mantra）：嗡 班雜 嘿嚕嘎 薩麻牙 麻奴巴拉牙。班雜 嘿嚕嘎 迭諾巴 諦剎智 卓 眉跋哇。蘇兜喀優 眉跋哇。蘇波喀優 眉跋哇。阿奴日阿多 眉跋哇。薩爾哇 悉地 眉乍牙擦。薩爾哇 嘎爾瑪 蘇雜眉。孜當 希日以揚 固如 吽。哈哈哈哈 吙。跋噶問。薩爾哇 大踏噶大 班雜 嘛眉木恩雜 班孜 跋哇 瑪哈 薩麻牙 嘿嚕嘎 啊（OM VAJRA HERUKA SAMAYA MANU PALA YA VAJRA HERUKA TENOPA TISHTHA DRIDHO ME BHAWA SUTOKAYO ME BHAVA SUPOKAYO ME BHAVA ANURAKTO ME BHAVE SARVA SIDDHIM ME PRAYACCHA SARVA KARMASU CHA ME CHITTAM SHREYAH KURU HUNG HA HA HA HA HO BHAGAVAN SARVA TATHAGATA VAJRA MAME MUNCHA VAJRI BHAVA MAHA SAMAYA HERUKA AH）。

咒文	意義
嗡	受到至高讚頌者，
班雜薩埵 薩麻牙	金剛薩埵！在我們之間的神聖連結──
麻[343] 奴巴拉牙 班雜薩埵	請嚴密守護。金剛薩埵啊，
迭諾巴 諦剎智卓 眉跋哇	願您堅固安住而與我同在。
蘇兜喀優 眉跋哇	願您徹底令我心滿意足[344]。
蘇波喀優眉跋哇	請讓我全然綻放。
阿奴日阿多眉跋哇	願您恆時慈愛待我。
薩爾哇 悉地眉乍牙擦	賜予我一切的成就。
薩爾哇 嘎爾瑪 蘇雜眉	在我所有的行爲中，
孜當希日以揚 固如都	讓我的心保持在最善的狀態。
吽	金剛薩埵的種子字
哈哈哈哈	代表四無量心、四灌頂、四喜、四身
吙	對於這些感到愉快的大笑
跋嘎問 薩爾哇 大踏嘎大	喔，世尊、善德者、出世者，一切的如來中，
班雜 嘛眉木恩雜	您就是那位金剛者──請不要捨棄我。
班孜 跋哇	請讓我成爲金剛持有者。
瑪哈 薩麻牙薩埵	喔，偉大的誓言者，
啊	願我與您無二無別。

342 我們於此盡量配合梵文發音，故而這段咒語的拼音與一般的藏文音譯稍有不同。譯註：此處的咒音主要參考根本文中的藏漢翻譯，並稍作修改，畫上底線的地方表示那兩個字屬於同一個音節，前者為主要發音，後者為尾音（前一個註解「嘿嚕嘎的百字明咒」亦同）。此外，同一位本尊的咒語也會因為各地發音而有差異，例如藏人大多數將 vajra 發音為「班雜」，而非「瓦佳」；另也看過「蘇兜喀優 眉跋哇」與「蘇波喀優 眉跋哇」兩行順序相反者，總之請以各自上師所傳為主。

343 整段咒語的英文拼音為：OM VAJRASATTVA SAMAYA MANUPALAYA VAJRASATTVA TENOPATISHTHA DRIDHO ME BHAVA SUTOKAYO ME BHAVA SUPOKAYO ME BHAVA ANURAKTO ME BHAVE SARVA SIDDHIM ME PRAYACCHA SARVA KARMASU CHA ME CHITTAM SHREYAH KURU HUNG HA HA HA HA HO BHAGAVAN SARVA TATHAGATA VAJRA MA ME MUNCHA VAJRI BHAVA MAHA SAMAYASATTVA AH。

344 滿足我所有的願望。

對治力

這一點所涉及的是透過從事善行來作爲惡業的對治。此處特別所指的是觀修本尊、持誦咒語、專注於滌淨惡業和遮障等等的根本要點。

懊悔力

所指的是對自己曾經造下的惡業，如同吞下毒藥那般由心生起強烈的悔恨。

還淨力或決斷力

這指的是即使危及性命也要遮止未來再犯惡業的堅定決心。

在唸完咒語後，再加上「我因無明和錯亂……」[345]的祈願文，將自己的懺悔以偈頌或文辭的方式口述出來，這樣可使後二力更加完整具足。如果做不到這一點，也要生起眞切的懊悔心，並認知到未來如果繼續造惡將會有何種的過失，便能自動發起避免再犯的決斷力。

我們都已進入了密咒乘之門[346]，無一例外。一旦進入之後，若未好好持守誓言，將會墮入地獄；若能持守，則將證得佛果。除此兩者之外，沒有其他的終點。密咒乘的誓言十分細微，數量衆多且難以持守。就連怙主阿底峽尊者[347]都說，在他進入咒乘之後，所犯的過失可以說是一個一個的迅速接踵而來。因此，就我們這種對治甚少、正念微弱、毫無正知的人來說

（我們甚至連誓戒有哪些不同類別都不曉得，更別說破戒的門檻為何），誓戒方面的違犯無疑地就會像下雨般降臨在身上。故而，我們每天都應該要修持金剛薩埵，並念誦其百字明咒二十一次。如此一來，我們所犯的墮罪就能獲得清淨，且能避免它們的異熟果一再增長。若能持誦百字明咒十萬次，一切的墮罪都將能根除，如同《藏莊嚴續》（*Ornament of the Essence*）中所言：

明觀金剛薩埵尊，
白蓮月輪寶座上：
依循儀軌而念誦，
百字明咒廿一遍，
墮罪等類獲加持，
從而不得再增長。
諸大成就者所教，

---

345 「怙主，我因無明和錯亂……」的祈願文，請見頁數 346。

346 密咒乘的入門即是灌頂，在西藏，幾乎每個人都從上師處領受過一個或以上的灌頂。

347 藏文拼音為 jo wo je lha gcig（覺沃傑拉治）。Atisha Dipamkara（982-1054，另稱阿底峽燃燈，或吉祥燃燈智 Dipamkarasrijnana），藏人皆稱其為「覺沃傑」（Jowo Je，怙主）；對其弟子來說，他就是獨一無二的皈依處（藏文拼音為 lha gcig，主公）。

故當不斷修此法。
若能念誦十萬遍，
則成極淨之體現。

即使你個人能藉由穩固的生起次第和圓滿次第、正念和正知等而毫無過失地持守誓言，然而，如果你和破失根本誓言的人對談、參與相同的活動，甚至飲用同一河谷的水，也會因此犯下「相連違犯」和「附帶違犯」[348]。如同這一本續典中所提到的：

我與違犯誓言者爲友，滿其心願，
將法教傳予彼等和非法器者。
我對破失誓言者一直未曾在意，
反使自己因其垢染和過患而染污。

亦云：

一滴酸腐牛奶，
能壞全部牛奶，
一位失墮行者，
能壞所有行者。

若能如理如法地對咒乘誓言的違犯加以懺悔遠離，將可輕易清淨之。教導中有言，僅犯一條別解脫戒的根本墮，且覆藏未能發露懺悔，就有如碎裂的陶器般無法修復。如果犯的是菩薩戒的根本墮，則可透過善知識的協助而得以恢復，如貴金屬製品般雖遭損壞但可修復。至於犯下密咒乘中的過失與墮罪，如貴金屬製品稍有凹痕那般，行者只要立即懺罪離過並藉由觀修本尊、誦咒和禪定爲所依，便可徹底加以清淨。只要立即遠離過失和墮罪，便可輕易清淨，但若時間拖得愈久則過失愈加增長，以致更加難以懺淨；超過三年以上則逾越了懺悔的期限，雖作懺悔也無法清淨。

參、清淨惡業的利益

此處所講的禪修和念誦屬於無上密咒乘中的內清淨法門，所以完全適用於行者每一座修持的開端。無論在什麼情況下，只要能於一座中專注念誦百字明咒一百零八次，毫不散亂，念誦中也無摻雜日常言語，則此人過去所有的惡業、遮障、違犯和破損必能得到清淨，這是金剛薩埵於《無垢離過續》（*Tantra of Stainless Parting*）中所親自承許的：

348 「相連違犯」和「附帶違犯」藏文拼音為 zlas nyams（transgression by association）和 zhor nyams（incidental transgression，）。譯註：參見《普賢上師言教》（*Words of My Perfect Teacher*）英譯版對此的解釋：「相連違犯」（violation through contact）是指與違犯三昧耶戒者共同念誦祈願或持誦咒語，以致自己的誓言衰損；「附帶違犯」（occasional violation）是指對於違犯三昧耶戒者的行為，在不知道對方已犯戒的情況下加以隨喜，以致自己的誓言衰損。

一切善逝心意之精髓能清淨所有的違犯、破損和分別遮障，稱之爲百字明咒，此乃諸般離過清淨之王。於一座中誦一百零八遍，能還淨一切違犯和破損，且令行者不墮入下三道。若能以此做爲日修，今生即可獲得過去、現在、未來諸佛之垂念與護佑，並視其爲最殊勝之子，且於死時無疑能成爲一切善逝子嗣當中的首座。

關於如此修持所能得到的無量利益，也廣見於諸多經典中，比如《密意三偈續》（*Tantra of the Three Verses on the Wisdom Mind*）裡就說道：

觀修金剛薩埵者，
圓滿持誦此咒語，
將可清淨諸惡業，
成就一如金薩尊。

此外，《金剛薩埵歌續》（*Tantra of the Song of Vajrasattva*）中也有這麼一段宣說：

百字明咒自生藏，
一切佛陀之種子，
能滅諸墮與違犯。

以及：

持有百字明咒者，

毋須面對非時死，
病痛苦難亦不臨。
持有百字明咒者，
無有貧困或痛苦。
彼等敵怨皆消失，
所有心願得圓滿。
持有百字明咒者，
若欲求子將得子；
若欲求富將得富；
無家之時則得家。
若想長命又延壽，
應當持此百字明：
即使臨命終了時，
亦能輕易壽三百。
此生即能獲安樂，
死時入於極樂剎[349]。

349 藏文拼音為 bde ba can，梵文拼音為 Sukhavati，阿彌陀佛的淨土。

空行、大種之魔、殭屍鬼，
晦靈、魔怨、壞憶鬼（破壞記憶之鬼），
於持百字明咒者，
全然無法作傷害。
即使曾犯大墮罪，
亦能當然見佛陀。
誦此密咒百字明，
愚夫轉而成智者，
命多舛者得好運；
禍害災難不再來。
縱負五無間罪者[350]，
亦因誦此獲清淨。
此生以及隨後世，
成爲轉輪聖王類。
最終獻身於解脫，
而能成就佛果位。

第二節　闡明此法的修學要點

首先發起殊勝的菩提心，想著：「為了清淨我和其他眾生從無始生死輪迴以來所累積的一切惡業、遮障、過失和墮罪，我要觀修並持誦上師金剛薩埵法。」

在此，觀想自身為凡俗樣貌，於己頂輪上有一朵全然綻放的白色千瓣蓮花，莖長四指，根植於自己的頂輪梵穴中，於花葯叢上有一輪平躺著的滿月之墊。其上立有一個清晰明亮的白色種子字「吽」（HUNG），從中放射出不可思議的五彩光芒，供獻十方諸佛菩薩令其悅意，同時清淨一切有情眾生的惡業和遮障；其後光芒收攝而再返回融入於「吽」字，然後「吽」字轉變為你的具恩根本上師，現為薄伽梵吉祥金剛薩埵的身相。身白如海螺，清澈如水晶，光耀如旭日。面容光亮、迷人且帶微笑，相好莊嚴一一圓滿而燦爛。佛父一面二臂，右手持五股金剛杵於胸前，左手持金剛鈴置於髖部，與佛母相擁；佛父金剛跏趺座，髮色深藍，以珠寶綴帶纏結，髻頂有寶冠為嚴飾。著五絲衣（綾羅五衣：繡金白絲上衣、彩色下裙、冕旒——多彩流蘇頭飾、雙色藍絲質飾帶[351]、長飄披巾）和八寶飾——寶冠、耳環、頸飾、胸鍊（垂掛胸前的短項鍊）、手鐲、足環、臂釧、臍鍊（垂掛臍間的長項鍊）。

350　藏文拼音為 mtshams med lnga，請看先前的說明，頁數 211。

351　外層藍色而內層紅色的腰帶。

金剛薩埵於懷間與由〔金剛薩埵〕自身光耀所顯之金剛傲慢母（Vajratopa）相擁，佛母身色爲白，呈十六歲妙齡相，身具五種象徵莊嚴；以其雙手環抱佛父頸部，持有鉞刀和顱器，雙足則以蓮花姿緊扣佛父之身。佛父母皆呈現寂靜尊之九貌：柔軟、輕盈、緊實、優雅、韶齡、明眼、光澤[352]、散發莊嚴、熠耀威光。他們不斷放出無量的光芒，乃爲樂空無別之精要。

金剛薩埵的心中有一朵全然綻放的白色八瓣蓮花，花葯的中央有一個滿月的平輪。觀想一只如水晶般清澈的白色五股金剛杵站立其上，中央空心的杵臍處立有一白色「吽」字，周圍繞有百字明咒，從前方向右邊旋繞，色如水銀般光耀且自然發出咒音。

接下來，滿懷著對自己無始以來生生世世所積一切惡業和墮罪的懊悔，以及未來就算危及性命也不再造犯的堅定誓戒，想著自己頂上的上師金剛薩埵即是過去、現在、未來一切諸佛的精要，對其生起無量的虔誠以至於淚水噙滿雙眼。接著，唸誦百字明咒，並專注於本尊心中的咒鬘，彷彿你正在逐字閱讀那般，最重要的是，要將咒語念得像是祈願文一樣：「上師金剛薩埵尊，於汝致上吾敬信！」念誦的同時，光耀如水銀般的無盡甘露加持之流，從佛父母之雙運處湧現，漩經蓮莖且不斷流降，從梵穴進入你的身體並充滿全身。觀想所有的疾病以膿、血、痰之相，各種的惡怨力以動物和昆蟲之相，一切的惡業和遮障以煙灰色液體和黑炭色液體之相，全都像塵土被排水管之水沖走那樣，全然淨除了。上述種種從自己身體下處的兩個竅孔和全身皮膚的毛孔涓滴流下，滲入地下九層，流向你在過去生中結惡的男女業債主口中，使他們原本想要以你的血肉之軀爲報復的對象，因透過上述種種觀想之甘露流，令他們全然飽足至滿意爲止。思惟自己的身心全然充滿無染大樂。

頂上蓮花月墊上，
上師金剛薩埵尊，其之身色如水晶，
寂靜含笑童子貌，相好莊嚴光耀顯。
右手持杵左持鈴，象徵方便與智慧；
雙足金剛跏趺坐，報身衣飾皆圓滿。
懷擁金剛傲慢母，其持鉞刀與顱器。
薩埵心中月輪上，吽字周圍咒鬘繞，
經由父母和合處，降下菩提甘露流，
從己頂門梵穴入，全然充滿於己身。
違犯、破損、惡業、墮罪皆得以清淨。

嗡 班雜 薩埵 薩麻牙 麻奴 巴拉 牙
班雜薩埵 迭諾巴 諦刹 智卓 眉 跋哇
蘇兜喀優 眉 跋哇
蘇波喀優 眉 跋哇
阿奴 惹多 眉 跋哇
薩爾哇 悉地 眉乍牙擦

---

352 指的是膚色明亮而不蒼白。

薩爾哇 嘎爾瑪 蘇雜 眉

孜當 希瑞揚 固如 吽

哈 哈 哈 哈 吙

跋噶問

薩爾哇 大踏噶大 班雜 嘛眉木雜

班孜 跋哇 瑪哈 薩麻牙 薩埵 啊

盡力持誦咒語，次數越多越好——百次、千次、萬次、十萬次或更多。每座結束之前，雙手合掌作如下祈願：

怙主，我因無明和迷惑，

違犯及墮失誓言。

上師怙主請救護！

汝爲無上金剛持，

且是體現大悲尊，

眾生之主我皈依。

我身、語、意等根本、支分誓言之一切違犯和破損，謹此承認且懺罪離過。懇請清除並淨化我惡業、遮障、過失、墮罪之所有垢染。

由於如此的祈願，自己的身體變得內外通透猶如水晶聚合相，毫無肉、血、骨、污物和穢物，內部皆爲白色，全然充滿甘露之流；一切惡業和遮障皆已淨化和清除。接著如下觀想：

金剛薩埵展笑顏，欣悅允諾我所求，而言：「具福之孩兒，汝之惡業和遮障、過失、墮罪皆淨矣！」

金剛薩埵佛父母隨即化光融入於你。自己全然轉變爲本尊，如同先前所觀想的佛父母那般——上述觀想皆於瞬間完成。心間種子字有六字心咒圍繞，由此放出光芒，遍佈虛空。

བཛྲ 班雜

ས 薩

ཧཱུྃ 吽

ཨོཾ 嗡

ཏ 埵

一切因貪愛所致的不淨感知與習氣皆得淨化。觀想外在器世間皆成爲無上現喜淨土（the Unexcelled Buddhafield of Manifest Joy，金剛薩埵的淨土），在內的所有衆生也成爲與金剛薩埵無別，由他們口中發出的咒音，好比傾巢而出的蜂群其鳴聲嗡嗡迴盪著。

惡業遮障皆清淨；我成水晶球體相。
再次，金剛薩埵化白光，
白光融入我之身，自成金剛薩埵尊。
視諸顯有皆清淨，有如無盡之遊舞。

嗡 班雜 薩埵 吽

持誦的咒數要越多越好。末了，觀爲本尊和淨土的情器世界皆化光融入己身，自己又融入於心中的種子字中，種子字又由下而上地漸次消融於那達（nada）[353]，那達則漸次消融於無分別光明之空性狀態中。在那初始即淨、離於所淨與能淨諸般分別念而無以言表的大樂境界中全然放鬆，如此平等安住，時間越久越好。之後，於此狀態出來時，以如下祈願文迴向福德：

願此修持之福德，
速證金薩之自性，
每一眾生悉無餘，
盡皆安置其果位。

接著則繼續持守日常威儀（everyday activities，見詞彙解釋）。

在惡業與遮障已然清淨的徵兆尚未出現前，你都要全然專注、絲毫不散亂地做上述的觀想和持誦，這一點相當重要。就如大上師尊所言：

放逸散亂心不定，
經劫持誦難有成。

至於修持有成的徵兆則爲：於禪修覺受或夢境中看到自己在嘔吐或排泄、清洗、穿著白衣、渡過大河、飛越天際、見到日月升起等現象，這些皆爲惡業得到清淨的徵兆。還有，夢境或覺受中出現汙物、膿、血、痰從身體排出的現象，是病痛得到清淨的指標。若有微小如螞蟻等動物出現，則表示魔怨已然驅除之徵示。特別值得一提的是，行者可能會眞正且直接地體驗到明覺、身體輕安，以及自然而然的虔誠和想要解脫的決心。

一般來說，若對因果法則有眞實的信心，一定會對自己所造的惡業感到懊悔，而這樣的懊悔之意，也會使你的懺罪離過眞切而誠懇。以這種方式來清淨自心相續，必然會有越來越多好的體驗，亦能增長其了悟。然而，今日，我們對於如何清淨自己的遮障並沒有根本的意樂，也沒有確實去下功夫。即使有做，也只是把祈願文和儀軌當作是一種責任而照本宣科，毫無眞切、由衷的信心，亦無羞愧與懊悔可言。這就是爲何生起覺受和了悟的功德會如晨星那般稀少。故而，千萬不要低估這個淨化遮障法門的重要性，應該要勵力而爲，以便能帶來眞正的效果。

353 藏文吽字頂端圓形圖樣的最上面一筆。譯註：書寫該字頂上圓形時的筆畫開頭處。

大千世界曼達

第二支分：種下甚深道五次第種子的不共前行

第十二章

獻曼達——累積道上順緣之二資糧

本章有兩個段落：
應該了解的一般要點，
以及闡明此法的修學要點。

第一節 應該了解的一般要點

壹、二資糧的一般描述

尊聖的龍樹尊者有言：

一切種子中，
果與因相像，
智者豈能證，
有果卻無因？

所有現象都是藉由因和果的關係而存在，因此，二諦[354]無別的見地是極為重要的。同時圓滿二資糧，可造就法身和色身之果的起因。如同《寶鬘論》中所言：

色身，簡言之——
福德資糧所生，

法身，簡言之——
王啊，智慧資糧所生。[355]

智慧資糧（包括在寂止和勝觀之中，作爲輔因）爲證得究竟之果——法身——的起因，而其乃有賴於福德資糧的成辦。經文中說道：

直至圓滿殊勝二資糧，
行者無從了悟殊勝空。

再者：

本具之勝義智，唯從
累積福德及清淨遮障，
與了證上師加持而來，
當知若依他法皆愚夫。

---

354 二諦為世俗諦（相對的真理）和勝義諦（絕對或究竟的真理）。

355 《寶鬘論》第二一二頌。譯註：「一切佛色身，從福資糧生，大王佛法身，由智資糧生。」

貳、獻曼達的特別要點

本段有八個部分：原因、本質、字義、不同獻供方式、修持特色所在、各種觀想要素、供養目的，以及獨特的利益。

1. 將獻曼達作爲主要供養的原因

一般來說，累積福德有無盡的各種方式，全都涵括在布施和其他波羅蜜多的修持中。不過，獻曼達甚具效益且容易做到，又因其福田、心態、成分之殊勝廣大與清淨，實屬一切供養中之最上者。其廣大在於：（1）十方三時一切三寶和上師皆含括在內，因此行者所設想的獻供福田並無侷限[356]；（2）行者希求證得無上菩提，因此念頭所攝包含遍等虛空的一切有情眾生，發心並無任何偏私；（3）供養的成分並無限定，所獻供的淨土無論設置和形相皆由行者於自心創發變現，猶如虛空無邊無際。至於獻曼達之過程極爲清淨，於整個前行、正行、結行中皆沒有自我中心或自大自滿的染污，反之，這在物質供養等情況中則時有出現。就如阿底峽尊者所云：

> 在所有可以用雙手來做的累積福德的法門中，沒有哪個比獻曼達還更具福德。

特別是我們在《勝義念修》（*Approach to the Absolute Truth*）中可以看到：

三次座間當持極淨法，
清洗口、手、足之後，
持取些許妙花於師前，
進行勝者圓滿曼達供。

不論是在見到自己的吉祥尊聖上師時，或是上師轉動法輪時，甚至是憶念起上師時，所進行曼達的供養，將可令一切佛陀感到悅意，進而圓滿累積福德與智慧資糧，因而造就吉祥的緣分。基於上述和許多其他的重要理由，獻曼達至今仍被讚許爲一切供養型態中的上上者。

2. 供養的本質

曼達和供養的堆聚都僅是象徵性的。於經乘的傳統中，我們充分想像十方的所有淨土，並以十億世界作爲代表，各個皆由須彌山和四大部洲所組成，其中充滿了各式各樣的供養雲，而將其獻予上師和無盡的三寶海會聖眾。另一方面，於咒乘的傳統中，我們認出事物眞正的根本自性。也就是說：於外在顯現爲器世界的一切，乃是由內在金剛身此諸法眞實樣貌所生；這兩者（外與內的曼達）於本尊壇城的「別曼達」[357]中是任運自成的。這三者（外、內、別曼

356 此種供養不限於對少數的對象。

357 「別」（alternative，藏文拼音為 gzhan）為《時輪金剛續》（*Kalachakra tantra*）裡的用詞，蔣貢・工珠（Jamgon Kongtrul）仁波切於其著作《知識寶藏論》（*Treasury of Knowledge*）中對此有所說明。參見《三千大千世界》（*Myriad Worlds*）英文書第一四八頁。

達）的生起，是來自究竟曼達——諸相殊勝空性和不變大樂之雙運——的幻化。因此，外、內、別供養便能於單一供養中成辦，而此單一供養即是以各種不同相狀生起的樂空遊舞（the play of bliss-emptiness），也就是金剛淨土的究竟供養（the absolute offering of the Diamond Buddhafield）。

3. 曼達的字義

曼達（mandala）這個字指的是圍繞著中央核心的一種場域環境，或擁有裝飾陳設的某種物品。就目前的脈絡而言，由於曼達象徵著世界和眾生、能依和所依，一切具足而圓滿，因此也意味著佛國淨土。

4. 獻曼達的不同方式

在成就曼達和供養曼達這兩種曼達中，此處所講的是指後者[358]。於舊譯派的密咒乘傳統中，最廣爲人知的就是以七墩供養來代表須彌山、四大部洲和日月的曼達。另外也有十一墩、十五墩、三十七墩或更爲複雜的曼達傳統。特別是，在大圓滿口訣部的典籍中，談及了化身曼達——也就是剛剛所述的曼達，八墩的報身曼達，以及五墩的法身曼達。新譯派所源的印度典籍中，有大量關於曼達供養的儀式，例如蘇嘉利塔（Sucharita）和無垢吉祥（Nishkalankashri）兩位上師所傳的方式。不過，其中最重要的當屬佛密尊者（Buddhaguhya）、康巴拉（Kambala）和其他大師所描述的二十三墩曼達——包括須彌山、四大部洲和八中洲（八小部洲）、七政寶、寶藏瓶和日、月。妙吉祥稱（Manjushrikirti）和無垢金剛（Nishkalankavajra）也會使用精要的二十三墩曼達供養，不過差別之處則在於前者以自己的身體取代了寶藏瓶，後者則供養藏紅花等類的各式寶物。勝敵論師（Jetari，祇多梨）教導了一種七墩曼達的供養方式。如今於西藏，有著爲數眾多而由上述和其他傳統所發展出的不同修持。其中，《時輪金剛續》的行者會供養九墩和二十五墩的曼達，也就是在七墩和二十三墩之上各加入羅睺星與火時[359]。上述兩種方式在須彌山和四大部洲的組成等細節方面，都是遵循《時輪金剛續》的傳統。其他傳統中，曼達的要素有多有少，但都具有經、續所共通的須彌山和四大部洲組成，因此皆符合《阿毘達磨俱舍論》（*Treasury of Abhidharma*）第三品中的描述且也有受到認可。

目前在各個不同教派中，最廣爲人知和廣爲運用的詳盡曼達，當屬八思巴法王（Chögyal Pakpa Rinpoche）所撰述的三十七墩曼達供養。它是在二十三墩之上再加入了四大部洲的特有表徵、八大供養天女（嬉女、鬘女等等）、珍寶傘和尊勝幢。這個是最廣受修持的曼達供養。

358 成就曼達將於接下來的「闡明此法的修學要點」中講到。

359 藏文拼音為 sgra can dus me，羅睺的梵文為 Rahu，火時的梵文為 Ketu，兩者在印度神話學中各代表造成月蝕的月球升降交點（ascending and descending lunar nodes）。譯註：升交點指的是月球穿越黃道而進入北方的點，降交點則是月球穿越黃道而進入南方的點，且月蝕只會在交點附近發生。

5. 本修持的特色所在

爲了成辦這個殊勝的累積資糧法，就需要進行供養儀式，而其特色便是對於清淨性的重視。製作曼達盤的材質以黃金或白銀爲佳，紅銅或白鐵次之，最差的就是石頭或木頭。作爲墩供的材料以珍貴寶石爲佳，次爲各種不同的穀物，至少也要是白色的子安貝（cowry，龜甲寶螺）貝殼。無論如何，都應該要供養己力能及之最佳材質，並以十分美妙的方式加以陳設。作爲墩供之物要以塗香水[360]先行浸泡，以此象徵供養具有菩提心的潤澤。爲了造就順緣，即離於過失，應當謹慎拂去曼達盤上的灰塵，並以加入母牛淨物的塗香水灑淨[361]（象徵能夠任運成就殊勝功德），接著依序擺放墩供而不要出錯。最重要的是在獻供時，身、語、意都要保持潔淨且恭敬爲之。

6. 供養無盡佛土的各種觀想要素

首先以左手高舉曼達盤，接著以右手握一把花在拳頭中，一邊念誦百字明咒，一邊以順時針方向擦拭曼達盤三次用以清除上面的灰塵。同時想著：自己和一切衆生自無始生死以來，於心相續中所累積而造成障礙的所有惡行、遮障、疾病和魔怨力，都獲得了清淨。其後，當你念誦「嗡 班雜 布米 阿 吽……」（OM VAJRA BHUMI AH HUNG……）等等時，想著：曼達盤變成了無盡寬廣且莊嚴無比的黃金大地，表面猶如手掌般平坦，你在盤中所放的塗香水則是由這八圓滿功德水[362]所成之大海。如此便已足夠，毋須再於大地之下觀想風、火和地、水這些壇城。

其次，當你爲了生起鐵圍山而念誦「嗡 班雜 瑞 柯……」（OM VAJRA RE KHE……）等等時，要以逆時針方向順著盤緣放置穀粒，想著由此形成了外圍馬頭山脈（Horse-Headed Mountain Range）燃燒的鐵圍山。在此階段，當行者念到「吽」時，可以將一滴藏紅花水或一朵花放在盤中作爲保護，不過以本法所屬傳承則並不這麼做。同樣的道理，儘管行者可以藉由各個相應的種子字來生起須彌山（妙高山）和其他要素的觀想，此處，我們是在放置每一墩（穀粒）的同時，一一觀想須彌山、四大部洲等等。

大海的中央爲具有四層階梯的**須彌山**[363]，方形，頂部較底部寬廣且開展。東面爲水晶所成，南面爲琉璃所成，西面爲紅寶石所成，北面爲黃金所成，各面皆光輝燦爛，以致各面所鄰的大海、天空、部洲都輝映出相應的色澤。須彌山的外圍有七重黃金山脈，猶如方形的屏幕排列，從內到外依序爲：雙持山（Yugandhara）、持犁山（或「持軸」，Ishadhara）、擔木山（Khadiraka）、善見山（Sudarshana）、馬耳山（Ashvakarna）、臣服山（或「象鼻」、「障

---

360 塗香水實際上指的是藏紅花水。

361 藏文拼音為 ba byung（牛淨物）。依照事部密續，在特定條件下所收集的這五種成分：黃牛（紅牛）所出之乳、奶油、奶酪、尿、糞，是特別清淨的；這些條件為：此牛應當生於吉祥的時機、方才生下第一胎小牛，由一位剃度十五年且持戒圓滿的具足戒僧人，其在擠乳之前剛剛重新受戒（renew his vows），並於月蝕之際收集上述之物。

362 這八種圓滿功德，見於以下之引述內容。

363 以下從「須彌山」開始到「尊勝幢」等粗體文字，皆屬三十七曼達供養中所相應的要素。

礙」，Vinataka）、持地山（或「輪圍」，Nimindhara）[364]，高度遞次減半[365]。各層山脈之間皆有稱爲「受用海」之大海（Seas of Enjoyment）作爲分隔，且此海水具有《毘奈耶》經文中所述的八種圓滿功德：

冷、甘、軟、輕、
清淨、不臭、
飲時舒胃、
且不刺喉——
是爲八功德水。[366]

各層海中都充滿屬於龍族的如意寶和其他各式各樣之財富。

七重金山之外爲**四大部洲**，顏色相應於須彌山各面的光澤。東勝身洲（Purvavideha）爲半圓形，南贍部洲（Jambudvipa）爲三角形，西牛貨洲（Aparagodaniya）爲圓形，北俱盧洲（Uttarakuru）爲四方形[367]。各大部洲的右側和左側共爲**八中洲**，分別爲：東方的身洲（Deha，或稱提訶洲）及勝身洲（Videha，或稱毗提訶洲）、南方的拂塵洲（Chamara，或稱遮末羅洲、貓牛洲）及妙拂塵洲（Aparachamara，或稱筏羅遮末羅洲、勝貓牛洲）、西方的行洲（Shatha，或稱舍諦洲、諂洲）及勝道行洲（Uttaramantrina，或稱嗢怛羅漫怛里拏洲、上儀洲）、北方的惡音洲（Kurava，或稱矩拉婆洲、勝邊洲）及惡音對洲（Kaurava，或稱憍拉婆洲、有勝邊洲）。各個中洲的顏色和形狀與其相應的部洲一樣，大小則爲部洲的一半。

東勝身洲到處都是各類寶石所構成的**珍寶山**，有鑽石、琉璃、藍寶石、綠寶石、珍珠、金銀、水晶等等。南贍部洲覆蓋著能如雨降下一切所想所需物的**如意樹**之大森林。西牛貨洲各地皆能見到群聚的大象和**滿欲牛**，牠們身上的每一根毛髮都能流洩出滿足所欲的無盡資源。北俱盧洲充滿著不需耕種便能產出具有百味千力的**自然稻**，可驅除一切的疾病、魔怨、飢渴。

至於接下來要做的具體供養，於《吉祥集續》（*Gathering of the Glorious Ones*）中說道：

> 智者乃以此輪寶，
> 全然遍滿此世界。
> 其能賜所欲成就，
> 故而智者日日供。

---

364 相應的梵文音譯（依《俱舍論》）、英文意思、藏文拼音分別為：踰健達羅山（Yoke Bearer，藏：gnya' shing 'dzin）、伊沙多羅山（Plow Bearer，藏：gshol mda' 'dzin）、竭地洛迦山（Forest of Acacia Trees，藏：seng ldeng can）、蘇達梨舍那山（Lovely to Behold，藏：lta na sdug）、頞濕縛羯拏山（Horse's Ear，藏：rta rna）、毘那怛迦山（That Which Bows Down，藏：rnam 'dud）、尼民達羅山（Rim，藏：mu khyud 'dzin）。

365 第一重的雙持山，其高度為須彌山的一半。譯註：英譯本註解為四分之一，應為筆誤。

366 譯註：另一說法為澄淨、清冷、甘美、輕軟、潤澤、安和、除患、增益。

367 各個部洲的形狀，據說是相應於該處所居眾生雙腿盤坐的樣子。

諸如此類。這指的是具有學識的上師在這個階段所做的修持。當轉輪聖王出興於世時，因其福德力的關係會帶來皇室財富包括了七政寶，如同《方廣大莊嚴經》（*Sutra of Extensive Play*，另譯《佛說普曜經》）、《佛本行集經》（*Sutra of Perfect Renunciation*）和《毘奈耶》經文中所說明的那樣。七政寶的第一樣便是輪寶。

輪寶：由黃金等類的天界極品材質（乃自然生成，非由工匠所造）而成，無論是輪或轂都非常的圓，並由一千個車輻支撐起多彩的輪緣。輪寶具有衆多的殊勝徵相，包括能高飛入天際，日行十萬里格，使人能統治一切部洲。

珠寶：透明、發冷光的八面琉璃，大小約莫身高較高者的大腿那般，晝夜皆發出明耀的光芒，能照亮一里格範圍之內的所有物品。除上述三種特色之外，還具有其他的善德，例如於人口渴時能流出八功德水，能使一百里格範圍之內的任何人免於疾病和非時死。

妃寶：出身皇族，身形曼妙、面容姣好。嘴唇有著烏巴拉花的香氣，各個毛孔則散發出檀香的味道。皮膚輕柔，彷彿穿上極品絲衣，天冷時皮膚摸起來是暖的，熱時清涼。以善德爲目標，從不犯惡業。充滿著極好的功德，完全沒有女子三十二種過失裡的任何一種[368]。

臣寶：具有四類功德。學識淵博、思路清晰且才智過人。由於他能以天眼看到距離好幾里格之外的寶藏，所以不用費力就可取出毫無竭盡的大量珍寶。服從王令，且使命必達。由於他知曉國王的心願，所以毋須國王開口就能成辦那些心願且從不傷害他人。

象寶：七種身體附器（四腿、尾巴、陽具、象鼻）都觸及大地，身形俊美壯碩且平穩，看了令人賞心悅目。色白一如睡蓮，可於空中飛行，見到國王便喜不自勝。此外，牠還具有其他八種善德：具天眼通，聽從命令，七種附器全然適位，能夠擊敗敵方勢力，能於水、陸、空中作戰，能於一日繞行世間一周，毋須驅趕即能帶著國王到所欲之處，有黃金尊勝幢作爲頂嚴且有黃金花邊的套蓋爲其遮蔽。

駿馬寶：具有八種殊勝的功德：毛色猶如孔雀頸部那般優美，體形健壯，能周遊整個地球且於日出之前回返、或於一日之中周遊我們的世界三次，身無疾病或弱點，具有珠寶頭套和其他卓越的莊嚴，能於空中飛行，乘載國王時態度恭敬，具有神妙顯現的神通力。

將軍寶：具有八種殊勝的功德，並具有如下的善德：學識淵博，思路清晰，分析精密，毋須王令即能圓滿王願，勇敢堅毅且才華洋溢，自身已斷不善，於他不貪名望與讚譽而能適切完成責任，正確判斷敵情而能知曉進退時機——這就是他能擊敗敵方而獲得榮耀的原因所在。

以上稱爲七政寶，是爲皇家的七種妙物。接著是能出產鑽石、藍寶石、綠寶石、金銀等等而毫不衰減的**寶藏瓶**。

再來是能以無垢妙樂遍滿佛身的卓越供養，也就是各個瑜伽修持所共通的八供天女：雙手握金剛拳置於髖部而站立的白色**嬉女**，高舉由花朵和珠飾所成環鬘的黃色**鬘女**，手持維那琴

---

368 藏文拼音為 bud med kyi skyon sum cu rtsa gnyis，指的可能是容易出現在女性身上而干擾修行的三十二種病。

（vina）並以七種音調[369]和其他樂器來歌詠唱誦、身色白裡透紅的**歌女**，表演各種不同舞步、身色多彩的**舞女**，手持一束烏巴拉花和其他花朵的白色**花女**，帶有香爐而散放龍舌蘭、檀香和其他香氣的黃色**香女**，握著珠寶裝飾的燃燈且如日月那般明亮的粉色**燈女**，以及拿著海螺而輕灑帶有樟樹、藏紅花等成分之淨水的綠色**塗香女**，皆體態輕盈、優美曼妙、柔軟又婀娜多姿，面容微笑且令人著迷，並有各種絲衣珠寶作爲裝飾。

於上述種種之外，東方部洲的上方天空還有日輪，基底是由珍貴的火結晶寶石所成，外圍繞有一圈金色的光環：寬達五十一里格。西方部洲的上方天空則有月輪，基底是由珍貴的水結晶寶石所成，外圍有一圈銀色的光環圍繞：寬達五十里格。這兩者都屬於天神的特殊擁有物。南方和北方的上方，各爲**珍寶傘**和**尊勝幢**：前者白色，有各種珍寶作爲裝飾，頂上還有一顆珠寶，傘柄則爲黃金所製；後者爲普世勝利的卓越徽章，頂上有莊嚴、握柄有珠寶，還有許多飄揚的絹絲。

須彌山頂有著以下的層次。最中央爲「善見」（Lovely to Behold）城，城中有「尊勝樓」（Mansion of Victory），四個主要方位有著稱爲「諸種車輿之林」（Grove of Many Kinds of Chariots）等的悅意園林。四個次要方位則有四塔樓：東北方爲「總集處」（All-Gathering Place）[370]，前方有稱爲「阿莫利卡」（Amolika）的石碑；西南方爲「集衆處」（Assembly Place），爲天神聽聞妙法（Excellent Law）的地方。

在此之上，層層向上而由寶雲爲依的，分別爲夜摩天（Free of Conflict，梵音：Yama）、兜率天（Joyous Realm，梵音：Tushita）等天界，各有其無量的財富。在這些不同層次中，則有以下物品散布於其間：

- 八吉祥（八瑞相），分別爲：寶傘、金色雙魚、寶瓶、蓮花、右旋白法螺、無盡盤結、尊勝幢、法輪；
- 八瑞物，分別爲：寶鏡、黃丹、白海螺、牛黃、吉祥草、頻螺果、乳酪和白芥子；
- 七珍品，包括：珍貴的床蓋、寶座、寶墊、寶劍、寶履、蛇皮和衣袍；
- 六種妙藥和其他能夠治癒疾病的多種藥物；
- 和「攝取精華」與成就有關的物質；
- 能夠延壽的仙丹、妙瓶等不同物質；
- 能夠增長智慧和名望的刀劍、書籍、維那琴、鐃鈸等物質；

---

369 這七種音調指的是印度音階的七個音符（swara）。

370 藏文拼音為 yongs 'dus sa brtol（譯註：藏文全名 yongs 'du sa brtol ljon shing，大香樹），又譯為「總集穿地」（all-gathering earth-piercing），「滿願樹」的異名，樹根長在阿修羅道裡。

·彩虹光、花雨、香水池、蓮花園、變現出來的禽鳥和鹿隻，以及其他勝妙的供養；

·五根悅意物：美妙的色、聲、香、味、觸等受用；

·爲數眾多的天神子女，成爲恭敬侍奉的隨從；

以及所有能帶來人、天各種榮華、財富、安樂等等的事物，無一或缺，佈滿並湧溢於此界之中。此外，你如何供養這樣的世界，就應當以同樣方式供養十方無盡的世界，讓它們整個充滿各種殊勝的供養。

簡言之，獻上無盡的供養雲，數量等同世界的微塵，如同諸佛和聖位菩薩的本生故事中所說的那樣，依其發願力和祈願力，只要輪迴未盡，便持續懷著清淨大願而毫不間斷地獻供，且供物的大小不限、數量不拘。

7. 行者做此供養的目的

馬鳴尊者說到：

吾所成辦諸善根，
迴向出世間之因，
不起輪迴諸凡想，
不求人天讚、譽、樂。

除非我們的福德善業所爲皆基於慈悲的善巧和空性的智慧，否則都只是成爲再度輪迴之因。故而，要讓我們的所有作爲全然以了悟甚深義理的智慧爲基礎，這一點極爲重要！如同《入菩薩行論》中的這一段：

有法、非有法，
心前皆無時，
心一無他者，
即全然安住，離於諸分別。[371] [372]

如果我們心中對於事物性相不起分別的念頭，甚至也沒有想到不具事物性相的空性，只是純然安住，而非爲了安住而安住[373]，如此處於究竟自性的空性狀態中——超越了有性相的事物和無性相的心像此兩者，則福德資糧將變得全然清淨，就像《入中論》所指出的：

無有布施之作者、施物、受者，
如此而稱爲出世間的圓滿布施。[374]

---

371 亦即如前所述須彌山頂帝釋天之三十三天上方的各層天。

372 《入菩薩行論》第九品第三十四頌。譯註：「若實無實法，悉不住心前，彼時無餘相，無緣最寂滅。」

373 不帶有任何想要安住的分別概念或特定動作。

374 《入中論》第一品第十六頌。譯註：「施者受者施物空，施名出世波羅蜜。」

亦即你以淨土所行供養的對象、供養的物品以及你這位獻供者，打從一開始根本就不具有眞實的存在或性相，平等安住於全然離於戲論的本然狀態中，沒有任何關於作者、受者、所作的概念；這般的供養，乃作爲緣起之純然如幻顯相的不滅顯現，如此將能成爲無上的善根，並可以慧眼與二種資糧雙運來行使布施和其他的波羅蜜多。

8. 獨一無二的利益

從實際獻供的角度而言，如此所行的供養雲能累積我們的福德資糧；另從供養本身乃基於離於分別概念的智慧來說，則能累積智慧資糧。就算我們只是在物質方面做小小的供曼達，但若能輔以殊勝的觀想和心態作爲善巧方便來增益，就能藉此獲得無盡的福德。眾多的典籍中都說明了這一點，其中，《曼荼羅經》（*Mandala Sutra*）是這麼陳述的：

添加牛糞尿之布施[375]，
於潔淨過程之持戒，
於移除昆蟲之安忍，
於所用心力之精進，
於思及前述之禪定，
於清晰觀想之智慧——
即爲使「能仁」曼達（the Capable One's mandala）
成爲圓滿業行之六波羅蜜多。

再者：

實際作此修持者，
能得金黃之膚色；
各類疾病皆不染。
遠比天人更卓越，
將擁明月之壯麗，
富於珍寶與黃金。
生於上上等人家，
皇族或佛門世家。

蓮花戒（Kamalashila）論師亦言：

供四大洲福德力，
四魔一一可平息。
供八中洲福德力，
四無量心皆具足。
供七政寶福德力，

375 參見前一段（5. 本修持的特色所在）之註解。

行者能獲七聖財。
供寶藏瓶福德力，
財富增長無竭盡。
供養日月福德力，
心、見、修皆能清晰。
供養珍物福德力，
能得自生之智慧。
一曼達具此六供，
累積福德難思議。
故當精進修此法。

第二節 闡明此法的修學要點

在預備成就曼達的時候，一方面觀想，一方面灑以牛淨物和塗香水擦拭三次，並置放五墩供物。將曼達放在前方鋪設桌巾的佛壇上，若有五種供品[376]便用來放在曼達周邊。此曼達代表著資糧田，應當作爲禪定的所依，並如在作皈依修持時那般觀想：

此曼達爲悅意清淨之佛土，

於其中央……

若無成就曼達，或是將供曼達作爲日課時，只要單純觀想供養的對象在面前虛空即可。

接著，用左手高舉曼達盤，依照「見傳承」[377]——也就是以你所領受的實際示範供養方式作爲觀想的所依，如下放置供墩：於外在的層次，供養「器皿和內含物」——也就是這個世界，其組成是黃金大地、其上的須彌山和四大部洲、日月等等，其中充滿了不可思議的人天財富——將此世界增長十億倍，即爲所稱的「三千大千世界」[378]。用如此的方式，以普賢供養雲[379]供養各個無數的世界，並以自己和他人的身體、資財、雙親和親屬、一切善根，毫不保留地進行供養。

---

376 花朵、燃香、油燈、香水和食物這五種供品。

377 藏文拼音為 mthong brgyud，字面意義為「眼睛所見的傳承」（visual transmission 或 seeing lineage）。要學習如何進行曼達供養，唯有透過看到上師或法友的實際示範，而對方也是透過上師所予的「見傳承」而適切習得。

378 譯註：英文為 a third-order universal system of a billion worlds，以須彌山為中心，有七山八海交錯圍繞，外為鐵圍山，稱為一個小世界，一千個小世界為小千世界，一千個小千世界為中千世界，一千個中千世界為大千世界。依照丁福保所著的《佛學大辭典》：「大千世界之上有三千者，示此大千世界，成自小千、中千、大千三種之千也。」

379 如同普賢菩薩依禪定力而神妙倍增的無盡供養雲，參見《普賢上師言教》英文版第三二一頁。

於內在的層次，供養自己由五蘊、五界（constituent，梵：dhatu，見「詞彙解釋」）、六入[380]所成的身體，其自然就是一座壇城。觀想自己的身體即是構成世界與其內含物之所有珍貴成分的來源，例如：皮膚爲黃金大地，血液爲塗香水，脊柱爲須彌山，四肢爲四大部洲，右脈和左脈[381]各爲日和月，菩提明點爲一切人天財富等。

於秘密的層次，觀想輪迴與涅槃所源之基識（the ground consciousness，含藏識、阿賴耶識）爲黃金大地，在上面灑下與菩提心無別的悲心塗香水，供養你自然生起的明覺——以須彌山爲代表的珍貴菩提心，從中生起的四無量心、四喜、四智等是以四大洲、八中洲爲代表，方便與智慧的結合則以日和月作爲代表。簡言之，如上供養此一任運自成的法界壇城，其初始本然清淨，好比清晰無比的明鏡，於表面映照著佈滿虛空直至邊際的廣大供養雲——其乃無礙覺性的化現，而此覺性即爲任運本智、不變大樂。想像上述有如虛空藏菩薩（Gaganagañja）依祈願力而神妙化現出來的供養那般，獻上所有這一切。

於心如此憶念，先以詳盡的三十七墩曼達開始做供養，次數越多越好。接著，僅以由須彌山、四大洲和日月爲象徵的七墩曼達繼續熱切地獻供並念誦祈願文，百次、千次、萬次、十萬次——次數越多越好：

嗡　啊　吽。

三千堪忍世界吉祥無盡之莊嚴，

吾身、資財、福德及善根，

悉皆圓滿陳設爲美妙曼達，
獻予三寶以能圓滿二資糧。

一邊獻供，一邊祈願自己和所有其他眾生都能圓滿二種資糧並清淨二種遮障。末了，觀想作爲獻供對象的成就曼達放出光芒，觸及自己和一切眾生身上，因而全都成辦了兩種資糧。接著本尊化光融入自己，然後在這個離於作者、受者、所作之分別概念的狀態中平等安住一陣子。其後，如下迴向福德：

願以此等善業果，
令眾福智資糧圓，
殊勝二身亦能證，
其乃源自福與智。

勤於修持如上的供養，直到於覺受或夢境中出現圓滿資糧的徵兆，例如：你坐在獅子寶座上，戴著寶冠，或有一大群人向你禮敬。在修座之間，則以頂禮、供養等等眾多不同的方法來精進地累積福德。

380 六入（senses-and-fields）的藏文拼音為 skye mched drug（梵：ayatanas），此處指的是六種內在的感覺器官。

381 右脈（roma）和左脈（kyangma）是微細身內次於中脈（uma）的兩個最重要脈。

若對事物之甚深實相有眞正的了悟，則福德智慧的累積和遮障的清淨便能於中成辦。然而，若無先前的資糧作爲基礎，是不可能出現眞正的了悟；具有先前資糧和持續宿業作爲基礎的人，眞的非常罕見。即使那些進入了佛門且獲得些許信心的人，於心相續中具有些許善德的串習，也無法就這麼的覺醒，這是因爲如果沒有適當的條件，便難以讓微小的火花轉變成熾燃的火焰。只要善根尚未覺醒，我們的覺受和了悟就不會有進展的可能。因此才說要重新生起殊勝的資糧，以便造就能讓善業串習覺醒、相續立即成熟的條件，進而使覺受之大浪醞釀發生。爲此，只要我們具有內在的信心和智慧，便有各種可以累積福德且數量難以思議的方式出現，所以我們不要認爲自己沒有東西可以供養，或是條件不足、時機不對。光是你單純懷著菩提心作七支供養（七支淨供），也能累積廣如虛空的福智資糧。僅僅單手舉高[382]向三寶致上敬禮，據說也能帶來十種利益，其中包括體態優美和眷屬衆多。這方面的例子相當多，經典中對此都有清楚的說明。

往昔的成就大師都將累積福德作爲主要的修持，並有爲數不少的故事流傳下來。反觀今日，我們對於如何圓滿資糧基本上一點興趣也沒有；就算有那麼一點點興趣，也只有存在少許的虔誠和精進，以致於並沒有眞的去努力做任何累積福德的修持。我們讓佛陀身、語、意的所依物[383]蒙塵，將它們隨意塞入自己破爛的衣帽之中，甚至還跨過它們。即使擁有佛壇和供缽，也是任其布滿灰塵——卻把潔淨自己的身體並讓它優美有光澤之事凌駕於上。我們從來不曾憶念空性和悲心爲三寶獻上任何一朵花，也沒有如理如法的念誦七支供養文，卻說自己一點福德都沒有？想想，如此這般，哪會有什麼福德可言呢？古德教導我們，爲了獲得福德必須累積資糧，我們卻對三寶供養了謊言，那這樣福德又要從哪裡來呢？在我們聲稱自己「雙手空空、福德匱乏、無物可供」的同時[384]，自己卻是金銀絲綢、牛馬牲畜樣樣不缺。我們一邊這麼說，一邊把美食留給自己，卻拿無法食用的穀粒裝滿小小的供缽，或拿一個小小的油燈或不比手指頭大的食物來作供養，卻聲稱自己做了如何巨大的供養！要知道，應以能力所及之一切來精進累積福德才是最重要的，當盡力而爲才是。

---

382 如果無法像傳統那般以雙手禮敬，僅以單手禮敬也是甚具福德的。

383 舉例來說，塑像、畫像、佛書、佛塔，都屬於佛陀身、語、意的所依物。

384 《入菩薩行論》第二品第七頌。我們如此斷章取義地引述寂天菩薩的話語（寂天菩薩身為出家人，當初應是依照事實而表示自己沒有什麼能夠供養），乃是以偽善的妄語來加劇自己的悲苦。譯註：「福薄我貧窮，無餘堪供財，祈求慈怙主，利我受此供」前兩句。

敦珠仁波切吉札・耶謝・多傑

第二支分：種下甚深道五次第種子的不共前行

第十三章

上師瑜伽──領受加持之究竟道

本章有兩個段落：
應該了解的一般要點，
以及闡明此法的修學要點。

第一節　應該了解的一般要點

壹、行者必須精進且相信此乃修道精要的原因

一切諸佛與菩薩、
羅漢、聲聞與緣覺、
初入道之凡夫眾，
所有圓滿善功德，
皆因依止其前輩。

正如《持明總集根本續》（*Root Tantra of the Assembly of Knowledge Holders*）中的這段引言所指出的：凡大小乘中所有殊勝的功德皆由依止善知識而得。特別是在甚深密咒乘中，所有的成就全都來自遵循上師，欲覓他處了不可得。這是因為，除非由上師處獲得灌頂，不然你連聽聞密法教授的福報都沒有；即便灌了頂，如果上師沒有揭示該如何修持，也不可能有機會了知共與不共的殊勝口訣。如果想要藉由其他管道來修持咒乘，則會犯下盜法之罪，最後不但徒勞無功，同時也會犯下極為嚴重的過失。故此，無論想要獲得什麼樣的成就，唯有令上師歡喜

且領受其加持方能成辦。就連請求某些目標較小的成就法[385]，也應以供養等等的方式來使上師心喜。如此才能毫無艱難地達成自己的目標。反之，則會有不良的後果，關於此點，在一般的續典、口耳傳承或往昔的故事中都可普遍看到。

更具體而言，關於俱生勝義諦的見地，也就是一切事物之實相——超越言詮或表述的不可思議法性，也唯有透過上師以口訣的方式來引介，或由實修傳承的加持來傳遞。這一點是任何其他的方式都無法指出的。因此之故，續典中才有如此的陳述：

此俱生者，他人無法表述，
他處無從尋得。
唯藉上師及時善巧而揭示，
故言此乃個人福德之果報。

在原始經文和相關釋論中，都再再強調這一點。以薩拉哈尊者為例，也曾說到：

上師所言若入心，
如見掌中握寶藏。

龍樹尊者則寫到：

385 字面意思為「較小事業的成就法」，例如為了治療疾病、獲得財富之類的修持，而非為了證得菩提這個主要目標。

> 於高峰上滾落者，
> 容或心想吾切莫下墜！——卻仍下墜，
> 遇慈師授具益口傳者，
> 容或心想吾不欲解脫！——猶仍解脫。

舉例來說，即使有太陽，若沒有放大鏡作爲媒介，火種亦無法被點燃。同理，即使過去、現在、未來三時諸佛菩薩恆時都在，若無上師，本尊的加持和甚深的了悟也無法進入到弟子的心相續中。曾有故事講到過去有些弟子，當具有成就的持明者爲其示現本尊時，弟子因行爲表現出對本尊的信心大過對上師的信心，因此導致師徒之間的緣分受損，因而無法證得成就。[386]

上師爲一切諸佛的體現、加持的根本、成就的來源，以及事業的基礎。此外，相較於一切諸佛，上師對我們可說是更具恩德。爲何這麼說呢？這是因爲就目前的狀況，我們並無善德福報可以親見佛陀並聞其法音，但是我們的上師就是讓佛陀事業能進入我們心中的主要條件，也是讓我們可以眞實見到佛陀法身的那份連結。從這個角度來看，上師的恩典是難以思議的，也因此上師確實比一切諸佛來的更爲殊勝。我們可以在《虛空無垢經》（*Sutra of Immaculate Space*）中看到：

> 阿難，一切眾生不見如來，然善知識全然可見，其教導佛法且種下解脫種子。以是之故，善知識比如來更重要。

這一點，於咒乘中更是如此——〔咒乘〕上師的金剛身、語、意乃是所有本尊壇城的總集，因而此類上師能夠利益眾生。故而，對上師輕蔑謾罵或恭敬供養，等同向無盡的壇城本尊做同樣的事情。所以才說，於咒乘中，所得的利益和危險遠比其他的法乘還來得更大。就像《文殊言教》（*Word of Manjushri*）中所言：

未來若有何眾生，
藐視任一金剛持，
此舉等同藐視吾：
故我恆斷藐視行。

以及：

吾以此相而納受，
其他行者之供養。
若令此等上師悅，
宿業遮障得清淨。[387]

---

386 舉例來說，他們的錯誤在於不是向上師，而是向本尊求取灌頂。他們沒有領會到，在他們眼前示現的本尊壇城，正是上師本人。

387 這兩段引述乃佛陀所言，指的是未來他將以上師（金剛持，持有金剛者）的樣子出現。

無論上師所顯現的是凡俗的衆生或諸佛菩薩的相貌，如果我們能將他們視如佛陀而祈願，由於虔誠乃是加持之源，所以上師和諸佛菩薩或本尊之間絕對沒有差別。因此，不管我們進行的是哪一種甚深的修持，無論是生起次第還是圓滿次第，都應該要以上師的加持之道作爲開端。除此之外，就沒有其他要做的修持了。然而，在我們尚未實際領受加持之前，都不能說是眞正踏在〔修行的〕道上。有言，如果弟子能全心全意地持守誓言並對具德的金剛上師保持虔敬之心，就算他們沒有其他的方法，也能獲得共與不共的成就。反之，如果對上師不具虔敬，即使完成了六種續部的本尊近、成修持（approach and accomplishment practices），也絕不會獲得不共的成就——其實就連長壽、財富或懷攝衆生等一般的成就也很難達到。即使有辦法達成少許，過程中也會經歷種種的艱難，且和甚深之道連邊都沾不上。如果心中生起了無誤的虔敬，便能遣除道上的障礙並於道上開展，且毋須仰賴任何其他方法便可獲致所有共與不共的成就。此即我們所稱之「上師瑜伽甚深道」的意義所在。

接著要談以虔敬祈願爲道，所要祈願的對象是眞正垂念我們的大恩上師本人，而我們可以觀修上師以任何的樣貌出現[388]。話雖如此，若能觀想上師現爲第二佛「蓮花顱鬘力」（Padma Thöthrengtsel，藏文拼音：貝瑪通稱雜）的樣子，其爲十方三時諸佛之語以金剛上師的色身顯現，則所有道上的違緣和障礙都將自然遣除，並能依照我們的心願成辦二利。空行母耶謝措嘉對此甚深關鍵要點有如下的描述：

> 概括而言與未來藏人，
> 蓮花生乃汝等命定師。

若欲成就上師當精勤，
恆觀己師即爲蓮花尊，
如此悲心加持益湧沛。
《上師意修》廣、簡法皆修，[389]
吾允諾汝此生不得不成佛。

蓮師親口宣說的金剛語則爲：

懷有虔敬具緣者，
懇切向我作祈願，
依吾殊勝發願力——
因與果便得相連——
吾悲心較佛迅速。

---

388 以我們眼見的上師那般，或是本尊的樣子。

389 譯註：Practice on the Teacher's Mind，所指應為《上師意修・障礙遍除》（*Tukdrup Barché Kunsel, Guru's Heart Practice, Dispeller of All Obstacles*）這部伏藏法，其為蓮師特別為末法眾生所傳的法門，由蔣揚・欽哲・旺波（Jamyang Khyentse Wangpo）和秋就・林巴（Chokgyur Lingpa）共同取藏。乃旦・秋林仁波切於《障礙遍除：蓮師心要修持》中譯版序言裡寫道：「在此動盪的時代，向蓮花生大士祈禱並修持《障礙遍除意修》，是化解世界狂亂的最有力方式，也是唯一的方式。」

此外，蓮師於《秘密要訣》（*Secret Sayings*，全名《成就上師秘密要訣》）亦言：

了證吾即證諸佛；
得見吾即見諸佛，
吾乃諸善逝總集。

在惹那．林巴的《初十召請文》（*Prayer of Invocation for the Tenth Day*）[390]中，蓮師說道：

噙滿淚水作祈願：
加持將如大江流。
覺受湧現、加持降，
此爲徵兆吾親至，
當下吾臨莫置疑。
我今前往羅剎地，
於此向王、咒行者、
藏地之子與徒眾，
保證於每月初十，
親自來到汝面前。
蓮花生從不讓人失望。

隨吾者應拋疑慮：
若汝心意皆合宜，
勤力向吾作祈願，
正當每月初十日——
即使受棄於輪迴，吾當爲汝作擔保。
身語意全心信任。
未來世代仰賴吾之人，
依祈願而結緣隨行者，
爲使彼等具信且除疑，
我今留此清晰之建言。
吾乃超越來或去，
實則並無離或留。
然於俗眾所習分別念，
我乃住於聖天界。
彼等色身未清淨——
存有習氣、二遮障，

390 此為惹那・林巴（Ratna Lingpa）開啟的伏藏法，故而有著蓮師的話語。

故而無法得見我。
煩惱遮障若能淨，
便可親見蓮花吾，
且作言語並交談。
即使道上之行者，
覺受、夢中亦見我。
汝等發起善心者，
已生無量之悲心，
剎那清晰憶念我——
如此彼等即見我。
於我懷有虔敬念，
吾悲心流從不斷。
究竟我乃無來去：
清淨惡業二障者，
當下即能得見我。
眾生世俗見爲眞：
我依願駐羅剎地；
然吾悲心無止息，
虔敬者吾即在旁。

於此之外皆冗詞，
我無其他可言說。
以心、呼吸作信任，此爲精要義所在——
無論地位高或低，
端看汝之虔敬心，
無疑可得我加持。

對我們這些生於黑暗王國的紅臉人們[391]來說，比諸佛還更恩慈的人便是蓮師。當我們禪觀蓮師、修其儀軌、對其祈願時，就如同是在對無盡諸佛和三根本作禪觀、修持、祈願那般。蓮師曾親自允諾他會隨時引導我們、加持我們，絕不會讓我們失望，而那份允諾乃是他以金剛語所說的甚深誓言。故而，要懷著全然的確信和由衷的信心向蓮師立誓。

貳、不同的修持方式

這一段有兩個部分：培養虔敬和敬重法道的一般原則，以及領受加持之不同階段的特定要點——例如「近」與「成」等。

---

391 也就是西藏的住民，在蓮師尚未到達之前，並無佛法之日的照耀。

一、培養虔敬和敬重法道的一般原則

往昔偉大上師的著作中都提到：若視師如佛，便會受到佛陀的加持；若視為菩薩，便受到菩薩的加持；若視為成就者，便受到成就者的加持；若視為凡人——只是一位好的善知識，只會領受到善知識的加持。如果你毫無虔敬，則什麼加持也領受不到。

故此，我們應當培養虔敬之心，方法有四種：首先應當曉得，沒有哪一位佛陀比自己的根本上師更偉大了。十方三時一切三寶的精要和體現，就是上師，而三寶的殊勝功德無量無邊。想著：目前在各處致力於眾生福祉的聖者們、日月、醫藥，甚至是舟楫或橋樑……，全都是上師的化現；我們從其他人所領受的灌頂、口傳和講解，抑或正進行寫作、閱讀、研修的場所，甚至是能夠行善的情境等等，無一不是上師神妙的化現。簡言之，要抉擇（decide）上師即是佛陀的親現。

其次，思及過往無數的佛陀，現在住於十方各處的諸佛、菩薩、上師、本尊等等，以及往昔博學有成的持明者們。儘管我們大為讚嘆這些不可勝數且不可思議的對象，包括其神通、威能和其他殊勝的功德，但我們甚至連在夢中想要見到他們、聽其傳法的福報都沒有；再者，就算得以親見，他們能為我們所做的也不會多過我們的上師。所謂的根本上師，就是為我們傳授口訣的人，而那些口訣的內涵乃是讓我們此生便能即身成就佛果的無誤之道、完整之法。因此，即使上師將我們的色身和命根都碎為微塵，也無法回報他們的慈恩。

三者，如果唯有在上師為你傳法、給你禮物、注意到你的時候才會想到上師，過了一陣子便忘得一乾二淨，這樣的話是不會有任何作用的。唯有在遇到病痛、艱難或種種困苦時才會想起上師，在安逸快樂時卻完全拋諸腦後，這樣也是沒用的。反之，應當要於行住坐臥之間、無論快樂痛苦之時，都要一再不斷地憶念起上師而不作他想。

其四，想到上師的時候，不應該只是說：「我皈依」或念一兩句祈願文帶過就行了。而是應當於內心中生起深切的思慕，汗毛直豎且熱淚盈眶——那種渴仰之情將瞬間轉化你的覺性，使得凡俗念想止息，覺受自然發生。

若你具足上述四相，便會擁有那種能讓加持透入相續以及能生起頓悟的眞正虔敬。

以虔敬爲道還有四個支分法：首先對於上師絕對不生過失之想。如果你光憑外表便膚淺地認定上師有過失，結果就會像桑傑・耶謝（Sangye Yeshe）那般，把文殊菩薩看成是有著妻小的在家居士，以致信心動搖[392]，生起障礙而無法獲得殊勝成就。其實這全是我們不清淨的心在作用。佛陀豈會有任何的過失呢？!

就讓你的上師做他要做的吧！即便你看到他們的行爲不清淨[393]或口出妄言，也要轉念並善解他們的所作所爲必然是爲了利益衆生。他們以此善巧方便，無非是爲了幫助衆生成熟和解脫，比起那些嚴守戒律者，可說是百倍、千倍更値得去讚嘆！單單針對他們毫無狡詐、從不裝

392 字面意思是「他有個缺乏信心的想法」（或不虔敬的想法）。

393 非梵行，藏文拼音為 mi tshang par spyod pa，也就是身為出家人卻與他人行淫，或身為在家咒行者而縱慾犯淫。

模作樣地隱瞞狀況這件事來看，其行止已屬聖者之列而無庸置疑。尤其是當哪一天他們忽然毫無預警地呵斥你，其用意是爲了要耗盡你過去所造的惡業；或責打你，是要驅趕附在你身上的魔怨力和作障者（obstacle makers）。如此思惟，你將發現上師對我們眞的是充滿了慈愛和無盡的恩德，根本是對你視如己出、與你情同父子。如果你覺得他們沒有注意到你、對你也不是很滿意，要知道那完全是因爲你的遮障及行爲不淨所致，應當勵力懺罪清淨遮障，並以自己的身、語、意全然承事上師並令其歡喜。

第二個支分法，是要認識到上師的所作所爲皆屬善德，如同過往的成就者所說：

此等珍貴具德師——
一切所行皆殊勝：
任何所爲皆善德。
若現殺手屠夫相，
當知其亦圓滿行；
必以悲心攝眾生。
即使看似非梵行，
善德增長功德生：
善巧智慧結合兆。
或以妄語愚弄人，
卻是種種方便法，

為領眾入解脫道。
盜賊搶匪彼或為，
所劫之富轉濟貧，
或為他人積福德。
實際此等之上師，
喝斥乃為忿怒咒：
逆境障礙必可除。
責打乃屬大加持：
能令一切成就生。
具虔敬者當歡喜！

第三個支分法，是要抉擇你必須斷除各種的希望與懷疑。不要在意你是否能藉由今生對上師的虔敬禪修來使他們悅意，更不要懷著想要證得不共成就的希望來做。無論上師是否以悲心攝持你，無論你是否能證得成就，除了培養虔敬之外，便沒有其他要做的修持。

第四個支分法，是要對上師恆時保持靈活變通及和顏悅色的態度。就連在世俗的生活中，那些令人尊敬者也會盡可能對比他們上等的人態度有禮和真誠，而那頂多為期幾月、幾年的光陰，僅限今生而已。而你的上師，乃是今生、來世，盡未來際直至證得菩提之前，總括一切或大或小之快樂、殊勝、功德的來源。既然你在法上所獲得的任何功德皆全然來自上師的恩慈，那你更應當隨時調整自己的心態，盡全力地以各種身、語、意的行爲來承事上師，包括祈願上師健康長壽、事業廣弘等。

運用這四個支分法來訓練自己培養虔敬。對初學者而言，一開始就要生起不造作的虔敬是有困難的，但你必須藉由刻意引發的虔敬來創造基礎。其後，則要培養虔敬之流，對此再再串習。最終，當你獲得無造虔信的信心時，便可確信自己的心相續將必然得以成熟和解脫。

二、領受加持之不同階段的特定要點：「近」與「成」等

本段有兩個部分。

（一）一般的層面

所謂的「近」（approach），指的是趨近、親近一位眞實的上師——其爲一切圓滿和善德之源、金剛乘法道之本——並隨之抱持極大的恭敬而以身、語、意令其心悅，以便能夠如理如法地領受成熟灌頂（maturing empowerments）和解脫教誡（liberating instructions），且獲得上師之心意寶藏。

所謂的「成」（accomplishment），指的是專心一意地依照上師所教導的方式實修甚深的生起和圓滿次第，並證得與上師心意無二無別的了悟。

所謂的「事業」（activity），指的是在了悟自心本性之本然狀態——亦即獲得成就——之後，盡己所能地利益法教和眾生，尤其是要傳揚殊勝法乘[394]的精要教導。

藉由遵循上述的次第，將能圓滿往昔持明者的心願並持有其傳承，成辦自利利他的成就，並因而入於持明者之位。

（二）特別的層面

於外在的層次，首先確信三恩上師[395]乃一切皈依處的總集，並以深切的思慕、信心、虔誠向其祈願，此即所謂的「近」。

於內在的層次，對於凡俗的顯相、音聲、念想等種種依迷妄貪執所起的一切，密咒乘所擁有的淨化法門，能使之清淨而化為上師三密的廣大無盡清淨遊舞（the great, infinitely pure display of the teacher's three secrets），即是所謂的「成」。

於秘密的層次，取究竟、實相之自性為道——此本智乃灌頂之精要，而獲得究竟的成就，也就是所欲的目標，即是所謂的「事業」。

394 此處所指為大圓滿的法教。

395 三具恩，藏文拼音為 bka' drin sum ldan，指的是上師的三重恩德：賜予密續灌頂、傳授密續口傳或講解、給予口訣。

一開始，根據法本清晰觀想灌頂所依（the support for empowerment）[396]。接著，總攝累積、清淨、增長的根本要點，以七支淨供來累積福德並清淨心相續。其間懷著深切的信心和虔敬，一心祈願且藉由念咒來迎請上師的心意。最終，於光芒的散放與消融當中，領受「道灌頂」的加持——四種灌頂的智慧。由於行者的虔敬力，灌頂的所依化光融入自身，上師的心——離念之智，與行者的心相融無別，猶如水倒入水中，於此平等安住，不緊張也毋需勤作，單純保任那佛智自性，也就是無有偏狹的廣大自顯（the great self-manifestation free of bias）。

1. 觀想祈願的對象

至於此處如何觀想祈願的對象，無論是（如迎請智慧尊那般）從別處迎請上師前來，或是再次觀想聖眾[397]，實際上並無差異。就如我們在經文中所看到的：

> 思及佛陀者，
> 佛便在眼前，
> 恆時加持彼。

2. 以七支淨供來累積福德

（1）頂禮支——對治傲慢

觀想從自己的身體化出千千萬萬、量如宇宙微塵的無數相同色，以及量如虛空的無邊眾生，和我一起頂禮聖眾。頂禮的方式如同《大解脫經》（*Sutra of Great Liberation*）裡所描述的：

雙手合掌置於頭頂，
如蓮初發之花苞，
無數色身如雲積，
吾今頂禮十方佛。

故而，雙手合掌狀如含苞待放的蓮花，分別置於三處[398]，並以身體五處[399]碰觸地面的方式來頂禮。頂禮的方式有兩種：一者為彎腰屈身的小禮拜，另一者為五體投地的俯伏大禮拜（磕長頭）。前者為共乘的方法，後者為咒乘的不共法門，可見於《無垢離過續》（*Tantra of Stainless Parting*）和其他續典的教導。我的大恩上師表示，對於清淨遮障來說，後者顯然更為有力且利益更大；這也是他所教導和修持的方式。

有鑑於前行修持乃為累積福德和清淨遮障的法門，在頂禮的同時結合皈依，這樣是極為合宜的作法。話雖如此，既然這裡傳授了關於頂禮的具體指導，此處的頂禮就應該以符合上師瑜伽法的方式來進行，以便它能成為〈上師瑜伽法〉圓滿的支分。

---

396 此處指與蓮師無別的上師，也就是行者領受灌頂的上師。

397 也就是僅僅提醒自己，上師與聖眾就在面前。譯註：智慧尊（wisdom deity）是指從法界迎請來此的本尊。

398 頂、喉、心三處。

399 五處或五輪（藏文拼音為 lus kyi mal lnga）為前額、雙膝、雙掌。

至於頂禮的利益，則如《根本說一切有部毘奈耶》（*Transmitted Distinctions Regarding the Vinaya*）所宣說的那般：

> 美妙膚色、高貴語，
> 懷攝周遭、人天喜；
> 聖者爲伴、大威嚴，
> 財富、善趣與解脫。

以及：

> 若懷著極大的恭敬心，以五體投地的方式作爲頂禮，每禮拜一次，從自己身體以下直至大地最底端的微塵量有多少，行者能成就轉輪聖王之位的次數便有多少。[400]

（2）供養支——對治慳吝

將你所擁有的供品善加擺設，且不帶有劣質、不淨、吝嗇等染污，以此作爲禪定的所緣，並於意念上作觀想，供養出你的身體、財富，一切有主物、無主物等人天受用，並以禪定力幻化出無量的供養雲，就如同尊聖普賢菩薩的生平故事[401]裡所描述的那般。我們在《寶炬經》（*Sutra of the Precious Lamp*，《寶光明經》，全名《大方廣總持寶光明經》）中可以看到：

諸般花朵吾遍灑，
浩繁單株與花傘，
陳設並藉光芒放，
供養諸佛與子嗣。
超越想像於掌獻，
吾供一佛之同時，
亦供一一諸佛陀，
乃依聖者禪定顯。

如此獻上供養的話，在我們的生生世世中，會擁有大量的資財且堪爲普世所敬重。

（3）懺悔惡業支——對治瞋恨

對於自己從無始生死輪迴以來至今，以身、語、意所累積造作的一切不善業，不論是自性罪、佛制罪或誓言的違犯和破損等種種令人慚愧的惡業和墮罪，心懷深切的悔恨，並以四力來懺悔離過。如此修持的同時，想像你所有的惡業和遮障都聚於舌尖成一黑團，然後觀想從資

400 字面意義為「往下至莊嚴金黃大地」，意思是世界之基。

401 普賢菩薩的供養方式，參見《普賢上師言教》英譯版第三二一頁。

糧田（the field of accumulation）本尊聖衆的身、語、意放出光芒，碰觸此黑團，並如清洗髒污那般地淨化之。《彌勒大獅吼所問經》（*Sutra Requested by Maitrimahasimhanada*）是這麼說的：

> 所有無知所造惡，
> 今皆懺罪且離過。
> 智者遠離其過失，
> 不與己業相爲伴。

若能懺悔且遠離過失，將使我們避免那些遮蔽善趣與解脫而導致惡趣之苦的業，也能生起一切源自善德之功德。

（4）隨喜支——對治嫉妒

以一種打從心底無盡歡喜之情禪修，隨喜自己與其他有情於過去、現在、未來所累積的種種無漏、有漏的善根，包括諸佛爲利有情大轉法輪、菩薩所行無盡事業，以及衆生所作的福德同分與解脫同分等善業。如此修持所能獲得的利益，可見於《般若攝頌》：

> 或能估算十億須彌山之重，
> 卻難計量隨喜之福德。

的確，由隨喜而來之福德，與該善根本身所得之福德是等同的，因此是無法估量的。

（5）請轉法輪支——對治愚癡

於承擔眾生福祉龐大職責之諸佛、菩薩、上師、善知識等面前，其因眾生不知感恩的行爲氣餒疲厭而欲入涅槃寂樂，觀想自身化爲無數億兆，於這些聖眾面前獻上輪寶、珠寶等等的供養，並祈請他們能夠爲了眾生的利益繼續應機教化、常轉法輪。如此行持的話，能淨化往昔曾經捨棄佛法所致的遮障，並使你未來於相續中持有聖法且永不分離。

（6）勸不入涅支——對治邪見

觀想你身處於一切佛剎當中，在度眾圓滿而欲入涅槃的一切上師、諸佛、菩薩跟前，化出無量與你相同的色身，如同往昔純陀（Chunda）居士那般祈願；而聖眾因你的祈請，應允爲了眾生福祉願意留駐輪迴直至空盡。如此祈願，能夠淨化自己過去造作而可能導致短命、非時死（橫死）的惡業，以及曾置他人陷於攸關生死的惡業。將使你證得無死及長壽。

（7）迴向佛果支——對治懷疑

以自己現有的善業作爲自他於過去、現在、未來三時所累積一切善根的象徵，齊皆以悲心迴向於眾生之福祉，並以智慧迴向於眾生得證大菩提。要如同妙吉祥孺童[402]那般以三輪體空爲封印來作迴向。

402 Mañjushrikumara，藏文拼音為 'jam dpal gzhon nu，「妙吉祥孺童」，妙吉祥菩薩（Mañjushri，梵音：文殊師利或曼殊師利）的眾多名號之一。

以此方式來迴向是極爲重要的，我們用以下兩點來詳加說明：〈1〉行者必須迴向的原因，〈2〉迴向的方法。

〈1〉行者必須迴向的原因

將我們所造作的善根迴向於無上菩提，這點非常重要，就像《入菩薩行論》中所指出的，儘管我們或許累積了福德，但忘了或沒有迴向，則：

> 千載所積善，
> 例如布施業，
> 供養善逝等——
> 瞋怒一把火，即能燒毀之。[403]

要使福德耗盡只需一個肇因，就是針對特定對象（所發的）的一股怒氣，或是一種邪見等，就可以讓行者所積聚的善業瞬間耗盡。然而，若能將此善業迴向於無上菩提，那麼不但永遠不會耗盡，還能不斷地輾轉增長。關於這一點，《慧海請問經》（*Sutra Requested by Sagaramati*）裡有更爲詳盡的說明：

> 慧海菩薩，且舉此例：吐沫於沙，彼將速竭；若吐於海，海若不枯，彼亦不竭。慧海菩薩，汝之善根亦復如是。若後悔之、輕蔑之、感到若有所失，或不當迴向之，則將耗損。然若迴向於如海之遍智，彼將永不耗盡，且不斷增長。

不僅如此，這類的福德定能成爲佛果之因。我們可以在《虛空藏菩薩所問經》（*Sutra Requested by Gaganagañja*）裡讀到這一段：

如同四方百川匯，
於一海皆得一味，
諸般善業若迴向，
於菩提亦得一味。

以圓滿迴向來封印我們的善根，是很重要的，正如尊聖的龍樹菩薩所言：

薄伽梵尊汝所教：
將己一切之善業，
圓滿迴向於眾生，
其他論典未曾說。

403《入菩薩行論》第六品第一頌。譯註：「一瞋能摧毀，千劫所積聚，施供善逝等，一切諸福善。」或是隆蓮法師所譯：「百千劫中所積集，布施妙供供如來，所有一切諸善行，一念瞋心能摧毀。」

如此殊勝的迴向法門唯內道獨具，外道未曾得聞。如不依此迴向，則行者於勝解行道（the path of earnest aspiration）上所作的善行[404]利益甚微，就像下述的引言所意味的道理一般：

> 應當要知曉，諸業各不同——
> 或多具利益，或多不具益，或所作皆具利益。

從八地菩薩以上乃至成佛所行的善業，無論從哪個層面來看都是具有利益的，如同《中觀四百論》（*Four Hundred Verses on the Middle Way*）裡所解釋的那樣：

> 薄伽梵汝任一動，
> 皆非無來由而爲：
> 即使一呼或一吸，
> 亦獨爲利眾生故。

薄伽梵佛陀就連在呼吸間也全都在利益眾生，對他們而言，每一刻都極具意義；因此，爲了讓我們在勝解行之道上諸般善舉皆具其義，必須一一圓滿迴向。

〈2〉迴向的方法

此處分爲四點：迴向的內容、迴向的目的、迴向的對象、迴向的方式。

〔1〕迴向的內容

善根[405]——我們所迴向的內容，之所以稱爲「善」，是因爲它能帶來快樂的異熟果報；之所以稱爲「根」，是因爲它能成爲快樂之因，好比播種爲莊稼收成之因一樣。

無論何時所作、由誰所作、以何形式[406]，所有的善業都可以迴向，如同我們在《大方廣佛華嚴經》（*Great Host Sutra*）中可以看到的：

> 願諸眾生之善業，
> 已作、將作或現作，
> 如昔至今一切善　那般全然皆屬善。[407]

善業可依三範疇而概分爲五類：

・首先，依照三種造者來分，有：自己所作、他人所作、自他同作之善業。

・其次，依照三種時間來分，如：過去、現在、未來所作之善業。

---

404 勝解行淨善（藏文拼音為 mos pas spyod pa'i dge ba），指的是資糧道和加行道行者所作的善業，由於他們尚未了悟空性，也未能真實修持六波羅蜜多，僅僅是發願想要做到，故而所作的善業若未加以迴向，將會迅速耗盡。譯註：資糧位和加行位的行者乃未證空性，但依信解，故所作稱為信解行或勝解行，其發心稱為勝解行發心。

405 Sources of good，藏文拼音為 dge ba'i rtsa，又譯為善德之根本（roots of virtue）。

406 換句話說，不論過去、現在、未來，不論自作、他作，不論僅是一個善念或看似微小的善業。

407 此處之「善」，指的是大菩薩乃至究竟成佛所作之業與所祈之願。

・其三，依照三種成辦的方式來分，分別爲：身、語、意所造之善業。

・其四，依照具有福德的實際行爲來分，則是：布施、持戒、禪定所生之善德。

・其五，依照所感得的異熟果來分，是爲：福德同分（consistent with worldly ends，符合世間目標）、解脫同分（consistent with liberation）、遍智同分（consistent with omniscience）之善業。

上述的三項五類皆可納入於個人的迴向裡。其中，最重要的則是由禪定所生之福德。

〔2〕迴向的目的

如心懷貪、瞋之念且目標是爲了此生能打敗敵人、獲得欲求之物等而作迴向的話，皆屬於錯誤的迴向。另外，如是爲了希求來世的人天安樂，則屬於下等的迴向。因此，當你在作迴向時，心中都不應存有這類的想法。我們可以在《現觀莊嚴論》（*Ornament of True Realization*）中看到：

> 三界不納入……

又如我們先前引述馬鳴大師所說的：

> 吾所成辦諸善根，
> 迴向出世間之因，

> 不起輪迴諸凡想，
> 不求人天讚、譽、樂。

「出世間」的狀態包括了三種涅槃果位（three levels of nirvana）。其中，相較於大乘之涅槃，聲聞者和緣覺者之涅槃屬於較爲下劣，因此我們不應迴向於彼，就如佛陀在《中品般若經》中所告誡的：

> 須菩提，汝迴向善根應僅爲佛果地；莫迴向於聲聞、緣覺或其他。

所以，我們迴向應當只求證得一切智智之佛果，如同〈普賢行願品〉（*Prayer of Good Action*）中所言：

> 我悉迴向於菩提。

又如《佛說迴向輪經》（*Sutra of Complete Dedication*）中所言：

> 吾此諸善根，悉迴向佛果。

藉此種迴向，我們將能連帶獲得各種的安樂（例如長壽、健康、家世良好與財富等順遂），就像是豐收稻穀裡夾雜著穀皮這類副產品一樣。

〔3〕迴向的對象

如果迴向的對象只限於自己或少許的親友，會使原本屬於廣大的善業，其利益因此減損或浪費，正如《中品般若》裡所指出的那般：

> 不應僅爲己利，而當爲利一切有情而作迴向，否則將墮聲聞、緣覺之位。

因此，我們應當迴向，好讓量如虛空的一切有情衆生證得無上證悟，對一切衆生懷著廣大的慈悲，因爲在無數生世中他們曾是我們的父母且對我們唯有恩德無它。《入菩薩行論》中說道：

> 故吾身與各受用，
> 已獲將獲諸福德，
> 盡皆布施無不捨，
> 以能利益諸衆生。

以及：

> 於是直接或間接，
> 不作不利他之行，
> 僅爲利他而迴向，
> 諸行爲獲菩提果。[408]

若能爲了一切有情衆生的利益和安樂來作迴向，即使只有少許的善根，也能不斷增長成無邊的福德資糧，這是因爲心中所緣念的是無邊的衆生，故所生的福德也同等無邊，就如《寶鬘論》中所指出的：

有情眾生不勝數，
故而利益亦如是。[409]

所有未能以菩提心潤澤之善業，都會如芭蕉樹那般，一旦果實成熟後便隨之凋萎。反之，滿懷菩提心所行之善業，則將如滿願樹那般，生出果實之後不僅不會失去生命力，反而會繼續不斷輾轉增長直到獲證菩提藏。就如我們先前所引述《入菩薩行論》裡的這一段：

他善如同芭蕉樹，
果實成熟力便盡。
唯獨菩提心勝樹，
恆時結果不斷增。[410]

408《入菩薩行論》第三品第十一頌和第五品第一〇一頌。譯註：「為利有情故，不吝盡施捨：身及諸受用，三世一切善。」以及「直接或間接，所行唯利他；但為有情利，迴向大菩提。」

409 第一八七頌（之最後兩句）。譯註：「有情無邊故，常積無邊福。」

410《入菩薩行論》第一品第十二頌。譯註：「其餘善行如芭蕉，果實生已終枯槁，菩提心樹恆生果，非僅不盡反增茂。」

除非我們的善業是以菩提心為出發點，否則並不會成為獲得遍智之因，如同《莊嚴經論》中所解釋的：

彼非外緣而成辦[411]，
且所行亦不圓滿，
即使意樂屬清淨，
仍非持戒波羅蜜。

不過，若能以善巧方便和智慧之殊勝結合為所依來作迴向，便能具有同一部論典中所說的四種殊勝：

殊勝目標、殊勝依止、
決定解脫之殊勝法門，
以及殊勝行持，
以此四者勝解行道即圓滿[412]。

因此，要確保自己對於這方面擁有正確的心態，這一點相當重要。

〔4〕迴向的方式

於勝義諦中，一切現象皆無本具的自性，完全是三輪體空[413]，當然也就無法將福德「客體化」（objectified）[414]。然而，於世俗諦中，從善行的各個層面來看，行爲人（作者）、行爲的對象（受者）和行爲本身（所作），皆如夢如幻：儘管顯現，卻毫無本具的自性可言。所以應該本著這種方式來進行迴向，如同《中品般若經》中所示：

須菩提，萬法如夢似幻。善德亦如夢，故當依此作迴向。

此外，於《賢護菩薩所問經》（*Sutra Requested by Bhadra*）中也可發現：

施者、受者與所施，
於此皆不作緣念，
賢護，於此一性[415]中，
願汝布施咸圓滿。

---

411 「外緣」於此指的是「為了一切有情眾生」所做的行為。

412 《莊嚴經論》第十四品第九頌。「殊勝目標」（excellent aim）指的是對大乘目標的意樂，「殊勝依止」（excellent reliance）指的是對福德與智慧二資糧的仰賴，「殊勝法門」（excellent means）指的是用來克服各種禪修過患的不同方便，「殊勝行持」（excellent application）指的是不斷精進於修持。譯註：英譯版對前一段引述並未註明所出的章節，經查亦未有類似的詞句；本段引述所查到的詞句則和英譯版內容不太一樣，故僅供參考：「善緣及善聚，善修及善說，善出此五種，是名自正勝。」

413 藏文拼音為 'khor gsum，沒有主體（作者）、客體（受者）、行為（所作）這三種概念。

414 藏文拼音為 dmigs su med pa，無所緣，意思是無法成為相對於主體（心）之客體（對象），也無法將概念化為「實」物。

415 「同一性」（英文 sameness），指的是施者、受者、所施都沒有本具的自性，所以皆屬相同。

同樣的，在《大樹緊那羅王所問經》（*Sutra Requested by Druma*）中也提到：

猶如明鏡中，
能顯其容顏，
卻實無面容，
緊那羅，知萬法亦然。

認爲善根是眞實存在而產生客體化與執著，並非好事。《般若波羅蜜多經》（*Transcendent Wisdom*）告訴我們：

於彼等具分別念者，欲生喻忍尚屬艱難，遑論獲證無上正等正覺矣[416]。

且《般若攝頌》說：

於善業作分別想，
佛云如食摻毒饌。

以及：

若不具相，即是迴向於菩提；
若具有相，即非迴向於菩提。[417]

因此，我們在作迴向時不應帶有分別與執著而爲之，如《現觀莊嚴論》裡所云：

無分別緣念，（不帶有客體分別）
乃無誤性相。（即是無誤之性相）

基本上，迴向只是個念頭，但因配上殊勝的祈願文，於是善根便轉化爲想要證悟成佛的意樂。《文殊師利佛土嚴淨經》（*Array of Qualities of Mañjushri's Buddhafield*）是這麼說的：

諸事皆有賴
發心作爲緣：
發心祈願者，
將成辦此願。

那麼，迴向（dedication）和祈願文（a prayer of aspiration），兩者之間有什麼差別呢？在大多數的學者看來，這不過是在同一件事情上冠上兩種名稱而已。然而，就我們所屬的遍智法王龍欽巴的傳承而言，主張「迴向」是已經造作的善根加上了文句與願文；而「祈願文」則是對還未產生的善根發願。

---

416 此處的「安忍」，所指為第三種安忍波羅蜜多「無生法忍」，對於空性和甚深真諦之教導具有能面對和接受的勇氣。譯註：喻忍（semblance of patience）意思是類似安忍的狀態，但並非真實的安忍。

417 是否具有「相」（attributes，藏文拼音為 mtshan ma），此處指是否被執取（藏文拼音為 'dzin pa：取，認定，識別）為相。

迴向的實現端看何人在何處所爲。如果此人是以清淨、殊勝的發心，在具有善逝之身、語、意所依[418]而充滿加持之處來作迴向，將能依其所願而實現：

若於佛塔前——塔具吾遺物，
善逝曾宣說，迴向得圓滿。

此外，也要有能完全依照此人所發願的內容而令其實現的見證者。《入菩薩行論》對此有這麼一段描述：

佛與菩薩眾，
所見皆無礙：
萬法現眼中，
吾恆現彼前。[419]

由於諸佛菩薩能無礙地遍見一切，因此對於我們殊勝的心念和業行悉知悉見，故應將此謹記於心，對上師和三寶抱持淨信，對一切有情眾生懷有深切的悲心，並帶著欲將所有善根迴向於無上菩提的強烈希求。在不離這三種感受且專注於殊勝發心的情況下，匯集自他三時所造之一切善業，並於十方所有諸佛菩薩的跟前全數奉上。無私地獻出，迴向予無盡眾生，將能圓滿實現自己的祈願。

以上所說能累積福德的七支，於諸多經文中皆一再提及，或詳或簡，並同時說明其利益。

《室利笈多所問經》（*Sutra Requested by Shri Gupta*）裡有這麼一段：

思及十方佛陀者，
雙手合掌作禮敬，
臣服皈依且供養，
隨喜一切之福德，
清淨自身諸惡業，
勸請並且作祈願，
福德將不斷生起，
堆積布滿於虛空。

3. 蓮師精要「金剛上師咒」的意義

咒語的開頭爲「嗡、啊、吽」，分別爲金剛身、語、意的種子字。

「班雜」（瓦佳）指金剛：此根本自性從不因二元性相的戲論念頭所改變，乃是遍在且不壞之覺空精要。此爲法身（實相身）。

---

418 也就是在有佛像（雕塑或畫像）、佛書或佛塔（代表佛意）之處。

419 《入菩薩行論》第五品第三十一頌。譯註：「佛及菩薩眾，無礙見一切，故吾諸言行，必現彼等前。」

「咕汝」意思是上師。由此狀態中呈現無量如雲聚的佛身和淨土，各自有著和合七支[420]的殊勝功德。此為報身（圓滿受用身）。

「貝瑪」或蓮花，指的是妙觀察智的光耀覺性，也就是大樂、金剛語，其任運顯現為一種映照或化現，而神變地誕生於殊勝蓮花佛部中。故為化身。

此三身於鄔金大金剛持（the great Diamond Bearer of Oddiyana）上師無分無別，將此一廣大功德謹記在心，並懷著渴慕之情向他祈願，而那份虔誠乃來自離於戲論之自心本性的自然化現。如此懇求上師：「以我所作祈願力，願勝與共諸成就——『悉地』，現前悉皆賜予吾心續——『吽』。」

一邊持咒，一邊思惟其意，如同《持明總集根本續》（*Root Tantra of the Assembly of Knowledge Holders*）所建議的：

「近」時觀師於頂輪，
唸誦咒語如祈願。

此乃精要之口訣。

至於唸此咒語的利益，蓮師曾親口宣說：

此咒——精要——總集諸善逝，
修此即含納諸佛。

誦此悉地咒等同，
讀誦三時之諸佛，
所教一切之聖法，
故能通達十五地、五道且至吾果位。

以及：

此能撼動現象界。
總攝三時之佛故，
與諸上師無分別。
傲慢精靈昏且顫，[421]
空行、護法聚如雲，
一切勇父、空行眾，
不得不親自前來，
賜予勝共之成就。

---

420 藏文拼音為 kha sbyor yan lag bdun，報身佛七功德：受用圓滿支、和合支、大樂支、無自性支、大悲遍滿支、利生無間支（譯註：直譯為「續流無間支」）、永住無滅支。

421 譯註：haughty elemental spirits，與元素相關的傲慢精怪，因為此咒語而暈眩顫抖。第一句「現象界」（phenomenal world），指萬法皆受此咒語所撼動。

若此徵兆未出現，
吾蓮花者乃欺眾。
故而未來具緣子，
吾此立誓當謹記。

再者：

蓮花生此十二字精髓，
誦百廿萬遍，能令輪迴種子空；
誦三百六十萬遍，置汝於持明位；
誦一千萬遍能令汝等同吾蓮花者。

4. 領受四灌

要修復我們在進入密咒金剛乘之後可能發生的任何誓言違犯或破損、獲得開許以要被授權得以修持完整的法道（包括生起和圓滿次第、大圓滿法教等）、要避免修道上的阻礙和歧途、以及要讓所有不共的功德日漸增長，這些都需仰仗其根本、即「成熟灌頂」。如同所說：

需有灌頂爲所依，否則難成密咒法：一如無槳之船夫。

以及：

無灌頂即無成就。
壓榨沙子不得油。

一開始，要先從具德的金剛上師處領受灌頂，由上師帶領我們進入壇城，這稱爲基灌頂。接著，在不仰仗外緣的情況下，我們便能以上師瑜伽和本尊壇城爲依，自己領受四種灌頂，這稱爲道灌頂。最終，我們則領受「大光明灌頂」[422]或稱爲「深明無別灌頂」（empowerment of indivisible profundity and radiance）而證得圓滿佛果，此稱爲果灌頂。因此，從清淨、圓滿和成熟[423]各方面都具有不可思議、甚深的重要性來看，每日領受道灌頂，是極爲重要的事情。

參、以此方式於道上精進的利益與目的

有無數的教導都說明了以此方式於道上精進的利益與目的，其中，且引述《遍集珍寶續》（*Tantra of the Jewel that Embodies All*）裡的這一段：

與其歷時十萬劫，
觀修十萬之本尊，

422 The empowerment of great light rays，藏文拼音為'od zer chen po'i dbang。依照經乘的觀點，當菩薩即將成佛之時，十方無量如來的眉心將放出光芒，融入該菩薩的頂輪，這位菩薩也隨之成佛。參見敦珠仁波切《藏傳佛教寧瑪教法史：根基與歷史》（*The Nyingma School of Tibetan Buddhism: Its Fundamentals and History*）英譯版第一四二頁和第九一二頁。

423 藏文拼音為 dag rdzogs smin。行者藉由領受灌頂，可以清淨遮障、圓滿一切道地，以及成熟自己的相續。

不如剎那憶己師，
所得福德更無邊。

《誓言莊嚴續》（*Tantra of the Array of Commitments*）則說：

與其歷時十萬劫，
觀諸佛相好莊嚴，
不如剎那憶己師。
與其近成誦百萬，
不如一次祈上師。

我們可以在《阿底大莊嚴續》（*Array of the Sublime*）裡看到：

觀想己恩師，
頂上、心輪中，
或於手掌中，
此人甚可持，
千佛之成就。

此外，於《燈作明廣釋》（*Clarifying Lamp*）中有言：

具緣之弟子，相較於由〔供養〕安住十方所有尊勝、善德、出世間之一切薄伽梵佛陀金剛身、語、意所來之福德，由〔供養〕上師單一毛孔所來之福德[424]還更爲上等。何以故？具緣之弟子，菩提心乃佛智之精要。

第二節 闡明此法的修學要點

首先，發起無上菩提心，然後想著：「爲了將遍虛空一切有情衆生安置於雙運金剛持的果位，因此我要修持上師瑜伽的甚深道。」接著，觀想周遭所有的事物、環境都成爲蓮花光之無比城（Unexcelled City），所有徵相與陳設無不圓滿具足。而你，就位在中央。若把自己觀想成平常的樣子，將無法清淨遮障或領受加持。〔故而，〕爲了成爲堪受灌頂之法器而生起樂空之本智，並爲了產生能從上師領受導引之吉祥緣分，觀想：有一朵蓮花，其上有日輪，日輪之上有一具屍體，如是層層交疊，於此坐墊上是現爲金剛瑜伽女的智慧空行母「勝海空行自在女」[425]，其爲覺性之精要、自然光耀之法身。一面二臂，具三眼，身色如紅寶石般亮紅，呈半

---

424 此處的福德，指的是對上師單一毛孔進行供養所得的福德（相較於對一切佛陀身、語、意作供養所得的福德）。

425 措嘉卡雀旺嫫（Tsogyal Khachö Wangmo），藏文拼音為 mtsho rgyal mkha' spyod dbang mo，字面意思為「天界之后——尊勝海」（Celestial Queen, Sea of Victory）。

忿怒相，面容極爲誘人。面帶微笑，微微露出四顆犬齒，貝齒如皓月般潔白。懷著無限虔誠而渴慕之情凝望著上師的心。年紀顯現爲十六妙齡的韶華女子相，胸部渾圓且密蓮飽滿。右手於耳際揮舞著柄端呈金剛杵狀的紅銅鉞刀；左手置於髖骨，持著盛滿甘露的顱器。雙足爲跨步姿，左足稍微外伸；踏於一具屍體的心輪上，象徵無我。頭髮一半束於頭頂，爲紮瑪（zarma flower）花色[426]，有一顆光耀奪目的如意寶作爲裝飾；另一半則結爲數個髮辮而自然披落。頭戴寶冠，冠上點綴著花束；還有五種骨飾（輪、耳環、手鐲、項鍊和腰帶），一條由藍琉璃、紅寶石、珍珠等各種寶石串起的短項鍊，和一條由多色花朵串起的長花鬘作爲莊嚴。黃金的環狀耳飾其上綴有鈴鐺，黃金的手鐲和足釧也有小巧的鈴鐺裝飾並且叮噹作響。絲綢的頭巾和圍巾在她身上輕拂飄揚。令人百看不厭、目難暫捨。觀想她處於本智五色光耀的閃爍廣界中，儘管有所顯現，卻非實有，一如天空的彩虹那般明燦。

接著，觀想在面前空中，約莫於自己頭頂的高度，有一片由五色彩虹光芒交織而成的宏偉廣界，此乃五智之本然光明；當中，有一個由八大獅子所撐舉的高廣珠寶王座，有天界上好布料作爲覆蓋。其上，有一朵具十萬花瓣盛開的多色蓮花，以及一只日輪和一只月輪向上層疊，上面坐著你的大恩根本上師，爲一切諸佛總集，具有上師蓮花顱鬘力的身相和衣飾。身色白裡透紅，猶如塗以紅色光澤的海螺。觀想現爲八歲童子身相，相好莊嚴，具足威嚴、妙好、崇高且光芒四射。面帶半忿怒的喜悅笑顏，雙眼圓睜且慈愛地直視著你。右手於心輪上方稍高處手結威嚇印（the threatening gesture，又譯：期克印），並拿著金黃色的五股金剛杵。左手結等持印（gesture of equanimity），並托著盛滿智慧甘露的顱器，內有飾以滿願樹的無死長壽寶瓶。左臂彎裡有一根具有三叉的天杖（khatvanga，卡杖嘎），其爲曼達拉娃佛母的隱密相；天杖的材質爲水木[427]，頂上飾有十字金剛杵，其中央飾以寶瓶和三顆頭顱，三叉上有九個鐵環，還飄揚著細長的絲綢三角旗，旗上有一個小手鼓、一個金剛鈴和幾個小鈴噹作爲點綴。

蓮花顱鬘力上師的身上，由內而外的穿著爲：密層的秘密白色金剛上衣，深藍色的長袖密咒長袍，有著金色「吉祥結」圖樣（gold patra designs）[428]的紅色僧袍，和最外層以懷攝力爲顏色[429]的錦緞披肩。頭上戴著美妙且發亮的「見即解脫」雙瓣蓮花帽。雙足爲國王遊戲姿，耀眼奪目的身相散發出無盡且極淨的光芒，且具有各個相好莊嚴之威儀與壯美，清晰明亮。他的語音迴響著法教之聲和六十支音韻而能撫慰人心。其密意乃「深明無別」（clarity and depth inseparable），照耀著悲、智、力的本智之光。他以一身而遍在於十方所有佛刹，一一毛孔皆有無盡之圓滿佛刹羅列其中。思惟上師就如三寶與三根本等一切皈依處之眞實總集的神妙幻化。

噯瑪吙（EMAHO，奇哉）。
自身感知乃全然清淨，

---

426 紫瑪花的顏色是黑的。

427 水木（water tree，藏文拼音為 chu shing），於不同的脈絡中有各種翻譯，例如竹子、芭蕉樹、香蕉等，但此處所指的是棕櫚樹又黑又硬的木頭。

428 指的是無盡結之類的圖樣。

429 也就是紅色，與懷愛或大力攝受的事業相應。

是爲勝義密嚴之刹土，
大樂蓮花光城之中央，
吾爲勝海空行自在女，
身色亮紅具相好莊嚴，極爲曼妙持鉞刀顱器，
多彩絲衣、珍寶、骨飾嚴，
邁步立姿蓮、日、屍墊上，
一心渴仰凝望虛空中。
面前虛空虹光交融界，
中有蓮墊（象徵無貪）、日、月，於其上，
吾師現爲蓮花生大士，身白透紅，明、耀、威、光蘊，
童子樣貌具相好莊嚴，半忿怒相，
穿戴蓮冠、密咒衣、長袍，以及法袍和錦緞大氅。
右手持杵，左顱器、寶瓶；
雙足乃以國王遊戲姿，臂彎夾持卡杖嘎天杖，
鎮伏顯有一切輪涅主——
其身自性遍及諸佛刹，
其身之界具無盡淨土，
體現一切皈依大尊主。

如是觀想，凡俗妄念便應自然止息。

想像從你的心輪中，流露出不可思議的虔誠之光，照射到妙拂洲勝義密嚴剎[430]的蓮花光宮殿中，觸及到總集一切佛部之大上師的心中。大上師隨即知曉加持具緣弟子心意的時機已然成熟，剎那間偕同持明、勇父、空行等十億眷屬降臨，有如天空中積聚的密雲，或如暴風雪中的雪花那般旋湧。

吽。

拂洲中央吉祥銅色山峰上，
大樂蓮花光之越量宮殿中，
尊聖上師鄔迪亞納之化身，
祈願偕同持明、勇父、空行眾，
前來加持吾等，汝之傳承持有者。[431]
嗡啊吽　班雜　咕汝　貝瑪　退稱雜　班雜　薩麻牙雜　悉地　帕拉　吽啊

---

430 遮末羅洲、拂塵洲、拂洲（梵：Chamara，藏：rnga yab）為印度傳統宇宙觀裡的西南中洲。遮末羅洲的吉祥銅色山（Ngayab Zangdo Pelri，Chamara's Glorious Copper-Colored Mountain），乃是蓮師的佛剎。譯註：由於蓮師淨土在此，故常稱為「妙拂洲」，過去曾有人將西南「筏羅遮末羅洲」（aparachamara 或 upachamara）此中洲翻譯為「妙拂」，經查梵文的原意是其他的、次要的，故應為「別拂」的誤植；勝義密嚴剎的英文直譯為「無等無上」（the Unexcelled）究竟剎。

431 譯註：拂洲，或稱妙拂洲，亦即拂塵洲，詳見「詞彙解釋」。

當你作此念誦的時候，想著大上師與你所觀想的誓言尊（三昧耶尊）[432]同在且無二無別。

接著，觀想自身顯現如世界微塵般的無數身體，連同一切有情眾生一起頂禮。並化現和獻上無邊的外、內、密供養雲。坦承往昔所造之種種惡業，就像是發現自己飲下毒鴆，內心感到極度悔恨且深惡痛絕地誓不再犯。對所有值得讚嘆的業行以眞誠歡欣之情至心隨喜。祈願色身[433]能長住世間，只要輪迴未盡即不入涅槃。勸請上師恆時不斷地轉動法輪並教導無上深密之法。將自己和他人所有的善業——以此一善業爲代表——迴向於無上菩提。心中思惟如此涵義並唸誦如下：

嗡　啊　吽。

一切皈依總集無別鄔金師，
吾身語意一心恭敬誠頂禮。
獻上己身財物雲供無保留。
承認一己之惡業、墮罪、誓言的違犯和破損等且懺罪離過。
隨喜一切有漏無漏之善德。
請您轉動精要義理之法輪。
懇求恆久住世而不入涅槃。
以此善業和一切善根
迴向眾生證得無上菩提。

盡你所能地以這樣的方式來累積福德。此時，加持是否能進入心相續中，完全端賴我們依虔誠力所建立的連結，因此必須要讓自己相信：我們的根本上師實際上就是所有無盡皈依處的體現——其身爲僧伽，其語爲聖法，其意爲佛陀，故而即是一切三寶的總集；其身爲上師，其語爲本尊，其意爲空行，故而即是一切三根本的總集；其身爲化身，其語爲報身，其意爲法身，故而即是一切三身的總集。由於根本上師即是三寶、三根本、三身的總集，就其功德而言，乃與諸佛等同；就其恩德而言，遠勝於諸佛。以如此全然的信心與定解，讓念頭因虔誠而轉化，致使身心因渴慕而悲切難忍，完完全全打從內心深處、徹骨入髓地生起思念之情。全心地仰賴[434]上師，把你所有的希願和期盼全盤托付並作如下的祈願，在此同時想著以你爲首的一切衆生皆同聲齊誦：

嗟吹（善哉）。
總集過去、現在及未來一切諸佛之珍寶上師，
見到您即可驅除無明之闇蔽，
聽到您即可割斷疑惑之羅網，

---

432 在迎請智慧尊（梵：jnanasattva，藏：ye shes sems dpa'）從佛剎降臨之後，想著智慧尊融入了誓言尊（三昧耶尊，梵：samayasattva，藏：dam tshig sems dpa'，行者透過觀想所生起的本尊）並安住，故而此時你於面前所觀想的本尊即是真正的蓮師。

433 色身（梵：rupakaya，藏：gzugs sku），也就是上師的肉身。

434 字面意思是：相信「我所做何事，您悉皆知曉」。

想到您即可傳遞密意傳承了悟。
與您接觸則能賜予加持和成就，
您的恩慈超越一切想像，
您的功德猶如虛空無邊。
我以強烈難忍的渴求心，
祈求您以悲心來眷念我。
謹將己身、財物和善根，
毫無貪執地獻給您。
從今直至一切生世，
您爲我恆常的怙主，
除此再無其他的皈依、嚮導、救護者或護衛，
我以身、語、意將自己託付給您；[435]
無論快樂或痛苦、順境或逆境，
隨您要把我送往哪裡——高處或低處，全都由上師您來決定。
自無始以來的一切生世，
我受到無明和迷妄宰制：
監禁於輪迴三界的牢籠，
一直都遭到三苦所折磨。
如此悲苦重擔實在難忍，

我由衷呼喚尊貴的上師。
儘管我想要快樂，但所作所爲卻招致痛苦。
諸般感知亦受魔所欺誑，
又因貪愛與二元迷妄而徬徨。
行徑不良且不幸如我者，
除了您，我的皈依和怙主啊，還有誰能救護？
尊主上師，當我向您祈請時，
如此慈愛的您，請以悲心攝持我。
如此大能與大力的您，請以加持賜予我。
尊聖的一切之主，請引導我。
懇求您將我的心念轉向佛法。
賜予我四種灌頂，
清淨我的四種遮障，
助我證得四種佛身，我祈請。
爲我傳授密意傳承加持。
摧毀無明之昏暗，

---

435 藏文拼音為 glo snying brang gsum，字面意義為：「肺、心、胸此三者全部」。

並解開二元迷妄之枷鎖，
助我現證一切智智，
帶我達至超越心思的窮盡法界，
賜我大虹光身中得解脫，
自然成就孺童瓶身[436]。

以如如不動的專注力，盡你所能地念誦祈願文，次數則越多越好。接著，觀想上師的眉心處有個白色的八輻法輪，其中樞有個白色的「嗡」字；上師的舌頭上有個紅色的八瓣蓮花，其中央有個紅色的「啊」字；上師的心輪裡有個藍色的五股金剛杵，杵臍中央有個藍色的「吽」字，皆光耀奪目。想著以上乃代表一切如來的三金剛。從那些光芒和大大小小的彩虹光圈裡放出上師身、語、意的所有加持，如日光光束中的無數微塵那般。上師之身的功德、加持和成就化現為蓮花生上師的樣貌，大如須彌、小如芥子，有種種不同的大小身像。上師的語加持化現為文字的樣貌，或為母音和子音（元音或輔音），或為金剛上師咒、梵文字母和藏文字母，並帶有各種的顏色。上師的意加持則化現為具有象徵意義的手幟，如金剛杵、顱器、長壽寶瓶、天杖等等。上述皆融入你相應的三處，想著你獲得了一切灌頂、加持和成就，無一遺漏。

有時，你則要認識到：整個世界——此外器，乃是妙拂洲吉祥銅色山的蓮花光宮殿，一切有情——此內情，則為鄔迪亞納的勇父和空行眾；所有的聲音，都是金剛上師咒的任運聲響；種種生起和消融的念頭皆為任運生起且任運解脫的光明、大樂。在這種覺醒的指認狀態中，念誦此密咒乘精要的十二字咒語——嗡啊吽 班雜 咕汝 貝瑪 悉地 吽——持咒的數量越多越好，每個種子字至少十萬次。

在每座修持的最末，領受灌頂。觀想從上師三處的各個種子字中，放射出與其相同顏色的光芒，猶如燃香那般地毫無間斷，並融入你相應的各處。想著你清淨了四種遮障且領受四種灌頂等等，念誦法本以領受四灌，同時觀想：

上師前額之嗡字，放出白光如流星：
入我前額而清淨　身體、諸脈之遮障；
我獲寶瓶身灌頂；
吾身得加持而成　爲金剛身之遊舞[437]；
獲致化身位善緣，如是安置相續中。
上師喉間之啊字，放出紅光如閃電之閃繩：
入我喉間而淨化　言語、諸氣之遮障；
我獲秘密語灌頂；
吾語得加持而成　爲金剛語之遊舞；
獲致報身位善緣，如是安置相續中。

---

436 「孺童瓶身」之藏文拼音為gzhon nu bum pa'i sku，內在光明法身（the inwardly radiating absolute body），有如油燈隱藏於罐子之內。

437 譯註：此處，金剛身、語、意之「遊舞」，原本的英文為manifestation，意思是顯現、化現，但兩個藏漢翻譯版皆為此，故改用之。

上師心中之吽字，放深藍光如聚集之密雲：
入我心中而淨化　心意、明點之遮障；
我獲勝慧意灌頂——此勝慧乃本初智；
吾意得加持而成　爲金剛意之遊舞；
獲致法身位善緣，如是安置相續中。
上師心中又放出，無念想且具五色、爲其心要之明點：
入我心中而淨化　二障以及諸串習；
我獲殊勝句義灌；
且得加持而具足　諸佛無窮功德與事業之無盡莊嚴輪；
獲致體性身善緣，如是安置相續中。

~~~~

再次生起強烈的虔誠並如下祈願：

四身自在大遍主，
智、慈、悲之　大寶藏，
思及能解心渴求——
無與倫比慈恩師，
由心深處我祈請。
~~~~

剎那不離上師尊，
以您引導加持我，
令我與您無分別。

想著上師對此感到喜悅並對你展露笑顏，雙眸充滿了慈愛之情，繼而來到你的頂門，隨即從頭髮以下和寶座以上同時漸次化光，收攝於心輪位置成爲一顆光球；接著，光球從你的梵穴進入而融入你的心中：

上師融化而成爲大樂之精要，乃一英吋大小之五色光團，融入自心的中央：自己的心與上師的心成爲無二無別。

其後，於此自然、本具、超越心意的「覺空」光明狀態中，也就是究竟上師「自觀本性」中平等安住，安住的時間越久越好。

當你從此狀態中出定時，再次觀一切顯相皆爲上師之身的種種展現；一切音聲皆爲「聲空」（sound-emptiness），乃是諸脈的任運迴響；一切生起的念頭則爲金剛智的任運顯現。

最後在結行時，迴向福德並念誦吉祥願文：

殊勝吉祥根本師，
請安住吾頂蓮座。
以大恩慈引導我，

您之身語意成就，亦請賜予我。
願於吉祥諸師行，
剎那亦不生邪見。
見其所爲皆圓滿——依此虔誠力——
願其加持入我心。
三時所積諸善業，以此一善爲表徵，
絲毫不求寂滅樂——不受私欲所垢染，
迴向無量之眾生——無有一者受遺漏，
得證無上菩提因。
於我一切生世中，願部主師之蓮足，
莊嚴吾頂大樂輪，時時刻刻而不絕，
經此虔誠道而願：師心吾心合爲一。
任運成就二利益——此一善福祈垂賜。

念完之後，便可繼續持守日常威儀。在兩座之間，你可以這麼行持：當行走時，想著上師位於你右邊上方的虛空處，觀想你在做繞行。於飲食時，想著上師在你的喉間，觀想你正向他獻上已融爲甘露的飲食。讓你所說的一切都成爲祈願，且禪觀你所做的一舉一動，包括行走或坐下，皆是在承事上師。每當你有任何可享用的新事物時，例如新房子或新衣服，要觀想它們乃是越量宮或天衣，在心意上或實際上供養上師。晚間就寢前，先祈願我能認出光明，接著想著在自己頭頂的上師經由梵穴入於心中安住，此時自心現爲四瓣蓮花之相。專注想著：上師身體所放出的光芒，好比在暗室裡點亮一盞明燈那般，充滿了自己的身體和所處的房舍。接著，融入覺空的澄明、赤裸之境，於此毫無昏沉且不受念擾的狀態中入睡。醒來時，則要停止散漫、掉舉、呆滯等念頭和思慮之流，並全然專注於心中的上師，然後保任在澄明的光明之境中。如此，將能逐漸認出熟睡時的光明和夢境。早晨起身時，觀想上師經中脈而出，於自己頭頂前方的虛空中欣然安住。以滿懷的虔誠祈願，並再次如前所述而開始一天的修持。

此外，生病的時候，則觀想上師大小約莫一吋，來到病痛處的上方，從上師的身中降下甘露流，淨化並滌除全身所有疾患。至於疾病的本身，則要想著它是來自上師的加持，乃是爲了淨化我們惡業和遮障的善巧方便，故而要帶著欣喜來對疾病禪修。若有魔怨顯現，要想著它們是上師的事業幻化，目的是要敦促我們應當行善。簡言之，當你感到安適與快樂時，這都是由於上師的加持；反之，當你感到痛苦時，也要視爲是上師悲心的化現，利用艱難的情境來增長你的虔誠，而非另覓可以捨苦或對治的方法。

一旦臨命終時，便將覺性與光明法界相融且於其中平等安住。此爲最上品的遷識（頗瓦）法[438]。另外的方式則是，將自心消融化爲光球，融入於上師的心中。若能熟練這些遷識的技巧，你將可以獲致解脫。上述所言如無法做到，則應當要認出中陰時所經歷的各種迷妄顯

---

438 遷識（藏文拼音：'pho ba，音譯：頗瓦，transference）法，於死時修持的方法，受過訓練的行者能將自己的神識指引到證悟之境，或至少是能促使行者繼續修道之境。

相根本沒有任何本具的實質性。以虔誠為道，單純地憶念自己的上師：藉由上師的悲心，你必定能於清淨佛剎中獲得解脫。

修持此甚深道而使加持得以深入心相續的徵兆，可能會於現實中出現，或者於覺受和夢境中出現。一般而言，這些即是在上師成就法（the practice for accomplishing the teacher）[439]修持儀軌中所描述的徵兆。其他特別的徵兆則是：行者對上師的虔誠更甚以往；行者隨時可為持守誓言而捨棄性命；對於世間八法的感知變得朦朧而不真實；行者已然捨離此生的事務並因而對今生種種少有期盼或恐懼；自心赤露——明晰且空，了悟也開始朗然生起。這些乃是最好且最為可靠的徵兆。

如果能把所有的精力都致力於修持[440]，過去的惡業很有可能因此浮現，以致發生各種你不想遇見的事情，例如：身體出現病痛、心中感到苦惱、有魔怨和作障者顯現、受人惡意攻擊、遭人搶奪偷竊、面臨毀謗指控等等。據言，這些都是我們得到淨化的徵相，就好比我們在清洗容器時，會浮現出髒污一樣。因此，如果你遇到這類的事情，就要披上精進的大盔甲，讓修持能不為逆境所影響。

儘管我們可能會在此處或彼處出現一兩種功德，且看似屬於修道有所進展的徵相，但卻難以辨識它們究竟是真實的徵相，還是魔羅所造的障礙。其實，就算它們是真的，只要我們開始執著而覺得它們重要，它們就會變成魔障，所以，要拋開任何的期望、擔憂、疑慮，對於好的徵兆不執著，對壞的也不懼怕。

據說，當我們還在道上的時候，可能會犯下很多的過失，也可能誤入各種歧途，不過，比較容易犯下的錯誤則是：將上師視爲平輩；對同參道友缺乏淨觀；對自己所屬的教義體系感到自豪從而批評他者；對於誓言陽奉陰違；任由五毒擺佈；不敬重業果法則；炫耀己見又大談空性等等；把自己所體驗的種種，包括那些雜七雜八的事情，都說給別人聽；自詡功德，明明不具尊聖的功德卻妄說自己擁有（未得說得，未證說證）。把以上這些當成自己的修持基礎，顯然是最大的錯誤，看來我們就連佛陀親自現身，都難以阻擋這種會令人走上歧途的險徑；這是因爲自己[441]已受到魔羅的祝福，濁世的衆生福報甚微，以致大都追隨根本毫無意義的言談，甚少了解佛法的眞實要點。即使我們依止上師、爲獲功德而致力修習、閱讀諸多甚深文典且從事閉關，但對我們的心來說卻沒有絲毫的助益，反而讓性格變得越來越糟——我們變得愈加狂妄，淨觀日益薄弱，時間大都花在檢視他人的過失上。我們對佛法無動於衷，不但破損誓言，並背負著過往以來所造惡業的重擔；眞的是受到魔羅祝福之人啊……

我們的恩慈導師佛陀，總攝佛法如下：

---

439 藏文拼音為 bla sgrub，三根本（Three Roots）儀軌正行中的上師修法（lama practice）。

440 字面意義為「當石頭遇到骨頭」，用來比喻由於堅毅不懈而使得修持真正出現作用。

441 敦珠法王在此指的是當今的上師們。

諸惡莫作，
眾善奉行，
自淨其意：
是諸佛教。

若要總述修持佛法的整體成果爲何？那就是：自心獲得調伏。然而當今卻有修行者把主要的心力都用來傷害他人，卻說是爲了佛法；涉入爭端，還打著佛教的旗子行非善之事；戲弄、欺瞞他人，卻拿眾生的利益當作藉口——這些其實都是佛陀曾經說過與佛法不符合的事情。我們千萬不要這麼做。

尤其，有世間八法，龍樹尊者對此有言：

知世法有利與衰，
樂與苦或稱與譏，
譽與毀——此八世法——
視爲同，心不受擾。[442]

這些世間八法，不要說是別人，就連自稱虔誠的佛教徒受到染污時都不自知。因此，一定要全神貫注地保持警覺，這一點至關重要。

此外，還有六種切勿造犯的錯誤：

一、錯誤的安忍：無法忍受修持法教的艱難，卻能夠忍受最令人筋疲力竭的任務，只為了讓今生的計畫得以完成；

二、錯誤的發願：對修持佛法沒有意願，卻對成辦世間八法充滿熱忱；

三、錯誤的受用：對佛法的聞、思、修沒有興趣，卻對物質享受胃口大開；

四、錯誤的悲心：在自己或他人犯下惡業時不具悲心，卻對那些為了佛法而遭逢艱困的人心懷悲憫；

五、錯誤的關愛：沒有將佛法介紹給自己所撫養的人，反而幫助他們獲得此生的成就；

以及

六、錯誤的隨喜：對行善之人不修隨喜，反而在敵對之人遭逢困境時心生歡喜。

如果我們能夠總是居於最低位[443]，傲慢和忌妒就不可能悄然滲入。只要傲慢沒有生起，障礙就不會出現；然而一旦開始感到驕傲，認為：「就連我的上師也比不上我」、「其他修行者知道的也沒有我多」等等，這樣的話，障礙就會產生。

442《親友書》第二十九頌。譯註：「知世法者得與失，樂憂美言與惡語，贊毀世間此八法，非我意境當平息。」

443 坐在位置最低的座位上，用來比喻謙遜。

一般來說，千萬不要去檢視他人的過失。要認識到，衆生都曾經當過我們的母親，應該要思及他們的恩德，觀修慈心與悲心。尤其，要避免刻意去挑剔已入佛門者的過失，而應將他們視爲同在一條船上的人，單純思惟他們的善好功德並加以隨喜，同時培養虔誠之心。更甚者，則是千萬不要刻意挑剔上師的過患。要體悟到上師的所作所爲皆充滿殊勝的功德，要努力培養虔誠和淨觀。另外也要留意《信力入印法門經》（*Sublime Sutra of the Marks That Inspire the Development of Faith*）裡的這一段：

> 相較於竊取三千大千世界一切衆生之擁有物和毀壞所有佛塔，批評毀謗一位菩薩的過失尤更甚之。無論在什麼情況下輕蔑、侮辱菩薩，都會使人投生於號叫地獄：身長五百由旬且具五百顆頭，每顆頭上有五百個嘴巴，每個嘴巴上有五百根舌頭，而每根舌頭上被五百支犁頭所耙翻。

一般來說，毀謗聖者的罪業是無邊的；就這方面而言，菩薩可說是尤具危險性的對境，密咒乘行者那就更不用說了。我們無從知曉誰爲聖者，或者誰的內在是眞正的修行人。據說，只有達致正等正覺的佛才有辦法判斷，其他的人都無法做到。如果我們道人是非、論人長短，無疑是在將自己的功德掃地出門。刻意挑人過失，如同自毀前程——這便是自然的法則。所以，要改變你的心態，只要檢視自己的過失。

無比的達波仁波切[444]就說過：

> 對於初學者來說，此時還不宜與煩惱抗爭，應當要轉身逃開。

就目前而言，我們的程度尙無法取煩惱轉爲道用，因此需要防範諸如發怒、忌妒、驕傲、縱慾、嗜菸酗酒、恣意躺臥……等這類事情，如能謹愼而爲，就是幫了自己一個大忙。經文中說能夠取煩惱爲道用，所指的是往昔印度和西藏的那些成就者，他們的內在已眞正地達到勝義的智慧，因而外在的行爲便能展現神變的力量，可不是在說尙未徹底調伏自心而放任煩惱胡作非爲的人。絕對不可誤解這個要點，此事極爲重要！

若你剛好有些食物、衣服、金錢等等，與其假裝你都不需要，還不如善加利用來幫助自我的修持，如有剩餘則拿來供養上師與三寶等福田。若你缺乏這些資具，與其將時間心力花在尋求財富、投資生意等等，還不如就你目前擁有的加以運用即可。據言，眞誠修持佛法的人，天人將會提供維生所需。除非能少欲知足，否則稱爲佛法修行者其實是個空泛的自欺，所以，要學會對一切感到知足。

對任何具有善德的修持來說，最大的障礙莫過於不斷拖延和漠不關心的態度。此外，如果你有很多長程的計畫，將使佛法永遠無法融入自身，所以要削減自己的計劃。尤其，不要把你對空性那種乾癟枯燥、智識上的理解當作依靠：你以這類修持爲名所做的粗魯行爲和狂野行徑，可能會使一些業行不淨的人受到愚弄而以爲你是個成就者，然而那些行徑對自己和他人來說都極具破壞性，所以必須謹愼，這很重要。經文中說到，不具覺受或了悟的人，就算他試著要利益眾生，不僅無法利他，反而還會損己。更有成效的作法則是如同保護一株具有價値的

444 岡波巴大師，《解脫莊嚴寶》的作者。

藥用樹苗不受人砍伐那樣，單純精勤於自己的修持。已經證得煖位[445]但尚未穩固的人，或許能利益他人，但卻會毀了自己。而一旦成爲登地的菩薩[446]，便能夠毫不費力地利益自己和他人。

簡言之，要讓自己的心保持在與佛法相應的狀態，千萬不要讓本尊或上師不悅。盡力試著用某些方式來遵循往昔持明者和成就者的典範，並精勤修持能夠任運成辦自他二利的法門。

以上分五個部分簡要說明了能種下殊勝甚深道種子的不共前行修持次第。

在講解、聽聞這些甚深的法教時，上師和弟子雙方都應該要想到〈他人對我們的〉恩慈。要思惟：我們有機會修持聖法，且能使自己的人生具有意義並粉碎存有，這全都是因爲諸佛和我的上師（增上緣，主導條件）、聖法（所緣緣，客觀條件）、法道上的兄弟姊妹（等無間緣，立即的前提條件）、我們的雙親（因緣，共存或伴隨的條件），以及爲我們清除道上障礙的無盡具誓護法（loyal protectors）等衆之恩慈所致。他們對我們是何等的有恩啊！此外，這些條件之所以發生，也都是因爲恩德所致——也就是佛陀法教依然在世的這個事實，所以，要祈願珍貴的法教能長久住世。最後，要認識到，無論是說法的上師、聞法的弟子還是法教的本身，三者雖然顯現，實際上卻非實有、悉皆猶如幻相；此外，也要對那些尚未了悟此事之衆生懷著強烈的悲心，將你的善根迴向於無上菩提。身爲弟子，此時則要打從內心深處祈願法教能夠普傳、持教者皆可事業廣大，尤其要祈願上師能夠長壽並一再地常轉法輪。

能夠講解、聽聞聖法的利益，是不可思議的。關於教導佛法的利益，《彌勒大獅吼所問經》中說到：

> 於量等恆河畔沙數世界，
> 佈滿黃金爲供養之布施，
> 相較於惡世闡述一偈頌，
> 前者之利益乃微不足道。

《遍集明覺經》（*Root Tantra of All-Encompassing Awareness*）裡有這麼一段：

> 僅聞密咒本尊之名號，九十三劫中所累積的遮障皆可耗盡。每誦一次陀羅尼，所得利益乃無量無邊，故當精勤教導佛法。

大遍知尊有言：

> 教導佛法之時，若能心意清明而指向解脫，完全不希求名聞利養，則可獲得憶持、禪定、信心並斷除煩惱。此人將持有佛法寶庫、從佛領受法教，且受人天所稱歎與恭敬；將圓滿一切於善

---

445 加行道（path of joining）四階的第一階段，藏文拼音為 drod。

446 相應於見道（path of seeing）和修道（path of meditation）的菩薩十地，（藏文拼音為 sa，梵文：bhumi，英文：ten levels）。登地的菩薩由於已然現證空性而可真正利益他人。

德和決定勝之願，生生世世不離聖法。其於迅速證得佛果之後，能以法雨令眾生成熟並成辦自他二利。

至於聽聞佛法者所獲得的福德，則如《那羅延所問經》（*Sutra Requested by Narayana*）裡所看到的：

具緣弟子，聞法者可獲智慧；獲智慧令煩惱息。諸煩惱皆徹底平息 時，諸魔羅即無能害此人。

《涅槃經》（*Nirvana Sutra*）云：

因聞法而生信心，因信心願行六度，速證圓滿佛果位。故諸善自聞法來。

上述僅爲佛陀所傳珍貴教導中無數相關解釋的撮要而已。如同龍欽巴尊者所言：

此人具有智慧、禪定、法流和其他總持力[447]，以及能知取捨的慧眼。善德增長且惡業漸少。世間眾如天人等皆作稱歎與恭敬。無明之暗得以盡除。死後能以神變生於佛國淨土的蓮花中；從諸佛 的殊勝化現而領受法教；且於迅速證得佛果之後，轉動神聖法輪。此皆爲可獲無量利益之例。

很顯然的，懷有信心而聽聞法教者，便可獲得上述的利益；不過，就連聽到召喚行者前來聞法的樂器之聲，都能令人脫離輪迴而全然解脫，如同《鑼經》（*Sutra of the Gong*）所指出的：

即將傳授聖教之信號——
無論擊鼓或者敲木鑼——
將爲聽聞者帶來證悟，
遑論前來聞法者利益？

總之，對那些想要自助之人來說，世界上最重要的事無非就是修持佛法。因此，由於了知到法教之極爲難遇、修持之極具利益，就應當精勤地運用各種可能的方法來教導佛法並聽聞佛法。如同我們在《不可思議秘密經》（*Sutra of the Inconceivable Secrets*，全名《佛說如來不思議秘密大乘經》）裡所看到的這段：

佛興於世實少見，
獲得人身需資糧。[448]
嗚呼甚至百劫中，
難尋具信聞法者。

---

447 總持（藏：gzungs，英：retention），所指的不只是菩薩憶念法教的能力，還包括他們以不可思議且廣及各方的方式，毫不間斷地持有並傳遞該法教的能力。法流（藏：chos kyi rgyun，英：The Stream of Dharma）用來指稱使菩薩具此能力的禪定（也就是法流三摩地）。

448 「資糧」（accumulation）之藏文拼音為 tshogs，指的不僅是福德的累積，還包括所有獲得人身的必要條件聚合。

此外，大遍知者有言：

入門初學之時，吾等需先聽聞，乃因知曉輪迴過患與涅槃利益，始能知所取捨[449]。修習自心之時，吾等皆需聽聞，乃因藉此清除吾等於萬法之無明。及於修持之時，吾等亦需聽聞，乃因藉此有助於沉滯之善行得以前進。甚而自心解脫之時，吾等更需聽聞，藉此止息疑慮之滋生。

就現況來說，從我們首度踏上法道的那一刻開始，直至盡頭，聞法的重要性就是讓我們能有仰望的目標[450]，這樣一來能將我們的心轉向過往大師的修持並增長我們的覺受和了悟。如果對於自己所受的第一份法教產生執著——無論其內容爲何而認爲有它就夠了，就算我們於僻靜處閉關修持，也無法達到法道的盡頭；原因就在於我們無法察覺自己在法道上所犯的錯誤，也不會知曉自己是否走上了邪道。我們可能看似是在修持佛法，但根本沒有任何的進展。且引用《樹嚴經》（*Sutra of the Arborescent Array*，或稱《聖樹王莊嚴經》*Sublime Sutra of the Arborescent Array*）裡的這一段：

> 具緣弟子啊，若欲證得究竟佛果，需修習能達至學海彼岸之學處。

故而，爲了走上能使自身解脫的寬廣速道，爲了確保法教得以長久住世，也爲了引領眾生走向利益與安樂的昌榮與殊勝之境，應當奉獻自身於講述與修持此道，並使普賢蓮花生尊[451]的事業能廣傳遍滿虛空！

後語

深廣佛法各個之傳承，
基本起點乃爲前行法，
教誡之要、最上滿願寶。
具信福者豈不爲頂冠？

此一千萬持明所行道，
絕難想像有何更勝此，
故若如理如法精勤修，
必取殊勝恆久之大利。

雖謂前行實究竟正行，
本已具足爲法道砥柱。
無此卻誇生圓高深修，
好比神識遷往無頭屍。

---

449 也就是採取善行而捨棄惡業。

450 字面意思是：比我們優秀的人物或事物。

451 藏文拼音為 kun bzang padma ka ra，意思是與法身佛普賢王如來無二無別的蓮花生大士。譯註：前述「利益與安樂的昌榮與殊勝之境」的英文為 the glory and excellence of benefit and happiness，可能意指「增上生」和「決定勝」。

或已聞法甚多卻未修，
如木鱉果[452]需時無可用。
汝僅賴於聖法之理解——
嗚呼吾友誰奪了汝智？

高懸神聖口訣之明燈，
莫於散逸床榻上入睡，
應除存有暗之百般過——
此刻即點亮二利之燈。

若不立即盡力而精勤，
死主大敵於此正張嘴，
其舌易變速勝閃電舞，
速奪人命從不稍等候。

大岩山之圓滿羅列邸，
怡悅山谷孤寂叢林中，
聖者品嘗禪定甘露味。
吾勸汝取無死大樂堡。

明示獲致此境之正道，
吾已引述傳承師教言，
其乃詳說前行修次第，
總攝深義根本之要點，
並以易懂方式作編排。

吾雖不甚聰慧然不受
劣發心或智識謀所染，
全心全意唯願利眾生，
利他淨心所表無憾矣。

然若有誤吾當擔咎責，
並願此尚不致成重罪；
如理解說諸次吾師恩：
加持吾故能滿聖者願。

---

452 木鱉果（kimba或kimpaka），這種果實外表誘人卻味道苦澀，且毫無養分、甚而可能有毒。

由此勤力所獲之福德，
願眾生具大福報而能
聞思修此殊勝乘傳承，
任運成辦圓滿二利願。

願吾不具任何私利想，
允為無量眾生之嚮導，
成為等同普賢菩薩尊，
無盡事業大浪得自在。

以修學之勝利幡為冠，
深密口傳神妙滿願寶，
能生諸欲二成就綿雨，
願此利樂之福遍三界。

跋文

這份關於《深密空行心滴》甚深道前行修持、名爲《照亮解脫道的圓滿解說之炬》（*A Torch of Perfect Explanation That Lights the Way to Freedom*）的完整教言系列，屬於易於行持的釋論，最初是由我的主要金剛弟子祖古吉美・確音・諾布・敦・湯杰・祝貝・德（Tulku Jigme Chöying Norbu Dön Thamche Drubpe De）——這位大密法教的主要持有者，以虔誠之語，獻上毫無瑕染之白色絲綢哈達與具有吉祥徽誌的珍貴曼達。此外，初璽・多傑（Trulshik Dorje）這位修行者也不斷地敦請我，他表示若能撰寫一份清楚扼要的教本，讓我們所屬佛法傳承的追隨者毋須另尋講解文本，會是件好事。爲了回應這些和其他許多具有意樂和聰慧的弟子再三請求，我這位名爲吉札・耶謝・多傑・格勒・南巴爾・嘉威・德（Jigdral Yeshe Dorje Gelek Nampar Gyalwa'i De）的皇族世系續部行者，號稱爲鄔金大上師之遠傳承的追隨者，以我崇高上師尊貴遍在主的口訣爲基礎，佐以往昔博學有成大師之卓越解說的適當段落作爲闡明。於無竭盡年（the Inexhaustible year，1946）阿須文月（the month of Ashvin）智慧（the prajna part，「般若」分）之佛陀天降吉祥日[453]，吾人年值四十三歲時，在貢波（Kongpo）東區茂密山谷中央之普曲・德吉・拉康（Puchu Terkyi Lhakang）自生聖者宮（the spontaneously arisen palace of the Arya）的悅意寺院中撰寫此書。願此能成爲廣大利益法教及眾生的基礎。

梭斯諦（Svasti）

於諸勝妙甚深道，此爲淬鍊之精華，教誡最密之要髓，前行上上之引導！

眾多上上弟子者，於此能獲自喜悅，大喜悅且無竭盡：佛法禮之無比泉！

無比殊勝之意樂，無比崇高之心意，殊勝明性持明后[454]——諸行圓滿皆昌榮！

願此大師亦昌榮，其之意樂得成辦：二種成就亦成辦，此富增益流轉眾！

願一切善妙吉祥（薩瓦達・嘎雅南・巴瓦度，Sarwada Kalyanam Bhavatu）

---

453 譯註：Ashvin為古印度陰陽合曆中的七月，期間橫跨目前西方陽曆的九月和十月，又有說以秋分的新月為始。佛陀天降日為藏曆九月二十二日，本書的中譯稿則完成於七十二年後的佛陀天降日。

454 持明旺嫫（Rigdzin Wangmo）為敦珠法王的佛母，印製此藏文法本者。身為密續明妃，她在此處被稱為「勝慧」（Wisdom Supreme）。

附　錄

根本文

一.《深密空行心滴前行課誦‧雙運道之車乘》
（藏文中譯對照版）

二.《雙運道之車乘：深密空行心滴前行法之念誦法本》
（英文中譯版）

附

《深密空行心滴前行課誦‧雙運道之車乘》

（藏文中譯對照版）

༄༅། །ཟབ་གསང་མཁའ་འགྲོ་སྙིང་ཐིག་གི་སྔོན་འགྲོའི་ངག་འདོན་ཟུང་འཇུག་ལམ་གྱི་ཤིང་རྟ་ཞེས་བྱ་བ་བཞུགས་སོ།།

ཨོཾ་སྭསྟི། རབ་འབྱམས་རྒྱལ་ཀུན་མཁྱེན་བརྩེ་ནུས་པའི་གཟུགས། །

རིགས་བརྒྱའི་ཁྱབ་བདག་དྲིན་ཅན་འཁོར་ལོའི་མགོན། །

དཔལ་ལྡན་བླ་མ་སངས་རྒྱས་པདྨའི་ཞབས། །

སྤྱི་བོའི་རྒྱན་དུ་བསྟེན་ནོ་བྱིན་གྱིས་རློབས། །

ཟུང་འཇུག་སྐུ་བཞིའི་གོ་སར་བདེ་སྦྱུར་དུ། །

དགེ་བའི་ལམ་བཟང་ཟབ་གཏེར་སྔོན་འགྲོའི་ཁྲིགས། །

རྣམ་གསལ་འཇུག་བདེའི་ཤིང་རྟ་འདིར་འདྲེན་གྱི། །

སྐལ་བར་ལྡན་རྣམས་སྤྲོ་བས་དེང་ཞུགས་ཤིག །

དེ་ཡང་གང་ཞིག་ཟབ་ལམ་གྱི་སྐལ་བ་དང་ལྡན་ཅིང་ཚེ་འདིར་ཟུང་འཇུག་སྐུ་བཞིའི་གོ་འཕང་མངོན་དུ་བྱེད་པར་འདོད་པའི་དགེ་བའི་ལས་འཐོ་སད་པ་ རྣམས་ཐོག་

深密空行心滴前行課誦・雙運道之車乘

敦珠法王・吉札耶謝多傑｜造

敦珠貝瑪南嘉｜譯

嗡梭諦！廣袤諸佛智悲力色身，

百部遍主具恩壇城怙，

吉祥上師佛陀蓮師尊，

奉為頂上莊嚴祈加持！

便捷引往雙運四身位，

妙道深藏前行之儀軌，

蒙受接引具緣應歡喜，

請即入此清晰易解車。

對於具足深道緣份、欲於此生現前雙運四身果位、宿業甦醒的人們，一開始就應當精進專務此道。其內容分二：壹、使相續堪

མ་ཉིད་ནས་ལམ་འདི་ཁོན་ལ་ནན་ཏན་དུ་བརྩོན་པར་བྱ་སྟེ། དེའི་ཚུལ་ལ་གཉིས། རྒྱུད་སྣོད་རུང་དུ་བྱེད་པ་ཐུན་མོང་གི་སྔོན་འགྲོ་དང་། རིམ་གཉིས་རྣལ་འབྱོར་བྱེ་བྲག་སོ་སོའི་སྔོན་འགྲོའོ། །དང་པོ་ནི། བདེ་བའི་སྟན་ལ་འཁོད་དེ་ལུས་གནད་དྲང་པོར་བསྲང་། དུག་གསུམ་གྱི་རླུང་རོ་བསལ། ཤེས་པ་རྣལ་དུ་ཕབ་སྟེ་རང་བབ་ཀྱི་བསམ་གཏན་ལ་བློ་ཡོངས་སུ་གཏོགས་པས། རྩ་བའི་བླ་མ་སངས་རྒྱས་ཀུན་འདུས་ཀྱི་བདག་ཉིད་ཆེན་པོ་རྗེས་སུ་དྲན་པའི་ཡིད་མཐོན་པར་བསྐུལ་ཏེ།

རང་མདུན་ནམ་མཁར་འཇའ་འོད་ཐིག་ལེའི་ཀློང་། །
རིན་ཆེན་སེང་ཁྲི་པདྨ་ཉི་ཟླའི་སྟེང་། །
བཀའ་དྲིན་མཚུངས་མེད་རྩ་བའི་བླ་མ་ནི། །
རྣམ་པ་ཨོ་རྒྱན་མཚོ་ སྐྱེས་རྡོ་རྗེ་འཆང་། །
མཐིང་གསལ་རྡོ་རྗེ་དྲིལ་འཛིན་ལོངས་སྐུའི་ཆས། །

為法器之入座共通前行；貳、二次第瑜伽之個別前行。

壹、使相續堪為法器之入座共通前行

坐於舒適墊上，按照身要點坐正，排除三毒濁氣，心識悠然平常，也就是讓心完全專注於自然的禪定中。接著，隨念根本上師為諸佛總集之殊勝本體，致志地催請：

穰敦　南喀　賈哦　替離龍
己前虛空虹光明點界，
仁千　僧赤　貝瑪　尼迭殿
珍寶獅座蓮花日月上，
嘎真　聰美　雜威　喇嘛尼
恩德無比根本師安住，
南巴　鄔金　湊介　多傑羌
相為鄔金海生金剛持，
聽薩　多傑　直津　隆貴切
蔚藍手持鈴杵報身相，

རང་འོད་བདེ་ཆེན་ཡུམ་དང་མཉམ་པར་སྦྱོར། །

དགྱེས་འཛུམ་ཡེ་ཤེས་འོད་ཟེར་སྤྲོ་བའི་སྐུ། །

རབ་འབྱམས་སྐྱབས་ཀུན་འདུས་པའི་ངོ་བོར་བཞུགས། །

ཞེས་བླ་མ་གསལ་བཏབ་ལ་མོས་གུས་གདུང་ཤུགས་དྲག་པོས།

བླ་མ་ལ་གསོལ་བ་འདེབས་སོ། །

བླ་མ་ཀུན་ཁྱབ་ཆོས་ཀྱི་སྐུ་ལ་གསོལ་བ་འདེབས།

མ་རིག་མུན་པ་སེལ་བར་བྱིན་གྱིས་རློབས།

བླ་མ་ལ་གསོལ་བ་འདེབས་སོ། །

བླ་མ་ལོངས་སྤྱོད་རྫོགས་པའི་སྐུ་ལ་གསོལ་བ་འདེབས།

འོད་གསལ་ཁོང་ནས་འཆར་བར་བྱིན་གྱིས་རློབས།

穰哦　迭千　雲檔　娘巴就

自光大樂佛母平等合，

杰宗　耶謝　哦瑟　咒威固

歡喜微笑尊身放智光，

冉江　嘉袞　讀貝　哦沃徐

性為廣袤歸依境總集。

如此明觀上師，並以深切猛厲的虔誠恭敬之心祈請！

喇嘛拉　梭哇　迭蒐

祈請上師！

喇嘛　袞恰　確計　固拉　梭哇迭

祈請上師周遍一切之法身！

瑪日　穆恩巴　瑟哇　僅吉洛

願賜加持遣除無明闇！

喇嘛拉　梭哇　迭蒐

祈請上師！

喇嘛　龍倔　佐貝　固拉　梭哇迭

祈請上師圓滿受用身！

哦薩　空內　恰哇　僅吉洛

願賜加持光明由內現！

བླ་མ་ལ་གསོལ་བ་འདེབས་སོ། །

བླ་མ་ཐུགས་རྗེ་སྤྲུལ་པའི་སྐུ་ལ་གསོལ་བ་འདེབས།

རྟོགས་པ་ནམ་མཁའ་དང་མཉམ་པར་བྱིན་གྱིས་རློབས།

བླ་མ་ལ་གསོལ་བ་འདེབས་སོ། །

བླ་མ་སངས་རྒྱས་རིན་པོ་ཆེ་ལ་གསོལ་བ་འདེབས།

དོན་གཉིས་ལྷུན་གྱིས་འགྲུབ་པར་བྱིན་གྱིས་རློབས།

ཞེས་གསོལ་བ་དྲག་ཏུ་བཏབ་པས།

མོས་གུས་སྐུལ་བས་ཀྱིས་བླ་མའི་ཐུགས་རྒྱུད་བསྐུལ། །

དགྱེས་པས་མི་བཟློད་བདེ་བའི་གར་དང་བཅས། །

རང་གི་སྤྱི་བོར་བྱོན་ཏེ་བྱང་སེམས་སྤྲིན། །

喇嘛拉　梭哇　迭蒐
祈請上師！
喇嘛　圖杰　珠貝　固拉　梭哇迭
祈請上師大悲應化身！
豆巴　南喀檔　娘巴　僅吉洛
願賜加持證悟等虛空！
喇嘛拉　梭哇　迭蒐
祈請上師！
喇嘛　桑傑　仁波切拉　梭哇迭
祈請珍貴佛陀上師尊！
敦匿　倫吉　祝巴　僅吉洛
願賜加持二利任運成！
藉由如此猛厲祈請，思維並念誦：

莫耶規　豆計　喇美　圖局固
虔敬催動師心令歡喜，
杰貝　米隨　迭威　噶檔介
師即偕同難遏大樂舞，
穰嘰　計沃　卷迭　蔣森真
至我頂上，菩提心雲聚，

ཡེ་ཤེས་རྒྱལ་ཐབས་སྤྱི་ བླུགས་དབང་བསྐུར་བས། །

རྟོགས་གྲོལ་དུས་མཉམ་ཆེན་པོར་བྱིན་བརླབས་གྱུར། །

ཅེས་བརྗོད་ཅིང་བསམ་ལ་རིག་པ་འཛིན་མེད་ཀྱི་ངང་དུ་དར་གཅིག་མཉམ་པར་བཞག་གོ །འདི་ནི་ཐུན་ཐམས་ཅད་ཀྱི་སྔོན་དུ་གཅེས་ཏེ་བར་ཆད་ཞི་ཞིང་བྱིན་རླབས་མྱུར་དུ་འཇུག་པའི་དགོས་པ་ཡོད་དོ། །

耶謝　嘉踏　計路　旺固威

願賜加持以智慧瓶灌，

豆卓　讀娘　千波　僅臘局ㄖ

廣大證悟解脫俱時成！

接著，應於無執著之覺性境界中平等安住片刻。在一切修座之前皆應如此修習，須加珍重，因其具有平息障礙、速蒙加持之必要性。

གཉིས་པ་ལ་གཉིས། ཐུན་མོང་བློ་ལྡོག་རྣམ་བཞིས་རྒྱུད་ཀྱི་ཞིང་ས་སྦྱོང་བ་དང་།

ཐུན་མིན་ཟབ་ལམ་ཐུགས་ལྔའི་ས་བོན་གདབ་པའོ། །

貳、二次第瑜伽之個別前行

以共通四種轉心來調治心田，栽種不共甚深道五類修法之種子。

དང་པོ་ནི། འདི་ལྟར་དལ་འབྱོར་གྱི་མི་ལུས་ནི་ཤིན་ཏུ་རྙེད་པར་དཀའ་ཞིང་། རྙེད་པ་འདི་ཡང་མི་རྟག་པར་མྱུར་དུ་འཆི་བའི་དབང་དུ་འགྱུར། ཤི་ནས་ཀྱང་ཅང་མེད་དུ་མི་འགྲོ་བར་ལས་འབའ་ཞིག་གི་རྗེས་སུ་འབྲང་སྟེ་འཁོར་བར་འདུ་བྱེད། འཁོར་བ་གང་དུ་སྐྱེས་ཀྱང་སྡུག་བསྔལ་ཁོན་ལས་མ་འདས་པས། ད་རེས་འཁོར་བ་སྡུག་བསྔལ་གྱི་རྒྱ་མཚོ་ཆེན་པོ་འདི་ལས་ཅི་ནས་ཀྱང་ཐར་བ་ཞིག་བྱ། དེའི་ཆེད་དུ་དམ་པའི་ཆོས་རྣམ་པར་དག་པ་ཞིག་ད་ལྟ་ཉིད་ནས་བསྒྲུབ་པར་བགྱིའོ་སྙམ་པ་དང་། དེ་ལྟར་བསྒྲུབ་

首先，應當思維：「如此暇滿人身，極其難得。所得此身，又是無常的，會迅速受到死亡擺布。死後，也不會歸於虛無，完全隨著業而於輪迴中運轉。在輪迴中的任何一處，都只有痛苦、離不開痛苦。這一回，無論如何都要從這輪迴的痛苦大海中解脫。為此，從現在起就要修持清淨的正法」。也要想著：「願能如此修持！珍寶上師您鑑知」，並發起猛厲的信心與出離心。

ཐུས་པའང་བླ་མ་རིན་པོ་ཆེ་མཁྱེན་སྣམ་པའི་དད་པ་དང་ངེས་འབྱུང་གི་ཤུགས་དྲག་ཏུ་བསྐྱེད་དེ།

ན་མོ༔ དུས་གསུམ་རྒྱལ་དང་རྒྱལ་སྲས་ཐམས་ཅད་ཀྱི༔

སྤྱི་གཟུགས་མཁྱེན་བརྩེ་ནུས་པའི་བདག་ཉིད་དཔལ༔

གཏན་གྱི་སྐྱབས་གཅིག་དྲིན་ཅན་བླ་མ་རྗེ༔

མི་འབྲལ་སྤྱི་གཙུག་བདེ་ཆེན་འཁོར་ལོར་བཞུགས༔

གསོལ་བ་འདེབས་སོ་བླ་མ་རིན་པོ་ཆེ༔

དྲིན་གྱིས་རློབས་ ཤིག་བཀའ་དྲིན་མཚུངས་མེད་རྗེ༔

དལ་འབྱོར་འདི་ནི་ཤིན་ཏུ་རྙེད་པར་དཀའ༔

མི་ལུས་དོན་ལྡན་སྙིང་པོ་ལོན་པ་ཞིག༔

གསོལ་བ་འདེབས་སོ་བླ་མ་རིན་པོ་ཆེ༔

拿摩／讀松　嘉檔　嘉瑟　湯介計
南無！三世一切勝者與佛子，
計俗　千則　女貝　達匿霸
總集智悲力之妙德主，
殿吉　嘉計　真堅　喇嘛杰
究竟唯一歸處恩師尊，
敏札　計租　迭千　扣樓徐
不離安住頂上大樂輪，
梭哇　迭蒐　喇嘛　仁波切
我今祈請珍貴上師寶！
僅吉　洛希　嘎真　聰美杰
願賜加持！無比恩德尊！
膽就　狄尼　欣度　涅巴嘎
此暇滿身極其難獲得，
米呂　敦滇　寧波　倫巴習
願能令此人身具精義。
梭哇　迭蒐　喇嘛　仁波切
我今祈請珍貴上師寶！

བྱིན་གྱིས་རློབས་ཤིག་བཀའ་དྲིན་མཚུངས་མེད་རྗེ༔

僅吉　洛希　嘎真　聰美杰

願賜加持！無比大恩尊！

ཚེ་འདིའི་སྣང་བ་རྨི་ལམ་གནས་སྐབས་ཙམ༔

策狄　囊哇　密蘭　內嘎讚

此生景象暫時如夢爾，

མི་རྟག་འཆི་བ་སྙིང་ནས་དྲན་པ་ཞིག༔

米大　企哇　寧內　診巴習

願能衷心憶念無常死。

གསོལ་བ་འདེབས་སོ་བླ་མ་རིན་པོ་ཆེ༔

梭哇　迭蒐　喇嘛　仁波切

我今祈請珍貴上師寶！

བྱིན་གྱིས་རློབས་ཤིག་བཀའ་དྲིན་མཚུངས་མེད་རྗེ༔

僅吉　洛希　嘎真　聰美杰

願賜加持！無比大恩尊！

ཁམས་གསུམ་འཁོར་བ་སྡུག་བསྔལ་རང་བཞིན་ལ༔

康松　扣哇　篤啊　穰欣拉

三界輪迴自性即痛苦，

ཆགས་ཞེན་འཁྲི་བ་གཏིང་ནས་ཆོད་པ་ཞིག༔

恰賢　赤哇　定內　卻巴習

願能根除貪戀耽著纏。

གསོལ་བ་འདེབས་སོ་བླ་མ་རིན་པོ་ཆེ༔

梭哇　迭蒐　喇嘛　仁波切

我今祈請珍貴上師寶！

བྱིན་གྱིས་རློབས་ཤིག་བཀའ་དྲིན་མཚུངས་མེད་རྗེ༔

僅吉　洛希　嘎真　聰美杰

願賜加持！無比大恩尊！

དགེ་སྡིག་ལས་ཀྱི་རྣམ་སྨིན་བསླུ་བ་མེད༔

給狄　雷計　南敏　路哇美

善惡業力異熟不虛妄，

བླང་དོར་གནས་ལ་མཁས་ཤིང་ཚུལ་ལྡན་ཞིག༔

嘟斗　內拉　克耶興　促滇習

願能如理精通取捨處。

གསོལ་བ་འདེབས་སོ་བླ་མ་རིན་པོ་ཆེ༔

梭哇　迭蒐　喇嘛　仁波切

我今祈請珍貴上師寶！

བྱིན་གྱིས་རློབས་ཤིག་བཀའ་དྲིན་མཚུངས་མེད་རྗེ༔

僅吉　洛希　嘎真　聰美杰

願賜加持！無比大恩尊！

ཞེས་པ་རྣམས་ཀྱི་དོན་ཡིད་ལ་དྲན་ཅིང་ངག་ཏུ་ཅི་རིགས་བརྗོད་དོ། །

在心中如此憶念此等意義，並盡力念誦。

གཉིས་པ་ལྔ་ལས། དང་པོ་ཐར་པའི་ལམ་གྱི་གཞི་རྟེན་སྐྱབས་སུ་འགྲོ་བ་ནི། ཐོག་མར་སྐྱབས་ཡུལ་གསལ་གདབ་པ་ལ།

第二，分五。一、解脫道之基礎、所依——歸依。首先，明觀資糧田：

སྣོད་བཅུད་དག་པའི་ཞིང་ཁམས་ཉམས་དགའི་དབུས། །

虐句　達貝　型康　娘給玉

器情清淨適悅國土中，

དྲི་མེད་ཡིད་འོང་ཌྷ་ན་ཀོ་ཤའི་མཚོ། །

直美　宜嗡　達拿　果謝湊

無垢宜人達納果夏湖，

དེ་དབུས་རིན་ཆེན་པད་སྡོང་འདབ་རྒྱས་པ། །

迭玉　仁千　貝董　達傑巴

中央珍寶蓮梗葉繁茂，

ཡལ་ག་ལྔ་ལྡན་དབུས་ཀྱི་ཟེའུ་འབྲུའི་སྟེང༌། །

牙噶　啊滇　玉計　誰鄔追殿

五枝中央安坐蓮胚上，

སངས་རྒྱས་ཀུན་འདུས་བླ་མ་ཐོད་ཕྲེང་རྩལ། །

桑傑　袞位　喇嘛　退稱雜

諸佛總集上師顱鬘力，

སྣང་སྲིད་ཟིལ་གྱིས་གནོན་པའི་ཆ་བྱད་ཅན། །

མཚན་དཔེའི་དཔལ་འབར་འཇའ་ཟེར་ཀློང་དུ་བརྗིད། །

དབུ་གཙུག་དགོངས་པ་བརྡ་དང་སྙན་ཁུངས་བརྒྱུད། །

བཀའ་བབས་ལུང་བསྟན་སྨོན་ལམ་དབང་བསྐུར་བརྒྱུད། །

མཁའ་འགྲོ་གཏད་རྒྱ་རྟོགས་པ་དོན་བརྒྱུད་ཀྱི། །

རིག་འཛིན་བརྒྱུད་པའི་བླ་མ་མ་ལུས་པ། །

ཡས་རིམ་བཞིན་དུ་ཐོ་བརྩེགས་ཚུལ་གྱིས་ཚུལ། །

ཕྱོགས་བཞིའི་པད་སྡོང་ཡལ་ག་རབ་རྒྱས་སྟེང་། །

གཡས་སུ་བཅོམ་ལྡན་ཤཱཀྱའི་རྒྱལ་པོ་ལ། །

བསྐལ་བཟང་ཞིང་གི་སངས་རྒྱས་སྟོང་རྩ་སོགས། །

囊夕　習吉　弄恩貝　恰杰堅

具足降伏顯有之裝束，

參貝　班跋　賈瑟　龍篤吉

相好德光煥然虹光界，

悟租　貢巴　達檔　年空局

頂上密意表示耳傳師，

嘎跋　龍湞　門蘭　旺固局

付法授記發願灌頂傳，

康卓　迭嘉　豆巴　敦局計

空行囑印證悟義傳承，

仁津　局貝　喇嘛　瑪呂巴

持明傳承上師盡無餘，

耶伶　欣篤　透則　促及促

依次向上層疊而安住。

秋習　貝董　牙噶　日阿傑殿

四方蓮梗繁茂分枝上，

頁蘇　炯湞　夏皆　嘉波拉

右方乃有世尊釋迦王，

嘎桑　型嘰　桑傑　東雜蒐

其為賢劫千零二佛等，

ཕྱོགས་དུས་འདི་གཤེགས་རྒྱལ་བའི་ཚོགས་ཀྱིས་བསྐོར། །
རྒྱབ་ཏུ་འོད་ལྔའི་དྲ་མིག་མཛེས་པའི་ཞིང་། །
ལུང་རྟོགས་དམ་ཆོས་གསུང་རབ་གླེགས་བམ་ཚལ། །
ཨ་ལི་ཀ་ལིའི་རང་སྒྲ་སྙན་པར་སྒྲོགས། །
གཡོན་དུ་སེམས་དཔའ་ཉེ་བའི་སྲས་བརྒྱད་ལ། །
འཕགས་པ་གནས་བརྟན་ཆེན་པོ་བཅུ་དྲུག་སོགས། །
བྱང་སེམས་ཉན་རང་དགེ་འདུན་ ཚོགས་ཀྱིས་བསྐོར། །
མདུན་དུ་རྡོ་རྗེ་གཞོན་ནུ་ཡབ་ཡུམ་ལ། །
རྒྱུད་སྡེ་བཞི་དྲུག་ཡི་དམ་ཞི་ཁྲོའི་ལྷ། །
གནས་གསུམ་དཔའ་བོ་མཁའ་འགྲོའི་ཚོགས་ཀྱིས་བསྐོར། །

秋讀　迭謝　嘉威　湊詰夠

十方三時善逝佛圍繞；

架度　哦欸　札密　則貝龍

後為莊嚴五光網格界，

龍豆　但確　松日阿　類邦倪

教證正法教言經函相，

阿離　嘎利　穰乍　年巴咒

悅耳元音輔音出自聲；

圓篇　森巴　涅威　瑟杰拉

左有眷侍八大菩薩尊，

帕巴　內滇　千波　居竹篤

聖者十六大阿羅漢等，

蔣森　年穰　給敦　湊詰夠

菩薩聲聞緣覺僧團繞；

敦篤　多傑　宣努　牙雲拉

前有金剛童子佛父母，

局迭　習竹　宜但　息吹拉

四六續部寂忿本尊天，

內松　巴沃　康追　湊詰夠

三處勇父空行眾團繞；

ཕྱི་རོལ་བར་མཚམས་ཁོར་ཡུག་ཐམས་ཅད་དུ། །

企若　跋燦　扣玉　湯杰篤

外部、間隙所有範疇內，

རྒྱུད་གསུམ་དམ་ཅན་སྲུང་མ་རྒྱ་མཚོའི་ཚོགས། །

局松　但堅　松瑪　蔣翠湊

三續具誓護法海會眾，

མ་ལུས་སྤྲིན་ཕུང་གཏིབས་པ་བཞིན་དུ་འཁོད། །

瑪呂　真彭　諦巴　欣篤饋

如雲密布安住盡無餘，

ཀུན་ཀྱང་མཁྱེན་བརྩེའི་ནུས་པའི་ཡེ་ཤེས་ཀྱིས། །

袞將　千則　女貝　耶謝計

皆為以智悲力本智力，

འཁོར་བ་དོང་ནས་སྤྲུགས་པའི་ཕྲིན་ལས་ཅན། །

扣哇　董內　祝貝　欽雷堅

行持根除輪迴事業者，

བདག་སོགས་འགྲོ་ཀུན་འདྲེན་པའི་དེད་དཔོན་དུ། །

達蒐　卓袞　診貝　迭奔篤

引領我等眾生之商主，

ཐུགས་རྗེ་ཆེན་པོས་དགོངས་ཏེ་བཞུགས་པར་གྱུར། །

圖杰　千杯　貢迭　徐巴局日

大悲垂念有情而安住。

ཅེས་གསལ་བཏབ་ནས། དེ་དག་གི་སྤྱན་སྔར་བདག་སོགས་སེམས་ཅན་ཐམས་ཅད་མགྲིན་གཅིག་སྒོ་གསུམ་གུས་པ་ཆེན་པོས་བློ་གཏད་ཡིད་བསྐྱུར་གྱི་སྒོ་ནས་བྱང་ཆུབ་སྙིང་པོའི་བར་དུ་སྐྱབས་སུ་འགྲོ་བའི་འདུན་པས།

如此祈請之後，思維：在他們跟前，我等一切有情皆以三門具大恭敬、全然託付的態度，尋求歸依，直至菩提藏。

ན་མོ༔ བདག་དང་མཐའ་ཡས་པ་མ་མཁའ་མཉམ་འགྲོ༔

拿摩／達檔　踏耶　帕瑪　喀娘卓

南無！我與無邊父母等空眾，

ཇི་སྲིད་བྱང་ཆུབ་སྙིང་པོར་མཆིས་ཀྱི་བར༔

བླ་མ་དཀོན་མཆོག་གསུམ་ལ་སྐྱབས་སུ་མཆི༔

སྐད་ཅིག་མི་འབྲལ་བརྩེ་བས་རྗེས་སུ་ཟུངས༔

ཞེས་ཅི་ནུས་སུ་བྱའོ། །

གཉིས་པ་ཐེག་ཆེན་ལམ་གྱི་སྙིང་པོ་བྱང་ཆུབ་མཆོག་ཏུ་སེམས་བསྐྱེད་པ་ནི།

སྐྱབས་ཡུལ་རྣམས་དཔང་པོར་གསོལ་ཏེ།

མཁའ་ཁྱབ་འགྲོ་ཀུན་བདག་ གི་ཕ་མ་སྟེ། །

བདེ་བ་འདོད་ཀྱང་སྡུག་བསྔལ་འབའ་ཞིག་སྒྲུབ། །

ཐར་མེད་འཁོར་བར་འཁྱམས་པ་སྙིང་རེ་རྗེ། །

དེ་རྣམས་བདག་གིས་ཅི་ནས་བསྒྲལ་བར་བྱ། །

དེ་ཕྱིར་ཡེངས་མེད་བརྩོན་པའི་ཞུགས་བསྐྱེད་ནས། །

吉夕　蔣秋　寧波　企計跋
直至成就菩提之精藏，
喇嘛　袞秋　松拉　嘉蘇企
悉皆歸依上師三寶尊，
給計　敏札　則威　杰蘇聳
惟願悲心攝受不稍離。
盡力為之。

二、大乘道之精要——發起最勝菩提心。

以歸依境大眾為證，明觀：

喀恰　卓袞　達嘰　帕瑪迭
遍空眾生皆為我父母，
迭哇　對將　讀啊　跋習祝
希求快樂然唯造痛苦，
踏美　扣哇　羌巴　寧日耶杰
哀哉漂泊輪迴無出期，
迭難　達嘰　計內　乍哇賈
我今定當救度彼眾生，
迭企　彥美　尊貝　旭介內
故應發起精進不散亂，

ཟབ་མོའི་རྣལ་འབྱོར་མཐར་ཕྱིན་པར་བགྱི། །

撒摩耶　納就　踏如　欽巴吉

務令甚深瑜伽臻究竟。

ཞེས་སྨོན་འཇུག་གི་སེམས་བསྐྱེད་གསལ་འདེབས་བཞིན་པས།

如此明觀願行菩提發心，繼而念誦：

མགོན་པོ་སྲས་དང་བཅས་པ་བདག་ལ་དགོངས༔

袞波　瑟檔　介巴　達拉貢

怙主及諸佛子垂念我！

ཚད་མེད་རྣམ་བཞིས་འགྲོ་དོན་དང་དུ་ལེན༔

策美　南習　卓敦　檔篤連

以四無量荷擔有情利，

བྱང་ཆུབ་སེམས་བཟུང་པར་ཕྱིན་དྲུག་ལ་བསླབ༔

蔣秋　森聳　帕欽　竹拉臘

受持菩提心並學六度，

དོན་གཉིས་ལྷུན་གྱིས་འགྲུབ་པའི་དཔལ་ཐོབ་ཤོག༔

敦匿　倫吉　祝貝　霸透秀

願證二利任運妙德果！

ཅེས་ཇི་ལྟར་རིགས་པ་བརྗོད་ཅིང་། བདག་གཞན་མཉམ་བརྗེའི་བློ་སྦྱོང་དང་བདེ་སྡུག་གཏོང་ལེན་གྱི་དམིགས་པའང་བྱ།

應當念誦合適的內容，並進行自他平等、自他交換的修心法，以及苦樂施受的觀想。

ཐུན་གྱི་མཐར།

修座終了時，收攝：

སྐྱབས་ཡུལ་རྣམས་ལས་བྱིན་རླབས་བདུད་རྩིའི་རྒྱུན། །

嘉玉　難雷　僅臘　讀字均

歸依境出加持甘露流，

དཀར་གསལ་འོད་ཟེར་རྣམ་པར་དཔག་མེད་བྱུང་། །

嘎薩　哦瑟　南巴　霸美炯

無量潔白明燦光芒相，

བདག་གཞན་ལ་ཐིམ་སྒོ་གསུམ་སྒྲིབ་སྦྱངས་ནས། །

སྐད་ཅིག་འོད་ཞུ་སྐྱབས་ཡུལ་རྣམས་ལ་ཐིམ། །

སྐྱབས་ཡུལ་འཁོར་རྣམས་རིམ་ཞུ་གཙོ་བོར་འདུས། །

གཙོ་བོ་མི་དམིགས་ཆོས་དབྱིངས་ཀློང་དུའོ། །

ཞེས་བསྡུས་ཏེ་མཉམ་པར་བཞག་གོ །

གསུམ་པ་འགལ་རྐྱེན་སྡིག་སྒྲིབ་སྦྱོང་བ་རྡོར་སེམས་བསྒོམ་ བཟླས་ནི།

རང་གི་སྤྱི་བོར་རྩ་བའི་བླ་མ་རྡོ་རྗེ་སེམས་དཔའ་ཡབ་ཡུམ་གྱི་རྣམ་པར་མངོན་སུམ་དུ་བཞུགས་པར་གསལ་ལ། སྔར་བྱས་ཀྱི་སྡིག་པ་ལ་གནོང་འགྱོད་དྲག་པོ་བསྐྱེད་ཅིང་། ཕྱིན་ཆད་སྲོག་ལ་བབ་ཀྱང་མི་བྱེད་སྙམ་པའི་དམ་བཅའ་དང་། ཐུགས་ཀའི་སྔགས་ཕྲེང་ལས་བྱུང་བའི་བྱང་སེམས་བདུད་རྩིའི་རྒྱུན་གྱིས་རང་གི་སྡིག་སྒྲིབ་ཉེས་ལྟུང་ཐམས་ཅད་ལྷག་མེད་དུ་སྦྱོང་བར་བསམ་པ་སྟེ་སྟོབས་བཞིའི་གནད་དང་ལྡན་པས།

達賢　拉聽　苟松　直將內

融入自他淨三門蓋障，

給計　哦徐　嘉域　難拉聽

剎那化光融入歸依境，

嘉域　扣難　伶徐　奏沃讀

歸境眷眾漸攝入主尊，

奏沃　米密　確音　龍篤哦

主尊入於法界不可得。

隨後，平等安住。

三、淨化違緣罪障之金剛薩埵觀修念誦法。

明觀根本上師以金剛薩埵佛父母之相，現前安住於自己頭頂上，並對過去已造的罪業感到強烈懊悔，心中發誓：「往後縱遇命難，也不再犯」。思惟其（金剛薩埵）心間咒鬘所出現的菩提心甘露流，淨化了自己的一切罪障、過失、墮罪等，無一遺餘。如此具足四力要點，念誦：

རང་གི་སྤྱི་བོར་པདྨ་ཟླ་གདན་ལ༔
བླ་མ་རྡོ་རྗེ་སེམས་དཔའ་ཤེལ་གྱི་མདོག༔
ཞི་འཛུམ་མཚན་དཔེའི་ལང་ཚོ་མཆོག་ཏུ་འབར༔
གཡས་གཡོན་ཐབས་ཤེས་རྡོ་རྗེ་དྲིལ་བུ་འཛིན༔
ལོངས་སྐུའི་ཆས་རྫོགས་སྐྱིལ་མོ་ཀྲུང་གིས་བཞུགས༔
པང་དུ་སྙེམས་མ་གྲི་ཐོད་འཛིན་པས་འཁྱུད༔
ཐུགས་ཀར་ཟླ་དཀྱིལ་ཧཱུྃ་མཐར་སྔགས་ཕྲེང་ལས༔
བྱང་སེམས་བདུད་རྩིའི་རྒྱུན་བབས་སྦྱོར་མཚམས་བརྒྱུད༔
བདག་གི་ཚངས་བུག་ནས་ཞུགས་ལུས་ཀུན་གང་༔
ཉམས་ཆག་སྡིག་ལྟུང་མ་ལུས་ཀུན་བྱང་གྱུར༔
ཨོཾ་བཛྲ་སཏྭ་ས་མ་ཡ་མ་ནུ་པཱ་ལ་ཡ༔

穰嘰　計沃　貝瑪　達典拉
自己頂上蓮花月墊上，
喇嘛　多傑　森巴　謝吉斗
上師金剛薩埵色如晶，
息宗　參貝　啷湊　秋度跋
寂靜微笑相好青春盛，
頁圓　踏謝　多傑　直布津
右杵左鈴表方便智慧，
隆貴　切佐　計摩　仲嘰徐
圓具報身裝束跏趺坐，
邦篤　念瑪　直退　津貝趣
懷擁傲慢佛母持鉞顱，（鉞顱：鉞刀與顱器）
圖嘎　達計　吽踏　啊稱雷
心間月壇吽（ཧཱུྃ）外圍咒鬘，
蔣森　讀字　均跋　就燦局
覺心甘露流經和合處，
達嘰　蒼布　內徐　呂袞港
由己梵穴進入盈周身，
娘恰　狄東　瑪呂　袞將局日
淨諸衰犯罪墮盡無餘。
嗡　班雜薩埵　薩麻牙　麻奴巴拉牙。

བཛྲ་སཏྭ་ཏྭེ་ནོ་པ་ཏིཥྛ་དྲི་ཌྷོ་མེ་བྷ་ཝ༔ 班雜薩埵 迭諾巴 諦剎智卓 眉跋哇。

སུ་ཏོ་ཥྱོ་མེ་བྷ་ཝ༔ 蘇兜喀優 眉跋哇。

སུ་པོ་ཥྱོ་མེ་བྷ་ཝ༔ 蘇波喀優 眉跋哇。

ཨ་ནུ་རཀྟོ་མེ་བྷ་ཝ༔ 阿奴日阿多 眉跋哇。

སརྦ་སིདྡྷིཾ་མྨེ་པྲ་ཡཙྪ༔ 薩日哇 悉地 眉乍牙擦。

སརྦ་ཀརྨ་སུ་ཙ་མེ༔ 薩日哇 嘎日瑪 蘇雜眉。

ཙིཏྟཾ་ཤྲེ་ཡཿ་ཀུ་རུ་ཧཱུྃ༔ 孜當 希日以揚 固如 吽。

ཧ་ ཧ་ཧ་ཧ་ཧོཿ 哈哈哈哈 吙。

བྷ་ག་ཝཱན༔ 跋噶問。

སརྦ་ཏ་ཐཱ་ག་ཏ་བཛྲ་མཱ་མེ་མུཉྩ་བཛྲཱི་བྷ་ཝ་མ་ཧཱ་ས་མ་ཡ་སཏྭ་ཨཱཿ༔ 薩日哇 大踏噶大 班雜 嘛眉木息雜 班孜跋哇 瑪哈 薩麻牙 薩埵啊。

ཞེས་ཅི་ནུས་སུ་བཟླས་པས། བདུད་རྩིའི་རྒྱུན་གྱིས་ལུས་ཀྱི་ནང་ཀུན་དཀར་ལྷེམ་ 盡力持咒。觀想：白皙的甘露流充遍全身，

གྲིས་གང་། སྡིག་སྒྲིབ་ཉམས་ཆག་ཐམས་ཅད་དག །ལུས་སེམས་ཟག་མེད་ཀྱི་བདེ་
བས་ཁྱབ་པར་བསམ་པ་ཕྱི་ལྟར་སྒྲིབ་སྦྱོང་དང་།

清淨一切罪障、衰損與違犯，無漏之樂遍滿身心。此為外在層次之淨障法。

མཐར་མོས་གདུང་དྲག་པོས།

最後，懷著強烈的信解心，誦：

མགོན་པོ་བདག་ནི་མི་ཤེས་རྨོངས་པ་ཡིས། །

袞波　達尼　米謝　夢巴宜

怙主！我因無知愚昧故，

དམ་ཚིག་ལས་ནི་འགལ་ཞིང་ཉམས། །

但企　雷尼　噶型娘

違犯衰損三昧耶，

བླ་མ་མགོན་པོས་སྐྱབས་མཛོད་ཅིག །

喇嘛　袞杯　架最計

願蒙上師怙主救！

གཙོ་བོ་རྡོ་རྗེ་འཛིན་པ་ཀྱེ། །

奏沃　多傑　津巴介

嗟哉！主尊持金剛！

ཐུགས་རྗེ་ཆེན་པོའི་བདག་ཉིད་ཅན། །

圖杰　千杯　達匿堅

大悲心之主宰者，

འགྲོ་བའི་གཙོ་ལ་བདག་སྐྱབས་མཆི། །

軸威　奏拉　達架企

我今歸依眾生主！

སྐུ་གསུམ་ཐུགས་རྩ་བ་དང་ཡན་ལག་གི་དམ་ཚིག་ཉམས་ཆག་
ཐམས་ཅད་མཐོལ་ལོ་བཤགས་སོ། །

固松圖　雜哇檔　研臘嘰　但企　娘恰　湯杰　透樓　夏蒐

凡於身語意及諸根本、支分誓言，有所衰損、破犯，悉皆發露懺悔！

སྡིག་སྒྲིབ་ཉེས་ལྟུང་དྲི་མའི་ཚོགས་ཐམས་ཅད་བྱང་ཞིང་དག་པར་མཛད་དུ་གསོལ།

狄智　涅東　直美湊　湯杰　蔣型　達巴則篤棱

祈請淨化一切罪障、過失、墮罪等諸垢染，令得清淨！

ཞེས་གསོལ་བ་བཏབ་པས།

藉由如此祈請，觀想：

རྡོ་རྗེ་སེམས་དཔའ་དགྱེས་བཞིན་འཛུམ་པ་དང་བཅས་པས་རིགས་ཀྱི་བུ་ཁྱོད་ཀྱི་སྡིག་སྒྲིབ་ཉེས་ལྟུང་ཐམས་ཅད་དག་པ་ཡིན་ནོ་ཞེས་བཀའི་གནང་བ་བསྩལ་བར་མོས་ལ།

多傑　森巴　杰欣　宗巴　檔介貝／利計卜卻計　狄智　涅東　湯杰　達巴　銀諾／協嘎宜囊哇　雜哇局日

金剛薩埵歡喜微笑，開許道：「善男子！汝之一切罪障、過失、墮罪悉已清淨。」

སྡིག་སྒྲིབ་ཀུན་དག་ཤེལ་གོང་ལྟ་བུར་གྱུར༔

狄智　袞達　謝工　大卜局日

罪障悉淨，轉化如晶球，

སླར་ཡང་འོད་དཀར་རྣམ་པར་མེར་གྱིས་ཞུ༔

臘揚　哦嘎　南巴　眉吉徐

復次逐漸化為白光相，

བདག་སྣང་དང་འདྲེས་རྡོར་སེམས་　སྐུ་རུ་གྱུར༔

達囊　檔哲　多森　固如局日

契合己相，轉為金薩身，

སྣང་སྲིད་དག་པ་རབ་འབྱམས་རོལ་པར་བལྟ༔

囊夕　達巴　冉江　若巴大

應觀顯有廣袤清淨戲！

ཨོཾ་བཛྲ་སཏྭ་ཧཱུྃ༔

嗡 班雜 薩埵 吽。

ཞེས་སྤྱི་བོའི་རྡོར་སེམས་རང་ལ་ཐིམ་པས་རང་ཡང་རྡོ་རྗེ་སེམས་དཔའི་སྐུར་གྱུར་པར་མོས་ཏེ་སྣང་གྲགས་རྟོག་གསུམ་ལྷ་སྔགས་ཆོས་ཉིད་ཀྱི་རོལ་པར་བལྟ་ཞིང་ཡང་སྙིང་བཟླ་བ་ནང་ལྟར་སྒྲིབ་སྦྱོང་དང་། མཐར་ཐུག་ལྷ་སྔགས་ཀྱི་སྤྲོས་པའང་འོད་གསལ་དུ་བསྡུས་ཏེ་སྦྱང་བྱ་སྦྱོང་བྱེད་ཀྱི་རྟོག་ཚོགས་གདོད་ནས་དག་པ་རིག་སྟོང་དོན་གྱི་རྡོ་རྗེ་སེམས་དཔའི་རང་ཞལ་བལྟ་བ་ནི་གསང་བ་ལྟར་སྒྲིབ་སྦྱོང་བླ་ན་མེད་པའོ། །

བཞི་པ་མཐུན་རྐྱེན་ཚོགས་བསགས་མཎྜལ་འབུལ་བ་ནི།

ཚོགས་ཞིང་སྐྱབས་ཡུལ་ལྟར་གསལ་བཏབ་པའི་སྤྱན་སྔར་དངོས་སུ་བཤམས་པའི་མཎྜལ་དཔེར་མཚོན་ནས། ཕྱི་ལྟར་སྟོང་གསུམ་མི་མཇེད་ཀྱི་ཞིང་ཁམས་བྱེ་བ་ཕྲག་བརྒྱའི་བཀོད་པ། ནང་ལྟར་རང་ལུས་ཕུང་ཁམས་སྐྱེ་མཆེད་དུས་གསུམ་ལོངས་སྤྱོད་དགེ་ཚོགས་དང་བཅས་པ། གསང་བ་ཆོས་དབྱིངས་འོད་གསལ་རྡོ་རྗེ་སྙིང་པོའི་ཞིང་ཁམས་ལྷུན་གྲུབ་སྐུ་དང་ཐིག་ལེའི་སྣང་བ་ཚད་མེད་པའི་རང་བཞིན་ཆོས་ཉིད་བསམ་གྱིས་མི་ཁྱབ་པ་རྣམ་པ་ཐམས་ཅད་པའི་ཚུལ་གྱིས་འབུལ་བའི་འདུན་པ་དང་བཅས།

ཨོཾ་ཨཱཿཧཱུྃ༔ སྟོང་གསུམ་མི་མཇེད་བཀོད་པ་མཐའ་ཡས་དཔལ༔

如是，觀想：頂上金剛薩埵融入身，自己也成為金剛薩埵身——應視顯現、音聲、分別念三者，即為本尊、密咒、法性之遊戲，並念誦更近心咒。此為內在層次之淨障法。

最終，應如此看待：即便是本尊、密咒等戲論，亦皆收攝於光明，所淨化、能淨化等一切分別念聚，皆本來清淨，為覺空究竟金剛薩埵本來面目。此為祕密層次之無上淨罪法。

四、累積順緣資糧之獻曼達法。

按照歸依境明觀資糧田，於其前方陳設實體曼達，以此為象徵，外在層面為百俱胝三千娑婆世界之莊嚴，內在層面包括自己身體的蘊界處、三時受用與善聚，祕密層面則為法界光明金剛藏剎土，無盡任運成就佛身明點相之自性不可思議法性一切萬相。懷著如此獻供之意願，盡力獻供：

嗡啊吽／東松　米杰　貴巴　踏耶霸

嗡啊吽！三千娑婆莊嚴無邊德，

བདག་ལུས་ལོངས་སྤྱོད་བསོད་ནམས་དགེ་རྩར་བཅས༔
達呂　隆倔　索南　給雜介
我身受用福德善根俱，

ཡོངས་རྫོགས་བཀོད་པ་མཛེས་ལྡན་མཎྜལ་འདི༔
永佐　貴巴　則滇　曼札狄
圓滿美麗莊嚴此曼達，

ཚོགས་གཉིས་རྫོགས་ཕྱིར་དཀོན་མཆོག་གསུམ་ལ་འབུལ༔
湊匿　佐企　袞秋　松拉布
為圓二資，獻予勝三寶。

ཞེས་ཅི་ནུས་སུ་ཕུལ་མཐར་ཚོགས་ཞིང་བདག་གཞན་སེམས་ཅན་རྣམས་ལ་ཐིམ་པས་ཚོགས་གཉིས་ཡོངས་སུ་རྫོགས་པར་བསམ་མོ། །

最後，思維：資糧田融入自他有情眾，二種資糧盡皆圓滿。

ལྔ་པ་ལམ་གྱི་མཐར་ཐུག་བྱིན་རླབས་བླ་མའི་རྣལ་འབྱོར་ནི།

五、究竟之道──能獲加持之上師瑜伽。

ཐོག་མར་དབང་རྟེན་གསལ་གདབ་པ་ལ།

首先，明觀灌頂所依：

ཨེ་མ་ཧོ༔ རང་སྣང་རྣམ་དག་དོན་གྱི་འོག་མིན་ཞིང་༔
欸麻吙／穰囊　南達　敦吉　哦敏型
欸麻吙！自顯清淨勝義密嚴剎，

བདེ་ཆེན་པདྨ་འོད་ཀྱི་གྲོང་ཁྱེར་དབུས༔
迭千　貝瑪　哦計　種切玉
大樂蓮花光城之中央，

རང་ཉིད་མཚོ་རྒྱལ་མཁའ་སྤྱོད་དབང་མོ་ནི༔
穰匿　措嘉　喀覺　旺嫫尼
己為措嘉空行自在母，

དམར་གསལ་མཚན་དཔེས་རབ་མཛེས་གྲི་ཐོད་ཅན༔
瑪薩　參貝　日阿則　直退堅
燦紅相好妙嚴持鉞顱，

སྣ་ཚོགས་དར་དང་རཏྣ་རུས་པས་བརྒྱན༔

那湊　達檔　惹納　如貝簡

雜色綢緞珍寶骨飾嚴，

པད་ཉིའི་བམ་རོའི་གདན་ལ་འདོར་སྟབས་བཞེངས༔

貝尼　旁瑞　典拉　斗大現

蓮日人屍墊上舞姿立，

རིངས་པའི་ཚུལ་གྱིས་སྟེང་གི་ནམ་མཁར་གཟིགས༔

伶貝　促吉　殿嘰　南喀習

目光切切向上望虛空；

མདུན་གྱི་ནམ་མཁར་འཇའ་འོད་འཁྲིགས་པའི་ཀློང་༔

敦吉　南喀　賈哦　赤貝龍

前方虛空虹光爛漫界，

མ་ཆགས་པདྨ་ཉི་ཟླའི་གདན་སྟེང་དུ༔

瑪恰　貝瑪　尼迭　典殿篤

坐於無貪蓮花日月墊，

བླ་མའི་ངོ་བོ་པདྨ་འབྱུང་གནས་སྐུ༔

喇美　哦沃　貝瑪　炯內固

本性為師，蓮花生尊身，

དཀར་དམར་མདངས་ལྡན་གཟི་བརྗིད་འོད་ཕུང་འབར༔

嘎瑪　檔滇　習計　哦彭跋

白紅潤澤威嚴光蘊燦，

གཞོན་ཚུལ་མཚན་དཔེ་རབ་རྫོགས་ཞི་མ་ཁྲོ༔

宣促　參貝　日阿佐　息瑪綽

青春相好盡圓半寂忿，

པད་ཞྭ་གསང་འོད་ཆོས་གོས་ཟ་བེར་གསོལ༔

貝徐　桑頗耶　確貴　撒貝梭

蓮冠密袍法衣與大氅，

ཕྱག་གཡས་རྡོ་རྗེ་གཡོན་པས་ཐོད་བུམ་བསྣམས༔

恰頁　多傑　圓貝　退崩難

右手持杵，左捧顱與瓶，

ཞབས་གཉིས་རོལ་སྟབས་ཁ་ཊྭཾ་མཆན་དུ་བརྟེན༔

俠匿　若大　喀章　千篤殿

足遊戲姿，腋下倚喀章，

སྣང་སྲིད་ཟིལ་གནོན་འཁོར་འདས་ཡོངས་ཀྱི་བདག༔

囊夕　習弄恩　扣迭　永計達

降伏顯有一切輪涅主，

སྐུ་ཡི་རང་བཞིན་སངས་རྒྱས་　ཞིང་ཀུན་ཁྱབ༔

固宜　穰欣　桑傑　型衮恰

佛身自性遍諸佛剎土，

ཞིང་ཁམས་རབ་འབྱམས་སྐུ་ཡི་དབྱིངས་སུ་རྫོགས༔

型康　冉江　固宜　音蘇佐

身法界中圓具廣袤剎，

སྐྱབས་ཀུན་འདུས་པའི་བདག་ཉིད་ཆེན་པོར་བཞུགས༔

嘉衮　讀貝　達匿　千波徐

歸依境之總集大主宰。

ཞེས་ཐ་མལ་གྱི་ཤེས་པ་རང་འགགས་སུ་འགྲོ་བར་གསལ་བཏབ་ནས།

觀想直至凡庸心念自然停頓，接著：

ཧཱུྃ༔ རྔ་ཡབ་གླིང་དབུས་ཟངས་མདོག་དཔལ་རིའི་རྩེར༔

吽／啊牙　林玉　桑多　霸利則

吽！妙拂洲中銅色吉祥頂，

བདེ་ཆེན་པདྨ་འོད་ཀྱི་གཞལ་ཡས་ནས༔

迭千　貝瑪　哦計　俠頁內

大樂蓮花光之越量宮，

རྗེ་བཙུན་བླ་མ་ཨོ་རྒྱན་སྤྲུལ་པའི་སྐུ༔

杰尊　喇嘛　鄔金　珠貝固

至尊上師鄔金化身尊，

རིག་འཛིན་དཔའ་བོ་མཁའ་འགྲོའི་ཚོགས་དང་བཅས༔

仁津　巴沃　康追　湊檔介

持明勇父空行大眾俱，

བརྒྱུད་འཛིན་བྱིན་གྱིས་བརླབ་ཕྱིར་གཤེགས་སུ་གསོལ༔

局津　僅吉　臘企　謝蘇梭
加被持傳承者祈降臨。

ཨོཾ་ཨཱཿཧཱུྃ་བཛྲ་གུ་རུ་པདྨ་ཐོད་ཕྲེང་རྩལ་བཛྲ་ས་མ་ཡ་ཛ་སིདྡྷི་ཕ་
ལ་ཧཱུྃ་ཨཱཿ༔

**嗡啊吽　班雜　咕汝　貝瑪　退稱雜　班雜
薩麻牙雜　悉地　帕拉　吽啊。**

ཞེས་བྱིན་དབབ་ཅིང་དམ་ཡེ་དབྱེར་མེད་དུ་བཞུགས་པར་མོས།

觀想：降下加持，誓言尊與智慧尊無別而安住。

ཚོགས་བསགས་པའི་སླད་དུ།

為了累積資糧：

ཨོཾ་ཨཱཿཧཱུྃ༔ སྐྱབས་གནས་ཀུན་འདུས་ཨོ་རྒྱན་བླ་མ་ལ༔
སྒོ་གསུམ་རྩེ་གཅིག་གུས་པས་ཕྱག་འཚལ་ལོ༔
ལུས་དང་ལོངས་སྤྱོད་ལྟོས་མེད་མཆོད་སྤྲིན་འབུལ༔
སྡིག་ལྟུང་དམ་ཚིག་ཉམས་ཆག་མཐོལ་ཞིང་བཤགས༔
ཟག་བཅས་ཟག་མེད་དགེ་ལ་རྗེས་ཡི་རང༔
སྙིང་པོ་དོན་གྱི་ཆོས་འཁོར་བསྐོར་བར་བསྐུལ༔

嗡啊吽／嘉內　袞督　鄔金　喇嘛拉
嗡啊吽！歸境總集鄔金上師前，
苟松　則計　古貝　恰擦樓
三門專一恭敬而頂禮，
呂檔　隆倔　對美　卻真布
無惜獻身受用供養雲，
狄東　但企　娘恰　透型夏
發露懺悔罪墮衰破誓，
撒介　撒美　給拉　杰宜穰
隨喜有漏無漏一切善，
寧波　敦吉　確扣　夠哇固
請轉精藏究竟之法輪，

རྟག་པར་མྱ་ངན་མི་འདའ་བཞུགས་གསོལ་འདེབས༔

དགེ་བ་འདི་དང་དགེ་བའི་རྩ་བ་　ཀུན༔

འགྲོ་རྣམས་བླ་མེད་བྱང་ཆུབ་ཐོབ་ཕྱིར་བསྔོ༔

ཞེས་བསགས་སྦྱོང་སྤེལ་གསུམ་གྱི་གནད་བསྡུས་པ་ཡན་ལག་བདུན་པ་བྱ།

དེ་ཡང་རང་རྒྱུད་ལ་བྱིན་རླབས་འཇུག་པ་ནི་མོས་གུས་ཀྱི་རྟེན་འབྲེལ་ཁོ་ན་ལ་རག་ལས་པས་ན། རང་གི་རྩ་བའི་དེ་ཉིད་སྐྱབས་ཀུན་འདུས་པའི་སྤྱི་གཟུགས་ཡོན་ཏན་གྱི་ངོས་ནས་སངས་རྒྱས་དང་མཉམ་ཞིང་། བཀའ་དྲིན་གྱི་ངོས་ནས་སངས་རྒྱས་ལས་ཀྱང་ཆེས་ཆེར་ལྷག་པར་ཐག་ཆོད་པའི་ངེས་ཤེས་བསྐྱེད། བློ་གཏད་རེ་ལྟོས་ཡིད་བསྐྱུར་གྱི་སྒོ་ནས།

ཀྱེ་ཧོ༔　དུས་གསུམ་སངས་རྒྱས་ཐམས་ཅད་ཀྱི༔

སྤྱི་དཔལ་བླ་མ་རིན་པོ་ཆེ༔

大巴　娘恩　敏達　徐梭迭

祈請常住不入般涅槃，

給哇　狄檔　給威　雜哇袞

願以此善及諸眾善根，

卓難　喇美　蔣秋　透企哦

迴向眾生證無上菩提！

應如此修持總結集資、淨障、增長善根要點之七支供。

有道是：「要讓加持進入自相續，唯有仰賴虔敬心之緣起」。因此，應生起堅決殊勝的定解，認定：「自己的根本上師即是一切總集歸依境之總集身，從功德而言，其與諸佛平等，從恩德而言，則更勝諸佛」，完全託付、指望上師，如此專注祈請：

介吠／讀松　桑傑　湯杰計

嗟乎！三世一切諸佛之

計霸　喇嘛　仁波切

總集妙德上師寶，

མཐོང་བས་མ་རིག་མུན་པ་སེལ༔
通威　瑪日　穆恩巴瑟
見即能除無明闇，

ཐོས་པས་ཐེ་ཚོམ་དྲྭ་བ་གཅོད༔
退貝　帖聰　札哇倔
聞即能斷猶疑網，

དྲན་པས་དགོངས་རྒྱུད་རྟོགས་པ་འཕོ༔
診貝　貢局　豆巴頗
念即能悟密意傳，

རེག་པས་བྱིན་རླབས་དངོས་གྲུབ་སྩེར༔
日耶貝　僅臘　悟祝迭
觸即賜加持悉地，

བཀའ་དྲིན་བསམ་ན་བརྗོད་ལས་འདས༔
嘎真　桑拿　覺雷迭
恩德離詮難思議，

ཡོན་ཏན་ནམ་མཁའི་མཐའ་དང་མཉམ༔
圓滇　南開　踏檔娘
功德等於虛空際，

བཟོད་མེད་གདུང་ཤུགས་དྲག་པོ་ཡིས༔
隨美　董旭　札波宜
難忍猛厲作祈請，

གསོལ་བ་འདེབས་སོ་ཐུགས་རྗེས་དགོངས༔
梭哇　迭蒐　圖杰貢
願以大悲垂念我！

བདག་ལུས་ལོངས་སྤྱོད་དགེ་རྩར་བཅས༔
達呂　隆倔　給雜介
我身受用與善根，

ཆགས་ཞེན་མེད་པར་ཁྱོད་ལ་འབུལ༔
恰賢　美巴　卻拉布
無有耽著獻予您！

འདི་ནས་ཚེ་རབས་ཐམས་ཅད་དུ༔

狄內　策日阿　湯杰篤

今起生生世世中，

སྐྱབས་དང་སྐྱེལ་མ་མགོན་དང་དཔུང་༔

架檔　皆瑪　袞檔崩

依怙靠山護送者，

གཏན་གྱི་མགོན་པོ་ཁྱེད་ལས་མེད༔

殿吉　袞波　切雷美

除您別無究竟怙。

བློ་སྙིང་བྲང་　གསུམ་ཡིད་གིས་བཀལ༔

樓寧　掌松　靈嘰嘎

胸臆一切盡依托，

སྐྱིད་སྡུག་ལེགས་ཉེས་ཐམས་ཅད་དང་༔

計毒　雷涅　湯杰檔

凡諸苦樂與好壞，

མཐོ་དམན་གར་གཏོང་བླ་མ་མཁྱེན༔

透勉　噶東　喇嘛千

向上向下上師知！

བདག་ནི་ཚེ་རབས་ཐོག་མེད་ནས༔

達尼　策日阿　透美內

我自無始一切生，

མ་རིག་འཁྲུལ་པའི་དབང་གྱུར་ཏེ༔

瑪日　處貝　旺局日迭

受制無明迷亂故，

ཁམས་གསུམ་འཁོར་བའི་བཙོན་ཁང་དུ༔

康松　扣威　尊康篤

遂於三界輪迴獄，

བཟོད་མེད་སྡུག་བསྔལ་གསུམ་གྱིས་གདུང་༔

隨美　毒啊　松吉董

難忍三苦所逼惱，

ཉམས་ཐག་ཟུག་རྔུ་ཁུར་མ་བཟོད༔

娘踏　俗悟　庫瑪隨

悲慘劇苦難承受，

སྙིང་ནས་རྗེ་བཙུན་བླ་མར་འབོད༔

寧內　杰尊　喇嘛博耶

由衷呼喚上師尊！

བདེ་འདོད་སྡུག་བསྔལ་ལས་ལ་བརྩོན༔

典對　毒啊　雷拉尊

求樂卻勤造苦業，

སྣང་བའི་ཡུལ་དུ་བདུད་ཀྱིས་བསླུས༔

囊威　域篤　毒計律

顯現境中受魔欺，

ཞེན་པས་གཉིས་འཛིན་འཁྲུལ་པར་འཕྱན༔

賢貝　膩津　處巴千

耽著漂泊二取迷。

དེ་འདྲའི་ལས་ངན་སྐལ་ངན་ལ༔

典哲　雷恩　嘎恩拉

如此惡業劣緣者，

སྐྱབས་མགོན་ཁྱེད་ལས་སྐྱོབ་པ་སུ༔

嘉袞　切雷　就巴蘇

除您誰能為救怙？

གསོལ་བ་འདེབས་སོ་བླ་མ་རྗེ༔

梭哇　迭蒐　喇嘛杰

故我祈請上師尊！

ཐུགས་རྗེས་ཟུངས་ཤིག་བཀའ་དྲིན་ཅན༔

圖杰　聳希　嘎真堅

大悲攝受！大恩尊！

བྱིན་གྱིས་རློབས་ཤིག་ནུས་མཐུ་ཅན༔

僅吉　洛希　女圖堅

願賜加持！雄力尊！

རྗེས་སུ་ཟུངས་ཤིག་སྐྱེ་དཔལ་མཆོག༔

杰蘇　聳希　許霸秋

惟願攝受！勝德尊！

བློ་སྣ་ཆོས་ལ་བསྒྱུར་དུ་གསོལ༔

樓納　確拉　句日篤梭

祈請令心轉向法，

དབང་བཞི་བསྐུར་བར་མཛད་དུ་གསོལ༔

旺習　固哇　則篤梭

祈請賜予四灌頂，

སྒྲིབ་བཞི་དག་པར་མཛད་དུ་གསོལ༔

智習　達巴　則篤梭

祈請清淨四蓋障，

སྐུ་བཞི་ཐོབ་པར་མཛད་དུ་གསོལ༔

固習　透巴　則篤梭

祈請令證四種身。

དགོངས་བརྒྱུད་བྱིན་རླབས་བདག་ལ་འཕོས༔

貢局　僅臘　達拉頗耶

意傳加持遷於我，

མ་རིག་མུན་པ་དྲུང་འབྱིན་ནས༔

瑪日　穆恩巴　仲僅內

根除無明之黑闇，

གཟུང་འཛིན་འཁྲུལ་པའི་འཆིང་བ་གྲོལ༔

聳津　處貝　慶哇綽

開解二取迷妄縛，

མཁྱེན་གཟིགས་ཡེ་　　ཤེས་མངོན་གྱུར་ཅིང་༔

千習　耶謝　溫局日景

現證遍知一切智，

ཆོས་ཟད་བློ་འདས་ཆེན་པོར་སྐྱོལ༔

確誰　樓迭　千波就

得竭法盡大超思，

ལྷུན་གྲུབ་གཞོན་ནུ་བུམ་པའི་སྐུ༔

འཇའ་ལུས་ཆེན་པོར་དབུགས་འབྱིན་མཛོད༔

倫祝　宣努　崩貝固

賜安慰於大虹身，

賈呂　千波　悟津最

任運成就童瓶身。

ཅེས་གསོལ་བ་ཕྱུར་ཚུགས་སུ་ཡང་ཡང་གདབ་པ་ནི་ཕྱི་གསོལ་འདེབས་ཀྱི་ཚུལ་དུ་སྒྲུབ་པའོ། །

如此反覆專注祈請，屬於外在意義──以祈請的方式而修持。

དེ་ནས་བླ་མའི་གནས་གསུམ་དུ་ཨོཾ་ཨཱཿཧཱུྃ་དཀར་དམར་མཐིང་གསུམ་འོད་འབར་བས་མཚན་པ་དེ་བཞིན་གཤེགས་པ་ཐམས་ཅད་ཀྱི་རྡོ་རྗེ་གསུམ་གྱི་བདག་ཉིད་དུ་བཞུགས་པར་མོས་ལ། དེ་ལས་འཇའ་ཟེར་ཐིག་ལེ་སྐུ་དང་ཡིག་འབྲུ་ཕྱག་མཚན་གྱི་རྣམ་པ་གྲངས་མེད་ཉི་ཟེར་གྱི་རྡུལ་ལྟར་བྱུང་བ་རང་ལ་ཐིམ་པས་དབང་བྱིན་དངོས་གྲུབ་མ་ལུས་པ་ཐོབ་པར་བསམ་པ་དང་། སྐབས་སུ་ཕྱི་སྣོད་རྔ་ཡབ་ཟངས་མདོག་དཔལ་རིའི་ཕོ་བྲང་། ནང་བཅུད་ཨོ་རྒྱན་དཔའ་བོ་མཁའ་འགྲོའི་ཚོམ་བུ། སྒྲ་གྲགས་ཐམས་ཅད་སྔགས་ཀྱི་རང་སྒྲ། སེམས་ཀྱི་འགྲོ་འདུ་རང་གྲོལ་འོད་གསལ་དུ་ཤེས་པའི་ངང་ནས།

接著，觀想：由上師三處嗡啊吽（ཨོཾ ཨཱཿ ཧཱུྃ）放出白紅藍三色璀璨的光芒，以此代表一切如來三金剛本體。由其放出虹光、明點、佛身、文字相、法器等無數相，猶如日光下的微塵，融入自身，獲得灌頂、悉地，一無所餘。此時，了知外器世間為妙拂銅色吉祥山之宮殿，內在有情則為鄔金勇父、空行之壇城，一切音聲皆為咒語之自聲，心之收散則為自解脫光明。於此境中，念誦：

ཨོཾ་ཨཱཿཧཱུྃ་བཛྲ་གུ་རུ་པདྨ་སིདྡྷི་ཧཱུྃ༔

嗡啊吽　班雜　咕汝　貝瑪　悉地　吽。

ཞེས་གསང་སྔགས་ཀྱི་སྙིང་པོ་འབྲུ་བཅུ་གཉིས་པ་ཉིད་རྩེ་གཅིག་ཏུ་བསྟེན།

མཐར་དབང་བཞི་བླང་བ་སོ་སོའི་དམིགས་གནད་དང་སྦྱར་ཏེ།

བླ་མའི་སྤྱི་བོའི་ཨོཾ་ལས་འོད་ཟེར་དཀར་པོ་སྐར་མདའ་ཆད་པ་ལྟར་

བྱུང་།

རང་གི་སྤྱི་བོར་ཐིམ་པས་ལུས་རྩའི་སྒྲིབ་པ་སྦྱངས།

སྐུ་བུམ་པའི་དབང་ཐོབ།

ལུས་རྡོ་རྗེ་སྐུའི་རོལ་པར་བྱིན་གྱིས་བརླབས།

སྤྲུལ་ སྐུའི་གོ་འཕང་གི་སྐལ་བ་རྒྱུད་ལ་བཞག

མགྲིན་པའི་ཨཱཿལས་འོད་ཟེར་དམར་པོ་གློག་ཞགས་འཁྱུག་པ་

ལྟར་བྱུང་།

རང་གི་མགྲིན་པར་ཐིམ་པས་ངག་རླུང་གི་སྒྲིབ་པ་སྦྱངས།

專一念修此密咒精華十二字咒。

最後，領受四灌頂時，應當結合各個觀想要點而為之。

喇美 計位 嗡雷 哦瑟 嘎波 嘎達 切巴大炯

上師頂上嗡（ཨོཾ）字，如同流星劃過，化出白色光芒，

穰嘰 計沃 聽貝 呂則 智巴將

融入己之頭頂，淨化身與脈之蓋障，

固 崩貝 旺透

獲得身寶瓶灌頂，

呂 多傑固 若巴 僅吉臘

加持身為金剛身之遊舞，

珠規 果滂 嘰 嘎哇 局拉俠

於相續結下化身果位之緣分。

諺貝 啊雷 哦瑟 瑪波 洛俠 趣巴 大炯

喉間啊（ཨཱཿ）字，如同電光閃爍，化出紅色光芒，

穰嘰 諺巴 聽貝 啊隆嘰 智巴將

融入己之喉間，淨化語及風之蓋障，

གསུང་གསང་བའི་དབང་ཐོབ།

ངག་རྡོ་རྗེ་གསུང་གི་རོལ་པར་བྱིན་གྱིས་བརླབས།

ལོངས་སྐུའི་གོ་འཕང་གི་སྐལ་བ་རྒྱུད་ལ་བཞག །

ཐུགས་ཀའི་ཧཱུྃ་ལས་འོད་ཟེར་མཐིང་ནག་སྤྲིན་ཕུང་འཐིབ་པ་ལྟར་

བྱུང་།

རང་གི་སྙིང་གར་ཐིམ་པས་ཡིད་ཐིག་ལེའི་སྒྲིབ་པ་སྦྱངས།

ཐུགས་ཤེས་རབ་ཡེ་ཤེས་ཀྱི་དབང་ཐོབ།

ཡིད་རྡོ་རྗེ་ཐུགས་ཀྱི་རོལ་པར་བྱིན་གྱིས་བརླབས།

ཆོས་སྐུའི་གོ་འཕང་གི་སྐལ་བ་རྒྱུད་ལ་བཞག །

སླར་ཡང་བླ་མའི་ཐུགས་རྣམ་པར་མི་རྟོག་པའི་ངོ་བོ་ཐིག་ལེ་ཁ་

དོག་ལྔ་དང་ལྡན་པ་ཞིག་བྱུང་།

松 桑威 旺透

獲得語祕密灌頂，

啊 多傑松嘰 若巴 僅吉洛

加持語為金剛語之遊舞，

隆固 果滂嘰 嘎哇 局拉俠

於相續結下報身果位之緣分。

圖給 吽雷 哦瑟 聽納 真彭 替巴大炯

心間吽（ཧཱུྃ）字，如同雲層密布，化出深藍光芒，

穰嘰 寧噶 聽貝 宜替利 智巴將

融入己之心間，淨化意與明點之蓋障，

圖 謝日阿 耶謝計 旺透

獲得意智慧灌頂，

宜 多傑 圖計 若巴 僅吉洛

加持意為金剛意之遊舞，

確貴 果滂嘰 嘎哇 局拉俠

於相續結下法身果位之緣分。

臘揚 喇美 圖 南巴 米豆貝 哦沃 替雷 喀豆啊檔 滇巴 習炯

復次，上師心間化出無分別體性之五色明點，

རང་གི་སྙིང་གར་ཐིམ་པས་སྒྲིབ་གཉིས་བག་ཆགས་ཐམས་ཅད་
སངས་ཀྱིས་དག །
ཚིག་དབང་རིན་པོ་ཆེ་ཐོབ།

རྒྱལ་བ་ཐམས་ཅད་ཀྱི་ཡོན་ཏན་དང་ཕྲིན་ལས་མི་ཟད་པ་རྒྱན་གྱི་
འཁོར་ལོ་ཡོངས་སུ་རྫོགས་པར་བྱིན་གྱིས་བརླབས།

ངོ་བོ་ཉིད་སྐུའི་གོ་འཕང་གི་སྐལ་བ་རྒྱུད་ལ་བཞག་གོ །

ཞེས་དབང་བཞི་བླངས་ཏེ། འདི་ནི་ནང་བསྙེན་པའི་ ཚུལ་གྱིས་སྒྲུབ་པ་དབང་
བླང་བ་དང་བཅས་པའོ། །

སླར་ཡང་མོས་གུས་ཀྱི་ཤུགས་བསྐྱེད་ལ།

ཁྱབ་བདག་སྐུ་བཞིའི་དབང་ཕྱུག །

མཁྱེན་བརྩེ་ཐུགས་རྗེའི་གཏེར་ཆེན། །

དྲན་པས་ཡིད་ཀྱི་གདུང་སེལ། །

穰嘰 寧噶 聽貝 智膩 跋恰 湯杰 桑計達

融入己之心間，一切二障與習氣一掃而空，清淨明朗，

企旺 仁波切透

獲得珍貴詞句灌頂，

嘉哇 湯杰計 圓滇檔 欽雷 米誰巴 簡吉 扣樓 永蘇 佐巴 僅吉臘

加持圓滿一切諸佛功德事業無盡莊嚴輪，

哦沃 尼貴 果滂嘰 嘎哇 局拉 俠果

結下體性身之果位。

如此領受四灌。此為藉由內在意義——念修之形式，進行修持並領受灌頂。

再次，發起猛厲虔敬心，如此祈請：

恰達　固習　旺趣

遍主四身自在、

千則　圖吉　迭千

智悲大悲巨藏、

診貝　宜計　董瑟

念即能除憂懷——

མཉམ་མེད་དྲིན་ཅན་ཀུ་རུ། །

སྙིང་ནས་གསོལ་བ་འདེབས་སོ། །

སྐད་ཅིག་འབྲལ་བ་མེད་པར། །

རྗེས་བཟུང་བྱིན་གྱིས་བརླབས་ནས། །

ཉིད་དང་དབྱེར་མེད་མཛོད་ཅིག །

ཅེས་གསོལ་བ་བཏབ་པས།

བླ་མ་བདེ་བ་ཆེན་པོའི་ངོ་བོར་ཞུ་བ་འོད་ལྔའི་གོང་བུ་ཚོན་གང་བ་ཞིག་ཏུ་གྱུར་ཏེ་རང་གི་སྙིང་དབུས་སུ་ཐིམ་པས་བླ་མའི་ཐུགས་དང་རང་སེམས་དབྱེར་མེད་དུ་གྱུར་པར་བསམ་ཞིང་།

བློ་འདས་འོད་གསལ་རིག་སྟོང་གཉུག་མའི་གཤིས་ལུགས་བླ་མ་ཆོས་སྐུའི་རང་ཞལ་བལྟ་བའི་ངང་དུ་ཅི་གནས་སུ་མཉམ་པར་བཞག་སྟེ། འདི་ནི་གསང་བ་ལས་སྦྱོར་གྱི་ཚུལ་དུ་སྤྲོས་མེད་དོན་གྱི་བླ་མ་སྒྲུབ་པའོ། །

娘美　真堅　咕汝
無等大恩上師，
寧內　梭哇　迭蒐
我今由衷祈請！
給計　札哇　美巴
惟願剎那不離，
杰聳　僅吉　臘內
攝受並賜加持，
尼檔　頁美　最計
令與您無分別。

透過如此祈請，思維：

喇嘛　迭哇　千杯　哦沃　徐哇　哦欸　拱布　村港哇　習度　局日迭／穰曦　寧玉蘇　聽貝　喇美　圖檔穰森　頁美篤　局日巴局日

上師化為大樂體性之五色光球，一指節高，融入自心中央，上師心意與自心於是無有分別。

盡可能平等安住於觀照超思光明覺空原始實相上師法身本來面目之境界中。此乃以祕密意義——運用事業之形式，修持無戲論真實上師。

རྗེས་ཐུན་ལས་ལྡང་བར་བརྩམ་པ་ན་སྣར་ཡང་སྣང་གྲགས་རྟོག་གསུམ་བླ་མའི་
གསང་བ་གསུམ་དུ་ལམ་གྱིས་སད་པར་བལྟས་ལ།

དཔལ་ལྡན་རྩ་བའི་བླ་མ་རིན་པོ་ཆེ། །
བདག་གི་སྤྱི་བོར་པདྨའི་གདན་བཞུགས་ལ། །
བཀའ་དྲིན་ཆེན་པོའི་སྒོ་ནས་རྗེས་བཟུང་སྟེ། །
སྐུ་གསུང་ཐུགས་ཀྱི་དངོས་གྲུབ་སྩལ་དུ་གསོལ། །
དཔལ་ལྡན་བླ་མའི་རྣམ་པར་ཐར་པ་ལ། །
སྐད་ཅིག་ཙམ་ཡང་ལོག་ལྟ་མི་སྐྱེ་ཞིང་། །
ཅི་མཛད་ལེགས་པར་མཐོང་བའི་མོས་གུས་ཀྱིས། །
བླ་མའི་བྱིན་རླབས་སེམས་ལ་འཇུག་པར་ཤོག །
འདིས་མཚོན་དུས་གསུམ་བསགས་པའི་དགེ་བ་རྣམས། །

之後，打算起座時，應再度朗朗看待現象、音聲、分別念三事，全都覺醒為上師之三密。接著，誦：

巴滇　雜威　喇嘛　仁波切
珍貴吉祥根本上師寶，
達嘰　計沃　貝美　典徐拉
安住於我頂上蓮花座，
嘎真　千杯　果內　杰聳迭
祈請您以大恩攝受我，
固松　圖計　悟祝　雜篤梭
賜身語意等諸成就。
巴滇　喇美　南巴　踏巴拉
願於吉祥上師解脫行，
給計　贊揚　樓大　米介型
雖一剎那亦不生邪見，
景則　雷巴　通威　莫耶貴計
視其所作皆善之虔敬，
喇美　僅臘　森拉　局巴秀
以令上師加持入心間！
狄村　讀松　薩貝　給哇難
以此為首三時所積善，

རང་དོན་ཞི་བདེའི་དྲི་མས་མ་གོས་པར། །
穰敦　息狄　直美　瑪貴巴
不染自利寂滅安樂垢，

མཐའ་ཡས་སེམས་ཅན་ཚོགས་རྣམས་མ་ལུས་པ། །
踏耶　森堅　湊難　瑪呂巴
迴向無邊有情藉此因，

བླ་མེད་བྱང་ཆུབ་ཐོབ་པའི་རྒྱུ་རུ་བསྔོ། །
喇美　蔣秋　透貝　局如哦
悉證無上菩提盡無餘！

ཚེ་རབས་ཀུན་ཏུ་རིགས་བདག་བླ་མའི་ཞབས། །
策日阿　袞度　利達　喇美俠
生生世世部主上師尊，

བདེ་ཆེན་འཁོར་ལོའི་རྒྱན་དུ་མི་འབྲལ་བར། །
迭千　扣略　簡篤　敏札哇
大樂壇城莊嚴不稍離，

མོས་གུས་ལམ་གྱིས་ཐུགས་ཡིད་གཅིག་ཏུ་འདྲེས། །
莫耶貴　蘭吉　圖宜　計度哲
虔敬為道以令心相契，

དོན་གཉིས་ལྷུན་གྱིས་འགྲུབ་པའི་བཀྲ་ཤིས་སྩོལ། །
敦膩　倫吉　祝貝　札西奏
願賜吉祥二利任運成！

ཅེས་བསྔོ་སྨོན་དང་ཤིས་བརྗོད་པས་མཚམས་སྦྱར་ཏེ་སྤྱོད་ལམ་ལ་འཇུག །

如此以迴向、發願、吉祥頌做為銜接，而趨入［日常］威儀。

ཐུན་མཚམས་རྣམས་སུ་འང་བཟའ་བཏུང་གི་ཕུད་བདུད་རྩིའི་རང་བཞིན་དང་། གོས་ལྷ་རྫས་ཀྱི་ན་བཟའ་བསམས་ལ་སྤྱི་བོའི་བླ་མ་ལ་འབུལ། ཚོགས་དྲུག་གི་སྣང་བ་གང་ཤར་ཐ་མལ་གྱི་རྟོག་པའི་རྗེས་སུ་མི་འབྲང་བར་ལྷ་སྔགས་ཡེ་ཤེས་ཀྱི་རིག་མདངས་

於每一座間，應將第一份飲食視為甘露，將衣服想成天衣服飾，獻與頂上的上師。無論六聚顯現如何現起，都不要跟隨凡庸的分別念，而應護持本尊、密咒、智慧之本覺勢用。

བསྒྲུང་། ཉུབ་མོ་ཉལ་བའི་ཚེ་འོད་གསལ་ཟིན་པའི་གསོལ་བ་བཏབ་རྗེས་སྤྱི་བོའི་བླ་མ་ཚངས་བུག་ནས་བརྒྱུད་རང་གི་སྙིང་པདྨ་འདབ་བཞིའི་རྣམ་པར་གནས་པའི་ནང་དུ་ཐིམ། དེའི་འོད་ཀྱིས་ལུས་ཀུན་གང་བ་ལ་ སེམས་གཏད་དེ་འོད་གསལ་རིག་སྟོང་རྗེན་པ་ཞེམ་ལ་མ་རྨུག་པའི་ངང་དུ་རྣམ་རྟོག་གཞན་གྱིས་བར་མ་ཆོད་པར་གཉིད་ལོག།

夜晚進行掌握睡眠光明之祈請後，觀想：頂上的上師經由梵穴，降臨安住於形象為四瓣蓮花的自己心內，其光芒遍滿［自己］全身。專注於此，融入赤裸覺空光明，在不受昏沉干擾的境界中，不被其他分別念所中斷而入眠。

གལ་ཏེ་སད་ན་འཕྲོ་རྒོད་རྒྱ་འབྱམས་སོགས་བསམ་གཞིག་གི་འཕྲོ་བཅད་དེ་འོད་གསལ་གྱི་ངང་མདངས་བསྐྱངས་པས་གཉིད་ཀྱི་འོད་གསལ་དང་རྨི་ལམ་ཟིན་པར་འགྱུར་ལ།

假使醒來，應當停止散亂、躁動、恣意散漫等念頭，護持光明之境界與光彩，如此將能掌握睡眠光明與夢境。

སླར་ཡང་ཐོ་རངས་ལྡང་བའི་ཚེ་བླ་མ་དབུ་མའི་ལམ་བརྒྱུད་སྤྱི་བོའི་མདུན་མཁར་དགྱེས་བཞིན་དུ་བཞུགས་པར་བསམ་པ་སོགས་སྔར་བསྟན་པ་བཞིན་ཉམས་སུ་བླང་།

再來，黎明晨起時，則思維：上師沿著中脈之道，於頭頂前方虛空歡喜地安坐著......諸如此類，如前所示而進行實踐。

གཞན་ཡང་འཆི་བའི་དུས་ལ་བབས་ཚེ་འོད་གསལ་དབྱིངས་རིག་བསྲེས་ཏེ་མཉམ་པར་འཇོག་པ་ནི་འཕོ་བའི་མཆོག་ཡིན་ཅིང་།

此外，面臨死亡時，應觀光明法界與本覺相契而平等安住，此為最殊勝的往生法。

དེར་མ་ཐེབས་ཀྱང་བར་དོར་ཁྲིད་སོ་གསུམ་གྱི་རྣལ་འབྱོར་རྗེས་སུ་དྲན་པས་གྲོལ་

若未能奏效，則應於中陰階段隨念三法瑜伽

བར་འགྱུར་བ་སྟེ།

རྣམ་པ་ཀུན་ཏུ་དད་མོས་དང་དམ་ཚིག་ཤིན་ཏུ་དག་པའི་སྒོ་ནས་ཚོགས་གཉིས་ཟུང་
འབྲེལ་གྱི་རྣལ་འབྱོར་གོང་ནས་གོང་དུ་སྤེལ་བ་ལ་བརྩོན་པར་བྱའོ། །

དེ་ལྟར་གོང་གི་བློ་ལྡོག་རྣམ་བཞིས་མཚོན་བསགས་སྦྱོང་གི་རིམ་པ་རྣམས་སོ་སོ་ལ་
ཉམས་ཀྱི་མྱོང་བ་ཐོན་ཐོན་གྱི་བར་དུ་འབད་ཅིང་།

ཁྱད་པར་བླ་མའི་རྣལ་འབྱོར་ནི་རྡོ་རྗེ་ཐེག་པའི་ལམ་གྱི་ཟབ་གནད་ཐུན་མོང་མ་ཡིན་
པ་ཁོ་ནར་ངེས་པའི་ཕྱིར་འདི་ཉིད་དངོས་གཞིའི་ཉམས་ལེན་གྱི་སྲོག་ཏུ་བཟུང་སྟེ་
བརྩོན་པ་དྲག་པོས་ཉམས་སུ་བླངས་པ་ལས། བསྐྱེད་རྫོགས་གཞན་གྱི་ཉམས་ལེན་
ལ་ལྟོས་མི་དགོས་པར་ཟ་ཡབ་པདྨ་འོད་ཀྱི་ཞིང་དུ་དབུགས་ དབྱུང་སྟེ་རིག་
འཛིན་བཞིའི་བགྲོད་པ་མིག་འཕྲུལ་ལྟ་བུས་ཀུན་བཟང་ཡེ་ཤེས་བླ་མའི་ས་ལ་རེག་
པར་འགྱུར་བ་ནི་ངེས་པའོ། །

གང་ཞིག་སྲིད་པའི་མེ་འོབས་ཚ་གདུང་ལས། །རྣམ་པར་ཐར་འདོད་བློ་ལྡན་འགའ་
མཆིས་ན། །ལམ་མཆོག་ལྗོན་པའི་དབང་པོ་འདི་བསྟེན་དང་། །བྱང་ཆུབ་གྲིབ་བསིལ་
སྐྱུམ་པོས་འཚོ་བར་འགྱུར། །

（現象為本尊，音聲為咒語，念頭為法身），如此將能解脫。

也就是說，應隨時隨地透過信心、虔誠心與極為清淨的三昧耶，精進於二資糧雙運之瑜伽，使其再再增上。

應當如此——勤修以四轉心為代表的各個集資淨障次第，直至獲得體驗為止。

尤其是上師瑜伽，金剛乘道之不共甚深要點必定唯有此法。因此，應將之奉為正行實修之命脈，以強烈精進心加以實踐，如此便不需仰仗其他生圓次第之實修，而決定能於妙拂蓮花光剎土獲得蘇息，如同幻術般，歷經四持明境界，最終得謁普賢本智上師之果地。

若有智者欲圓滿解脫，
三有火坑燠熱與折磨，
依此最勝道之大樹王，
當能享用菩提之濃蔭。

ལེགས་བྱས་མཐུ་ལས་མཁའ་ཁྱབ་སྐྱེ་འགྲོ་ཀུན། །ཟབ་ཆོས་འདི་ཡི་གདུལ་བྱ་ཉིད་གྱུར་ནས། །པདྨ་འོད་ཞིང་མཛེས་པའི་གྲོང་ཁྱེར་དེར། །ཕྱིར་མི་ལྡོག་པར་དགའ་བས་མྱུར་འཇུག་ཤོག །

ཅེས་གཏེར་གསར་ཟབ་གསང་མཁའ་འགྲོའི་སྙིང་ཐིག་གི་བླ་རྫོགས་ཐུགས་གསུམ་སྤྱིའི་ཆོས་སྐྱེ་སྔོན་འགྲོའི་ངག་འདོན་ཟུང་འཇུག་ལམ་གྱི་ཤིང་རྟ་ཞེས་བྱ་བ་འདི་ནི། སྔར་བཀོད་པའི་ཁྲིགས་བསྡེབས་དེ་ཉིད་ཅུང་མི་གསལ་བར་བརྟེན་སླར་ཡང་འདོན་སྒོམ་བདེ་བའི་ངག་ཁྲིགས་འདི་ལྟར་བགྱི་བའི་འདུན་པའི་ཐོག །ཉེ་ཆར་ཀོང་ཡུལ་ལེན་རི་གསང་སྔགས་ཆོས་རྫོང་ནས་སྤྲུལ་པའི་སྐུ་འཇིགས་མེད་ཆོས་དབྱིངས་ནོར་བུ

དོན་ཐམས་ཅད་གྲུབ་པའི་སྡེས་ལམ་འདིར་འཇུག་པ་དང་པོའི་ལས་ཅན་རྣམས་ལ་ཕན་པ་ཆེན་པོའི་སྒོར་འགྱུར་བར་ངེས་པས་ཅིས་ཀྱང་གྲུབ་པར་གྱིས་ཤིག་ཅེས་ཡི་གེའི་ལམ་ནས་དང་བའི་གསུང་གིས་རྗེས་སུ་བསྐུལ་བར་མཛད་པ་ལ་བརྟེན་ནས། རིག་འཛིན་གྱི་སྨྱུ་གུ་འཇིགས་བྲལ་ཡེ་ཤེས་རྡོ་རྗེས་རང་ལོ་སུམ་ཅུ་རྩ་བཞིར་སོན་པ་དབང་ཕྱུག་གི་ལོ་ཁྲུམས་སྟོད་ཟླ་བའི་ཤེར་ཕྱོགས་ཀྱི་ཚེས་བཅུ་ཉེ་བའི་འདུ་བ་ཁྱད་པར་ཅན་གྱི་དུས་བཟང་པོ་ལ། སློབ་ དཔོན་ཆེན་པོས་བྱིན་གྱིས་བརླབས་པའི་

願以所造善令遍虛空，
眾生皆成深法所化眾，
得不退轉歡喜速趣彼，
蓮花光剎莊嚴之城中。

此為深密新伏藏《空行心滴》上師、大圓滿、大悲觀音三法總體教法之前行課誦，名為〈雙運道之車乘〉。由於先前所輯纂之版本稍不明確，為便利念誦觀修，所以打算如此編成課誦本。近來，工布地區連日．桑阿確宗（密咒法堡）的化身吉美確音諾布敦湯杰祝貝德也來函表示：「這肯定會成為對於趣入此道的初學者們大有裨益之門，請務必完成。」因此，持明苗芽吉札耶謝多傑（離畏智慧金剛，第二世敦珠法王德號）於三十四歲大自在年（火牛年，1937）臨近室宿滿月智慧分初十日（藏曆八月初十日）之殊勝會集吉時，於大阿闍梨所加持的修行地之王——達倉僧格桑祝吉給鄔倉（虎穴獅子心願成就窟）圓滿寫就。願藉此令深道之事業極盡廣遍，常存一切處，凡與此結緣者，皆具足生於海生上師跟前之善緣！薩日哇達芒噶朗木！（願一切吉祥）

སྒྲུབ་གནས་ཀྱི་རྒྱལ་པོ་སྟག་ཚང་སེང་གེ་བསམ་འགྲུབ་ཀྱི་ཀ་ཙ་ཚང་དུ་ལེགས་པར་

སྒྱུར་སྟེ། འདིས་ཀྱང་ཟབ་ལམ་གྱི་ཕྲིན་ལས་ཕྱོགས་མཐར་ཁྱབ་ཅིང་རྟག་པ་དང་

འབྲེལ་ཚད་མཚོ་སྐྱེས་བླ་མའི་ཞབས་དྲུང་དུ་སྐྱེ་བའི་སྐལ་པ་བཟང་པོ་ཅན་དུ་གྱུར་

ཅིག   །སརྦ་མངྒ་ལཾ།།   །།

懷著為敦珠新伏藏略盡綿薄之心，敦珠貝瑪南嘉於二零一八年轉法輪節之初十吉祥日恭譯圓滿。願賢善吉祥！

附

《雙運道之車乘：深密空行心滴前行法之念誦法本》

（英文中譯版，*Profound and Secret Heart Essence of the Dakini*）

嗡　斯瓦斯諦（OM SVASTI）

體現一切無盡諸佛智、悲、力，
百部佛部恩德之首、壇城主，
吉祥上師蓮花佛之尊，
恭敬頂戴請賜予加持。
邀請汝等具緣者入此車乘，
清晰易修甚深伏藏前行法，
迅捷輕易達至四身雙運果之殊勝道。
且以歡喜悅意當下即進入！

那些具有福報得以值遇此甚深道者，其經久不衰的善業已然甦醒為想要於今生便了悟雙運四身果位的希求，應當從頭開始精進且一絲不苟地修持此一法道。

關於這一點，有兩個部分：使人成爲合宜法器的一般前行法，以及使人準備好而可進入二次第瑜伽的特殊前行法。

壹、一般前行法

坐在舒適的座位上，並遵循身體姿勢的根本要點，保持挺直。呼出濁氣以排出三毒。安住於鬆坦的覺性中，讓心轉向自然的專注。在心中迎請體現諸佛的偉大根本上師，如下：

面前虛空中，彩虹光明與光圈之廣界中，
珍寶獅子座，蓮花日月上，
乃吾根本師，具無比慈恩，
現爲鄔金國之海生金剛持，
湛藍持鈴杵，圓滿報身飾，
與自身光耀所顯之大樂佛母雙運。
歡喜展笑顏，身放智慧光。
乃一切無盡皈依對象之精要體現。

如上觀想上師，帶著強烈的虔誠作祈請：

於上師前我祈願，
遍在法身上師前，我祈願：
請您加持我，驅散無明之黑暗。
於上師前我祈願，
圓滿報身上師前，我祈願：
請您加持我，能從內在放光耀。
於上師前我祈願，
慈悲化身上師前，我祈願：
請您加持我，了悟廣大如虛空。
於上師前我祈願，
珍貴佛陀上師前，我祈願：
請您加持我，任運成就二利益。

由於如此殷切祈請的結果：

依吾虔誠力，上師感動且欣然，
現出喜不自勝貌，
親至吾頂上，且如菩提心之雲（a cloud of bodhichitta），
賜予智慧陞座之灌頂（the empowerment of the enthronement of wisdom）：

令我於俱時了悟與解脱的廣大境界中獲得加持。

專心如上念誦，在無執取的覺性狀態中平等安住一段時間。這段祈請對遣除障礙和迅速領受加持來說是必要的法門，因此每次課座前都要如此修持，這是非常重要的。

貳、特別前行修持

這一段有兩個部分：以四轉心修持來培植個人心相續之田的共前行，以及種下甚深道五次第種子的不共前行。

一、共前行

要獲得這樣具足暇滿的人身是極爲困難的。一旦獲得，由於無常，將迅速受制於死亡。死後，我們並非一了百了，反而只能跟隨自己的業行，從而製造輪迴。無論投生於輪迴哪個地方，我們都只會有痛苦而無痛苦之外的其他東西。因此應當想著：「我現在必須盡己所能地脫離這個輪迴大苦海。爲了這個目標，我從此刻開始將要修持純正且神聖的佛法。」接著想著：「殊勝的上師，請賜予加持，讓我能如此修持！」並生起想要解脱的強烈信心和決心：

南無。

三時諸佛菩薩的吉祥體現，

具有智、悲、力之尊，
當今唯一皈依處，恩慈上師尊主，
請於我頂上的大樂輪中無別安住。
珍貴的上師前我祈願，
無比恩慈的尊主請賜加持。

這些暇滿是如此難尋：
願我徹底善用此重要人身。
珍貴的上師前我祈願，
無比恩慈的尊主請賜加持。

今生所感只是暫時的情況，猶如夢境：
願我深切觀照無常和死亡。
珍貴的上師前我祈願，
無比恩慈的尊主請賜加持。

輪迴三界的自性爲苦，
願我根除一切貪愛與執著。
珍貴的上師前我祈願，

無比恩慈的尊主請賜加持。

善惡之業將無誤成熟：
願我善巧持戒地取善捨惡。
珍貴的上師前我祈願，
無比恩慈的尊主請賜加持。

將這些偈頌的意義謹記在心，並盡力多次地念誦。

二、不共前行

此處有五個部分。

（一）皈依——解脫道之基礎

首先觀想皈依境：

世間情器乃是令人欣喜的淨土，
中央有著無染且悅意的達納果夏湖。
湖中有一朵珍寶為飾且花瓣綻放的蓮花，
所具五枝的中央雄蕊上，

總集諸佛之上師顱鬘力（Thöthrengtsel），
顯現爲鎮伏顯有尊之相[455]，
於虹光廣界中發出相好莊嚴的光輝。
其頂上有著持明傳承的上師眾，
包括密意傳承、指示傳承、口耳傳承、
付法授記傳承、灌頂發願傳承、
空行囑託法教傳承、眞實了證傳承等，
全數一一向上相疊而現前。
蓮花〔其餘〕四枝分別向四個方位展開，於其上，
右方爲世尊釋迦王，
周遭有賢劫淨土的一千佛
以及十方三時善逝所圍繞。
後方美妙五色光格之網縫中，
爲殊勝之教法和證法的善語，以經書之相顯現，
迴盪著母音和子音（元音和輔音）的甜美音聲。
左方爲佛之心子八大菩薩，
周遭有聖者、十六大長老，及其他——
菩薩、聲聞、獨覺等一切僧眾圍繞。
前方爲金剛童子佛父佛母，

周遭有四或六續部之寂、忿本尊眾，
以及三處勇父與空行圍繞。
外圍、四周與間隙，
有無量的三續部具誓護法眾，
聚集猶如雲朵密佈。
諸眾皆以智、悲、力，
行使擾動輪迴深處之事業：
他們現身爲引導吾等眾生之首，
並以大悲護念吾等。

如上清晰觀想，想像你和其他一切有情眾生在聖眾的跟前，身、語、意皆具全然的信心和大虔誠心而同聲齊誦以下的內容，直到獲致菩提藏（證悟精要）之前，都如此皈依。

南無。

我和量等虛空而曾爲我父母的無數眾生，

---

455 譯註：為了方便閱讀，特定名相的說明主要放在正文的註解中，此處僅提供英文以利參照。「鎮伏顯有」或「降伏顯有」（Nangsi Zilnön, He Whose Majesty Overawes Appearances and Existence）；以下關於傳承的三行英文分別為：the mind, symbol and hearing lineages / the prophesied lineage of the oral transmission, the lineage of empowerment and aspiration / the lineage of teachings entrusted to the dakinis, the authentic lineage of realization。後兩者也稱為空行嚫印、證悟義傳承。

直到獲致菩提藏之前，
皆皈依於上師、三寶。
請以慈愛攝持而剎那不離吾等。

如上盡力多次念誦。

（二）發起無上菩提心——大乘道之精要

懇請皈依境作爲你的見證而念誦：

遍滿虛空的一切眾生皆曾爲我的父母。
他們希求快樂，所獲卻全是痛苦。
如此流轉輪迴而沒有機會逃脫，他們是多麼可憐。
我必須盡一切所能來讓他們自由。
我要以毫不散漫的勤奮來驅策自己達成這個目標，
並透徹觀修此甚深瑜伽達到圓滿。

心中發起願菩提心和行菩提心，如下盡力多次念誦：

怙主眾及佛子請垂念：
我將全心以四無量來承擔眾生福祉；

持守菩提心而修學六波羅蜜多。
願能任運且吉祥成辦二種利益。

以自他平等法和自他交換法的修心法，觀想你布施自己的快樂而取受他人的痛苦。在課座的最後：

由皈依境流出如甘露般的無量加持，
這些加持是以明亮的白色光芒之相散放而出。
它們融入自身和其他眾生之中，清淨種種身、語、意的遮障。
吾等在剎那之間化光而融入皈依境。
皈依境從外圍依序向內融入，收攝於主尊；
主尊則消融於超越念想的法界之中。
如上消融而平等安住。

（三）金剛薩埵的觀修與念誦——淨化道上之惡業與遮障等違緣

觀想根本上師顯現為金剛薩埵佛父母而確實出現在自己的頭頂上方。對自己過去所造惡業生起強烈的羞愧和追悔，並發誓從今之後即使危及性命也絕不再犯。觀想由金剛薩埵心中的咒鬘流出甘露般的菩提，清淨自己所有的惡業、遮障、過失、墮罪而毫無遺漏。持續這些根本要點，也就是「四力」，而念誦：

頂上蓮花月墊上，

上師金剛薩埵尊，其之身色如水晶，

寂靜含笑童子貌，相好莊嚴光耀顯。

右手持杵左持鈴，象徵方便與智慧；

雙足金剛跏趺坐，報身衣飾皆圓滿。

懷擁金剛傲慢母，其持鉞刀與顱器。

薩埵心中月輪上，吽字周圍咒鬘繞，

經由父母和合處，降下菩提甘露流，

從己頂門梵穴入，全然充滿於己身。

違犯、破損，惡業、墮罪皆得以清淨。

嗡 班雜 薩埵 薩麻牙 麻奴 巴拉牙

班雜薩埵 迭諾巴 諦剎 智卓 眉 跋哇

蘇兜喀優 眉 跋哇

蘇波喀優 眉 跋哇

阿奴 惹多 眉 跋哇

薩爾哇 悉地 眉 乍 牙 擦

薩爾哇 嘎爾瑪 蘇雜 眉

孜當 希瑞揚 固如 吽

哈 哈 哈 哈 吙

跋噶問
薩爾哇 大踏噶大 班雜 嘛眉木雜
班孜 跋哇 瑪哈 薩麻牙 薩埵 啊

盡力如上持誦。持誦的同時要想著，身體內部因充滿甘露之流而全都變得潔白；所有自己的惡業、遮障和違犯都被清淨了；身心各處遍滿著無漏的大樂。此爲外的清淨遮障。

最末，以強烈的虔誠和渴求如下祈願：

怙主，我因無明和迷亂，
誓言之違犯和破損。
上師怙主請救護！
汝爲無上金剛持，
且是體現大悲尊，
眾生之主我皈依。
我身、語、意等根本、支分誓言之一切違犯和破損，謹此承認且懺罪離過。
懇請清除並淨化我惡業、遮障、過失、墮罪之所有垢染。

由於如上祈願：
金剛薩埵展笑顏，欣悅允諾我所求，而言：「具福之孩兒，汝之惡業和遮障、過失、墮罪皆淨矣！」

惡業遮障皆清淨；我成水晶球體相。
再次，金剛薩埵化白光，
白光融入我之身，自成金剛薩埵尊。
視諸顯有皆清淨，有如無盡之遊舞。
嗡　班雜　薩埵　吽

如上，想著頂上的金剛薩埵融入自己，而自己轉成金剛薩埵。視所有顯相、音聲、念頭爲本尊、咒語和法性之示現，同時持誦心咒。此爲內的清淨遮障。

末了，就連對本尊和咒語的概念戲論都融入光明：觀此本來清淨、離於所淨和能淨之分別念想的覺空，乃是究竟金剛薩埵的眞正自性。此爲密、無上的清淨遮障。

（四）獻曼達——累積道上順緣之二資糧

以觀想皈依境同樣的方式於面前現起資糧田，用你實際擺設的曼達作爲象徵，觀想自己進行如下供養：外在的層次，以三千大千世界所成之堪忍世界（the third-order Buddhafield of the World of Forbearance，百俱胝三千娑婆世界）剎土莊嚴作供養；內在的層次，以自己之身、蘊、界、處和過去、現在、未來所有的財物和福德作供養；秘密的層次，則以光明法界、任運成就之金剛藏淨土，自性爲無盡佛身和明點相之一切不可思議法性萬相（all the inconceivable aspects of the absolute nature whose nature is infinite visions of Buddha-bodies and spheres）作供養[456]。

嗡　啊　吽。
三千堪忍世界吉祥無盡之莊嚴，
吾身、資財、福德及善根，
悉皆圓滿陳設爲美妙曼達，
獻予三寶以能圓滿二資糧。

盡力多次作供養。最後，想著資糧田融入你和一切衆生，以此圓滿兩種資糧。

（五）上師瑜伽——領受加持之究竟道

一開始先觀想灌頂所依：

欸瑪吙（EMAHO，奇哉）。
自身感知乃全然清淨，
是爲勝義密嚴之刹土，
大樂蓮花光城之中央，

456 譯註：英文中譯與藏文漢譯的內容有幾處顯然大不相同，例如此處，故提供英文以參酌對照；若要實際進行觀想修持，請以自己上師所教導的為主。

吾爲勝海空行自在女，
身色亮紅具相好莊嚴，極爲曼妙持鉞刀顱器，
多彩絲衣、珍寶、骨飾嚴，
邁步立姿蓮、日、屍墊上，
一心渴仰凝望虛空中。
面前虛空虹光交融界，
中有蓮墊（象徵無貪）、日、月，於其上，
吾師現爲蓮花生大士，身白透紅，明、耀、威、光蘊，
童子樣貌具相好莊嚴，半忿怒相，
穿戴蓮冠、密咒衣、長袍，以及法袍和錦緞大氅。
右手持杵，左顱器與寶瓶；
雙足乃以國王遊戲姿，臂彎夾持卡杖嘎天杖，
鎮伏顯有一切輪涅主——
其身自性遍及諸佛剎，
其身之界具無盡淨土，
體現一切皈依大尊主。

如上觀想，你的凡俗念想就會自行止滅，接著念誦：

吽。

拂洲中央吉祥銅色山峰上，

大樂蓮花光之越量宮殿中，

尊聖上師鄔迪亞納之化身，

祈願偕同持明、勇父、空行眾，

前來加持吾等，汝之傳承持有者。

嗡啊吽　班雜　咕汝　貝瑪　退稱雜　班雜　薩厤牙雜　悉地　帕拉　吽啊

如上，想著聖眾已賜加持，誓言尊和智慧尊無別安住。

爲了累積福德，接著修持七支：

嗡　啊　吽。

一切皈依總集無別鄔金師，

吾身語意一心恭敬虔頂禮。

獻上己身財物雲供無保留。

承認一己之惡業、墮罪、誓言的違犯和破損等且懺罪離過。

隨喜一切有漏無漏之善德。

請您轉動精要義理之法輪。

懇求恆久住世而不入涅槃。

以此善業和一切善根
迴向眾生證得無上菩提。

以上七支包含了積聚、清淨、增長三個根本要點。

加持是否能進入行者的心相續，完全仰賴依虔誠心所成之緣，所以應當生起如下的究竟定解：確信自己的根本上師爲一切皈依處的體現，其功德與諸佛等同，其恩慈則更勝於佛。將所有的希望和信任寄託於上師，一心如下一再祈請：

嗟吹（善哉）。
總集過去、現在及未來一切諸佛之珍寶上師，
見到您即可驅除無明之昏暗，
聽到您即可割斷疑惑之羅網，
想到您即可傳遞密意傳承了悟。
與您接觸則能賜予加持和成就，
您的恩慈超越一切想像，
您的功德猶如虛空無邊。
我以強烈難忍的渴求心，
祈求您以悲心來眷念我。
謹將己身、財物和善根，

毫無貪執地獻給您。
從今直至一切生世，
您爲我恆常的怙主，
除此再無其他的皈依、嚮導、救護者或護衛，
我以身、語、意將自己託付給您；
無論快樂或痛苦、順境或逆境，
隨您要把我送往哪裡——高處或低處，全都由上師您來決定。
自無始以來的一切生世，
我受到無明和迷妄宰制：
監禁於輪迴三界的牢籠，
一直都遭到三苦所折磨。
如此悲苦重擔實在難忍，
我由衷呼喚尊貴的上師。
儘管我想要快樂，但所作所爲卻招致痛苦。
諸般感知亦受魔所欺誑，
又因貪愛與二元迷妄而徬徨。
行徑不良且不幸如我者，
除了您，我的皈依和怙主，還有誰能救護？
尊主上師，當我向您祈請時，

如此慈愛的您，請以悲心攝持我。
如此大能與大力的您，請以加持賜予我。
尊聖的一切之主，請引導我。
懇求您將我的心念轉向佛法。
賜予我四種灌頂，
清淨我的四種遮障，
助我證得四種佛身，我祈請。
爲我傳授密意傳承加持。
摧毀無明之昏暗，
並解開二元迷妄之枷鎖，
助我現證一切智智，
帶我達至超越心思的窮盡法界，
賜我大虹光身中得解脫，
自然成就孺童瓶身。

此爲由祈請所成的外修持。接著，觀上師的三處（分別）有白色的「嗡」、紅色的「啊」、藍色的「吽」爲嚴飾，三字熾然光耀，象徵一切如來的三金剛。於虹光的光芒和光圈中，放出無數的佛身、種子字和手幟（具有象徵意義的法器或持物），彷彿日光中的微塵那般[457]。觀這些全都融入於你，而你無有遺漏地獲得所有的加持和成就。於此之間，不時地認知到周遭的環境（器）皆爲吉祥銅色山的宮殿、其中的居住者（情）皆爲鄔迪亞納的勇父和空行衆，一切的音聲皆爲咒語的自然作響，一切生滅的念頭皆爲任運解脫的光明。於此境界中，一心念誦：

嗡 啊 吽 班雜 咕如 貝瑪 悉地 吽

這十二字爲密咒的精要。結束時，依據各個灌頂的觀想根本要點來領受四個灌頂。

上師前額之嗡字，放出白光如流星：

入我前額而淨化 身體、諸脈之遮障；

我獲寶瓶身灌頂；

吾身得加持而成 爲金剛身之遊舞；

獲致化身位善緣，如是安置相續中。

上師喉間之啊字，放出紅光如閃電之閃繩：

入我喉間而淨化 言語、諸氣之遮障；

我獲秘密語灌頂；

---

457 譯註：藏漢翻譯版此處是由三種子字放出虹光、明點（sphere，亦有光圈之意）、佛身、文字和法器，以下關於上師心中的三字如何放光，內容亦略有差異；至於金剛身、語、意之「顯現」（manifestation），依藏漢翻譯版則為金剛身、語、意之「遊舞」。無論如何，實修應以所依上師之言為準。

吾語得加持而成　爲金剛語之遊舞；
獲致報身位善緣，如是安置相續中。
上師心中之吽字，放深藍光如聚集之密雲：
入我心中而淨化　心意、明點之遮障；
我獲勝慧意灌頂——此勝慧乃本初智；
吾意得加持而成　爲金剛意之遊舞；
獲致法身位善緣，如是安置相續中。

上師心中又放出，無念想且具五色、爲其心要之明點：

入我心中而淨化　二遮障及諸串習；
我獲殊勝句義灌；
且得加持而具足　諸佛無窮功德與事業之無盡莊嚴輪；
獲致體性身善緣，如是安置相續中。

此爲由持誦及受灌所成的內修持。再次生起強烈的虔誠心：

四身自在大遍主，
智、慈、悲之大寶藏，
思及能解心渴求——

無與倫比慈恩師，
由心深處我祈請。
剎那不離上師尊，
以您引導加持我，
令我與您無分別。

由於此祈願文的結果：

上師融化而成爲大樂之精要，乃一英吋大小之五色光團，接著融入自心的中央：自己的心與上師的心成爲無二無別。

於此覺空、自證之法身上師、超越心念的自然本具光明境中，盡可能地平等安住。此爲由事業所成、離於分別戲論之究竟上師的密修持。

其後，於課座中行將起身時，再次將顯相、音聲、念想視爲剎那覺醒的上師三密。

殊勝吉祥根本師，
請安住吾頂蓮座。
以大恩慈引導我，
您之身語意成就，亦請賜予我。
願於吉祥諸師行，

剎那亦不生邪見。

見其所爲皆圓滿——依此虔誠力——

願其加持入我心。

三時所積諸善業，以此一善爲表徵，

絲毫不求寂滅樂——不受私欲垢所染，

迴向無量之眾生——無有一者受遺漏，

證得無上菩提因。

於我一切生世中，願部主師之蓮足，

莊嚴吾頂大樂輪，時時刻刻而不絕，

經此虔誠道而願：師心吾心合爲一。

任運成就二利益——此一善福祈垂賜。

以上述迴向文、願文、吉祥文做爲結行，接著繼續持守日常威儀。在課座之間，要將自己飲食的第一部分視爲甘露，自己的穿著視爲天衣，並將它們獻予安住自己頭頂的上師。六根所感知的一切（六聚）皆不以凡俗念想來追隨，而要持守它們皆爲本尊、咒語和智慧的明覺。晚間就寢前，先祈願能認出光明，接著觀在自己頭頂的上師經梵穴而入於心中安住，此時自心爲四瓣蓮花之相。專注於上師放出的光芒，其充滿自己整個身體，並融入覺空的澄明、赤裸之境，於此毫無昏沉且不受念擾的狀態中入眠。如果醒來，則要停止散漫、躁動、茫然等念頭和思慮之流，並保持光明的澄明之境。如此，將能認出睡眠夢境和光明。早晨起身時，再次觀想上師經中脈而出，於自己頭頂前方的虛空中欣然安住，接著重新開始以上所描述的課座修持。

此外，於自己臨終時，將覺性與光明法界相融而平等安住。此爲最上品的遷識（頗瓦，transference）法。若是能力不及，則藉中陰隨念三法瑜伽（the three aspects of yogic perception）[458]而解脫。所以，應保持恆時的虔誠並維護圓滿清淨的誓言，精進於結合二資糧的修持而使其不斷增長。以上述的方式勤奮而爲，以轉心四法爲始，直到你獲得累積資糧和清淨遮障各次第的眞正體驗。尤其要以大精進心來修上師瑜伽，相信此乃金剛乘之道最勝出、甚深的根本精要，且因此視它是正行（主要修持）的命根。毋須仰賴其他生起和圓滿次第的修持，也肯定能於拂洲蓮花光剎土解脫，且如以神通般通達四種持明果位，而獲致普賢智慧上師的果位。

若有智者希求圓滿之解脫，
離於輪迴火坑灼熱之折磨，
誰能仰賴此一大樹王聖道，
將能於其清涼密蔭得休息——亦即證佛果。
以此善行之力願遍空眾生，
由於此一甚深法教得利益，

---

458 譯註：三法瑜伽——現象為本尊，音聲為咒語，念頭為法身。

絕不退轉而欣喜迅速進入——

彼蓮花光剎美妙莊嚴之城！

這份屬於新伏藏上師法、大圓滿、大悲觀音三法[459]共通部分的《雙運道之車乘：深密空行心滴前行法》念誦法本，是根據先前較不明確之版本重新編寫，以利行者念誦和修持。近日，來自工布・連・日・桑・阿・確宗（Kongyul Len Ri Sang Ngak Chödzong）之祖古吉美・確音・諾布・敦・湯杰・祝貝・德（Tulku Jigme Chöying Norbu Dön Thamche Drubpe De）捎來一封懇切請求之信：「這對所有修持此道的善緣初業行者來說，肯定會有極大的利益，請您務必完成。」依此，我，吉札・耶謝・多傑，這位持明之苗芽，於三十四歲、逢大自在年（year of Ishva，1937）賢護月（month of Bhadrapada，室宿Purvabhadrapada）滿月智慧分初十日，在祥瑞匯聚之殊勝吉時，寫於大上師加持的神聖修行地之王——達倉僧格桑祝窟（Taktsang Senge Samdrup，虎穴獅子心願成就窟）。

以此，咸願甚深道之事業長久且廣弘直至世界空盡，也願一切與此有緣者皆獲生於蓮花生大師足前之善根。

願一切吉祥（薩瓦達・芒嘎朗，Sarwada Mangalam）！

---

459 譯註：英文原本的翻譯為上師、圓滿、心意（Lama, Completion, and Mind），所指則為上師法（蓮師法）、大圓滿、大悲觀音三法；此三法為伏藏當中最重要者，故凡於一生中取出這三種法的伏藏師，便稱為大伏藏師。

詞彙解釋

依照英文字母排列

‧**阿毘達磨**，論（Abhidharma，梵）（chos mngon pa，藏）。三藏之中的《論藏》，佛陀法教中主要闡述心理學與邏輯學的分支。

‧**法身**（Absolute Body）（chos sku，藏）（dharmakaya，梵）。字面的意義為「法之身」，佛果的空性向度，也譯為「實相身」、「究竟面」。

‧**成就者**（Accomplished Being）（grub thob，藏）（siddha，梵）。字面的意義為「證得成就者」，獲得密咒乘果位之行者。

‧**成就**（Accomplishment）（1）（dngos grub，藏）（siddhi，梵）。修行的成果（及目標），共通的成就包括菩薩為了度眾而運用的神通力，但主要目標為殊勝成就，即證悟。（2）（sgrub pa，藏）。在咒語持誦的脈絡中，稱為「成」或「修」，請見「誦修」。

‧**資糧**（Accumulations）（tshogs，藏）。福德資糧與智慧資糧。

‧**不可摧**、**堅如金剛**（Adamantine）。請見「金剛」。

‧**取捨**（Adoption and Avoidance）（blang dor，藏）。採取（或迎納）善業，捨棄（或拒斥）不善業，明辨善惡。

‧**煩惱**（Afflictive Emotions）（nyon mongs pa，藏）（klesha，梵）。影響念頭、行為而導致受苦的心理因素。歸納為三類或五類的煩惱，請見「三毒」和「五毒」。

‧**蘊**、**集**（Aggregates）。請見「五蘊」。

‧**阿闍世**（Ajatashatru，梵）（ma skyes dgra，藏）。「未來敵」，字面的意義為「未生怨」。處在母胎時就對父親頻婆娑羅王深感仇恨的印度王子，而日後犯下弒父之行。阿闍世後期成為釋迦牟尼佛的弟子。

・**虛空藏菩薩**（Akashagarbha，梵）（nam mkha'i snying po，藏）。「虛空之精髓」，「八大佛子」之一。

・**阿彌陀佛**（Amitabha，梵）（'od dpag med，藏）。「無量光」（Boundless Light），蓮花佛部的部主。

・**阿難**（Ananda，梵）（kun dga' bo，藏）。「恆喜、慶喜」。阿難為釋迦牟尼佛的侍者、親近弟子，在旁承事二十五年。以多聞憶持著稱，對於佛陀的教導經耳不忘，在首次的「佛經結集」中，逐字複誦出經藏的法教。

・**舊譯**（Ancient Translations）（snga 'gyur，藏）。西藏最早從梵文翻譯到藏文而弘揚的法教，亦稱為「舊譯派」，有別於「新譯派」，後者是在第十世紀以後才開始弘傳。

・**鴦掘摩羅**（Angulimala，梵）（sor phreng，藏）。值遇佛陀之前，曾殘殺九百九十九人，各取一指而串為項鍊，故稱「指鬘」，後因佛陀教化而醒悟懺悔過往惡業。

・**筏羅遮末羅洲**、**勝貓牛洲**、**別拂塵洲**、**別拂洲**（Aparachamara，梵）（rnga yab gzhan，藏）。「另一犛牛尾」。南瞻部洲以東的中洲。〔譯註：關於〈三十七曼達供養〉的念誦文，過去曾有人將西南、東南兩個中洲翻譯為「拂」及「妙拂」，經查梵文「筏羅遮末羅洲」（aparachamara 或 upachamara）的原意是其他的、次要的，故應為「別拂」的誤植。蓮師吉祥銅色山所在處Chamara（遮末羅洲）常被稱為「妙拂洲」，其中的「妙」字應是指其淨土之勝妙，有別於上述。〕

・**西牛貨洲**（Aparagodaniya，梵）（ba lang spyod，藏）。「滿欲牛」。印度宇宙學中的西方部洲。

· **誦修；念修**（Approach and Accomplishment）（bsnyen sgrub，藏）。儀軌中涉及咒語持誦的兩個修持次第。首先，行者藉由持誦本尊咒語，而趨近所觀想的本尊，其次則是藉由足夠熏修而認出自身即爲本尊。請見「本尊」。〔譯註：完整的名相爲bsnyen sgrub yan lag bzhi，法護老師翻譯爲「誦修四支」：念誦、近誦、修成、大修成，索達吉堪布翻譯爲「依修四支」：依、近依、修、大修，噶千仁波切官網翻譯爲「念修四支」：念修、近修、修持、大修。〕

· **阿羅漢**（Arhat，梵）（dgra bcom pa，藏）。字面的意義爲「殺賊者」（「賊」意指煩惱）。已證滅諦的基乘（聲聞、緣覺）行者，此滅諦所指之涅槃，並非大乘的圓滿佛果。

· **無著論師**（Asanga，梵）（thogs med，藏）。「無礙」。第四世紀期間的印度大師，廣行派祖師，其弟子建立大乘佛教中的唯識學派。無著論師從彌勒菩薩處得授教法，而撰造《彌勒五論》。

· **馬鳴論師**（Ashvagosha，梵）（rta dbyangs，藏）。「聲如馬鳴者」。第一世紀到第二世紀印度的重要佛教作家，也稱爲「聖勇」（Aryashura）。

· **頞濕縛羯拏山**（Ashvakarna，梵）（rta rna，藏）。「馬耳」。環繞在須彌山周圍七重金山中的第五座山脈。

· **阿底峽尊者**（Atisha，梵）（jo bo a ti sha，藏）。「殊勝主」。印度大師兼學者，又名「燃燈吉祥智」（D pa kara r jñ na，西元982-1054）。生前的最後十年間，致力於西藏弘法，教導皈依、發心，對於佛典翻譯的貢獻極大。其弟子建立噶當派（Kadampa），著重於修心的教授。

・**觀世音菩薩、觀自在菩薩**（Avalokiteshvara，梵）（spyan ras gzigs dbang phyug，藏）。「悲眼垂顧世間之主」。八大心子之一，爲諸佛慈悲之化身。藏人視其爲主要的菩薩怙主，稱爲「間惹希」（Chenrezi，藏，譯註：常爲四臂觀音相）。

・**基乘**（Basic Vehicle）（theg dman，藏）（hinayana，梵）。字面的意義爲「小乘」（相對於「摩訶衍那」或「大乘」而稱）：聲聞乘與緣覺乘，旨在證得阿羅漢。

・**藏**（Basket）（sde snod，藏）（pitaka，梵）。經教的匯集，最初的形式爲棕櫚葉做成的對開本，存放於籃子中。佛陀的法教大致分成三藏，分別爲：律藏、經藏、論藏。

・**利樂，利益與安樂**（Benefit and Happiness）（phan bde，藏）。輪迴的暫時利益安樂，與涅槃的究竟安樂。有時也譯爲「安樂與寂靜」。

・**跋陀羅**（Bhadra，梵）（bzang po，藏）。「賢、善、好的」。佛陀弟子之一，佛曾教導了一部同名的經典。

・**薄伽梵**（Bhagavan，梵）（bcom ldan ’das，藏）。印度用語，對高度精神成就者的尊稱，佛教名相中對佛陀的一種稱號。藏文英譯的意思含有「超越」、「善德的勝者」之意，定義爲「降伏（bcom，壞）四魔，具（ldan，有）六種殊勝功德，不住輪迴與涅槃二邊且到達彼岸（’das，出）者」。

・**菩薩**（Bodhisattva，梵）（byang chub sems dpa’，藏）。爲能饒益一切衆生而求證悟的大乘行者。

・**化身、應化身**（Body of Manifestation）（sprul sku，藏）（nirmanakaya，梵）。佛果的面向之一，出於大悲心，爲了度化世俗衆生而顯現。

・**報身、受用身**（Body of Perfect Enjoyment）（longs spyod rdzogs pa'i sku，藏）（sambhogakaya，梵）。佛果的任運光明面向，唯有高度了證者方能感知。

・**梵天**（Brahma，梵）（tshangs pa，藏）。字面意義爲「淨」；色界天眾之一類。

・**婆羅門**（Brahmin，梵）。在印度社會結構中，屬於神職種姓者。

・**佛陀**（Buddha，梵）（sangs rgyas，藏）。遣除（sangs）二種遮障之暗並開展（rgyas）二種遍智（如理智、如所有智，knowing the nature of phenomena；以及如量智、盡所有智，knowing the multiplicity of phenomena）者。

・**佛國、淨土**（Buddhafield）（sangs rgyas kyi zhing khams，藏）。透過佛或大菩薩證量之任運功德而顯現的淨土世界，有緣之眾生得以不墮入輪迴惡道，在此持續修行直到證悟。此外，對於任何身在之處，若能感知其爲任運本智的清淨所顯，亦是淨土。

・**佛密大師**（Buddhaguhya，梵）（sangs rgyas gsang ba，藏）。「秘密之佛」。第八世紀印度的一位金剛乘大師，其弟子包括無垢友尊者及一些西藏修行人。

・**能仁**（Capable One）（thub pa，藏）（Muni，梵）。釋迦牟尼佛的稱號之一，常譯爲「大威能者」（Mighty One）。之所以稱爲「能者」，是因爲當祂在菩薩位時，沒有誰能像祂那樣懷著超群的勇毅來調伏見地、煩惱、行爲皆甚粗鄙的最不具福報眾生。在賢劫一千零二位佛之中，唯此慈師具有利益此等眾生的大力或能耐。

・**中脈**（Central Channel）（rtsa dbu ma，藏）（avadhuti，梵）。微細身的中軸。相關解釋會因特定的修行方法而有所差異。中脈代表著不二的智慧。

・**遮末羅洲、貓牛洲、拂塵洲、妙拂洲、拂洲**（Chamara，梵）（rnga yab，藏）。印度語中的「扇」或「蠅拂」，傳統以牛尾製作：「扇」也作為皇室象徵。根據印度宇宙學，遮末羅洲為西南方的中洲。〔譯註：關於〈三十七曼達供養〉的念誦文，過去曾有人將西南、東南兩個中洲翻譯為「拂」及「妙拂」，經查應為「拂」及「別拂」的誤植，參見「筏羅遮末羅洲」（aparachamara）的解釋。〕

・**月官論師**（Chandragomin，梵）（go mi dge bsnyen，藏）。「皎月居士」。第七世紀印度的大師，擁護唯識（Chittamatra）體系。因其與中觀（Madhyamika）大師月稱論師（《入中論》的作者）的辯論，以及餘生皆持守居士八關齋戒（梵upavasa，音譯：優波婆娑，意譯：近住、善宿；通常的齋期為二十四小時）而著稱。

・**八思巴法王**（Chögyal Pakpa，藏文讀音）（chos rgyal ’phags pa blo gros rgyal mtshan，藏）。舉足輕重的薩迦傳承大師八思巴・洛哲堅贊（Chögyal Pakpa Lodrö Gyaltsen，1235-1280，譯註：洛哲堅贊為八思巴本名，意譯：聖者慧幢），為薩迦班智達（Sakya Pandita）之侄。身為薩迦第五位祖師，八思巴亦身兼元朝蒙古皇帝古忽必烈汗（Kublai Khan）的國師，在藏地扮演重要的政治角色。

・**繞行朝禮**（Circumambulation）（skor ba，藏）。禮敬的方式之一，包括：保持專注與覺知，以順時鐘方向繞著神聖的對境，例如：廟堂、佛塔、聖山，上師的駐錫地，甚至是上師本人。

・**佛子**（Close Sons）。請見「八大佛子」（八大心子）。

・**誓言**、三**昧耶**（Commitment）（dam tshig，藏）（samaya，梵）。字面的意義為「承諾」。在金剛乘中，上師與弟子之間，以及金剛手足之間的神聖連結。三昧耶的梵文意義含括：應允、約定、約定俗成、戒律、規範等。細節雖繁，但從弟子的角度來說，最主要的誓言在於視上師的身、語、意皆為清淨。

・**勝者**（Conqueror）（rgyal ba，藏）（Jina，梵）。亦為「勝利者」（Victorious One）。對佛的通稱。

・**佛母、明妃**（Consort）（1）嫞（yum，藏），與男性本尊（佛父，yab，藏）雙運的女性本尊。佛母象徵智慧，與善巧方便（佛父象徵）無二無別，兩者也代表空界與覺性無二無別。（2）桑嫞（gsang yum，藏）。字面意思為「秘密母」，即偉大上師的妻子。

・**界**（Constituents）（khams，藏）（dhatu，梵）。（1）十八界包含了所知的一切現象：六塵（色、聲、香、味、觸、法——心識現象）；六根（眼、耳、鼻、舌、身、意）；以及相對應的六識。（2）五大種：地、水、火、風、空。

・**梵穴**（Crown Opening）（tshangs pa’i bu ga，藏）（brahmarandhra，梵）。字面的意義為「梵天之孔」。在微細身的構造裡，指的是中脈（rtsa dbu ma，藏）終點的頭頂處。

・**輪迴**（Cyclic Existence）（’khor ba，藏）（samsara，梵）。字面的意義為「輪」。眾生因業與煩惱所受的苦果，在無止盡的生、死、再次投生中流轉。

・**空行母**（Dakini，梵）（mkha’ ’gro ma，藏）。字面的意義為「在虛空中移動、行走」。與智慧和上師佛行事業有關的陰性體現。這個詞彙具有多個不同層面的意思，「世間空行」是指擁有一定程度精神力量的眾生；「智慧空行」則是全然了證者。

・**手鼓**（Damaru，梵）。由兩個碗狀的鼓背相對所固定而成的手持小鼓，其腰間垂以兩條鼓槌細帶，持鼓者快速地來回搖動，擊面出聲。有些手鼓是由兩片頭蓋骨相接而成，故此也稱為「顱鼓」。

・**業**（Deeds）（las，藏）（karma，梵）。在本書中也譯為「行為」或「過往的行徑」。這個詞彙意味著：無論善或不善的行為，都會產生業力而含藏在每個眾生的心續當中，直到感得樂果或苦果（通常在另一世），如此業果方稱爲耗盡。雖然「karma」（音譯：羯摩）在梵語中單純意指「行爲」，但它已被廣泛用來指稱過往行徑的結果（las kyi ’bras bu，藏），有時造成誤解，以爲「業」等同「命運」，後者爲「超乎個人掌握之外」的意思。然而佛法對「業」法則的教導，則含括整個行爲的過程和所致來世的果報，並且絕對是人人皆可自行掌控的。請見「因果法則」。

· **五濁惡世**、**濁世**（Degenerate Age）（snyigs dus，藏）（kaliyuga，梵，又稱鬥諍期）。此期間的衆生壽命短減（命濁）、煩惱遽增（煩惱濁）、衆生本身特別難以度化（衆生濁）、戰爭和饑荒四起（劫濁）、邪見橫生（見濁）。

· **提訶洲**、**身洲**（Deha，梵）（lus，藏）。字面的意義爲「身」。東勝身洲以南的中洲。

· **本尊**、**天尊**（Deity）（lha，藏）（deva，梵）。此一名相專指佛或智慧本尊，有時亦指財神或護法，與欲界、色界、無色界中尚未得證的世間神祇有所差異。

· **非天**、**阿修羅**（Demigods）（lha min，藏）（asura，梵）。亦稱爲「善妒神」。此類衆生因本性善妒而糟蹋了生於善趣的福報受用，總是與天道的天人爭戰。

· **魔**（Demon）（bdud，藏）（mara，梵）。在佛教禪修、修持中，「魔」泛指任何障礙證悟的生理或心理因素。請見「四魔」。

· **決定解脫**（Determination to be Free）（nges ’byung，藏）。也譯爲「出離心」，渴求能從輪迴中解脫的深切希願。

· **提婆達多**（Devadatta，梵）（lhas byin，藏）。「天授」。佛陀的堂兄，因善妒而使其無法從佛陀的法教中受益。

· **達納果夏湖**（Dhanakosha，梵）。「財富之寶藏」。位於鄔地亞那國境內，蓮花生大士出世的湖泊。

· **法、佛法**（Dharma，梵）（chos，藏）。佛陀的教義，透過兩種方式傳授：經典所教之法（教法）和修行所證之德（證法）〔譯註：合稱「教證二法」〕。請注意，在梵文中，「法」有十個主要意義，包括「一切可知之事物」。世親菩薩以佛教概念將法定義爲「具防護力之法」（protective dharma）（chos skyobs，藏）：「能導正（'chos）各個煩惱怨敵，並防護（skyobs）行者墮入惡趣，此二特性乃其他修持傳統（譯註：應指外道）所缺者」。

· **護法**（Dharma Protector）（chos skyong，藏）（dharmapala，梵）。護法藉由保護法教免遭摻雜、保護傳承免遭中斷或扭曲，而成辦上師的佛行事業。護法有時爲佛或菩薩之化現，也可能是經大師降伏而成爲具誓護法之神、鬼、魔。

· **金剛**（Diamond）（rdo rje，藏）（vajra，梵）。字面意義爲「石中之王」。基於金剛的七種特質（金剛七法：不斷、不毀、眞實、堅硬、牢固、無礙、不敗）而名。「金剛」與「堅石」用來代表實相不變、不毀的本質，故此用以代表證悟者的身、語、意、智慧、禪定、威儀等等。「金剛」一詞源於帝釋天所用的兵刃（vajra，金剛杵，印度語），在本書當中皆以同一詞來彰顯其所象徵的意義。

· **金剛持**（Diamond Bearer）（rdo rje 'chang，藏）。請見「金剛持」。

· **金剛者**（Diamond Being）。請見「金剛薩埵」。

· **金剛兄弟姐妹**（Diamond Brothers and Sisters）（rdo rje spun grogs，藏）。從同一位金剛上師壇前領受灌頂的男女眾，稱爲金剛手足。

・**持金剛**（Diamond Holder）（rdo rje ’dzin，藏）。金剛乘傳承與證量之持有者。金剛持的另一稱號。

・**金剛上師**（Diamond Master）（rdo rje slob dpon，藏）。金剛乘之上師。

・**金剛跏趺坐**（Diamond Posture）（rdo rje dkyil krung，藏）（vajrasana，梵）。指兩腳交疊盤在腿上的坐姿。

・**金剛乘**（Diamond Vehicle）（rdo rje theg pa，藏）（vajrayana，梵）。旨在了證如金剛般自心本性的修行乘道；與「密咒乘」同義。

・**墮罪**（Downfall）（ltung ba，藏）。因違犯（出家戒等）律儀所致的過失。

・**二元、二取**（Dualistic）（gnyis ’dzin，藏）。字面意義爲「執（或取）二者」。「自」和「他」的概念，或認爲有「主體」與「客體」的概念。

・**八大佛子、八大心子**（Eight Great Close Sons）（nye ba’i sras chen brgyad，藏）。釋迦牟尼佛的菩薩主眷：文殊菩薩、觀音菩薩、金剛手菩薩、彌勒菩薩、地藏菩薩、除蓋障菩薩、普賢菩薩、虛空藏菩薩。每一位菩薩皆以特有的角色來度眾，八大菩薩也分別代表八識的清淨狀態。

・**世間八法**（Eight Ordinary Concerns）（’jig rten chos brgyad，藏）。尚未得證之人因缺乏清楚修行觀而普遍存在的既有概念：利、衰、樂、苦、稱、譏、譽、毀。

・**八十大成就者**（Eighty Great Accomplished Beings）（grub chen brgyad cu，藏）。（1）古印度八十或八十四大成就者（mahasiddhas，梵）的生平，由無畏施大師（Abha yadatta）彙編。請見《八十四大成就者傳奇》（英譯版：Buddha’s Lions, Emeryville, Dharma Publishing, 1979）（2）在西藏耶巴（Yerpa）聖地，皆獲殊勝成就的蓮花生大士八十位大弟子。

- **灌頂**（Empowerment）（dbang bskur，藏）（abhisheka，梵）。字面意義爲「力之轉移、傳遞」。授權行者可以聽聞、修學金剛乘的法教。在或簡或繁的儀式當中，由金剛上師引導弟子進入本尊的壇城。
- **空性**（Emptiness）（stong pa nyid，藏）（shunyata，梵）。一切現象皆缺乏真實的存在（並無任何恆常、獨立、單一的本體）。
- **殘業**（Enduring Deeds）（las 'phro，藏）。有時譯爲「餘業」。過往所造行爲的果報尚未耗盡。在西方，「個人的業（a person's karma）」一說，已變成是指因個人殘業而產生的命運和運勢。〔譯註：書中並未出現此字，猜測與講述「引業」和「滿業」有關，見「思惟色界天道和無色界天道之苦」一節。〕
- **證悟**、**菩提**、**正覺**（Enlightenment）（byang chub，藏）（bodhi，梵）。所有遮障皆淨化（byang）且證得（chub）一切功德。
- **自性身**、**體性身**（Essential Body）（ngo bo nyid kyi sku，藏）（svabhavikakaya，梵）。第四身。法身、報身、化身最核心的本質和無別層面。
- **常見**（Eternalism）（rtag par lta ba，藏）。相信有恆存的個體，如：靈魂。「常見」爲一種哲學思惟的邊見。
- **平等性**（Evenness）（mnyam pa nyid，藏）。亦爲「相等」、「平等」。所有事物的自性皆爲空性。
- **日常威儀**（Everyday Activities）（spyod lam，藏）。「威儀」一詞含義廣泛，包括一般行止和日常行、住、坐、臥的四威儀（spyod lam rnam pa bzhi）。然而此處的「日常」並非指

「凡俗」，而是意味著行者可能於下座後忘失座上的禪修，因此要瞭解座下（或稱座間）一切所作所爲皆應維持座上覺知的重要性。若在閉關時，每日都會有幾座修持的排程，座間的「日常威儀」則通常包含每日的祈願、聞思和諸多善行，甚至將飲食、洗滌等皆轉爲供養、淨化等的修持。

· **善語**（Excellent Speech）（gsung rab，藏）（avacana，梵）。佛陀之教導，另見「十二部經」（十二分教）。

· **田**、**福田**（Field）（zhing，藏）。意指行爲的對境（例如：接受某人慷慨善舉的對象；或因某人怒火波及的受害者）。行爲會因對境的關係而影響其結果，故而對境具有相對上的重要性。一般而言，所造善業若與「大福田」有關，如：聖者或父母，將得到遠比普通對境更廣大無量的善果，反之，所造惡業的結果則是墮入地獄而遭受巨大痛苦。請見「四福田」。

· **五蘊**（Five Aggregates）（phung po lnga，藏）（pañchaskandha，梵）。五種身心組成的元素。將一個人剖析後的成分，但集聚在一起便製造出「我」的幻相。五蘊爲：色、受、想、行、識。

· **五佛部**（Five Families）（rigs lnga，藏）（pañcakula，梵）。佛部、金剛部、寶部、蓮花部、羯磨部（事業部）。五佛部代表萬法的眞正自性，例如：五方佛爲五蘊的眞實自性；五方佛母則是五大的眞實自性；五智爲五毒的眞實自性。

· **五道**（Five Paths）（lam lnga，藏）。資糧道、加行道、見道、修道、無學道。在通往證悟之道上，循序漸進的五個階段。

· **五毒**（Five Poisons）（dug lnga，藏）。五種煩惱：癡、貪、瞋、慢、妒。

· **五智**（Five Wisdoms）（ye shes lnga，藏）。佛智的五個面向：法界體性智（chos kyi dbyings kyi ye shes，藏）、大圓鏡智（me long lt bu'i ye shes，藏）、平等性智（mnyam pa nyid kyi ye shes，藏）、妙觀察智（so sor rtog pa'i ye shes，藏）、成所作智（bya ba grub pa'i ye shes，藏）。

· **色身**（Form Body）（gzugs sku，藏）（rupakaya，梵）。報身和化身之合稱。

· **福報**（Fortune）（skal ba，藏）。也譯爲「命運」、「幸運」、「福德」。在瞭解這一詞彙時，不能忽略一個人此生的「幸與不幸」，實爲過去世所造善業或惡業的結果。敦珠法王在本書當中所提及的「具福者」，並非單憑幸運就成爲能領受佛法的弟子，而是在過去世就曾熏習、修行，今生又透過所聽聞的教法，與傳承上師產生連結，如此之下才得以履行「命運」而繼續在精神上進展。劣福者或不具福者則因前世作惡、善業微薄，而不具此種福報。

· **四身**（Four Bodies）（sku bzhi，藏）。三身加上自性身。

· **四無量心**（Four Boundless Attitudes）（tshad med bzhi，藏）。對於一切有情衆生毫不分別的無量慈、無量悲、無量喜、無量捨。

· **四魔**（Four Demons）（bdud bzhi，藏）。蘊魔、煩惱魔、死主魔、天子魔（使人散亂之魔擾）。請見「魔」。

· **四灌頂**（Four Empowerments）（dbang bzhi，藏）。寶瓶灌、秘密灌、智慧灌及句義灌。

· **四福田**（Four Fields）。具殊勝功德的福田。例如：三寶爲「功德田」（或：敬田）；雙親和其他有恩於己者爲「恩田」；備受苦熬之病者、孤兒和其他無依怙者等爲「悲田」（或：苦田）；敵人和其他曾害我者爲「怨害田」（或：害田）。

‧**四喜**（Four Joys）（dga' ba bzhi，藏）。超越凡俗感受，與第三智慧灌頂氣脈修持相關之四種漸增的微細大樂覺受。

‧**四障**（Four Obscurations）（sgrib pa bzhi，藏）。業障、煩惱障、所知障、習氣障。譯註：若依《大明三藏法數》〔卷十八〕則爲如下：（1）惑障，謂衆生由貪欲、瞋恚、愚癡等惑，使根性昏鈍而障蔽正道。（2）業障，謂衆生於諸善法不能勤行，而隨身、語、意造作惡業，障蔽正道。（3）報障，謂衆生由煩惱惑業爲因，而招感地獄、畜生，餓鬼諸趣之果報，不能聞正道。（4）見障，謂衆生因不聞正法，起諸邪見而隨逐魔事，失菩提心。

‧**四續**（Four Tantra Sections）（rgyud sde bzhi，藏）。事部、行部、瑜伽部、無上瑜伽部。

‧**虛空藏菩薩**（Gaganagañja，梵）（nam mkha' mdzod，藏）。「虛空之寶藏」。大菩薩之一。

‧**乾闥婆**（Gandharva，梵）（dri za，藏）。字面意義爲「食香者」，以香味爲食的神靈。乾闥婆屬於天界中最低層次的一員，善於奏樂。此一名稱也用於處在中陰狀態的衆生，因爲他們不以實質食物爲生，而是以嗅聞氣味的意生身存在著。

‧**迦樓羅**、**大鵬金翅鳥**（Garuda，梵）（mkha' lding，藏）。神話中的鳥，天空之主，噬龍族（naga，音譯：那伽）爲生。

‧**生起次第**（Generation Phase）（bskyed rim，藏）（utpattikrama，梵）。與儀軌修持相關的禪修，透過觀修色、聲、念頭之自性爲本尊、密咒、智慧的方式，來淨化習氣上的執取。另請參考「圓滿次第」。

· **吉祥銅色山**（Glorious Copper-colored Mountain）（zangs mdog dpal ri，藏）。蓮花生大士所顯現之淨土，據說爲蓮師離開西藏後至今的駐留之處。

· **天人**（Gods）（lha，藏）（deva，梵）。因過去世累積了善業，而感獲極大妙欲、舒適之果報，非佛教徒因而視此爲希求的最高境界。色界與無色界的衆生得以繼續體驗生前禪修的狀態（卻不以脫離輪迴爲目標）。帝釋天與欲界六天等天衆因福報所感，能對其他生命發揮某些影響力，故受印度教等信徒敬奉。同一個詞彙於藏文與梵文中也用來指稱「證悟者」，以此情況來說則多譯爲「天尊」（deity，或本尊）。

· **大上師**（Great Master）（slob dpon chen po，藏，大洛本、大金剛上師、大阿闍黎）。常用來稱呼蓮花生大士或咕嚕仁波切（Guru Rinpoche，蓮師）。

· **大遍知者**（Great Omniscient One）（kun mkhyen chen po，藏）。通常意指龍欽・冉江（龍欽巴尊者）。

· **大圓滿**（Great Perfection）（dzogs pa chen po，藏）。亦稱「阿底瑜伽」（Atiyoga，梵）。所有乘中能引領證悟、有望一生成就的最無上法門。「圓滿」是指三身的所有功德在心中本然俱在：體性空、自性明、大悲周遍。「大」指的是此等圓滿乃一切事物的本然狀態。

· **大乘**（Great Vehicle）（theg pa chen po，藏）（mahayana，梵）。菩薩的車乘，爲了一切衆生而求證圓滿佛果，故而「偉大」。

· **咕嚕仁波切**、**蓮師**（Guru Rinpoche）（gu ru rin po che，藏）。「珍貴的導師」，蓮花生大師在藏地最廣爲熟知的稱號。

· **習氣**（Habitual Tendencies）（bag chags，藏）（vasana，梵）。由於過去生的心態和行爲而產生慣性的思惟、言語、行爲模式。

· **善趣、上三道**（Higher Realms）（mtho ris，藏）。天道、阿修羅道、人道。

· **別解脫戒**（Individual Liberation）（so sor thar pa，藏）（pratimoksha，梵）。律藏中對於佛教不同形式之出家戒及各自誓戒的統稱。

· **帝釋天、因陀羅**（Indra）（brgya byin，藏）。「榮受百禮者」。三十三天之統御者。

· **沙彌**（Intermediate Ordinee）（dge tshul，藏）（shramanera，梵）／沙彌尼（dge tshul ma，藏）（shramanerika，梵）。已受在家居士根本四戒但未受具足比丘（尼）戒者。儘管此階段的受戒可能屬於見習階段，直到受戒者諸緣具備或年歲足夠方才領受具足戒，然而，若就此稱呼所有沙彌（尼）皆爲見習者（novice）則屬不妥，因爲有些沙彌（尼）可能終生都不會再受更高的戒律。這種情況普遍見於藏地的尼師，因爲該處已無完整的比丘尼戒傳承，若要領受比丘尼戒，便需至傳承並未間斷的國家。〔譯註：梵語有一詞「式叉摩尼」Śikṣamāṇā，意譯爲「學法女」，用來稱呼介於沙彌尼和比丘尼中間階段的女性出家者，但不確定是否適用於稱呼上述所說的尼師。〕

· **中有、中陰**（Intermediate State）（bar do，藏）。生命在死亡後到下一次投生之間的諸多階段。廣義來說，也包含了在世時的諸多心識狀態。〔譯註：本書採用目前法會常見的譯詞，也就是「中陰」。〕

· **伊沙多羅山、持軸山**（Ishadhara，梵）（gshol mda' 'dzin，藏）。「持犁者」。圍繞在須彌山周圍七重金山之第二座山脈。

· **大自在天**（Ishvara，梵）（dbang phyug，藏）。「威能之主」。最具威力的神。

· **南贍部洲**（Jambudvipa，梵）（'dzam bu gling，藏）。「閻浮樹（蒲桃樹）之地」。印度宇宙學中的南方部洲，也就是我們所居住的世界。

・**逝多梨聖者**、**勝敵婆羅門**（Jetari，梵）。「勝服怨敵者」。第十世紀印度的大師，阿底峽尊者的上師之一。

・**劫**（Kalpa，梵）（bskal pa，藏）。佛教宇宙學中（不可思議的漫長）時間單位，用來描述世界的生滅循環，及當中的增減時期。

・**蓮花戒論師**（Kamalashila，梵）。第八世紀的印度大師，「隨瑜伽行中觀派」（Yogacharya Madhyamika）的倡議者。蓮花戒爲寂護大師（Shantarakshita，又譯爲靜命）的弟子，並隨師赴藏王赤松德贊之請，來到西藏建立佛法並建造桑耶寺。

・**岡巴拉**（Kambala，梵）。第十世紀的印度大成就者（具偉大成就之人），另稱「拉瓦巴」（Lawapa）。

・**拘那含牟尼**（Kanakamuni，梵）（gser thub，藏）。「金色能仁者」（金寂）。過去七佛中的第五位佛。〔譯註：英文註解爲「賢劫千佛（中的第五位佛）」，顯然有誤，故更正之。以下亦同。〕

・**迦葉佛**（Kashyapa，梵）（’od srung，藏）。「守護光明者」（飲光）。過去七佛中的第六位佛。

・**憍拉婆洲**、**有勝邊洲**、**惡音對洲**（Kaurava，梵）（sgra mi snyan gyi zla，藏）。「惡音友伴」。北俱盧洲以西的中洲。

・**竭地洛迦山**、**擔木山**（Khadiraka，梵）（seng ldeng can，藏）。「擔木林」。環繞在須彌山周圍七重金山中的第三座山脈。

・**卡杖嘎**（Khatvanga，梵）。具多種象徵嚴飾所綴的特殊三叉戟。

・**持明**（Knowledge Holder）（rig 'dzin，藏）（vidyadhara，梵）。透過甚深方便而持有本尊、咒語、大樂智慧的人。

・**拘留孫佛**（Krakucchanda，梵）（'khor ba 'jig，藏）。「斷滅輪迴者」（滅累）。過去七佛中的第四位佛。

・**地藏菩薩**（Kshitigarbha，梵）（sa yi snying po，藏）。「地之精華」。屬於八大心子之一的大菩薩。

・**拉婆洲、勝邊洲、惡音洲**（Kurava，梵）（sgra mi snyan，藏）。「惡音」。北俱盧洲以東的中洲。

・**因果法則**（Law of Cause and Effect）（las rgyu 'bras，藏）。字面意義爲「行爲、起因、結果」。在佛法教義中，每個行爲都無可避免會產生相應結果的過程，其果報通常都出現在下一世。請見「業」。

・**小乘**（Lesser Vehicle）（theg dman，藏）（hinayana，梵）。請見「基乘」。

・**地**（Levels）（sa，藏）（bhumi，梵）。請見「十地」。

・**解脫、度脫**（Liberation）。（1）（thar pa，藏）。以阿羅漢或是佛的身分從輪迴中解脫；（2）從事誅法（bsgral las byed pa，藏）。全然了悟者爲度脫惡意眾生之神識至淨土所做的修法。

・**傳承**（Lineage）（brgyud，藏）。透過上師傳遞給弟子，代代相傳而將佛陀教法從源頭持續流傳至今的過程。包括：從上師的心意傳到弟子的心意（勝者密意傳承，the mind lineage of the Conquerors）；透過具義手勢（持明指示傳承，the symbol lineage of the knowledge holders）；或是上師給予弟子的口耳相傳（補特伽羅口耳傳承，the hearing lineage of ordinary beings）；抑或在埋下伏藏前便將法教傳予弟子〔譯註：由蓮師親傳並授記的伏藏師〕，日後再由該弟子的轉世重新取出（伏藏傳承，the treasure lineage）。

・**聲聞**（Listener）（nyan thos，藏）（Shravaka，梵）。為了自身的解脫，以阿羅漢果位為目標的基乘修持者。

・**龍欽巴**（Longchenpa，藏文讀音）（klong chen rab 'byams pa，藏）（1308-1363）。遍智主、法之王，寧瑪派最具影響力的上師與學者之一。尊者所造的論著超過二五〇部，內容幾乎涵蓋了直至「大圓滿」的所有佛法理論和修持，包括《七寶藏》（*Seven Treasures*，藏：mdzod bdun）、《四心滴》（*Nyingtik Yabzhi*，藏：snying tig ya bzhi，或稱四心髓，四寧體）、《三休息》（*Trilogy of Rest*，藏：ngal gso skor gsum）、《三自解脫》（*Trilogy of Natural Freedom*，藏：rang grol skor gsum）、《三除闇》（*Trilogy of Dispelling Darkness*，藏：mun sel skor gsum）、《零墨雜文》（*Miscellaneous Writings*，藏：gsung thor bu）。請見敦珠法王所著的《藏密佛教史》（*The Nyingma School of Tibetan Buddhism*）。

・**惡趣**（Lower Realms）（ngan song，藏）。地獄、餓鬼、畜生道（下三道）。

・**彌勒**（Maitreya，梵）（byams pa，藏）。「慈氏」。八大心子之一，也是下一尊未來佛，現駐在兜率天。

・**慈氏獅吼、彌勒獅吼**（Maitrisimhanada，梵）（byams pa seng ge'i sgra）。菩薩名，為釋迦牟尼佛的弟子。〔譯註：經查內文，僅出現於《彌勒大獅吼所問經》的經名中，且拼音為Maitrimahasimhanada。〕

・**大人相、隨形好**（Major and Minor Marks）（mtshan dpe，藏）。佛之色身特有的三十二大人相與八十隨形好。

・**曼達拉娃**（Mandarava，梵）。空行母之一。印度沙霍（Zahor）國王之女。曼達拉娃爲蓮花生大士的五大明妃弟子之一，亦爲其法教的主要持有者之一。

・**妙吉祥菩薩**（Mañjushri，梵，音譯：文殊師利，常稱：文殊菩薩）（'jam dpal，藏）。「柔和且吉祥」。體現諸佛般若與智慧之菩薩。

・**妙吉祥稱**（Mañjushrikirti，梵）（'jam dpal grags pa，藏）。「與妙吉祥（文殊）齊名者」。據說爲香巴拉（Shambhala）淨土的第八位國王，將時輪金剛（Kalachakra）教法統整爲當今《時輪密續》的形式。

・**妙吉祥友、文殊友**（Mañjushrimitra，梵）（'jam dpal bshes gnyen，藏）。「與妙吉祥（文殊）爲友者」。大圓滿傳承的一位重要印度大師。

・**咒、眞言**（Mantra，梵）（sngags，藏）。殊勝證悟以聲音的方式顯現：在密咒乘儀軌中所念的一連串音節，保護行者的心免於世俗感知，並迎請智慧本尊。在梵語中，「咒」的意思爲「能解脫心者」。

・**魔**（Mara，梵）（bdud，藏）。魔祟。泛指造成修行與證悟障礙的誘惑者。請見「魔」。

・**福德**（Merit）（bsod nams，藏）（punya，梵）。二資糧中的第一個。「福德」一詞有時也用來略譯藏文的「善德、善業」（dge ba，藏）和「（爲未來所積之）善根」（dge rtsa，藏）。

・**須彌山**（Meru, Mount）（ri yi rgyal po ri rab，藏）。古印度宇宙學中的一座巨山，頂處比山腳來的寬廣，由此而形成世界的中心，四大洲坐落於周圍。

・**心相續**（Mindstream）（rgyud，藏）。字義爲「連續」。也譯爲「自相續」、「心」、「相續」、「存在的狀態」。表示補特伽羅（個別衆生）從這一剎那到下一剎那、從這一世到下一世的面向，所以也包括了個人所貯藏的善惡之業和好壞習氣。

・**龍族**（Naga，梵）（klu，藏）。居住在水中或地下的一類巨蟒狀衆生（屬於畜生道），擁有神通力和種種財富，最爲大力的龍王則具有衆多龍頭。在印度神話學中，龍族會被大鵬金翅鳥所掠食。

・**龍樹尊者**（Nagarjuna，梵）（klu sgrub，藏）。「其成就與龍族有關」。第一、二世紀偉大的印度大師與深見派祖師，他在龍族界中重獲佛陀的般若（般若波羅蜜多）法教，其所撰著的多部論典，皆成爲倡導中觀學派（Madhyamika，亦稱中道，Middle-Way）思辨體系的根本典籍。

・**難陀尊者**（Nanda，梵）（dga' bo，藏）。「喜樂的」。釋迦牟尼佛的堂弟。儘管一度迷戀嬌妻，最後仍克服慾望而證得阿羅漢果位。

・**那羅延**（Narayana，梵）（sred med bu，藏）。「離貪」。世間八大守護神之一，爲毗濕奴（Vishnu）的化現，擁有大力之勇士。

・**新密者**（New Tradition）（gsar ma pa，藏）。第十世紀起，依循仁欽・桑波（Rinchen Zangpo）譯師等人所翻譯與弘傳的密續信衆。除了舊譯寧瑪派之外，藏傳佛教的其他所有傳承皆屬於新密。

・**新譯派**（New Translations）。請見「新密者」。

・**斷見**（Nihilism）（chad par lta ba，藏）。否定有過去世和未來世、因果法則等的見地。此爲中觀論師所破斥的邊見之一。

・**尼居達羅山**、**持地山**（Nimindhara，梵）（mu khyud 'dzin，藏）。「環緣」。環繞須彌山的最外圍山脈。

・**涅槃**（Nirvana，梵）（mya ngan las 'das pa，藏）。字面的意義爲「超出痛苦」或「苦難的超越」。儘管這一詞可粗略解釋爲輪迴的違品、佛教徒的修行目標，但需要了解的是：不同法乘對「涅槃」的理解大不相同：在基乘中，阿羅漢證得的寂滅涅槃與佛陀正等正覺、超越輪涅的「不住涅槃」，是極爲不同的。

・**無垢吉祥**（Nishkalankashri，梵）（snyogs med dpal，藏）（Unsullied Glory）。請見「無垢金剛」（Nishkalankavajra）。

・**無垢金剛**（Nishkalankavajra，梵）（snyogs med rdo rje，藏）（Unsullied Diamond）。印度的作者和（譯成藏文的）譯師，譯作包括幾部密續相關的論著，其中有一部和供曼達的儀式（mandala-offering ritual）有關。

・**遮障**（Obscurations）（sgrib pa，藏）（avarana，梵）。遮蔽佛性的因素。請見「二障」、「四障」。

・**鄔地亞那**、**鄔金**（Oddiyana，梵）（o rgyan，藏）。蓮花生大士出生的空行聖地，於現今阿富汗與克什米爾之間。「鄔地亞那」（鄔金）也與「偉大者」、「第二佛」、「大上師」同等，皆爲蓮花生大士的稱號。

・**羅刹**（Ogre）（srin po，藏）（rakshasa，梵）。一類食人肉之惡靈（有時譯爲「同類相食」，但羅刹不食同類）。

· **遍智、一切智智**（Omniscience）（thams cad mkhyen pa，藏）。「佛果」的同義詞。

· **遍智法王**（Omniscient Dharma King）（kun mkhyen chos kyi rgyal po，藏）。遍知龍欽巴。

· **遍智法主**（Omniscient Dharma Lord）（kun mkhyen chos rje，藏）。遍知龍欽巴。

· **蓮花顱鬘力**（Padma Thöthrengtsel）（padma thod phreng rtsal，藏）。「以頭顱爲鬘的蓮花」。蓮花生大士的稱號之一。

· **鄔地亞那蓮花生大士**（Padmasambhava of Oddiyana）（o rgyan padma ’byung gnas，藏）。來自鄔地亞那的蓮花生上師，以「咕嚕仁波切」之名廣爲人知。在第八世紀間，藏王赤松德贊當政時，大士調伏了障礙弘法的魔祟，並將金剛乘法教廣傳於藏地。爲了饒益未來有情，大士也埋藏了無數珍貴法教。蓮花生大士被尊爲「第二佛」，第一佛本師釋迦牟尼佛也曾授記大士的出世與弘傳金剛乘的不共法教。

· **班智達**（Pandita，梵）。學識淵博者。精通五明（工巧明、醫方明、聲明、因明、內明）。這一詞彙原指印度學者。

· **懺悔、離過**（Parting）（bshags pa，藏）。字義爲「分開」或「擱置一旁」。通常譯爲「懺悔」（confession，告解），其兩種面向爲：發露（公開承認）且懊悔（懺悔）自己的過失與不當行爲，並誓不再犯。也因爲有了這樣的決心（一般的「告解」不含此意義），才能使行者脫離造作惡業的習氣，令其淨化且離於往昔造業所致的惡果，懺罪離過而使之不再成爲修道上的障礙。此過程需要如理如法運用四力（詳見「金剛薩埵法門」的章節），僅僅無視或遺忘罪業是無法離過的。

· **資糧道**（Path of Accumulating）（tshogs lam，藏）。菩薩乘五道的第一道，行者廣積善因，以便朝證悟進展。

- **勝解行道**（Path of Earnest Aspiration）（mos spyod kyi lam，藏）。包括資糧道與加行道。勝解行位可說是證得菩薩十地之初地的預備位，資糧道和加行道的行者，由於尚未證得空性而無法以眞正超脫的方式廣行六度波羅蜜多。相較於成熟菩薩所做的眞正修持，他們的修持比較屬於發願的層面。
- **加行道**（Path of Joining）（sbyor lam，藏）。五道的第二道。在此階段，行者開始連結或準備進入見道的二無我。
- **修道**（Path of Meditation）（sgom lam，藏）。五道的第四道。菩薩接下來要歷經十地中其餘的九地。
- **無學道**（Path of no more Learning）（mi slob pa'i lam，藏）。五道的最後一道，達至正等正覺之道的頂點。
- **見道**（Path of Seeing）（mthong lam，藏）。五道的第三道，在此階段，菩薩於禪定中獲得眞正的空性體驗，並證得十地菩薩果位中的初地。
- **圓滿次第**（Perfection Phase）（rdzogs rim，藏）（sampannakrama，梵）。（1）有相（mtshan bcas，藏，具有性相）——透過氣脈的禪修將身體觀想爲金剛身；（2）無相（mtshan med，藏，不具性相）——將生起次第所觀想的色相，消融並保任於空性覺受中的禪修階段。
- **口訣**（Pith Instructions）（man ngag，藏）（upadesha，梵）。以精粹、直接的方式，爲了引導弟子修行而解說法教最甚深的要點。

・**福德同分**（Positive Actions Consistent with Ordinary Merit）（bsod nams cha mthun gyi dge ba'i las，藏）。非以菩提心攝持的善業，無法作爲成佛的直接成因。縱能感召人天善趣的來世，但對於解脫輪迴卻助益有限。

・**本智**（Primal Wisdom）（ye shes，藏）（jñana，梵）。從初始（ye nas，藏）就一直俱在的「了知」（shes pa，藏）；覺性、明空、本然住於一切衆生之內。

・**勝觀、毗婆奢那**（Profound Insight）（lhag mthong，藏）（vipashyana，梵）。透過智慧而感知到事物的眞正本性。

・**淨觀**（Pure Perception）（dag snang，藏）。將整個情器世界視爲清淨佛土和佛身與佛智的化現，爲金剛乘修持的根本。

・**東勝身洲**（Purvavideha，梵）（lus 'phags po，藏）。「東方的莊嚴身」。印度宇宙學中的東方部洲，以居此衆生之形象爲名。

・**羅刹**（Rakshasa，梵）（srin po，藏）。食人肉之惡靈。

・**沙門、出離者**（Renunciate）（dge sbyong，藏）（shramana，梵）。字面的意義爲「修善者」。通常指出離世俗生活並受持出家戒律者。

・**根本墮**（Root Downfall）（rtsa ltung，藏）。未能持守成就修道的根本戒律而使之破失。其定義爲：若能持守此項誓戒，它便可成爲生起道與果諸善德之根本；反之，則將成爲墮入惡趣之因、受苦之根，其結果是未來累世越來越下墮。

・**根本上師**（Root Teacher）（rtsa ba'i bla ma，藏）。（1）主要或最初從其領受灌頂、講解、口訣教授的精神上師；（2）爲行者引介心性的上師。

· **儀軌、成就法**（Sadhana，梵）（sgrub thabs，藏）。成就特定本尊果位的修持法門，包括：上師、本尊、空行母等修法。

· **海慧菩薩**（Sagaramati）（blo gros rgya mtsho，藏）。「智慧大海」。佛陀的菩薩弟子之一。

· **聖者、仙人**（Sage）（drang srong，藏）（rishi，梵）。隱士或聖人，或特指印度神話中，擁有極大長壽和神通的著名聖者。有時會以「大聖者」來稱呼佛陀（釋迦牟尼佛）。

· **普賢**（Samantabhadra，梵）（kun tu bzang po，藏）。「遍賢」。（1）普賢王如來，本初佛（Adibuddha），寧瑪派密續傳承之源。普賢王如來永不落入迷妄；以如虛空般湛藍色的赤裸身相作爲表象的法身佛，與象徵覺空——本具無礙之清淨、究竟自性——的普賢王佛母雙運。（2）普賢菩薩。八大心子之一，能藉禪定力使所作供養神變倍增，因而廣爲人知。

· **輪迴**（Samsara，梵）（'khor ba，藏）。請見「輪迴」。

· **僧伽**（Sangha，梵）（dge 'dun，藏）。佛教修行者之群體。這一詞之用處廣泛，可單指證得見道位的聖者，亦可泛稱僧眾或某一上師的弟子眾。

· **薩拉哈尊者**（Saraha，梵）（sa ra ha，藏）。一位印度大成就者（mahasiddhas，梵），著有三部道歌（doha）。

· **密咒乘**（Secret Mantra Vehicle）（gsang sngags kyi theg pa，藏）。密咒乘爲大乘的分支。運用密續特有的竅訣，使一切眾生更迅速地行於證悟道上。由於這些修持以了悟金剛般的心性爲基礎，故又稱「金剛乘」。

・**愧**（Sense of Decency）（khrel yod，藏）。又指謙遜、考慮到他人。一種思及若自身造惡，他人會作何感想的羞愧感。七聖財之一。

・**慚**（Sense of Shame）（ngo tsha shes，藏）。亦為良知、誠實。若自身造惡，為己而感到慚惕。七聖財之一。

・**處**（「十二入」或「十二入處」）（Senses-and-Fields）（skye mched，梵）（ayatana，藏）。諸識之源。「六根」（「六內處」：眼、耳、鼻、舌、身、意）與其個別對應的所緣「六塵」（「六外處」：色、聲、香、味、觸、法）。

・**七支淨供**（Seven Branches）（yan lag bdun，藏）。由七部分構成的祈願形式，分別是：頂禮、供養、懺悔、隨喜、請上師眾常轉法輪、請上師眾不入涅槃、迴向福德。

・**七聖財、七法財**（Seven Noble Riches）（'phags pa'i nor bdun，藏）。信、戒、施、聞、愧、慚、慧。

・**毗盧遮那七支坐**（Seven-Point Posture of Vairochana）（rnam snang chos bdun，藏）。理想的禪坐姿勢七要點：雙腿盤為金剛跏趺坐、脊柱直豎、手結定印、雙目斂鼻、下顎略收、雙肩平放如鷹翅、舌抵上顎。

・**釋迦牟尼（佛）**（Shakyamuni，梵）（sha kya thub pa，藏）。「釋迦族的能仁者」。過去七佛中的第七位佛〔譯註：賢劫千佛中的第四位佛〕。屬於我們這個時代的佛，約為西元前五世紀之人。

・**罪業**（Shameful Deeds）（kha na ma tho ba，藏）。「不容提及」或「不應讚揚」之事。這

一詞彙不僅指最重大的惡業，還包含導致受苦的每一種行爲。罪業分成：自性罪（本質爲惡者）、佛制罪（因破損誓戒而爲惡者）。

· **寂天論師**（Shantideva，梵）（zhi ba lha，藏）。「寂靜的天人」。第七世紀的印度詩人、大成就者。撰有關於菩提心行持之著名詩偈《入菩薩行論》（*Bodhicharyavatara*，梵）的作者。

· **舍諦洲**、**諂洲**、**行洲**（Shatha，梵）（gyo ldan，藏）。「欺瞞之地」。西牛賀洲以北的中洲。

· **尸棄佛**（Shikhin，梵）（gtsug tor can，藏）。「頂髻者」。過去七佛中的第二位佛。

· **師利星哈尊者**（Shri Singha，梵）。「吉祥獅子」。大圓滿傳承的重要上師，爲智經尊者（Jñanasutra）、無垢友尊者、蓮花生大士之師。

· **欲界六天**（Six Classes of Gods of the World of Desire）（'dod khams kyi lha，藏）（kamalokadeva，梵）。四王天、三十三天、無諍天（夜摩天）、喜足天（兜率天）、化樂天、他化自在天。

· **六神通**（Six Kinds of Preternatural Knowledge）（mngon par shes pa drug，藏）。（1）神足通（如意通）：能適合衆生所需而示現神變的智慧與能力，如能倍增物體；（2）天眼通：能知衆生的投生與死亡處；（3）天耳通：能聞三千大千世界的一切聲音；（4）宿命通：能知自身與他人的前世；（5）他心通：能知他人的心念；（6）漏盡通：自身之業與煩惱皆已窮盡。

· **六莊嚴**（Six Ornaments）（rgyan drug，藏）。古印度六位佛學論師：龍樹、聖天、無著、世親、陳那、法稱。

・**六道**（Six Realms of Existence）（'gro drug，藏）。受特定心毒宰制而產生的六種存有型態：地獄道（瞋怒）、餓鬼道（慳吝）、畜生道（迷惑或愚癡）、人道（貪慾）、阿修羅道（嫉妒）、天道（傲慢）。所對應的迷妄感知都來自眾生過往的業行，且對這些迷妄感知信以爲眞。

・**六續部**（Six Tantra Sections）（rgyud sde drug，藏）。事部、行部、瑜伽部、瑪哈瑜伽部、阿努瑜伽部、阿底瑜伽部。〔譯註：前三者稱爲「外密」，後三者稱爲「內密」。〕

・**六度波羅蜜多**（Six Transcendent Perfections）（pha rol tu phyin pa drug，藏）（sad paramita，梵）。布施、持戒、安忍、精進、禪定、般若（智慧）。

・**十六長老**（Sixteen Sthaviras，梵）（gnas brtan bcu drug，藏）。即十六羅漢，佛陀的親近弟子；佛陀曾囑託他們在其涅槃之後，要守護並廣揚他的法教。

・**方便**（Skillful Means）（thabs，藏）（upaya，梵）。從智慧中自發流露的利他事業。

・**獨覺**、**緣覺**（Solitary Realizer）（rang sangs rgyas，藏）（pratyekabuddha，梵）。基乘的一類行者，在無師的情況下自悟解脫（滅苦）。利根的緣覺者「如犀牛獨行」，鈍根者則需群居「如鸚鵡聚」。獨覺者以觀十二因緣爲主要修持。

・**善根**（Source of Good）（dge rtsa，藏）。驅使行者通往安樂狀態的正向善行。

・**佛門道友**、**同門法友**、**佛門兄弟姊妹**（Spiritual Companions）（chos grogs，藏）。同一位上師的弟子眾們，或共同領受法教的道友。在金剛乘中，道友間的和諧至關緊要。

・**善知識**（Spiritual Friend）（dge ba'i gshes gnyen，藏）（kalyanamitra，梵，字義爲：善友）。精神導師的同義詞。

· **自相續**（Stream of Being）（rgyud，藏）。請見「心相續」。

· **佛塔**（Stupa，梵）（mchod rten，藏）。「供養的所依」。佛陀心意的代表象徵，最典型的佛教紀念碑，具有寬大的方底、圓身、長圓錐形的頸部，塔頂則有日月。佛塔常以證悟者的舍利裝臟，大小各異，小至泥土雕塑，大至印尼的婆羅浮屠（Borobudur）或尼泊爾的博達納塔（Boudha，全稱：Boudhanath，常稱：大白塔）。

· **妙臂菩薩**、**蘇婆呼童子**（Subahu，梵）（lag bzang，藏）。「具有善妙手臂者」。佛陀弟子之一。

· **須菩提尊者**（Subhuti，梵）（rab 'byor，藏）。「善現」。佛陀座下的大弟子之一，以「解空第一」著名。

· **聖者**（Sublime Being）（'phags pa，藏）（arya，梵）。通常意指已證「見道」者，在大乘中指的是入菩薩位（登地）的菩薩；聲聞乘和緣覺乘中，指的是已證預流（或「入流」，音譯：須陀洹）、一來（音譯：斯陀含）、不還（音譯：阿那含）、阿羅漢者。

· **蘇達梨舍那山**、**善見山**（Sudarshana，梵）（lta na sdug，藏）。「善見」。環繞在須彌山周圍七重金山中的第四座山脈。

· **善財童子**（Sudhana，梵）（nor bzang，藏）。「妙寶」。因出生之時湧出種種寶物而得名。在《樹嚴經》當中記載了此一菩薩的修行過程。〔譯註：《樹嚴經》即著名的〈華嚴經・入法界品〉，參見「引用書目」中對《樹嚴經》的說明。〕

· **善逝**（Sugata，梵）（bde bar gshegs pa，藏）。「已往大樂者」。佛的稱號之一。

· **須彌山**（Sumeru，梵）（ri rab，藏）。請見「須彌山」。

- **殊勝發心（或意樂、心態）**（Superior Motivation）（lhag bsam，藏）。在大乘道中，良善之心、利他的菩提心。
- **止、奢摩他**（Sustained Calm）（zhi gnas，藏）（shamatha，梵）。一切禪定的基礎，安穩、不為所動的攝心狀態。
- **經**（Sutra，梵）（mdo，藏）。（1）佛經，涵攝佛陀法教的經文。（2）經藏（Sutra-pitaka，梵）（mdo sde，藏），三藏之中的《經藏》，著重於禪修的教導。
- **有漏（指行為）**（Tainted, Action）（zag bcas，藏）。帶著主體、客體、行為此「三輪」概念所做的舉動，因而受到煩惱所染，故產生輪迴中的果報。
- **密續、續**（Tantra，梵）（rgyud，藏）。金剛乘法教所依的各個文本。密續揭露了心性本淨和修道之果（了悟自性）間的相續性。〔譯註：法護老師表示，tantra一詞涵義甚廣，譯為「續」比較妥當，若用「密續」將有降格之過，然而如今後者已為通稱，譯者只得沿用但仍加註說明。〕
- **度母**（Tara，梵）（sgrol ma，藏）。「救度女」、「怙母」。顯現多種形相的女菩薩，以綠度母和白度母最廣為人知，相傳祂們分別從觀世音菩薩的兩座淚湖中所現。正因如此，度母與諸佛的悲心息息相關。
- **如來**（Tathagata，梵）（de bzhin gshegs pa，藏）。「前往真如者」。佛陀、證得真如者、法性。
- **如來藏**（Tathagatagarbha，梵）（de bzhin gshegs pa'i snying po，藏）。字義為「如來之精要」。「佛性」的同義詞；眾生皆具。

· **十方**（Ten Directions）（phyogs bcu，藏）。四方、四隅、上與下。

· **十地**（Ten Levels）（sa bcu，藏）（dashabhumi，梵）。登地菩薩通往證悟的十個了悟階段。從初地的見道開始，其餘九地皆屬修道。八地、九地、十地稱爲三淨地或聖位。

· **十度**、**十波羅蜜多**（Ten Transcendent Perfections）（pha rol tu phyin pa bcu，藏）。六度再加上方便（thabs，藏）度、願（smon lam，藏）度、力（stobs，藏）度，以及智（ye shes，藏）度。十地菩薩的每一地都有相對應、所著重的波羅蜜多修持，例如：初地側重於布施度，二地著重於持戒度，以此類推。

· **威嚇印**、**期克印**（Threatening Gesture）（sdigs mdzub，藏）（tarjani mudra，梵）。具象徵性的手勢或手印，食指與小指往前方指。

· **三藏**（Three Baskets）（sde snod gsum，藏）（tripitaka，梵）。請見「藏」。

· **三身**（Three Bodies）（sku gsum，藏）（trikaya，梵）。佛果的三個面向：法身、報身、化身。

· **三處**（Three Centers）（gnas gsum，藏）。額間或頂輪、喉間或語輪、心輪。

· **三輪**（Three Concepts）（'khor gsum，藏）。字面意義爲「三輪」，認爲主體（作者）、客體（受者）、行爲（所作）皆具眞實且獨立的存在。

· **三金剛**（Three Diamonds）（rdo rje gsum，藏）。金剛身、金剛語、金剛意。請見「金剛」。

· **三寶**（Three Jewels）（dkon mchog gsum，藏）（triratna，梵）。所有佛教徒皈依的總體對境：佛、法、僧。

・**三種菩提果位**（Three Levels of Enlightenment）（byang chub gsum，藏）。聲聞、緣覺、菩薩的證悟。

・**三毒**（Three Poisons）（dug gsum，藏）。愚癡、貪著、瞋恚三種煩惱。請見「五毒」。

・**三根本**（Three Roots）（rtsa gsum，藏）。上師為加持之根本；本尊為成就之根本；空行（或護法）則為事業之根本。

・**三時**（Three Times）（dus gsum，藏）（trikala，梵）。過去、現在、未來。

・**三學**（Three Trainings）（bslabs pa gsum，藏）（trishiksa，梵）。戒、定、慧三種修學。

・**三界**（Three Worlds）（khams gsum，藏）。欲界、色界、無色界。亦或（'jig rten gsum, sa gsum, srid pa gsum，藏）：陸地之上的天神界、地面之人界、地下之龍族。

・**如是**、**眞如**（Thusness）（de bzhin nyid，藏）（tathata，梵）。空性、離於戲論的法界、萬物的法性。

・**波羅蜜多**、**度**（Transcendent Perfection）（pha rol tu phyin pa，藏）（paramita，梵）。用以形容菩薩行之一詞。方便與智慧的結合；為了饒益一切有情而求證悟的慈悲動機與空性見。請見「六波羅蜜多」（六度）和「十波羅蜜多」（十度）。

・**伏藏**（Treasure）（gter ma，藏）。為了饒益未來眾生，蓮花生大士、耶謝措嘉等埋藏於地底、岩石、湖水、樹林，甚至是虛空或心意等微細處的法教，以及佛像和其他物品。再由蓮師弟子的轉世，或稱伏藏師，以神變力取出。

· **論**（Treatise）（bstan bcos，藏）（shastra，梵）。對於佛陀法教之釋論。「論」並非僅限於個別佛經的釋論，也包含了印度、西藏大德們對特定主題所提出的精要，或容易契入的闡述。〔譯註：依照定義來說，前者應屬於「釋經論」，後者則爲「宗經論」。〕

· **兜率天**（Tushita Heaven）（dga' ldan，藏）。字面意義爲「喜樂」。欲界的其中一天，釋迦牟尼佛下生人間前的投生處，未來佛彌勒佛現正於兜率天宣說大乘法。

· **十二分教**（Twelve Branches of Excellent Speech）（gsung rab yan lag bcu gnyis，藏）。佛陀所宣說的十二種經教體例，分成十二類：一、修多羅（契經，梵：sutra，藏：mdo sde）；二、祇夜（應頌，梵：geya，藏：dbyangs bsnyad）；三、和伽羅那（授記，梵：vyakarana，藏：lung bstan）；四、伽陀（偈頌，梵：gatha，藏：tshigs bcad）；五、優陀那（無問自說，梵：udana，藏：ched brjod）；六、尼陀那（因緣，梵：nidana，藏：gleng gzhi）：問答、開示等；七、闍陀伽（本生，梵：jataka，藏：skyes rab）：前世故事；八、阿浮陀達磨（未曾有，梵：adbhutadharma，藏：rmad byung）；九、優婆提舍（論議，梵：upadesha，藏：gtan phab）：立論；十、阿婆陀那（譬喻，梵：avadana，藏：rtogs brjod）；十一、伊提目多伽（本事，梵：itivrittaka，藏：de ltar byung ba）：史料；十二、毗佛略（方等，梵：vaipulya，藏：shin tu rgyas pa）：詳述。

· **二十五大弟子**（Twenty-Five Disciples）（rje 'bangs nyer lnga，藏）。蓮花生大士最偉大的藏區弟子們，每一位都獲得了殊勝成就，最著名的弟子包括：藏王赤松德贊、耶謝措嘉、毗盧遮那大師。許多偉大的藏傳佛教上師均爲這二十五大弟子的化現。

· **二資糧**（Two Accumulations）（tshogs gnyis，藏）。福德（bsod nams，藏）與智慧（ye shes，藏）兩種資糧。

・**二利**（Two Goals）。請見「自利利他」

・**二種遮障**（Two Kinds of Obscuration）。請見「二障」。

・**二障**（Two Obscurations）（sgrib gnyis，藏）。煩惱障與所知障。請見「二種遮障」。

・**二利、自利利他**（Twofold Goal）（don gnyis，藏）。自身的目標、利益、福祉（自利，rang don，藏）和他人的目標、利益、福祉（他利，gzhan don，藏）。普遍認爲：自利的究竟意義爲證得空性，即「法身」（dharmakaya，梵）；他利，則透過慈悲顯現爲「色身」（rupakaya，梵）。

・**優曇婆羅花**（Udumbara，梵）。據說此花一劫才開一次，因此在佛法中象徵著稀有難得。

・**決定勝**（Ultimate Excellence）（nges legs，藏）。解脫與遍智的恆久喜樂，也就是佛果。

・**雙運果位**（Union, Level）（zung ’jug gi go ’phang，藏）。金剛持有者（金剛持）的果位。於此，「雙運」指的是法身與色身的結合。

・**普賢**（Universal Good）。請見「普賢」。

・**轉輪聖王**（Universal Monarch）（’khor los sgyur ba’i rgyal po，藏）（chakravartin，梵）。（1）統御世界之王；（2）君王。

・**無漏**（Untainted）（zag med，藏）。不受各種煩惱所染，包括因愚痴煩惱所生的概念。

・**優婆塞**（Upasaka，梵）（dge bsnyen，藏）。皈依三寶並持守單一或多項基本戒律之在家男子。

・**烏巴拉**（Utpala，梵）。一種青藍色的蓮花。

・**北俱盧洲**（Uttarakuru，梵）（sgra mi snyan，藏）。「惡聲」。印度宇宙學中的北方部洲，以其眾生死前所聽到之聲音而得名。

・**嗢怛羅漫怛里拏洲、上儀洲、勝道行洲**（Uttaramantrina，梵）（lam mchog ’gro，藏）。「增上之地」。西牛賀洲以南的中洲。

・**大日如來**（Vairochana，梵，音譯：毘盧遮那，意譯：遍照）（rnam par snang mdzad，藏）。「照亮者」。五方如來之一，屬於佛部。

・**金剛**（Vajra，梵）（rdo rje，藏）。字面意義為「石中之王」，鑽石。密續本尊所持、密續儀軌所用的象徵性法器（代表方便）。原為帝釋天（因陀羅）作為武器所擲之石（故稱帝釋之雷電）。在佛教中，金剛代表了不變、不毀的實相，並具有七種特質：不斷、不毀、眞實、堅硬、牢固、無礙、不敗。「金剛乘」也因金剛鑽石般的自性而依此得名。請見「金剛」。

・**金剛瑜伽母**（Vajra Yogini，梵）（rdo rje rnal ’byor ma，藏）。「修持與本然狀態金剛雙運之女」。女相的報身佛。

・**金剛持**（Vajradhara，梵）（rdo rje ’chang，藏）。「金剛持有者」。在新譯派（依循第十世紀以降所譯而廣傳於西藏的密續教法）中被視為本初佛及一切密續之源。在舊譯派中（依循蓮花生大士於第八世紀所傳入的教法），金剛持代表金剛乘教法的證悟持有者，象徵著導師釋迦牟尼佛的教理。

・**金剛孺童**（Vajrakumara，梵）（rdo rje gzhon nu，藏）。「金剛童子」。忿怒尊普巴金剛（梵：Vajrakilaya，藏：rdo rje phur ba）的別名之一，與諸佛的事業有關。

・**金剛手菩薩**（Vajrapani，梵）（phyag na rdo rje）。「執金剛者」。「八大心子」之一，佛陀威能的化現，也被稱爲「秘密主（gsang ba’i bdag po，藏）」。

・**金剛薩埵**（Vajrasattva，梵）（rdo rje sems dpa’，藏）。「金剛者」或「金剛勇識」。在金剛乘中，金剛薩埵本尊的淨罪法門最爲廣修。

・**金剛傲慢母**（Vajratopa，梵）（rdo rje snyems ma，藏）。「金剛之傲」。金剛薩埵的佛母。

・**乘**、**法乘**（Vehicle）（theg pa，藏）（yana，梵）。行於解脫道上的法門。

・**勝者**（Victorious One）（rgyal ba，藏）（Jina，梵）。對佛的通稱。

・**毗提訶洲**、**勝身洲**（Videha，梵）（lus ’phags，藏）。「勝身」。東勝身洲以北的中洲。

・**無垢友尊者**（Vimalamitra，梵）（dri med bshes gnyen，藏）。「無染之友」。大圓滿傳承中具有重要地位的一位印度大師。第八世紀時前往藏地廣宣佛法，撰寫且翻譯了無數的梵文典籍。當中，以《無垢心髓》（*Vima Nyingtig*，音譯：毘瑪寧體）爲其法教精髓。

・**毘那怛迦山**、**象鼻山**（Vinataka，梵）（rnam ’dud，藏）。「臣服」。環繞在須彌山周圍七重金山中的第六座山脈。

・**律藏**、**毗奈耶**（Vinaya，梵）（’dul ba，藏）。字面意義爲「調伏」。三藏之中的《律藏》，著重於戒律的教導，尤其是僧衆剃度時的誓戒。

・**毗婆尸佛**（Vipashyi，梵）（rnam par gzigs，藏）。「圓滿觀照」（勝觀）。過去七佛中的第一位佛。

・**毗濕奴**（Vishnu，梵）（khyab ’jug，藏）。印度教的主神之一。

・**毗舍浮佛**（Vishvabhu，梵）（thams cad skyob，藏）。「一切之怙主」（一切有）。過去七佛中的第三位佛。

・**法輪**（Wheel of Dharma）（chos kyi ’khor lo，藏）（dharmacakra，梵）。佛陀法教之象徵，「轉法輪」代表著傳授佛法。佛陀在世時曾給予三大系列的教導，分別稱爲初轉、二轉、三轉法輪。

・**脈輪**（Wheel）（’khor lo，藏）（cakra，梵）。分佈在中脈之上，氣的不同匯集處，諸多微細脈由脈輪散放而遍至全身。普遍來說有四、五個脈輪。

・**如意寶**（Wish-Fulfilling Jewel）（yid bzhin nor bu，藏）（chintamani，梵）。存在於天界或龍族中的妙寶，可滿一切所願。

・**滿願樹**（Wish-Fulfilling Tree）（dpag bsam gyi shing，藏）。神妙樹，其樹根生在阿修羅道的土地，但果實卻結在天界的三十三天。

・**欲界**（World of Desire）（’dod khams，藏）（kamaloka、kamadhatu，梵）。三界中的第一界，由地獄道、餓鬼道、畜生道、人道、阿修羅道、天道此六道構成。

・**娑婆世界**（World of Forbearance）（mi mjed ’jig rten，藏）（saha，梵，意譯：堪忍）。我們所在的世界，也是釋迦牟尼佛所教化的佛土。

・**色界**（World of Form）（gzugs khams，藏）（rupadhatu，梵）。三界中的第二界，由四禪天與五淨居天所構成的十二天界。

· **無色界**（World of Formlessness）（gzugs med khams，藏）（arupyadhatu，梵）。三界中的第三界，爲存有之頂，由空無邊處、識無邊處、無所有處、非想非非想處所構成。

· **邪見**（Wrong View）（log lta，藏）（mithyadristi，梵）。錯誤的信念，尤其是會導致錯誤行爲而遭受更多痛苦的見解。請看「常見」與「斷見」。

· **夜叉**（Yaksha，梵）（gnod sbyin，藏）。神通廣大的一類鬼靈，儘管藏文稱之爲「害人者」，但夜叉有善有惡。

· **耶謝措嘉**（Yeshe Tsogyal，藏文讀音）（ye shes mtsho rgyal，藏）。「智慧勝海」。蓮花生大士的秘密明妃兼最傑出的弟子。耶謝措嘉圓滿承事蓮師，並輔助其廣弘佛法，特別是爲了利益未來弟子而封存伏藏法教，以待後人重新取出而再現世間。

· **本尊**（Yidam，藏文讀音）（yi dam，藏）（devata, istadevata，梵）。象徵證悟的天尊，相應於行者個別的根器，而呈現男相或女相、寂靜相或忿怒相；本尊爲成就之根本。

· **瑜伽**（Yoga，梵）（rnal 'byor，藏）。字面意義爲「與本然狀態（rnal ma）合一（'byor）」。指稱修行之詞。

· **瑜伽士或瑜伽女**（Yogi or Yogini，梵）（rnal 'byor pa，藏）。修道上的行者。

· **踰健達羅、雙持山**（Yugandhara，梵）（gnya' shing 'dzin，藏）。「持軛者」。環繞在須彌山周圍七重金山中的最內層山脈。

引用書目

依照英文字母排列

壹 內文書目

・**《智慧之成就》**（*Accomplishment of Wisdom*），藏：ye shes grub pa，梵：Jñanasiddhi，因札布提（Indrabhuti）所著之密續概論。

・**《辨業》**（*Analysis of Actions*），見《辨業經》（*Sutra on the Analysis of Actions*）。

・**《趨近勝義》**（*Approach to the Absolute Truth*），藏：don dam bsnyen pa，梵：Paramarthaseva，密續的釋論之一。

・**《文殊師利佛土嚴淨經》**（*Array of Qualities of Mañjushri's Buddhafield*），藏：'jam dpal zhing gi yon tan bkod pa，梵：Mañjushri-buddhaksetra-gunavyuha-sutra，《大寶積經》（*Ratnakuta*）之一部分。

・**《阿底莊嚴續》**（*Array of the Sublime*），見《阿底大莊嚴續》（*Great Array of the Sublime*）。

・**《菩薩地》**（*Bodhisattva Levels*），藏：byang sa，梵：Bodhisattvabhumi-shastra，無著尊者著。

・**《燈作明廣釋》**（*Clarifying Lamp*），藏：sgron gsal，梵：Pradipoddyotana，《密集根本續》（*Guhyasamaja Tantra*）的釋論。

- **《正法念處經》**（*Close Mindfulness Sutra*），藏：dran pa nyer ba'i bzhag pa'i mdo，梵：Saddharma-smrityu-pasthana-sutra。
- **《現觀莊嚴論釋》**（*Commentary on the Ornament of True Realization*），藏：mngon rtogs rgyan 'grel，梵：Abhisamayalankara-vrtti。
- **《經部密意總集》**（*Compendium of the Buddhas' Wisdom*），藏：mdo dgongs pa 'dus pa，阿努瑜伽四根本「經」之一。
- **《般若攝頌》**（*Condensed Transcendent Wisdom*），藏：sdud pa，梵：Prajñaparamita-sañcayagatha，《般若波羅蜜多經》之一。
- **《金剛空行本續王》**（*Diamond Daka*），藏：rdo rje mkha' 'gro，梵：Vajradakaguhya-tantraraja，密續之一。
- **《釋續・金剛鬘》**（*Diamond Necklace*），藏：bshad rgyud rdor phreng，解說的密續之一。
- **《無常義譚》**（*Discourse on Impermanence*），藏：mi rtag pa'i gtam，梵：Anityartha parikatha。
- **《莊嚴圓滿輪》**（*Display of the Perfected Wheel*），藏：'khor lo chub pa rol pa，密續之一。
- **《辨中邊論》**（*Distinguishing the Middle from Extremes*），藏：dbus mtha' rnam 'byed，梵：Madhyanta-vibhaga，彌勒菩薩傳予無著尊者的五部論之一。
- **《耳嚴經》**（*Ear Ornament Sutra*），藏：snyan gyi gong rgyan，《華嚴經》（*Avatamsaka*）或《大方廣佛華嚴經》（*Great Host Sutra*）的別名。

- **《日藏經》**（*Essence of the Sun Sutra*），藏：nyi ma'i snying po'i mdo，梵：Suryagarbha-sutra。（譯註：全名《聖般若波羅蜜多日藏大乘經》。）
- **《事師五十頌》**（*Fifty Verses on the Teacher*），藏：bla ma lnga bcu pa，梵：Gurupañchashika，馬鳴菩薩（Ashvagosha）造論。
- **〈花品〉**（*Flower Chapter*），藏：me tog gi tshoms。
- **《四百頌》**（*Four Hundred*），見《中觀四百論》（*Four Hundred Verses on the Middle Way*）。
- **《中觀四百論》**（*Four Hundred Verses on the Middle Way*），藏：dbu ma bzhi brgya pa，梵：Madhyamaka-catuhshataka，聖天菩薩（Aryadeva）造論。
- **《吉祥集續》**（*Gathering of the Glorious Ones*），藏：dpal ldan 'dus pa，密續之一。
- **《密集根本續》**（*Glorious Tantra of the Gathering of Secrets*），藏：dpal gsang ba 'dus pa'i rgyud，梵：Shri Guhyasamaja Tantra。
- **《誓言金鬘》**（*Golden Garland of Pledges*），藏：tha tshig gser phreng，蓮花生大士傳予嘉瑟．拉傑（Gyalse Lhaje）的教法，並埋藏成為伏藏法。
- **《阿底大莊嚴續》**（*Great Array of the Sublime*），藏：a ti bkod pa chen po，大圓滿密續之一。
- **《八千頌大疏》**（*Great Commentary on Transcendent Wisdom in Eight Thousand Verses*），藏：brgyad stong 'grel chen，梵：Astasahashrika-prajñaparamita-vyakhyabhisamayalamkara-loka，師子賢（Haribhadra）造論。

- **《大方廣佛華嚴經》**（*Great Host Sutra*），藏：phal po che'i mdo，梵：Avatamsaka-sutra，亦稱《華嚴經》（*The Flower Ornament Scripture*）。
- **《蓮花積續》**（*Heaped Lotuses*），藏：padma spungs pa，密續之一。
- **《喜金剛續》**（*Hevajra Tantra*），藏：rgyud brtags gnyis，有二章（譯註：故亦稱《二品續》）。
- **《無上定詮》**（*Highest Expression of Truth*），藏：nges brjod bla ma。
- **《百業經》**（*Hundred Parables on Action*），藏：las brgya pa，梵：Karmashataka，佛經之一。
- **《定日百頌》**（*Hundred Verses of Advice to the People of Tingri*，又名《定日百法》或《修日百頌》），藏：ding ri brgya rtsa ma，帕當巴•桑傑著，由蓮師翻譯小組譯成英文版《修行百頌》，香巴拉出版社，二〇〇五年。
- **《優陀那品》**（*Intentionally Spoken Chapters*，又稱《法句經》），藏：ched du brjod pa'i tshoms，梵：Udanavarga。
- **《入中論》**（*Introduction to the Middle Way*），藏：dbu ma la 'jug pa，梵：Madhyamakavatara，第七世紀印度大師月稱造論，由蓮師翻譯小組以同樣標題翻譯成英文，香巴拉出版社，二〇〇二年。
- **《寶鬘論》**（*Jewel Garland*，藏譯又稱《中觀寶鬘論》，中文大藏經則稱爲《寶行王正論》），藏：rin chen phreng ba，梵：Ratnavali，龍樹菩薩造論。

- 《菩提道炬論》（*Lamp for the Path*），藏：lam sgron，梵：Bodhipathapradipa，阿底峽尊者著。
- 《親友書》（*Letter to a Friend*，又稱《勸誡王頌》），藏：bshes pa'i springs yig，梵：Suhrllekha，龍樹菩薩造論，由蓮師翻譯小組翻譯爲 *Nagarjuna,s Letter to a Friend*，雪獅出版社，二〇〇五年。
- 《幻化金剛》（*Magical Display of Indestructible Reality*），藏：sgyu 'phrul rdo rje，密續。
- 《曼荼羅經》（*Mandala Sutra*），藏：mandala gyi mdo。
- 《中品般若》（*Middle Sutra of Transcendent Wisdom*），藏：yum bar ma，梵：Pañchavimshatisahasrika-prajñaparamita。（譯註：又稱《二萬五千頌般若》，是玄奘法師漢譯《大般若經》的第二會。）
- 《幻化網》（*Net of Magical Display*），藏：sgyu 'phrul drva ba，梵：Mayajala tantra。
- 《涅槃經》（*Nirvana Sutra*），藏：mya ngan 'das mdo，梵：Mahaparinirvana-sutra。
- 《藏莊嚴續》（*Ornament of the Essence*），藏：snying po rgyan，密續之一。
- 《金剛藏莊嚴續》（*Ornament of the Indestructible Essence*），藏：rdo rje snying po rgyan，密續之一。
- 《大乘莊嚴經論》（*Ornament of the Sutras*，簡稱《莊嚴經論》），藏：mdo sde rgyan，梵：Mahayana-sutralamkara，彌勒菩薩傳予無著尊者的五論之一（慈氏五論之一）。
- 《現觀莊嚴論》（*Ornament of True Realization*），藏：mngon rtogs rgyan，梵：

Abhisamayalankara，彌勒菩薩傳予無著尊者的五論之一（慈氏五論之一）。

- **《寶積經》**（*Pagoda of Precious Jewels*，亦稱 *Jewel Mound Sutra*），藏：dkon mchog brtsegs pa，梵：Ratnakuta。
- **〈普賢行願品〉**（*Prayer of Good Action*），藏：bzang spyod smon lam，梵：Bhadracarya-pranidhana，《華嚴經》（*Sutra of the Arborescent Array*）的最後部分。
- **〈初十召請文〉**（*Prayer of Invocation for the Tenth Day*），藏：tshes bcu bskul thabs，惹那·林巴（Ratna Lingpa）取出的伏藏法。
- **《遍集明覺經》**（*Root Tantra of All-Encompassing Awareness*），藏：kun ’dus rig pa’i mdo，阿努瑜伽根本續（或「經」）之一。
- **《持明總集根本續》**（*Root Tantra of the Assembly of Knowledge Holders*），藏：rig ’dzin ’dus pa rtsa ba’i rgyud。
- **〈無常品〉**（*Sayings on Impermanence*），藏：mi rtag pa’i tshoms。
- **《秘密要訣》**（*Secret Sayings*），藏：gsang thems，或《上師成就法秘密要訣》（*Secret Guide to Accomplishing the Guru*），藏：bla ma sgrub pa’i gsang them gnad yig。
- **《本覺自顯》**（*Self-Arisen Awareness*），藏：rig pa rang shar，大圓滿十七續之一。
- **《本生經》**（*Series of Lives*），藏：skyes rabs，梵：Jataka。
- **《修心七要》**（*Seven-Point Mind Training*），藏：blo sbyong don bdun ma，切卡瓦·耶謝·多傑（Chekawa Yeshe Dorje）撰。

・《皈依七十頌》（*Seventy Stanzas on Refuge*），藏：skyabs 'gro bdun cu pa，梵：Trisharana-saptati，月稱論師所造。

・《皈依六支論》（*Six Aspects of Taking Refuge*），藏：skyabs 'gro yan lag drug pa，梵：Sadangasharana，無垢友尊者造。

・《禪定六法》（*Six Prerequisites for Concentration*），藏：bsam gtan chos drug，梵：Dhyanasaddharma-vyavasthana，阿瓦都帝巴（Avadhutipa）所造。

・《甘露源續》（*Source of Nectar Tantra*），藏：bdud rtsi 'byung ba'i rgyud。

・《佛說一切法功德莊嚴王經》（*Sovereign Array of Sublime Qualities*），藏：'phags pa yon tan bkod pa'i rgyal po，梵：Sarva-dharma-guna-vyuharaja sutra。

・**僧護尊者生平**（*Story of Sangharakshita*），藏：dge 'dun srungs kyi rtogs brjod，見《百喻經》（梵：*Bodhisattvavadana-kalpalata*，藏：*byang chub sems dpa'i rtogs pa brjod pa dpag bsam gyi 'khri shing*，全稱《百句譬喻經》）第六十七品，天竺法師僧伽斯那（Kshemendra）所寫。

・**億耳比丘的故事**（*Story of Shrona*），藏：gro bzhin skyes kyi rtogs brjod，見《百喻經》第二十品，僧伽斯那所寫。

・《本生鬘論》（*String of Lives*），又稱《菩薩本生鬘論》，藏：skyes pa rabs kyi rgyud，梵：Jatakamala，聖勇尊者（Aryashura）造論。

・《究竟一乘寶性論》（*Sublime Continuum*），藏：rgyud bla ma，梵：Uttaratantrashastra，彌勒菩薩傳予無著尊者的五論之一（譯註：慈氏五論之一）。

- 《樹嚴經》（*Sublime Sutra of the Arborescent Array*），藏：'phags pa sdong po bkod pa'i mdo，梵：Arya Gandavyuha Sutra，《華嚴經》之最後一品。（譯註：在阿張蘭石《心靈華嚴：辨證互明的心靈學與圓融證悟次第體系》中，指出為〈入法界品〉。）
- 《信力入印法門經》（*Sublime Sutra of the Marks That Inspire the Development of Faith*），藏：'phags pa dad pa'i stobs bskyed pa la 'jug pa'i phyag rgya'i mdo，梵：Arya-shraddhabaladhanavatara-mudra-sutra。
- 《佛說無能勝幢王經》（*Supreme Victory Banner Sutra*），藏：mdo rgyal mtshan dam pa，梵：Dhvajagra-sutra。
- 《善諫國王經》（*Sutra of Advice to the King*，又稱《佛說勝軍王所問經》），藏：rgyal po la gdams pa'i mdo，梵：Rajavavadaka-sutra。
- 《佛說迴向輪經》（*Sutra of Complete Dedication*），藏：yongs su bsngo ba'i mdo，梵：Parinatacakra-sutra。
- 《方廣大莊嚴經》（*Sutra of Extensive Play*，又稱《佛說普曜經》），藏：rgya cher rol pa'i mdo，梵：Lalitavistara-sutra。
- 《大解脫經》（*Sutra of Great Liberation*），藏：thar pa chen po'i mdo，梵：Mahamoksha-sutra。
- 《虛空無垢經》（*Sutra of Immaculate Space*），藏：nam mkha' dri ma med pa'i mdo。
- 《現證菩提經》（*Sutra of Manifest Enlightenment*），藏：mngon par byang chub pa'i mdo，梵：Abhisam-bodhi-sutra。

- **《佛本行集經》**（*Sutra of Perfect Renunciation*），藏：mdo sde mngon par 'byung ba，梵：Abhiniskramana-sutra。
- **《虛空寶經》**（*Sutra of Precious Space*），藏：nam mkha' rin po che'i mdo。
- **《樹嚴經》**（*Sutra of the Arborescent Array*），見《樹嚴經》（*Sublime Sutra of the Arborescent Array*）。
- **《佛藏經》**（*Sutra of the Buddha's Treasure*），藏：sangs rgyas mdzod kyi mdo，梵：Buddhadharma-koshakara-sutra。
- **《賢劫經》**（*Sutra of the Fortunate Kalpa*），藏：mdo sde bskal bzang，梵：Bhadrakalpika Sutra。
- **《鑼經》**（*Sutra of the Gong*），藏：gandi'i mdo，梵：Gandi-sutra。
- **《無垢經》**（*Sutra of the Immaculate*），藏：dri ma med pa'i mdo，梵：Vimalaprabha-pariprccha-sutra。
- **《不可思議秘密經》**（*Sutra of the Inconceivable Secrets*，全名《佛說如來不思議秘密大乘經》），藏：gsang ba bsam gyis mi khyab pa'i mdo，梵：tathagata-acintya-guhya-nirdesha-sutra，《大寶積經．第三會密跡金剛力士會》之異譯。
- **《三摩地王經》**（*Sutra of the King of Concentrations*），又稱《月燈三昧經》。藏：ting 'dzin rgyal po，梵：Samadhiraja-sutra。
- **《極善寂靜決定神變經》**（*Sutra of the Miracle of Decisive Pacification*），藏：rab tu zhi ba

rnam par nges pa cho 'phrul gyi mdo，梵：Prashanta-vinishcayapratiharya-samadhi-sutra。（譯註：全名Arya-prasanta-viniscaya pratiharya-samadhi-nama-mahayana-sutra。）

- 《寶炬經》（*Sutra of the Precious Lamp*，《寶光明經》，全名《大方廣總持寶光明經》），藏：dkon mchog ta la la'i mdo或dkon mchog sgron me'i mdo，梵：Ratnolka sutra。
- 《殊勝藏經》（*Sutra of the Sublime Essence*），藏：snying po mchog gi mdo。
- 《大乘四法經》（*Sutra of the Teaching on the Four Powers*），藏：chos bzhi bstan pa'i mdo，梵：Caturdharma-nirdesha-sutra。
- 《十法經》（*Sutra of the Ten Qualities*），藏：chos bcu pa'i mdo，梵：Dashadharmaka-sutra。
- 《辨業經》（*Sutra on the Analysis of Actions*），藏：las rnam par 'byed pa'i mdo，梵：Karmavibhaga。
- 《隨念三寶經》（*Sutra Remembering the Three Jewels*），藏：dkon mchog rjes dran。
- 《賢護菩薩所問經》（*Sutra Requested by Bhadra*），藏：bzang pos zhus pa'i mdo，梵：Bhadra-paripriccha-sutra。
- 《梵天所問經》（*Sutra Requested by Brahma*），藏：tshang pas zhus pa'i mdo，梵：Brahma-pariprccha-sutra。
- 《大樹緊那羅王所問經》（*Sutra Requested by Druma*），藏：ljon pas zhus pa'i mdo，梵：Drumakinnararaja-pariprccha-sutra。

- 《虛空藏菩薩所問經》（*Sutra Requested by Gaganagañja*），藏：nam mkha' mdzod kyi mdo，梵：Gaganagañja-paripriccha-sutra。
- 《彌勒菩薩所問經》（*Sutra Requested by Maitreya*），藏：'phags pa byams pas zhus pa'i mdo，梵：Maitreya-paripriccha-sutra。
- 《彌勒大獅吼所問經》（*Sutra Requested by Maitrimahasimhanada*），藏：byams pa seng ge'i sgra chen pos zhus pa'i mdo（亦稱byams pa senge'i mdo），梵：Maitrimahasimhanada-sutra。
- 《那羅延所問經》（*Sutra Requested by Narayana*），藏：sred med kyi bus zhus pa'i mdo，梵：Narayana-pariprccha-sutra。
- 《寶女所問經》（*Sutra Requested by Putri Ratna*），藏：bu mo rin chen gyis zhus pa'i mdo，梵：Mahayano-padesa-sutra。
- 《寶髻所問經》（*Sutra Requested by Ratnacuda*），藏：gtsug na rin chen gyis zhus pa'i mdo，梵：Ratnacuda-pariprccha-sutra，《寶積經》之一。
- 《慧海請問經》（*Sutra Requested by Sagaramati*），藏：blo gros rgya mtshos zhus pa'i mdo，梵：Sagaramati-pariprccha-sutra。（譯註：漢譯《佛說海意菩薩所問淨印法門經》）
- 《室利笈多所問經》（*Sutra Requested by Shri Gupta*），藏：dpal sbas kyis zhus pa'i mdo，梵：Shrigupta-pariprccha-sutra。
- 《妙臂菩薩所問經》（*Sutra Requested by Subahu*），藏：lag bzang gis zhus pa'i mdo，梵：Subahu-pariprccha-sutra。

- **《勸發增上意樂經》**（*Sutra That Inspires an Altruistic Attitude*），藏：lhag bsam bskul ba'i mdo，梵：Adhyashayas-añcodana-sutra。
- **《母豬本事》**（*Tale with a Sow*），藏：phag gi rtogs brjod，梵：Sukarikavadana-sutra。（譯註：出自《天譬喻經》，梵：Divyavadana。）
- **《圓滿雙運續》**（*Tantra of Perfect Union*），藏：yang dag par sbyor ba zhes bya ba'i rgyud chen po，梵：Samputa。
- **《秘密等至續》**（*Tantra of Secret Union*），藏：snyoms 'jug gsang ba'i rgyud。
- **《無垢離過續》**（*Tantra of Stainless Parting*），藏：dri med bshags rgyud，亦稱《無垢懺悔續》（*Tantra of Stainless Confession*）。
- **《殊勝智慧續》**（*Tantra of Supreme Wisdom*），藏：ye shes dam pa'i rgyud。
- **《誓言莊嚴續》**（*Tantra of the Array of Commitments*），藏：dam tshig bkod pa'i rgyud，梵：Samaya-viyuha。
- **《吉祥勝樂律生大續王》**（*Tantra of the Emergence of Chakrasamvara*），藏：sdom 'byung，梵：Samvarodaya Tantra。（譯註：又稱《勝樂生律精要續》，是《勝樂金剛根本續》的注釋之一。）
- **《遍集珍寶續》**（*Tantra of the Jewel that Embodies All*），藏：kun 'dus rin po che'i rgyud。
- **《金剛薩埵歌續》**（*Tantra of the Song of Vajrasattva*），藏：rdo rje sems dpa' glu'i rgyud。

- 《**秘密如意殊勝續**》（*Tantra of the Sublime Wish-fulfilling Secret*），藏：gsang ba yid bzhin mchog gi rgyud。
- 《**密意三偈續**》（*Tantra of the Three Verses on the Wisdom Mind*），藏：dgongs pa tshigs gsum pa'i rgyud。
- 《**迴遮軍續**》（*Tantra That Drives Back Armies*），藏：dpung rnam par bzlog pa'i rgyud。
- 《**三誓言莊嚴續**》（*Tantra That Establishes the Three Commitments*），藏：dam tshig gsum bkod pa'i rgyud。
- 《**三次第**》（*Three Stages*），藏：rim gsum，梵：Mayajalopadesakramatraya，《秘密藏續》（*Guhya-garbha Tantra*）的釋論，無垢友尊者造。
- 《**般若波羅蜜多經**》（*Transcendent Wisdom*），藏：yum，梵：Prajñaparamita。
- 《**般若八千頌**》（*Transcendent Wisdom in Eight Thousand Verses*），藏：brgyad stong pa，梵：Astasahashrika-prajñaparamita，《般若波羅蜜多經》之一部分。
- 《**根本說一切有部毘奈耶**》（*Transmitted Distinctions Regarding the Vinaya*，藏：lung rnam 'byed或dul ba rnam par 'byed pa'i lung），梵：Vinayavibhaga，另稱《律分別》。
- 《**阿毘達磨俱舍論**》（*Treasury of Abhidharma*），世親（Vasubandhu）所撰的論述，藏：chos mgnon pa'i mdzod，梵：Abhidharmakosha。
- 《**道歌寶藏・庶民之歌**》（*Treasury of Songs of Realization*），藏：do ha mdzod，梵：Dohakosha，薩拉哈尊者的道歌集。

・**《金剛帳幕續》**（*Vajrapañjara Tantra*，譯註：也有可能是《金剛帳怛特羅》或《金剛怙主密續》），藏：gur，密續之一。

・**《入菩薩行論》**（*The Way of the Bodhisattva*），藏：spyod 'jug，梵：Bodhicharyavatara，寂天菩薩造論，蓮師翻譯小組譯，香巴拉出版社，一九九七、二〇〇六年。

・**《釋軌論》**（*Well-Explained Reasoning*），藏：rnam bshad rigs pa，梵：Vyakhya-yukti，世親論師造論。

・**《大悲白蓮經》**（*White Lotus Sutra of Compassion*），藏：rnying rje pad ma dkar po'i mdo，梵：Karuna-pundarika-sutra。

・**《文殊言教》**（*Word of Mañjushri*），藏：'jam dpal zhal lung，密續的釋論之一。

貳 輔助資料

一、藏文釋論

・**久洽・貝瑪・聽列・寧波**（Jokhyab Pema Trinle Nyingpo，藏：jo khyab padma 'phrin las snying po）。《道次第智慧光明備忘錄》，藏：lam rim ye shes snang ba'i brjed byang。蔣貢・工珠（Jamgön Kongtrül，蔣貢・康楚）爲伏藏《道次第・智慧藏》（*Oral Instructions in the Gradual Path of the Wisdom Essence*，藏：*lam rim ye shes snying po*）所造釋論的再釋。

- **賢嘎堪布**（Khenpo Shenga，藏：gzhan phan chos kyi snang ba）。《中觀四百論偈品注釋》，藏：bstan bcos bzhi brgya pa zhes bya ba'i tshig le'ur byas pa'i mchan 'grel。
- **賢嘎堪布《所知明鏡・俱舍論偈品注釋》**，藏：chos mngon pa'i mdzod kyi tshig le'ur byas pa'i mchan 'grel shes bya'i me long zhes bya ba。
- **賢嘎堪布《辨中邊論偈品注釋》**，藏：dbus dang mtha' rnam par byed pa'i tshig le'ur byas pa zhes bya ba'i mchan 'grel。
- **賢嘎堪布《大乘莊嚴經論偈品注釋》**，藏：theg pa chen po mdo sde'i rgyan ces bya ba'i mchan 'grel。
- **洛桑・巴登・滇津・念札**（Lobzang Palden Tenzin Nyentrak，藏：blo bzang dpal Idan bstan 'dzin snyan grags）。《心要顯明・寶鬘論注疏》，藏：rgyal po la gtam bya ba rin po che'i phreng ba'i rnam bshad snying po'i don gsal pa zhes bya ba。
- **米滂・嘉措**（Mipham Gyamtso，藏：'ju mi pham rnam rgyal rgya mtsho）。《妙乘甘露喜宴・大乘莊嚴經意趣注疏》，藏：theg pa chen po mdo sde'i rgyan gyi dgongs don rnam par bshad pa theg mchog bdud rtsi'i dga' ston ces bya ba。
- **米滂・嘉措《米滂言教・究竟一乘寶性論注釋》**，藏：theg pa chen po rgyud bla ma'i bstan bcos kyi mchan 'grel mi pham zhal lung。

二、翻譯文本

- **聖勇**（Aryashura）（一九九二）。《上師五十法頌》（*Fifty Stanzas on the Spiritual*

Teacher），附阿旺・達傑格西（Geshe Ngawang Dhargey）的釋論。達蘭薩拉：西藏圖書館（LTWA）。

・**頂果・欽哲**（Dilgo Khyentse）與帕當巴・桑傑（Padampa Sangye）（二〇〇五）。《修行百頌》（*The Hundred Verses of Advice*）。蓮師翻譯小組（Padmakara Translation Group）譯。波士頓：香巴拉出版社（Shambhala Publications）。中譯版可見於頂果欽哲法王所寫《修行百頌：在俗世修行的一〇一個忠告》，雪謙文化，二〇〇八。

・**敦珠・吉札・耶謝・多傑**（Dudjom Jigdral Yeshe Dorje）（二〇〇五）。《珍珠鬘：敦珠法王歷代轉世祈請文》（*The Pearl Necklace: A Supplication to the Series of Successive Lives of His Holiness Dudjom Rinpoche*），節錄自《智慧甘露：敦珠仁波切之心要建言》（*Wisdom Nectar: Dudjom Rinpoche's Heart Advice*）。榮・蓋里（Ron Garry）譯。綺色佳（Ithaca）：雪獅出版社（Snow Lion Publications）。中譯版可見於法王董瑟聽列諾布仁波切所寫「持明空行母歡喜之紅寶石珠鍊：《本生傳記祈請——珍珠項鍊》註釋」，圓慧文化，二〇一八。

・**敦珠仁波切**（Dudjom Rinpoche）（一九九一）。《藏傳佛教寧瑪教史》（*The Nyingma School of Tibetan Buddhism*，劉銳之中譯本：《西藏古代佛教史》，索達吉堪布中譯本：《藏密佛教史》）。久美・多傑（Gyurme Dorje）與馬修・克斯丁（Matthew Kapstein）譯。波士頓：智慧出版社（Wisdom Publications）。

・**岡波巴・索南・仁欽**（Gampopa Seunam Rinchen）（一九九九）。《解脫寶莊嚴》（*Le Précieux Ornement de la Libération*）。克里斯丁・布汝雅特（Christian Bruyat）與蓮師翻譯小組譯。法國 Saint-Léon-sur-Vézère：蓮師翻譯小組版。

・**岡波巴**（sGam.po.pa）（一九五九）。《解脫寶莊嚴》（*The Jewel Ornament of Liberation*，《解脫莊嚴寶論》，張澄基中譯）。古恩特（H.V. Guenther）譯。倫敦：萊德與公司（Rider and Company）。

・**蔣貢・工珠・洛卓・泰耶**（Jamgön Kongtrul Lodrö Tayé）（二〇〇三）。《知識寶藏第一品：有情眾生所居器世間》（*The Treasury of Knowledge, Book One: Myriad Worlds*）。卡盧仁波切翻譯小組（Kalu Rinpoche Translation Group）譯。綺色佳：雪獅出版社。

・**龍欽・耶謝・多傑**（Longchen Yeshe Dorje）甘珠爾仁波切（Kangyur Rinpoche）（二〇〇一）。《功德寶藏論》（*Treasury of Precious Qualities*）。蓮師翻譯小組譯。波士頓：香巴拉出版社。

・**巴珠仁波切**（Patrul Rinpoche，或譯爲：巴楚仁波切、華智上師）（一九九八）。《普賢上師言教》（*The Words of My Perfect Teacher*）。蓮師翻譯小組譯。波士頓：香巴拉出版社。

・**達波・札西・南嘉**（Takpo Tashi Namgyal）（一九八六）。《大手印：心與禪修之要》（*Mahamudra: The Quintessence of Mind and Meditation*）。洛桑・哈隆巴（Lobsang P. Lhalungpa）譯。波士頓：香巴拉出版社。

護法

一髮母

羅睺羅

金剛善護法

暗紅屠夫

照亮解脫道之炬

前行法之次第導引

作　　者：二世敦珠仁波切吉札．耶謝．多傑（Dudjom Rinpoche, Jigdrel Yeshe Dorje）
英　　譯：蓮師翻譯小組（Padmakara Translation Group）
中　　譯：普賢法譯小組 楊書婷（Samantabhadra Translation Group）
審　　訂：劉婉俐
藏漢對譯：敦珠貝瑪南嘉
總 策 劃：釋了意
責任編輯：汪姿郡
封面設計：關瓦夏郎
內頁排版：黃智華
發 行 人：陳惠娟
出版發行：財團法人靈鷲山般若文教基金會附設出版社
地　　址：23444新北市永和區保生路2號21樓
電　　話：(02)2232-1008
傳　　真：(02)2232-1010
網　　址：www.093books.com.tw
讀者信箱：books@ljm.org.tw
總 經 銷：聯合發行股份有限公司
法律顧問：永然聯合法律事務所
印　　刷：龍岡數位文化股份有限公司
劃撥帳戶：財團法人靈鷲山般若文教基金會附設出版社
劃撥帳號：18887793
初版一刷：二〇二一年八月
定　　價：720元
ISBN：978-986-99121-4-3

國家圖書館出版品預行編目(CIP)資料

照亮解脫道之炬：前行法之次第導引 / 二世敦珠仁波切吉札．耶謝．多傑(Dudjom Rinpoche, Jigdrel Yeshe Dorje)；蓮師翻譯小組(Padmakara Translation Group)英譯；普賢法譯小組(Samantabhadra Translation Group)中譯. -- 初版. -- 新北市：財團法人靈鷲山般若文教基金會附設出版社, 2021.08

面；公分. -- (富貴心靈；8)

譯自：A Torch Lighting the Way to Freedom : Complete Instructions on the Preliminary Practices.

ISBN 978-986-99121-4-3（平裝）

1. 藏傳佛教　2. 注釋　3. 佛教修持

226.962

109017425